2025

유통관리사

3급 한번에 패스

KB208639

제1과목 유통상식

제2과목 판매 및 고객관리

머리말

유통산업의 발전으로 유통전문가에 대한 인력의 수요가 크게 증가함에 따라 정부는 과거에 시행되었던 '판매관리사' 자격제도를 개선하여 2004년부터 국가공인 '유통관리사'라는 새로운 자격제도를 도입하게 되었습니다. 유통업체들이 대형화·전문화·다양화되고 있는 상황에서 유통업무의 효율성을 높이고 유통비용을 절감하려는 유통업체들의 요구에 응하기 위해 유통관리 전문가인 '유통관리사' 제도를 도입하게 된 것입니다. '유통관리사'는 백화점이나 대형할인점, 대형전문점, 기타 유통·물류관련 업체에서 유통업무와 유통관리, 경영지도, 판매관리 등의 매니저 업무를 수행하게 됩니다.

유통관리사 3급 기본서는 '유통관리사' 자격시험을 준비하는 수험생들을 위해 핵심이론과 단원별 문제를 담고 있는 기본서로 특징은 다음과 같습니다.

> **이 책의 특징**
> - 기출내용을 정리한 기출족보와 본문 기출표시를 통해 기출파악이 용이해졌다.
> - 새로운 이론을 최대한 반영하여 신유형에도 적절한 학습이 가능하도록 하였다.
> - 새로운 출제경향 중심으로 구성하여 단시일 내에 가장 효과적으로 정리하도록 하였다.

2004년 하반기에 유통관리사 3급 자격시험이 시행된 이래 지금까지의 기출문제를 분석해보면 몇 가지 특징적인 사실을 확인할 수 있는데, 2007년 제1회 시험까지는 비교적 단순한 내용이 반복해서 출제되었다는 것입니다. 시험범위가 사전에 제시한 범위를 별로 벗어나지 않았고, 난이도도 높지 않았으며, 출제되었던 문제가 그대로 다시 출제되는 경우가 많았습니다. 그러나 2007년 제2회 시험부터는 시행처에서 제시한 출제범위를 벗어난 문제들이 다수 출제되고 있고, 또 난이도가 높은 문제들도 자주 출제되고 있습니다. 따라서 최신 기출문제에서 출제된 테마를 중심으로 폭넓게 학습하는 것이 중요합니다.

아무쪼록 이 책을 선택하여 '유통관리사' 시험을 준비하시는 수험생 여러분에게 합격의 기쁨이 함께 하기를 기원합니다.

시험안내
유통관리사 국가자격

1 유통관리사

유통관리사는 대한상공회의소에서 시행하는 국가공인 유통관리사 자격시험에 합격하여 소비자와 생산자 간의 커뮤니케이션, 소비자 동향 파악 등 판매 현장에서 활약하는 전문가로 백화점이나 대형할인점, 대형전문점 등에서 유통실무와 유통관리, 경영지도, 판매관리, 판매계획의 수립 및 경영분석 등의 업무를 담당한다.

2 검정기준

자격명칭		검정기준
유통 관리사	1급	유통업 경영에 관한 전문적인 지식을 터득하고 경영계획의 입안과 종합적인 관리업무를 수행할 수 있는 자 및 중소유통업의 경영지도능력을 갖춘 자
	2급	유통에 관한 전문적인 지식을 터득하고 관리업무 및 중소유통업 경영지도의 보조업무 능력을 갖춘 자
	3급	유통실무에 관한 기본적인 지식과 기술을 터득하고 판매업무를 직접 수행할 수 있는 능력을 갖춘 자

3 주요업무

소비자와 생산자 간의 커뮤니케이션과 소비자의 동향을 파악한다.

유통관리사 1급	유통업체의 경영자, 지점장급으로 경영 담당
유통관리사 2급	유통업체의 매장 주임이나 감독자, 실장, 과장급으로 일선관리업무 담당
유통관리사 3급	고객을 직접 상대하는 일반판매원으로 고객응대업무 담당

4 시험정보

- 주관 : 산업통상자원부
- 시행처 : 대한상공회의소
- 응시자격 : 제한 없음 (2 · 3급)
- 시험일정 : 2급은 연 3회 실시

5 시험과목별 문항 수 및 제한시간

등급	검정방법	시험과목	문항 수	총문항 수	제한시간	출제방법
1급	필기시험	유통경영 물류경영 상권분석 유통마케팅 유통정보	20 20 20 20 20	100	100분	객관식 5지선다
2급	필기시험	유통 · 물류일반관리 상권분석 유통마케팅 유통정보	25 20 25 20	90	100분	객관식 5지선다
3급	필기시험	유통상식 판매 및 고객관리	20 25	45	45분	객관식 5지선다

6 출제기준

- 상위 급수는 하위 급수의 출제범위를 포함함.
- 세부출제기준은 해당 연도에 변경될 수 있으며, 변경시에는 시험시행일로부터 2개월 전에 별도 공지함.

7 합격결정기준

매과목 100점 만점에 과목당 40점 이상, 전 과목 평균 60점 이상(절대평가)

8 가산점수

유통산업분야에서 2년 이상 근무한 자로서 산업통상자원부가 지정한 연수기관에서 실시한 유통연수 과정을 30시간 이상 수료한 후 2년 이내에 3급 시험에 응시한 자는 10점 가산

출제기준

제1과목 유통상식

대분류	중분류	세분류
유통의 이해	유통의 이해	유통의 기본개념과 기초 용어
		유통산업의 환경과 사회적, 경제적 역할
		도소매업의 유형과 특징
		도소매업의 발전추세
		유통업태의 유형과 특성
판매원의 자세	판매원의 자세	판매의 개념
		판매원의 자세와 마음가짐
		판매원의 역할
		판매원과 고객과의 관계
직업윤리	인간과 윤리	윤리의 개념
		윤리의 기능과 성격
	직업과 직업윤리	직업윤리의 개념과 성격
		직업윤리의 필요성과 중요성
		직업윤리의 특성
	상인과 직업윤리	상인의 지위
		상인의 윤리강령과 거래수칙
	양성평등의 이해	사회발전과 성역할의 변화
		양성평등에 대한 이해
유통관련 법규	유통산업발전법	유통산업발전법에서 규정하는 용어의 정의
		유통산업시책의 기본방향
		체인사업관련 규정
		상거래질서
	소비자기본법	소비자의 권리와 책무
		소비자단체
		소비자안전
		소비자분쟁의 해결
	청소년보호법	청소년보호법에서 규정하는 용어의 정의
		청소년유해매체물의 청소년대상 유통규제
		청소년유해업소, 유해물 및 유해행위 등의 규제

제2과목 판매 및 고객관리

대분류	중분류	세분류
매장관리	상품지식	상품의 이해
		상품분류 및 상품구성(진열)
		브랜드의 이해와 브랜드전략
		디스플레이와 상품연출
	매장의 구성	매장 레이아웃 계획 및 관리
		매장공간 계획, 관리
		매장 환경 관리
		온라인 쇼핑몰 구성 및 설계
		온라인 쇼핑몰 UI, UX
판매관리	판매와 고객서비스	고객서비스의 특징
		고객서비스의 구조와 품질
		판매의 절차와 특성
		디스플레이 기술과 응용
		상품 특성에 따른 판매전략
		고객서비스와 고객행동
		POS의 이해와 활용
		정산관리
	촉진관리	촉진관리전략의 이해
		프로모션믹스 관리 및 전략적 활용
		접객판매기술
		POP광고(구매시점 광고)
	고객만족을 위한 판매기법	고객유치와 접근
		고객욕구의 결정
		판매제시
		상품포장
		판매 마무리
		고객유지를 위한 사후관리
고객관리 /응대	고객의 이해	고객의 욕구와 심리 이해
		고객의 유형분석과 구매행동
		고객관계관리(CRM)
	고객응대	고객응대 및 접객화법
		커뮤니케이션
		전화응대 예절과 고객칭찬
		고객만족과 충성도 관리
	고객의 소리 관리	고객의 소리(VOC) 대응 및 관리
		고객불만 대응 및 관리

기출분석 및 수험대책

제1과목 유통상식

구분	2024년 1회	2024년 2회	2024년 3회	합계	비율(%)
유통의 이해	7	4	5	16	26.7%
도·소매업의 이해	2	8	6	16	26.7%
판매원의 자세	5	3	3	11	18.3%
직업윤리	3	3	3	9	15%
유통관련법규	3	2	3	8	13.3%
총계(문항수)	20	20	20	60	100%

제2과목 판매 및 고객관리

구분	2024년 1회	2024년 2회	2024년 3회	합계	비율(%)
매장관리	9	7	6	22	29.3%
판매관리	8	9	12	29	38.7%
고개관리와응대	8	9	7	24	32%
총계(문항수)	25	25	25	75	100%

1 출제분석

(1) 유통상식

① 유통의 이해 파트에서는 많은 문제가 출제된다. 특히 유통의 기초 용어, 도·소매업의 유형과 특징, 그리고 발전 추세가 자주 등장하므로 여러 번 복습하는 것이 중요하다.

② 판매원의 자세 파트에서는 판매원의 마음가짐, 역할, 고객과의 관계와 관련된 문제가 주로 출제된다. 다만, 이 파트는 기초 상식을 바탕으로 합리적인 답안을 선택할 수 있는 경우가 많으므로 비교적 가볍게 학습해도 된다.

③ 과거 기출문제에서는 판매원과 상사와의 관계에 대한 문제가 출제되었으나, 최근에는 거의 다루어지지 않고 있으므로 참고하도록 한다.

④ 직업윤리 파트에서는 개념, 성격, 필요성, 특성과 관련된 문제가 출제되므로 주요 키워드를 중심으로 학습하는 것이 효과적이다.

⑤ 법률 파트에서는 유통관련법규, 유통산업발전법, 소비자기본법, 청소년보호법이 출제되며, 난이도가 높은 편이다. 전 범위를 학습하기에는 부담이 크므로, 빈출되는 주요 조문을 중심으로 선택과 집중하는 전략이 필요하다.

(2) 판매 및 고객관리

① 매장관리 파트에서는 상품의 이해, 상품 분류 및 구성, 브랜드 전략, 디스플레이 개념이 주로 출제된다. 상품 분류 및 구성은 내용이 방대하므로, 깊이 있게 학습하기보다는 분류 기준을 명확히 정리하는 방식으로 접근하는 것이 효과적이다.

② 매장 레이아웃 파트에서는 레이아웃 계획과 공간 계획이 주요 출제 범위이다. 최근에는 디지털 환경과 온라인 유통을 반영한 매장 구성 관련 내용이 추가되고 있어, 중요성이 점점 커지고 있다.

③ 온라인 쇼핑몰 파트에서는 구성, 설계, UI, UX 관련 문제가 출제된다. 특히 UI와 UX는 개념을 명확히 정리해 두는 것이 좋겠다.

④ 판매관리 파트에서는 고객 서비스 개념을 중심으로, 상품 특성에 따른 판매 전략, 고객 행동, POS 개념 등이 출제된다. 기초 상식만으로 해결하기 어려운 개념이 포함될 수 있으므로 유의해야 한다.

⑤ 또한, 고객 유치, 고객 욕구 파악, 판매 제시, 판매 마무리, 사후 관리 등 접객의 기본 절차를 바탕으로 한 문제가 출제될 가능성이 높다. 특히 고객 관리 응대 방법이나 접객 화법 관련 문제는 기초 상식으로 해결할 수 있는 경우가 많아 비교적 가볍게 학습해도 된다.

기출분석 및 수험대책

2 수험준비요령

(1) 시험 과목 파악

유통관리사 3급 시험은 유통상식과 판매 및 고객관리 두 과목으로 구성되어 있으므로, 과목별 주요 내용을 체계적으로 정리하는 것이 중요합니다.

(2) 강의수강 및 핵심이론정리

혼자 공부하기 어렵다면 강의나 유튜브의 도움을 받으며 핵심이론을 학습하세요. 이 과정을 통해 유통상식과 판매 및 고객관리의 이론적 기본 뼈대를 구축합니다.

(3) 용어 암기

유통 관련 전문 용어(예 머천다이징, 디스플레이, POS 등)를 정리하고 의미를 숙지하세요.

(4) 기출문제 분석

최소한 3년간의 최신기출문제를 찬찬히 풀어보면서 문제 유형과 출제 빈도를 파악하세요. 기출문제를 여러 회차 풀다보면 유통의 개념, 매장 레이아웃, 판매원의 접객 태도 등 시험에 빈출되는 부분이 보일 것입니다.

(5) 노트 정리

틀린 문제나 헷갈리는 개념(상품분류 및 상품구성 등)은 따로 노트에 정리해 반복 학습하세요.

(6) 학습 스케줄 관리

하루에 몇 시간씩 공부할지 계획을 세우고 꾸준히 실천하세요. 하루 1시간이라도 꾸준히 공부하는 것이 좋습니다. 특히 집중력이 좋은 공부 초반에 어려운 개념들(CRM, 유통산업발전법)을 공부하세요.

(7) 마인드 컨트롤

시험 당일 긴장하지 않도록 컨디션을 조절하고, 평소 실전처럼 연습하세요.

차례 Contents

유통관리사

3급 한번에 패스

유통관리사 3급

01 유통의 의미와 분류

유통의 개념	유통	생산자가 만든 재화와 용역(서비스)이 소비자에게 전달될 때까지의 모든 활동 과정
	유통 관리	재화와 용역(서비스)이 생산자로부터 소비자에게로 전달되는 과정에서 발생하는 여러 기능들이 효과적이면서 효율적으로 수행될 수 있도록 조절하고 통제하는 활동
	유통 관리 목적	유통(수송, 보관, 재고, 포장, 하역 등)의 효율화를 통한 서비스 향상, 매출 증대, 가격 안정화 촉진
유통의 분류	상적 유통	상거래 계약을 체결하고 상품 대금을 지급하여 재화의 소유권이 판매자로부터 소비자에게 이전되는 흐름 등을 총칭
	물적 유통	상적 유통에 의해 수반되는 포장, 하역, 유통 가공 등을 포함한 모든 활동
	금융적 유통	유통을 원활히 하기 위한 과정에서 발생하는 위험부담이나 필요한 자금융통, 거래대금 등의 이전활동
	정보 유통	정보를 원활하게 연결하여 고객에 대한 서비스를 향상시키는 활동

02 유통의 역할과 기능

역할	사회적 불일치 극복	생산과 소비 사이에 발생하는 사회적인 간격을 해소시켜 주는 역할
	시간적 불일치 극복	생산 시기와 소비 시기가 다르다는 시간적 차이를 해소하기 위해 보관 등의 유통 필요
	장소적 불일치 극복	생산지와 소비지가 다르다는 장소적 분리를 해소시켜 주는 역할

기능	매매	사회적 분리를 극복하기 위해 상품의 소유권을 이전시키는 기본적인 기능
	보관	시간적 분리를 극복하기 위해 상품을 생산에서 소비시기까지 안전하게 관리하는 기능
	운송	상품의 생산 지역과 소비 지역이 달라 발생하는 장소적 불일치 문제를 극복해 주는 기능
	금융	대금 회수 전까지의 시간적 공백에 자금을 융통해 줌으로써 생산과 매매의 성립이 용이, 거래확대 도모
	보험	유통과정상 위험을 부담하여 생산과 매매 업무가 안전하게 이루어질 수 있도록 하는 기능
	정보 통신	정보를 수집하고 전달하여 상호 의사소통을 원활하게 해 주는 기능

03 유통 담당자

상적 유통 담당자	• 소매업 : 최종 소비자에게 판매하는 유통업 • 도매업 : 최종 소비자 이외의 구매자에게 판매하는 유통업
물적 유통 담당자	• 운송업 : 운송기관이 담당하는 업무 • 창고업 : 소비시기까지 보관할 창고를 소유하고 상품을 보관하는 업무
금융적 유통 담당자	• 금융업 : 자금을 조달하는 업무 • 보험업 : 유통과정에서 발생하는 재산상 손실에 보험금을 지급함으로써 유통활동을 안전하게 하는 업무
정보통신 담당자	정보처리업, 통신업

04 유통경로의 개념과 중요성

개념	제품이나 서비스가 생산자로부터 소비자에 이르기까지 거치게 되는 통로 또는 단계
중간상의 필요성	• 총거래수 최소화의 원칙 : 중간상이 개입하면 효율적이어서 총거래수가 줄어 실질적인 비용 감소와 더불어 거래의 효율성을 가져옴. • 집중준비의 원칙 : 도매상의 개입으로 소매상은 최소량만을 보관하게 되어 상품보관 총량 감소 • 분업의 원칙 : 다수의 중간상이 유통경로에 참여하게 되면 수급조절기능, 보관기능, 위험부담기능, 정보수집기능 등이 경제적·능률적으로 수행될 수 있음. • 변동비우위의 원리 : 무조건적인 대규모화보다는 적절한 역할분담이 비용면에서 훨씬 유리하다는 원리
유통경로의 효용	• 시간효용 : 시간적 차이 극복을 통하여 고객이 원하는 시기에 필요한 상품을 구매할 수 있게 해주는 효용 • 장소효용 : 공간적 차이를 극복하는 효용 • 소유효용 : 소비자에게 소유권이 이전되는 과정에서 발생되는 효용 • 형태효용 : 대량생산된 상품을 소비에서 적절한 수량으로 분할·분배함으로써 생기는 효용

05 유통경로의 마케팅 기능

소유권 이전기능	상품의 소유권이 생산자 → 유통경로 → 소비자로 이전될 수 있도록 소유적 격리를 조절
물적 유통 기능	생산과 소비 사이의 장소적·시간적 격리를 조절
조성기능	소유권 이전기능과 물적 유통기능을 원활히 수행될 수 있도록 지원해 주는 기능

06 유통산업의 사회·경제적 기능

교환과정의 촉진	유통경로는 교환과정에서부터 발생되었고, 시장경제가 복잡해질수록 교환과정 역시 복잡해져 더 많은 생산자와 잠재적인 소비자가 증가하게 됨에 따라서 시장에서의 거래수를 감소시키고 거래를 촉진
기타	제품구색 불일치의 완화, 거래의 표준화, 생산과 소비 연결, 고객서비스 제공, 정보 제공 기능, 쇼핑의 즐거움 제공

07 유통경로의 유형

소비재 유통경로	• 제조업자 → 소비자(직접판매) • 소매상 경유 • 도매상 → 소매상 경유 • 도매상 → 중간도매상 → 소매상 경유
산업재 유통경로	• 제조업자 → 산업재 고객(직접판매) • 도매상 경유 • 제조업자 → 도매상 경유 • 제조업자 → 판매지점 경유 • 제조업자 → 도매상 → 도매상 경유 • 제조업자 → 판매지점 → 도매상 경유
서비스의 유통경로	서비스는 무형성과 생산자와의 비분리성이라는 특성이 있으므로 직접 마케팅 경로가 가장 일반적이다.

08 유통경로의 믹스

소비자의 유통 서비스 기대 수준 분석	• 기다리는 시간의 단축 • 취급 제품의 다양성 • 입지의 편리성(점포의 수와 분포) • 구매 단위의 최소화(구매 및 보관의 편리성)
유통경로의 목표 설정시 고려사항	• 기업의 목표 : 판매 증대, 이익 증대, 소비자 만족, 사회적 책임 등 • 기업의 특성 : 인적·물적·재무적 자원 • 제품 특성 : 표준화 정도, 기술적 복잡성, 가격, 부피 등 • 중간상 특성 : 중간상 유형별 장·단점 • 경쟁적 특성 : 경쟁자의 유통경로 믹스 • 환경적 특성 : 경기변동, 법적·제도적 환경 요인

유통경로 전략 결정	• 제1단계 : 유통범위(coverage)의 결정 • 제2단계 : 유통경로의 길이 결정 요인 • 제3단계 : 통제수준의 결정

09 유통경로의 갈등 관리

수평적 갈등	유통경로 과정 중 도매상·중간상 등의 동일한 단계에서 발생하는 갈등
수직적 갈등	유통경로 과정 중 도매상·중간상 또는 소매상의 서로 다른 단계의 구성원과 구성원 사이에 발생하는 갈등
갈등 해소책	경로리더의 지도력을 강화하거나, 경로구성원 간의 공동목표의 제시로 협력을 증대시키고, 경로구성원 간의 커뮤니케이션 강화 및 중재로 조정 등을 통하여 유통경로의 갈등을 감소시켜야 함.

10 유통경로의 길이 결정 요인

영향 요인	짧은 경로	긴 경로
제품 특성	• 비표준화된 중량품, 부패성 상품 • 기술적 복잡성, 전문품	• 표준화된 경량품 • 기술적 단순성, 편의품
수요 특성	• 구매단위가 큼. • 구매빈도 낮고 비규칙적 • 전문품	• 구매단위가 작음. • 구매빈도 높고 규칙적 • 편의품
공급 특성	• 생산자 수 적음. • 제한적 진입과 탈퇴 • 지역적 집중 생산	• 생산자 수 많음. • 자유로운 진입과 탈퇴 • 지역적 분산 생산
비용 구조	장기적으로 불안정	장기적으로 안정적

11 유통경로의 전략

전략 구분	의미	특징
개방적 유통 경로	자사의 제품을 누구나 취급할 수 있도록 개방	• 소매상이 많음. • 소비자에게 제품의 노출 최대화 • 유통비용의 증가 • 체인화의 어려움. • 식품, 일용품 등 편의품에 적용
전속적 유통 경로	자사의 제품만을 취급하는 도매상이나 소매상	• 소매상이나 도매상에 대한 통제 가능 • 긴밀한 협조 체제 형성 • 유통비용의 감소 • 제품 이미지 제고 및 유지 가능 • 귀금속, 자동차, 고급 의류 등 고가품에 적용
선택적 유통 경로	개방적 유통경로와 전속적 유통경로의 중간 형태로, 일정 지역에서 일정 수준 이상의 자격 요건을 지닌 소매점에만 자사 제품을 취급하도록 함.	• 개방적 유통경로에 비해 소매상 수가 적고 유통비용의 절감 효과 • 전속적 유통경로에 비해 제품 노출 확대 • 의류, 가구, 가전제품 등에 적용

12 유통경로의 조직

전략 구분	의미	도입 이유
수직적 유통 경로	생산에서 소비에 이르기까지의 유통과정을 체계적으로 통합하고 조정하여 하나의 통합된 체제를 유지하는 것	대량생산에 의한 대량판매의 요청, 가격안정의 필요성, 유통비용의 절감, 경쟁자에 대한 효과적인 대응, 기업의 상품 이미지 제고, 목표 이익의 확보, 유통경로 내에서의 지배력 획득

	동일한 경로단계에 있는 두 개 이상의 기업이 대등한 입장에서 자원과 프로그램을 결합하여 일종의 연맹체를 구성하고 공생, 공영하는 시스템	한 회사만으로 자본, 노하우, 생산 및 마케팅 설비를 모두 감당하기 곤란할 때, 그러한 위험을 회피하고자 할 때, 연맹관계로 상당한 시너지효과를 기대할 수 있을 때
수평적 유통 경로	동일한 경로단계에 있는 두 개 이상의 기업이 대등한 입장에서 자원과 프로그램을 결합하여 일종의 연맹체를 구성하고 공생, 공영하는 시스템	한 회사만으로 자본, 노하우, 생산 및 마케팅 설비를 모두 감당하기 곤란할 때, 그러한 위험을 회피하고자 할 때, 연맹관계로 상당한 시너지효과를 기대할 수 있을 때
복수 유통 경로	상이한 두 개 이상의 유통경로를 채택하는 것	단일시장이라도 각기 다른 유통경로를 사용하여 세분화된 개별시장에 접근하는 것이 더 효과적일 때

13 유통경로상의 힘(Power)

보상적 파워	판매지원, 영업활동지원, 관리기법, 시장정보, 금융지원, 신용조건, 마진폭의 증대, 특별할인, 리베이트, 광고지원, 판촉물지원, 신속한 배달, 빈번한 배달, 감사패 제공, 지역독점권 제공
강압적 파워	상품공급의 지연, 대리점 보증금의 인상, 마진폭의 인하, 대금결제일의 단축, 전속적 지역권의 철회, 인접지역에 새로운 점포의 개설, 끼워팔기, 밀어내기, 기타 보상적 파워의 철회
합법적 파워	오랜 관습이나 상식에 따라 당연하게 인정되는 권리, 계약, 상표등록, 특허권, 프랜차이즈 협약, 기타 법률적 권리
준거적 파워	유명상표를 취급한다는 긍지와 보람, 유명업체 또는 관련 산업의 선도자와 거래한다는 긍지, 상호 간 목표의 공유, 상대방과의 관계지속 욕구, 상대방의 신뢰 및 결속
전문적 파워	경영관리에 관한 상담과 조언, 영업사원의 전문지식, 종업원의 교육과 훈련, 상품의 진열 및 전시조언, 경영정보, 시장정보, 우수한 제품, 다양한 제품, 신제품 개발능력

14 수직적 유통시스템의 형태 비교

구분	회사형	계약형	관리형	동맹형
통합 방식	소유	계약	경로리더 의존	상호 의존
독립성	소유	독립	독립	독립
수직적 통합의 정도	비독립	높음	낮음	매우 낮음
상호 의존성	매우 높음	높음	낮음	높음
공식화 정보공유 연관성	매우 높음	높음	낮음	높음

15 소매업의 정의와 마케팅 기능

정의	소비재를 타인으로부터 조달하거나, 또는 스스로 제조하여 소비자에게 최종적으로 판매하는 일을 주업무로 하는 유통업
마케팅 기능	• 소유권 이전기능 : 구매, 판매 • 물적 유통기능 : 운송, 보관 • 조성기능 : 표준화, 시장금융, 위험부담, 시장정보

16 도매상의 형태와 특성

제조업자 도매상	판매 지점이나 판매 사무소와 같이 제조업자에 의해 운영되는 도매상으로, 주로 재고통제와 판매촉진 관리를 향상할 목적으로 활용
상인 도매상	• 자신이 취급하는 상품에 대한 소유권을 보유하며 제조업자나 소매상과는 별도로 운영하는 사업체 • 완전기능 도매상 : 도매상인, 산업 분배업자 • 한정기능 도매상 : 현금 무배달 도매상, 직송 도매상, 통신판매 도매상, 트럭 도매상, 선반진열 도매상
브로커와 대리인	취급하는 상품에 대해 소유권을 보유하지 않고, 단지 상품거래를 촉진시켜 주고 판매가격의 일정 비율은 수수료로 받음.

17 도매상의 기능

제조업자를 위한 도매상의 기능	① 시장 커버리지 제공기능 ② 판매접촉점 창출기능 ③ 재고유지기능 ④ 주문처리기능 ⑤ 시장정보 수집기능 ⑥ 고객지원 대행기능
소매상을 위한 도매상의 기능	① 제품 공급선 기능 ② 소매상 서비스 제공기능 ③ 신용 및 금융지원기능 ④ 구색편의 제공기능 ⑤ 소분판매기능 ⑥ 조언 및 기술지원기능

18 도매상 전략

표적시장 선정	도매상은 전체 소매상이나 산업 구매자 모두를 대상으로 영업을 수행할 수 없기 때문에 유형, 규모, 서비스 수준 등을 고려해서 표적시장을 선정
도매상 마케팅 믹스 전략	• 제품 구색과 서비스 결정 • 가격 결정 • 촉진 결정 • 입지 결정

19 소매상의 진화와 발전

소매상 수레바퀴 이론	사회·경제적 환경 변화에 따른 소매상의 진화와 발전을 설명하는 대표적 이론으로, 새로운 소매점은 초기 저가격, 저서비스, 제한적 제품 구색으로 진입 → 점차 동일 유형의 새로운 소매점 진입으로 경쟁이 격화되면 경쟁적 우위를 확보하기 위해 보다 고비용, 고가격, 고서비스 소매점으로 위치가 확립 → 이 결과 새로운 소매점이 저가격, 저마진, 저서비스로 시장에 진입할 여지를 제공, 다시 동일한 과정을 겪게 된다. 역사적으로 볼 때 소매점은 '전문점 → 백화점 → 할인점' 순으로 등장하여 이 이론이 부분적으로 입증되지만 후진국의 경우는 모든 유형의 소매점이 동시에 또는 순서가 뒤바뀌어 도입되기도 하였다.

소매상 수명주기 이론	제품 수명주기 이론처럼 '도입기 → 성장기 → 성숙기 → 쇠퇴기'의 단계를 거친다.
소매점 아코디언 이론	진화과정을 취급상품 믹스로 설명한다. 즉, 다양한 상품구색을 갖춘 점포로 시작 → 점차 전문화된 한정상품 계열을 취급하는 형태로 진화 → 다시 다양하고 전문적인 제품계열을 취급하는 소매점으로 진화하여 상품믹스가 확대 → 수축 → 확대 과정으로 아코디언과 비슷하여 붙여진 이론이다.
변증법 이론	소매업태가 발전해 가는 모습을 변증법 이론에 적용한 것이다. 正(thesis)은 이미 형성된 기존의 유통기관, 反(antithesis)은 새로운 혁신적 유통기관, 合(synthesis)은 正과 反의 서로 다른 또는 공통적인 특징이 구체화되는 과정으로 설명한 이론이다.

20 유통산업의 환경 변화

인구의 변화	소매업의 판매 대상은 총인구이므로 총인구가 증가하면 소비시장은 확대된다.
소득수준 및 소비구조의 변화	가계소득 증가는 소비자의 구매력을 증대시켜 종래의 소비구조를 변화시켰다. 소비구조는 생필품 구매 중심에서 여가, 건강, 생활의 질 내지 풍요로움을 추구하는 방향으로 변화되어 가고 있다.
교육수준의 향상	우리나라의 교육수준 욕구는 매우 높은 편이며, 교육수준이 향상되면 구매력도 증가한다.
여성의 사회참여 증가	취업 주부의 구매행동 특징은 즉석식품이나 조작이 간편한 가전제품, 배달서비스, 포장 이삿짐센터 등을 선호, 시간을 효과적으로 활용할 수 있는 편의점이나 일괄 구매 점포를 선호하게 된다.
소비자보호운동의 확산	소비자 교육수준의 향상과 여성의 경제적·시간적 여유로 인한 사회참여의 증대, 매스컴의 발전, 정부와 지방자치단체의 관심증대 등으로 점차 확산되어 전 국민적인 운동으로 발전되어 간다.

21 백화점(Department Store)

개념	선매품을 중심으로 생활필수품과 전문품에 이르기까지 다양한 판매활동을 전개하는 상품 계열별로 부문 조직화된 대규모 소매기관
성장 요인	• 환경적 요인 : 유리한 경쟁조건, 유리한 입지 조건, 강력한 스토어 로열티 • 내부적 요인 : 판매기술 혁신
영업 특성	• 현대적인 건물과 시설 • 대량 매입의 경제성 • 기능별 전문화에 의한 합리적 경영 • 균형 있는 상품 구성과 다양한 서비스 • 엄격한 정찰제 실시 • 대량 판매촉진과 명성을 배경으로 한 고객 유치 및 강력한 재정능력

22 연쇄점(Chain Store)

개념	같은 유형의 상품을 판매하는 여러 개의 점포가 중앙본부로부터 하달되는 통제·관리를 통해 고도의 획일화·표준화를 이룩하면서, 전체로서 판매력 및 시장점유율을 강화하여 나가는 소매조직
특징	• 중앙본부의 관리 체제를 전제로 하므로 각 점포는 중앙본부의 통일적 방침 아래 관리·운영되고, 각 점포는 판매 기능만 가진다. • 상품화의 동질성이 그 전제가 된다. 각 점포에서 제공되는 상품은 정형화·표준화된 상품이며, 제시 방법도 표준화된다.
경영 원리	• 연쇄점은 제품을 대량 구입함으로써 구입비용의 인하와 이에 따른 원가절감 효과는 물론, 전국적으로 분산되어 있는 다수의 단위점포를 통한 총판매량의 극대화를 가능케 한다. • 연쇄점 경영조직은 기능별 분업을 그 조직원리로 삼고 있다.

23 슈퍼마켓(Super Market)

개념	식품류와 일상용품을 위주로 셀프서비스, 박리다매를 특징으로 하는 소매업태로서, 연쇄화 사업자와 가맹계약을 체결한 점포
특성	• 셀프 서비스와 자기 선택식 진열 • 보통 체크아웃 카운터로 고객서비스의 집중화 • 저가격 소구 • 대규모의 시설 • 넓은 구색과 다양한 상품

24 전문점(Specialty Store)

개념	특정 범위 안의 상품들을 집중적이고 전문으로 취급하는 소매점
영업 특성	• 한정된 상품·업종에 대해서 다양한 품목을 골고루 깊이 있게 취급하고 있는 점 • 우수한 머천다이징 능력으로 고객의 욕구에 부응할 수 있는 개성 있는 상품, 차별화된 상품의 취급 • 고객에 대한 고도의 상담과 서비스
경영 전략상의 특징	• 고객의 세분화 • 목표고객 대응 상품화 • 점포 식별의 확인

25 편의점(CVS)

개념	식료품 위주로 대면판매 방식 또는 자기 서비스 방식에 의하여 판매하는 소매점포로서, 연쇄화 사업자가 직영하거나 연쇄화 사업자와 가맹계약을 체결한 소규모 점포
기본 조건	• 입지의 편의성 • 시간상의 편의성 • 상품구색상의 편의성 • 우호적인 서비스 • 소인원 관리

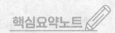

26 기타 유통업태

할인점	표준적인 상품을 저가격으로 대량판매하는 상점으로, 특정의 제품을 일시적인 가격 이하로 판매하는 것이 아니라 모든 제품에 대하여 상시적으로 싼 가격으로 파는 소매점
하이퍼마켓	대형화된 슈퍼마켓에 할인점을 접목시켜 저가로 판매하는 초대형 소매업태
아울렛	유명메이커와 백화점의 비인기 상품, 재고품, 하자 상품 및 이월상품 등을 자신의 회사 명의로 대폭적인 할인가격으로 판매
회원제 도매클럽	거대한 창고형 매장에서 회원으로 가입한 고객만을 대상으로 판매하는 업태
대중양판점	• 다품종 대량판매를 목적으로 다점포화를 추진함으로써 매출증대를 꾀하는 업태 • 백화점보다 낮은 가격대로 자체상표(PB)를 가짐.

27 카테고리 킬러

개념	일종의 전문품 할인점 또는 전문 양판점
특징	• 소비자의 라이프스타일 변화에 따라 기존 종합 소매상 취급 품목 중 특정 제품계열에서 전문점과 같은 깊은 상품구색을 갖추고 저렴하게 판매하는 것이 원칙 • 대량구매와 대량판매, 그리고 낮은 비용으로 저렴한 상품 가격을 제시

28 수익률과 회전율에 따른 소매전략

저마진 고회전율	• 잘 알려진 제품 • 점포에 오기 전에 고객이 구매를 결정 • 저가격이 가장 높은 애고 이유 • 최종서비스 제공 • 독립지역이나 임대료가 싼 곳에 위치 • 단순한 소매점포의 조직
고마진 저회전율	• 잘 알려지지 않은 제품 • 점포에 와서 구매결정 • 서비스, 특징적 상품, 판매기법이 고객 애고를 결정하는 요인 • 판매지원, 신용, 배달 등 다양한 서비스 • 시내나 쇼핑센터 밀집지역에 위치 • 복잡한 소매점포 조직

29 성희롱의 예방과 대처

성희롱의 예방		• 사업주는 직장 내 성희롱 예방을 위한 교육을 연 1회 이상 실시하여야 한다. • 사내 고충처리기관을 설치하고 이 기관의 활동을 적극 지원하여야 한다. • 직접적인 가해 행위가 아니더라도 상대방에게 불쾌감을 일으킬 만한 간접적인 행동의 경우도 주의를 준다. • 성희롱 행위자에 대한 적정한 대처 및 재발 방지 대책을 수립한다. • 성희롱과 관련된 피해자의 불이익한 조치를 금지한다.
대처요령	개인	• 명확한 거부의사를 밝히고 중지할 것을 항의한다. • 중단을 요구하는 서면이나, 이메일, 문자 등 증거 자료를 수집하고 공식적 처리를 준비한다. • 상사나 노동조합 등의 내부기관에 도움을 요청한다. • 외부 단체 및 성폭력 상담기관 등에 도움을 요청한다.
	회사	• 회사 내부의 관련 직원이나 외부의 전문가를 초빙하여 공정하게 처리한다. • 사안에 대해 신속하게 조사하여 처리한다. • 개인 정보의 유출을 철저히 방지한다. • 가해자에 대해 납득할 정도의 조치를 취하고 결과를 피해자에게 통지한다.

30 유통윤리와 직업윤리

유통윤리	유통경로에 윤리적 관리를 하기 위해서는 유통경로의 의사결정 과정에서 이해관계자나 소비자 모두의 이익을 가져오는 배려가 있어야 함.
직업윤리	직업인이 직업생활이라는 사회 공동체적인 삶을 살아가면서 사회와 타인들에 대해서 마땅히 행하고 지켜야 하는 규범 내지 도덕적 기준

31 소비자보호법의 목적과 용어 정의

목적		• 소비자의 기본권익을 보호하기 위하여 국가·지방자치단체 및 사업자의 의무와 소비자 및 소비자단체의 역할을 규정함과 아울러 소비자보호시책을 종합적 추진을 위한 기본적 사항을 규정 • 소비생활의 향상과 합리화를 기함을 목적으로 함.
용어 정의	사업자	물품을 제조(가공 및 포장을 포함)·수입·판매하거나 용역을 제공하는 자
	소비자	사업자가 제공하는 물품 및 용역을 소비생활을 위하여 사용하거나 이용하는 자 또는 대통령령이 정하는 자
	소비자단체	소비자의 권익을 옹호 내지 증진하기 위하여 소비자가 조직한 단체

32 소비자의 기본적 권리

① 물품 또는 용역으로 인한 생명·신체 또는 재산에 대한 위해로부터 보호받을 권리
② 물품 등을 선택함에 있어서 필요한 지식 및 정보를 제공받을 권리
③ 물품 등을 사용함에 있어서 거래상대방·구입장소·가격 및 거래조건 등을 자유로이 선택할 권리
④ 소비생활에 영향을 주는 국가 및 지방자치단체의 정책과 사업자의 사업활동 등에 대하여 의견을 반영시킬 권리
⑤ 물품 등의 사용으로 인하여 입은 피해에 대하여 신속·공정한 절차에 따라 적절한 보상을 받을 권리
⑥ 합리적인 소비생활을 위하여 필요한 교육을 받을 권리
⑦ 소비자 스스로의 권익을 증진하기 위하여 단체를 조직하고 이를 통하여 활동할 수 있는 권리
⑧ 안전하고 쾌적한 소비생활 환경에서 소비할 권리

33 한국소비자보호원의 업무

① 소비자의 권익과 관련된 제도와 정책의 연구 및 건의
② 소비자의 권익증진을 위하여 필요한 경우 물품 등의 규격·품질·안정성·환경성에 관한 시험·검사 및 가격 등을 포함한 거래조건이나 거래방법에 대한 조사·분석
③ 소비자의 권익증진·안전 및 소비생활의 향상을 위한 정보의 수집·제공 및 국제협력
④ 소비자의 권익증진·안전 및 능력개발과 관련된 교육·홍보 및 방송사업
⑤ 소비자의 불만처리 및 피해구제
⑥ 소비자의 권익증진 및 소비생활의 합리화를 위한 종합적인 조사·연구
⑦ 국가 또는 지방자치단체가 소비자의 권익증진과 관련하여 의뢰한 조사 등의 업무
⑧ 그 밖에 소비자의 권익증진 및 안전에 관한 업무

34 청소년보호법

목적	청소년에게 유해한 매체물과 약물 등이 유통되는 것과 청소년이 유해한 업소에 출입하는 것 등을 규제
유해약물	• 세법의 규정에 의한 주류 • 「담배사업법」의 규정에 의한 담배 • 「마약류 관리에 관한 법률」의 규정에 의한 마약류 • 「유해화학물질 관리법」의 규정에 의한 환각물질 • 기타 중추신경에 작용하여 습관성, 중독성, 내성 등을 유발하여 인체에 유해 작용을 미칠 수 있는 약물 등
유해매체	• 청소년에게 성적인 욕구를 자극하는 선정적인 것이거나 음란한 것 • 청소년에게 포악성이나 범죄의 충동을 일으킬 수 있는 것 • 성폭력을 포함한 각종 형태의 폭력 행사와 약물의 남용을 자극하거나 미화하는 것 • 청소년의 건전한 인격과 시민의식의 형성을 저해하거나 반사회적·비윤리적인 것 • 기타 청소년의 정신적·신체적 건강에 명백히 해를 끼칠 우려가 있는 것

35 유통산업발전법

목적		유통산업의 효율적인 진흥과 건전한 상거래 질서 유지로 소비자 보호
체인 사업	직영 점형	체인본부가 주로 소매점포를 직영하되, 가맹계약을 체결한 일부 소매점포에 대하여 상품의 공급 및 경영지도를 계속하는 형태
	프랜 차이 즈형	독자적인 상품 또는 판매·경영기법을 개발한 체인본부가 상호·판매방법·매장운영 및 광고방법 등을 결정하고, 가맹점으로 하여금 그 결정과 지도에 따라 운영하도록 하는 형태
	임의 가맹 점형	체인본부의 계속적인 경영지도 및 체인본부와 가맹점 간의 협업에 의하여 가맹점의 취급품목·영업방식 등의 표준화사업과 공동구매·공동판매·공동시설활용 등 공동사업을 수행하는 형태
	조합 형	같은 업종의 소매점들이「중소기업협동조합법」제3조에 따른 중소기업협동조합을 설립하여 공동구매·공동판매·공동시설활용 등 사업을 수행하는 형태

36 상품의 의미와 구조

의미	물리적인 특색, 서비스의 특색, 상징적인 특색을 종합한 것으로 구매자에게 만족과 편익을 가져다주는 것
구조	• 물리적인 조립품으로서의 물리적 상품 • 시장성을 배려한 시장적 상품 • 구매자의 필요와 욕구를 충족시키는 효용으로서의 상품 • 제3자의 효용을 배려한 사회적 상품

37 상품의 적성

적합성	소비자의 필요와 요구에 적합해야 한다.
내구성	생산되어 소비되기까지의 전 기간에 걸쳐 가치가 변하지 않아야 한다.
운반성	생산지에서 소비되는 장소까지 쉽고 안전하며 경제적으로 운반 가능해야 한다.
대체성	매매 및 소비시에 동종 동량의 상품으로 대체할 수 있어야 한다.
경제성	가격이 가치에 비해서 싸야 한다.
정보성	상품이 잘 알려져 있으며, 소비자에게 충분한 정보가 제공되어야 한다.
안전성	인체와 생명에 해로운 것은 생산, 유통, 소비되어서는 안 된다.
채산성	소비자에게 경제적이면서, 제조업자 및 판매업자에게도 채산이 맞아야 한다.
사회성	상품이 사회에 미치는 영향까지 고려해야 한다.

38 상품구성 요소

상품 구성 요소	• 상품의 계열구성 : 상품의 폭이라고도 하며, 다양성과 적당한 수량의 보유 결정이 필요 • 상품의 품목구성 : 상품의 깊이라고도 하며, 동일한 상품 계열 내에서 이용 가능한 변화품이나 대체품 • 상품의 폭과 깊이는 상호 제약관계에 있으므로 폭과 깊이의 비율에 따라 상품구성이 달라질 수 있다.
상품 구성의 결정요소	• 매장면적 • 자금 및 재고액 • 상점(점포)이 위치한 경쟁구조 • 상권 내의 소비구조 • 매장의 입지조건

39 상표의 기능

기업적 측면의 상표 기능	• 상품의 차별화 • 상품의 선택을 촉진 • 고유 시장을 확보 • 출처, 책임의 명확화 • 무형의 자산
소비자 측면의 상표 기능	• 상품의 식별 • 정보의 가치 • 상품의 보증

40 상표의 종류

내셔널 브랜드(NB)	상표 소유권을 제조업체가 갖고 있는 경우
프라이빗 브랜드(PB)	상표 소유권을 소매업자나 도매업자가 갖고 있는 경우
통일상표	기업의 전 상품에 대해 단일 브랜드를 붙여, 통일된 이미지 확립
개별상표	동일 기업의 상품이라도 종류에 따라 다른 브랜드를 사용하는 경우

41 포장의 기능과 종류

기능	• 내용물의 보호 • 상품의 운송, 보관, 판매, 소비에 편리하도록 하는 것 • 상품의 판매촉진 • 소비, 사용에 관한 정보를 제공 • 신선도 관리
종류	• 개포장 : 낱개 포장 • 내포장 : 방수, 방습, 방열 등을 위해 내용물을 1차 포장하는 것 • 외포장 : 상품을 보관, 운송하기 위해 상자, 포대 등으로 상품을 겉포장하는 것

42 구매관습에 따른 상품의 종류

구분	편의품	선매품	전문품
매입 계획	관습적으로 구매한다.	예산을 짜서 계획을 세운다.	보다 신중히 계획된다.
매입상 의 노력	노고와 시간이 안 걸리는 것을 좋아한다.	비교 검토를 아끼지 않는다.	노고와 시간이 걸리더라도 좋다.
가격	저가	중간	고가
품질에 대한 관심도	무관심 등이 많다.	품질, 디자인, 색채 등을 문제로 한다.	대용품은 불가하다.
구매 횟수	빈번하고 정기적이다.	불규칙적이다.	희소하게 구하게 된다.

상품 회전율	높다.	중간	낮다.
이윤 폭	작다.	중간	크다.
점포 장식	조밀	서비스, 분위기 중요	고급 인상을 심어주고, 서비스, 분위기를 중시

43 진열의 의미와 요소

의미	소비자에게 제품을 알리고 소비자의 구매의욕을 자극하여 제품을 판매할 목적으로, 판매대를 설치·배치하고 상품을 배열하는 것
요소	• 품목(무엇을), 진열의 양(얼마나), 진열의 위치(어디에)와 형태(어떤 형태로), 페이스(어느 면을 보이게)로 이루어짐. • 우선 어떤 품목을 어느 정도 진열할 것인가를 결정
원칙	• 보기 쉽고, 선택하기 편리해야 한다. • 구매하기 쉬워야 한다. • 매장의 균형을 유지해야 한다. • AIDCA 원칙 : 주목·흥미·욕망·확신·행동을 주어야 한다.

44 상품진열의 종류

윈도 진열	• 점포에 대한 흡인력을 창조하고 점포의 품격을 향상시키는 것을 주목적으로 한다. • 통행객 및 아이쇼핑 고객을 점포 내로 끌어들여 고객별로 그 점포의 수준과 성격을 파악하게 하는 역할을 수행
점두 진열	• 통행객이나 아이쇼핑 고객에 대하여 그 점포의 판매 상품과 제공 서비스가 훌륭하다는 신뢰감을 갖게 하고 구매하려는 분위기를 조성하는 기능을 가진다. • 매력 있는 진열, 신뢰감을 갖는 진열, 빈틈없는 진열이라는 세 가지 요인을 충분하게 고려하여야 한다.
점내 진열	• 상품을 판매하기 위해 구체적으로 상품구역별로 진열대에 진열 • 구성요소 : 주의 → 연상 → 욕망 → 비교 → 확신 → 결정과정을 거치게 된다.

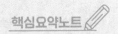

45 머천다이징

개념	소매점에서 매입된 제품을 관리하는 것
특징	• 마케팅 목표를 실현하는 데 가장 도움이 되도록 특정상품 및 서비스를 표적고객에 대응하여 적정한 매장, 시기, 가격, 그리고 수량으로 구색을 갖추기 위해 적절하게 구매하고 재고를 관리하는 것 • 제품화 계획으로 소비자 니즈나 욕구에 적합한 제품개발을 하는 것 • 생산 또는 판매할 상품에 관한 결정, 상품의 구색 맞추기, 점포구성과 레이아웃 및 콘셉트 설정 등이 핵심업무
비주얼 머천 다이징	• 상품을 보다 효과적으로 표현하여 소비자의 구매를 자극하려는 것 • 상품의 진열이나 장식을 연구하여 매장을 연출하고, 소비자에게 시각적으로 어필하는 것

46 디스플레이의 정의와 목적

정의	판매대의 설비 및 배치, 조명의 배려에 따라 상품을 배열하여 고객의 구매의욕을 자극시키기 위한 판매술
목적	• 고객수의 증가 • 적정이익의 증가 • 계속거래 • 적정이익의 확보 • 종업원의 판매의욕 증진
전제 조건	• 고객은 참다운 욕구나 시대의 요청에 대응 • 고객지향적인 사고와 고객서비스를 염두에 두어야 한다.

47 바코드

개념	가느다란 줄과 굵은 줄 2가지 폭을 가지는 백과 흑의 평행줄로 이루어지는 막대, 여백, 전달 부호줄 및 광학식 문자인식을 위한 자형(0)으로 구성되어 매체상에 인쇄된 표시
효과	• 데이터 입력의 간편화 • 데이터 입력의 에러율 최소화 • 자료 유지 안정 • 다양한 프린터의 사용 • 비용의 감소

48 점포 레이아웃

개념	매장 공간구성 계획을 말하는 것으로 객동선 및 통로·집기·디스플레이 도구와 진열장·상품별 위치 설정 및 진열 등과 건물의 고정시설들이 서로 적절한 연관성을 갖도록 계획하는 것
전제 조건	• 부분별 상품을 매장의 포지션에 따라 적정 할당 및 배치 • 매장 전체가 균형 있게, 전략적으로 배치 • 품목별 매장에 할당할 공간규모를 고객동선과 코트를 고려하여 계획을 수립
기본 원칙	• 근접성 계획(찾아오기 쉽게) • 거품계획(핵심제품은 키워야 한다.) • 블록계획(기초설계 계획)
형태	• 격자형 : 사각형 설계 • 자유형(free flow) : 자유 유동형 • 루프형(loop) : 원형 • 복합형(혼합형)

49 구매심리의 단계와 디스플레이

단계	디스플레이 서비스의 대응방법
주의(고객이 상품에 주목한다)	가격표, 색채, 조명, 음향효과
흥미(관심을 나타낸다)	판매에 대한 어프로치, POP 광고, 세일링 포인트의 강조
연상(상품을 자기 것으로 해서 본다)	사용상의 편리, 희소가치의 소구
욕망	세일링 포인트의 반복, 특매
비교	분류 디스플레이, 가격면에서의 설득, 대량 디스플레이
신뢰	메이커명, 브랜드, 품질의 보증, 서비스
결정	관련 디스플레이, 추가 판매, 고정객화의 유인

50 점포의 의미와 구성요소

의미	점포는 소매유통업 입장에서 보면 고객과 상품이 만나는 장소이므로 기업의 목표실현을 위한 수단으로서 조건을 갖추어야 한다.
구성요소	• 상품의 구성 • 적합한 가격대 • 점포의 입지조건 • 점포 밖에서 볼 때 매력 있는 점포 외관 • 점포의 기본설비와 시설 • 매장배치 • 진열 및 판매수단 • 상품 및 내부 장식물 • 점포 및 판매원들이 풍기는 분위기

51 점포 내 매장관리

판매계획	매출목표 수립과 목표달성을 위한 구체적 전략 수립
조직원 교육	조직원의 업무분장과 역할 등을 분담하여 철저한 고객서비스와 판매대응을 위한 교육실행
발주관리	매장에 필요한 상품을 주문하고, 사이즈별·컬러별·특별 주문상품 등을 고려하여 상품관리
작업관리	매장에 입고된 상품에 대한 진열 및 상품정보에 대한 공유
매장 및 판매관리	고객본위의 판매계획 및 청결도 유지, 직원의 태도 유지
재고관리	판매상품을 고려한 적정재고 관리
이익관리	매장의 이익을 최대한 올리기 위한 노력

52 서비스의 개념과 체크포인트

개념	고객이 구입한 상품이 고객에게 충분한 효용을 줄 수 있도록 하기 위해 판매자가 고객에 대하여 제공하는 일종의 원조
체크 포인트	• 정확한 계산 • 체크아웃 대기시간의 단축 • 체크시간 중 대고객 접객 태도 • 포장 • 명세서 발행 • 불평처리방법 명시 • 판매원의 인상을 좋게 심어줄 것

53 판매의 특성

무형성	고객이 직접 구매라는 과정을 거치지 않고는 이를 평가하는 것이 힘이 든다는 것
이질성	유형적인 제품과 같이 표준화가 어렵고 실제의 성과인 표준치를 측정하거나 개발하는 것 역시 어렵다는 점
비분리성	소유권 이전이 불가능
소멸성	제공시 즉시 사용되지 않으면 존재하지 않으므로, 재고형태로 저장할 수 없는 성질

54 SERVQUAL 모형

의미	서비스(service)의 품질(quality), 즉 서비스에 대한 고객의 만족도를 측정하기 위한 도구
준거기준	• 유형성 : 물리적 시설, 장비, 직원, 자료의 외양 • 신뢰성 : 약속한 서비스를 믿을 수 있고 정확하게 수행하는 능력 • 대응성 : 고객을 기꺼이 돕고 신속한 서비스를 제공하려 하는 것 • 능력 : 필요한 기술의 소유 여부와 서비스를 수행할 지식소유 여부 • 예절 : 일선 근무자의 정중함, 존경, 배려, 친근함 • 신빙성 : 서비스 제공자의 신뢰성, 정직성 • 안전성 : 위험, 의심의 가능성이 없는 것 • 가용성 : 접촉 가능성과 접촉 용이성 • 커뮤니케이션 : 고객들이 이해하기 쉬운 언어로 이야기하고, 고객의 말에 귀기울이는 것 • 고객이해 : 고객의 욕구를 알기 위해 노력하는 것

55 판매원의 역할과 상품관리 효과

판매원의 역할	• 판매활동을 지원하는 역할 • 판매활동을 하기 위한 준비작업과 판매·재고상품 파악 • 고객본위의 서비스 • 매장의 청결 유지 • 상품지식에 대한 숙지 및 안내

상품관리 효과	• 상품관리는 품절상품을 미연에 방지하고, 적정한 재고관리를 지원 • 적정한 재고관리는 자금의 회전율을 높임. • 고객중심의 상품 보유는 소매업의 매출과 직결됨. • 소비자의 분석에 의한 상품관리는 지역특성을 고려할 수 있으며, 상품구색의 기준과 판매의 기준을 설정 • 지속적인 상품전략을 구사해 고객의 구매패턴을 읽을 수 있게 함.

56 POS 시스템의 개념과 기능

개념	주로 소매점포의 판매시점에서 수집한 자료인 POS 데이터를 전체 경로구성원들이 공동으로 온라인 시스템을 통해 이용함으로써 판매관리 등에 실시간으로 빠르게 정보를 이용하는 정보 의사소통방법
기능	• 단품관리 : 상품을 식별화하기 위해 정보를 일정한 약속에 의해 코드화 • 자동판독 : 상품의 포장용기에 표시되어 있는 심벌 표시를 스캐너가 자동적으로 판독 • 판매시점에서의 정보입력 • 정보의 집중관리

57 POS 시스템의 기대 효과

제조업체에 대한 효과	단위별 판매동향에 대한 정보수집과 이를 기초로 한 정보분석, POS 자료와 기타 자료의 교차분석으로 자사제품의 시장정보 및 경쟁력을 파악하고 분석
소매업체에 대한 효과	• 체크아웃의 처리속도가 크게 빨라짐. • 부문화에 따른 인건비를 절감

58 POS 데이터의 분류

상품 데이터	얼마나 많은 양의 상품이 판매되었는가에 관한 금액자료와, 구체적으로 어떤 상품이 얼마나 팔렸는가에 대한 단품자료로 구분해서 수집·분석
고객 데이터	어떤 집단에 속하는 고객인가에 대한 객층자료와 고객 개개인의 구매실적 및 구매성향 등에 관한 개인자료로 구분하여 수집·분석
점포 데이터	특정 점포에서 팔린 품목, 수량, 가격 그리고 판매시점의 판촉 여부 등에 관한 자료
패널 데이터	각 가정단위로 구매한 품목의 수량, 가격 등에 대한 자료

59 마케팅 믹스

의미		• 마케팅 믹스는 목표시장에서의 기업의 목적을 달성하기 위한 통제 가능한 마케팅 변수를 적절하게 배합하는 것 • 특정시점에서 기업이 활용하는 마케팅 변수의 양과 종류를 나타냄. • 목표시장에서 마케팅 목적을 달성하기 위해 활용하는 마케팅 수단·도구·변수의 집합
구성 요소	제품	품질, 성능, 포장, 상표 등
	가격	정가, 할인, 대금결제조건 등
	장소	경로, 입지, 재고 등
	촉진	광고, 인적 판매, 홍보, 판매촉진 등

60 소매업의 가격전략

EDLP 정책	항시 저가정책으로 모든 상품을 언제나 싸게 파는 것
HL (High–Low) 가격정책	적극적으로, 할인된 낮은 가격을 제공하는 가격정책
손실유도 가격정책	특정제품의 가격을 낮게 책정하여 그 품목의 수익성은 하락하지만, 이로 인하여 다른 품목의 매출액 증대로 기업 전체의 이익증대 효과를 얻으려는 가격정책
일물다가격 정책	하나의 동질적인 제품에 대하여 가격을 차별화하여 복수의 가격을 정하는 가격정책

61 판매촉진

개념	마케팅전략 4P(가격 ; Price, 제품 ; Product, 유통 ; Place, 촉진 ; Promotion) 중 하나로, 제품의 유익함을 커뮤니케이션하고 표적시장이 그것을 구매하도록 설득하는 활동
기능	• 정보의 전달 기능 • 설득의 기능 • 상기 기능
촉진 도구	• 광고 : 인쇄광고, 방송광고, 옥외광고, 기타 형태의 광고 • 인적 판매 : 판매 제안, 업계전시회, 인센티브 프로그램 등 • 판매촉진 : 구매시점 전시, 경품, 할인쿠폰, 특별광고물, 실연 등 • 공중관계 : 기자회견, 특별행사 등

62 소비자 촉진수단

견본	소비자에게 소량으로 사용할 수 있는 제품을 제공하는 것
쿠폰	구매자가 특정 제품을 구입할 때 구매자가 할인혜택을 받을 수 있도록 하는 증서
현금반환	구매 후에 가격할인을 해 준다는 것을 제외하고는 쿠폰과 같은 것
가격할인	정가에서 소액 할인된 가격으로 소비자에게 판매하여 절약의 혜택을 주는 것
프리미엄	제품을 구입하는 인센티브로서 무료로 제공하거나 또는 저가로 제공하는 물품
광고용 특별품	소비자에게 선물로 주는 것으로 광고주명이 새겨진 이용하기 쉬운 품목으로 펜, 달력, 열쇠고리, 성냥, 쇼핑백, T셔츠, 모자 등의 제품
단골손님 에 대한 보상	정기적으로 사용하는 고객에게 주어지는 현금 또는 다른 보상을 말함.
구매시점 촉진 (POP)	구매시점 또는 판매시점에 발생하는 구매시점 진열 및 전시로 되어 있음.

63 POS 광고

개념	소비자의 구매가 주로 이루어지는 곳에 상품의 구매를 유도할 목적으로 설치된 여러 형태의 광고물
목적	• 구매시점 광고로서 소매상의 점두나 점내를 활용하여 판촉활동을 수행하는 점내광고 • 자신의 대량광고를 판매시점에 접목시킬 목적으로 작성
주의사항	• 명확한 상품의 특징이나 가격의 소구 • 왜 사야 되는가의 이유의 명시 • 매스컴 상품의 경우는 메이커 브랜드의 이용을 충분히 고려할 것 • 시즌이나 겨냥하는 목표에 따라서 카드의 색, 사이즈, 표현방법을 적당히 할 것 • 점포의 개성에 매치될 것 • 효과에 대한 평가

64 POP 광고의 기능과 종류

기능	상품에 대한 설명, 판매보조, 매장안내, 판매효율의 제고, 점내 분위기 형성, 광고 및 PR의 보조역할 등
종류	• 창진열(window display), 계산대(카운터) 위의 진열, 시계 등 • 마루에 세운 스탠드 및 장식물, 대형 또는 실물형의 포장 견본, 상품진열을 위한 진열상자, 시계의 태엽이나 전기·전자장치로 움직이도록 하는 진열 등 • 거울·유리창문 등을 이용한 전사화법, 각종 깃발, 그림 틀, 벽장 장식물 등 • 영화, 슬라이드, 포스터, 사인, 카드, 회화의 복사·복제 등 • 순회진열 등

65 고객 대기와 대기 요령

고객 대기	언제, 어떠한 경우에도 고객을 맞이할 수 있는 준비와 마음가짐이 되어 있는 상태

대기과정에서 실수하기 쉬운 사항	• 고객을 흘긋흘긋 쳐다본다. • 한 곳에 여러 명이 몰려 있다. • 고객을 보고 웃거나 수군수군 이야기한다. • 무관심한 표정으로 손님을 쳐다본다. • 손님이 오는데 큰소리로 이야기한다. • 매대나 행거, 기둥 등에 기대고 있다. • 주간지나 다른 서적을 보고 있다. • 주머니에 손을 넣거나 팔짱을 끼고 있다.

66 판매에 있어서 접근

개념	판매를 시도하기 위해서 고객에게 다가가는 것, 즉 판매를 위한 본론에 진입하는 단계
목적	• 고객의 경계심을 빨리 제거하고 편안하게 느낄 수 있도록 하는 것 • 고객과의 대화가 시작된다면 곧 고객한테서 호감과 신뢰감을 획득하는 것 • 활발한 대화를 통하여 고객이 어떤 동기를 갖고 있는지, 또 그의 욕구와 필요가 무엇인지 찾아내는 것

67 경청의 의미와 목적

의미	고객에 의해서 표현된 감정을 확인하고, 그 내용을 파악하고 정의하며, 정확하게 반응하는 능력
목적	• 고객의 필요와 욕구의 파악 • 고객으로부터의 신뢰감 획득 • 고객의 욕구 충족을 도와주는데 집중할 수 있는 적절한 상품의 선택 및 설명의 기회 포착과 이를 통한 구매 결정의 시간 단축

68 판매 포인트(Selling Point)

개념	자사제품과 경쟁제품 간의 비교점을 제시하며 경쟁제품이 가진 단점을 언급하거나, 제품이나 서비스가 지니고 있는 특징, 성격, 품격 가운데서 사용자에게 편의나 만족감을 주는 것

작성 요령	• 설명문이 되지 않도록 고객의 관심을 끌만한 간단한 문구로 제시 • 소비자가 그 상품에 대해 무엇을 요구하고 있는가를 연구하여 그것을 판매 포인트로 강조 • 고객의 구매욕망 환기의 효과적인 방법 : 상품의 이름 → 특징 → 역할 → 이익(가치)순으로 포인트를 제시

69 포장의 목적과 형태

포장의 목적	• 상품의 보호　　• 선물가치 증진 • 취급상의 편리　• 상품의 관리 • 판매의 촉진　　• 재구매 유도
포장의 형태	• 기초포장 • 운송포장 • 2차 포장 • 표찰 : 포장의 겉면에 부착되어 제품정보 제공
포장 디자인의 일반적 조건	• 제품의 특성을 포장에 의해서 충분히 강조할 것 • 보는 사람의 주의를 끌 수 있는 색채계획을 할 것 • 제품의 특징을 색채에 의해서 강조할 것 • 식료품의 포장은 청결하게 해서 식욕을 돋우게 할 것 • 기업이미지와 부합되게 할 것 • 포장디자인에 대한 소비자의 반응테스트는 사전에 실시할 것 • 경쟁상품과 명확하게 구분이 되는 색채와 디자인을 고안할 것 • 디자인과 색채는 조형적으로 아름답고 조화가 이루어지게 할 것

70 고객과 고객심리

고객	자사의 제품을 구입하는 것이 습관화되어 있는 사람들
고객심리	고객응대 서비스 종사자는 고객의 마음을 읽고 기본심리를 존중하여 서비스하는 것이 중요
구매행동 7단계	주의 → 흥미 → 연상 → 욕망 → 비교 → 신뢰 → 결정

71 Maslow의 욕구 5단계

생리적 욕구	굶주림, 갈증, 성, 수면, 활동성, 감각적 만족 등의 신체기관의 모든 생리적 욕구 포함(급여, 작업환경의 개선)
안전욕구	신체적·심리적 불안의 원인이 되는 위협으로부터 안전 및 안정을 얻으려는 욕구(연금, 의료보험, 고용, 경력보장 등)
사회적 요구	정서적 애정, 우정 등 다른 사람과의 관계욕구(동료, 상사와의 관계, 소속감)
존경욕구	타인으로부터 존경받기 바라는 욕구(성실한 직무에 따른 적절한 보상)
자아실현 욕구	자기완성에 대한 갈망, 자신의 잠재력을 발휘하고 실현하고자 하는 경향(직원의 몰입, 자기개발프로그램 등)

72 고객관리

개념	정보기술을 기반으로 영업, 마케팅, 고객서비스 영역의 프로세스를 자동화하고 개선시키는 프로세스
목적	시장환경의 변화에 대응하여 고객활동의 개선을 통해, 고객과의 관계를 강화시켜 평생고객으로 발전시키고자 하는 것
고객카드 작성시 주의사항	정확한 기재, 사용의 편리성, 추가기재의 가능, 전체 구성원의 사용 가능, 미래를 고려한 작성 등

73 고객관계관리(CRM)

개념	고객에 대한 매우 구체적인 정보를 바탕으로 개개인에게 적합하고 차별적인 제품 및 서비스를 제공하는 것
특징	• 고객지향적 특징 • 장기적인 이윤추구 • 고객과 기업의 윈-윈(win-win)단계 • 정보기술의 활용 • 쌍방향 커뮤니케이션 • 조직통합적 활동
효과	• 시장성 향상 • 애호도(loyalty)의 향상

74 MOT의 개념과 특징

개념	고객과 기업이 접촉하는 '결정적인 순간'을 표현하는 것으로, 기업의 생존이 결정되는 순간
중요성	• 고객과의 많은 접점에서 단 한 가지라도 나쁜 인상을 준다면 그것으로 고객은 기업의 이미지를 결정 • 서비스 기업의 최고의 목표는 최고의 고객서비스이므로 가장 우선적으로 고객과 기업의 접점에 대한 배려가 중요
목표	접점의 관리를 통해 고객이 우리 기업을 선택한 것이 최선의 대안임을 증명할 수 있도록 하는 것
권한 위임	고객과의 접점에서 종업원의 신속한 대응을 위해 필요
고객에 대한 배려	기업이 세부적인 점까지 신경을 쓰고 있다는 사실을 고객이 느낄 수 있도록 하는 것
MOT 개선시 고려사항	처음부터 탁월하게 수행하는 것도 중요하지만, 서비스의 불량 발생시에 빠른 회복은 역전의 기회

75 전화응대 예절 원칙

① 전화 이전에 스마일이 우선이다.
② 전화대화의 테크닉을 기른다.
③ 전화는 즉시 받는다.
④ 신원을 확실하게 밝힌다.
⑤ 매너와 에티켓을 지킨다.
⑥ 간결하고 알아듣기 쉽게 말한다.
⑦ 목소리의 높낮이와 억양에 신경을 쓴다.
⑧ 상대방의 이야기를 경청한다.
⑨ 항상 메모하는 습관을 가진다.
⑩ 고객을 응답 없이 내버려두지 않는다.
⑪ 통화의 마무리가 중요하다.
⑫ 감정을 관리한다.

76 고객만족의 정의

① 고객의 다양한 욕구를 충족해 주는 것이다.
② 고객이 기뻐하는 것을 보고 나 자신도 기쁨과 보람을 느끼는 것이다.
③ 고객이 상품이나 서비스를 경험하면서 갖는 즐거움이나 행복을 의미한다.
④ 상품과 서비스가 고객의 기대와 욕구를 충족시킨 결과로 상품의 재구매가 이루어지고, 신뢰를 바탕으로 한 계속적인 거래관계가 지속되는 상태를 의미한다.
⑤ 고객과 직원 모두에게 이익이 되고 가치가 있는 것이다.
⑥ 고객의 마음마저 만족시키는 정성과 노력을 기울이는 것이며, 고객의 마음을 움직여서 유·무형의 무엇인가를 제공하는 것이다.
⑦ 고객만족은 물적 부분과 심적 부분으로 구분할 수가 있다. 물적 부분에서는 고객만족이란 제품의 물리적 특성을 말하고, 심적 부분에서 고객만족이란 제품 이외의 서비스에 관련된 만족이다.

77 고객만족의 기본 3요소

상품 요소	• 상품의 Hard 가치 : 품질, 기능, 성능, 효율, 가격 • 상품의 Soft 가치 : 브랜드, 디자인, 컬러, 향기, 편리성, 사용설명서
서비스 만족	• 점포이미지 : 호감도, 쾌적한 분위기, 첫인상, 친절도 • 응대서비스 : 인상, 성격, 판매태도, 상담기술, 판매기법, 상품지식, 사후관리 • 불만처리 : 마음가짐, 태도, 신속성, 처리방법
기업 이미지 만족	• 호의적 이미지 : 기업윤리, 종업원 성향, 홍보이미지 • 신뢰도 : 경영안전성, 사업연혁, 기술능력 • 사회공헌활동 : 문화 활동, 지역주민과의 우대, 사회복지 활동

78 고객충성도 관리

개념	특정한 제품에 대한 고객들의 정열적인 관심도와 높은 호응도
충성도 높은 고객 형성 7단계	• 1단계 : 구매용의자는 언제 어디서든지 자사의 제품을 구매할 수 있는 불특정 다수인을 지칭하는 말이다. • 2단계 : 구매가능자는 이미 간접적으로 우리 제품에 대한 정보를 획득하여 좋고 나쁨을 알고 있기 때문에, 언젠가는 우리 제품을 구입하여 사용할 가능성이 아주 높은 사람을 말한다. • 3단계 : 제외잠재자는 구매가능자 중에서 그 제품에 대해서 호의적이나 구매능력이 없는 자로서 목표고객에서 제외해도 무리가 없는 사람을 말한다. • 4단계 : 최초구매고객은 첫 번째로 우리 제품을 구입한 것이 아니라, 어느 누구든 관계없이 1회는 우리 제품을 구매하는 경우를 말한다. • 5단계 : 반복구매고객은 우리 제품을 최소 2번 이상 구매하여 사용한 사람들을 말하지만, 엄밀히 말하면 우리 회사 제품을 2회 이상 구매한 것을 말한다. • 6단계 : 단골고객은 우리와 강력하고 지속적인 유대관계를 유지하고 경쟁사의 현혹에도 전혀 동요되지 않는 강력한 믿음이 지속되고 있다. • 7단계 : 지지고객은 단골고객 중에서 우리 제품에 대한 옹호도가 최고로 큰 고객을 말한다.

79 컴플레인의 개념과 상담의 원칙

개념	고객이 상품을 구매하는 과정에서 또는 구매한 상품에 관하여 품질·서비스·수량 등을 이유로 불만을 제기하는 것
상담 원칙	• 고객 입장의 존중 • 관점 표명과 고객 위주 • 설명하려 들지 않을 것 • 상담자의 개인감정 표출은 금물 • 고객의 가치관을 바꾸려 하지 않을 것
중요성	고객의 컴플레인을 이해함으로써 고객에 대한 정확한 사실과 정보를 얻을 수 있음.

80 컴플레인 처리방법

처리 방법	• 고객의 불평사항을 잘 듣는다. • 원인을 분석한다. • 해결책을 마련한다. • 해결책을 전달한다. • 결과를 검토한다.
MTP법	• 사람(man)을 바꾼다 : 판매담당자 → 판매관리자 • 시간(time)을 바꾼다 : 즉각 처리 → 충분한 시간(냉각기간)을 두고 처리 • 장소(place)를 바꾼다 : 판매장소 → 사무실·소비자 상담실
유의 사항	• 고객은 독특성을 지닌 인간으로서, 존중하는 태도를 갖는다. • 고객은 근본적으로 선의를 가지고 있다고 믿는다. • 고객의 입장에서 성의 있는 자세로 임한다. • 고객에 대한 선입관을 갖지 않는다. • 상대방에게 동조해 가면서 긍정적으로 듣는다. • 친절하고 상냥하며 침착하게 응한다. • 고객의 잘못을 책망하지 않는다. • 품위를 지키며, 평이한 언어를 사용한다. • 감정적 표현, 노출을 피하고 냉정하게 검토한다. • 논쟁이나 변명은 피한다. • 잘못된 점을 솔직하게 사과한다. • 설명은 사실을 바탕으로 명확하게 한다. • 내부사정을 이유로 말하지 않는다. • 신속하게 처리한다.

1 과목

유통상식

Chapter

01 유통의 이해

01 유통의 기본 개념과 물류

1 유통의 의미와 분류

(1) 유통의 의미

① **유통(Distribution):** 유통은 생산자가 만든 재화와 용역(서비스)이 소비자에게 전달될 때까지의 모든 활동 과정을 말한다.

② **유통관리의 뜻:** 유통관리란 재화와 용역(서비스)이 생산자로부터 소비자에게로 전달되는 과정에서 발생하는 여러 기능들이 효과적이면서 효율적으로 수행될 수 있도록 조절하고 통제하는 활동을 말한다.

③ **유통관리의 목적:** 유통관리의 목적은 수송·보관·하역·포장·유통 가공 등을 효율적으로 관리하여 고객에 대한 서비스를 향상시키고, 유통비용을 절감시키며, 매출의 증대와 가격의 안정화를 꾀하는 데 있다.

기출문제확인

유통에 대한 설명으로 옳지 않은 것은?

① 유통은 유통대상이 생산자로부터 최종 소비자에게 전달되는 과정이다.

② 유통은 생산과 소비 활동에 직접적인 영향을 준다.

③ 유통은 분업이 발달하면서부터 그 적용범위가 더욱 넓어졌다.

④ 유통은 상품의 효용가치를 높이기 위한 방법이므로 서비스는 유통의 대상에 해당되지 않는다.

⑤ 유통은 생산자와 소비자 사이에 존재하는 불일치를 해소하는 데 목적을 두고 있다.

해설

효용 중심의 유통 정의에서, 유통이란 생산자로부터 소비자에게 재화 및 서비스를 이전시키는 장소, 시간 및 소유의 효율성을 창조하는 활동이다. 따라서 서비스도 유통의 대상이다.

정답 ④

(2) 유통의 분류

① **상적 유통(Commercial Distribution)**: 상거래 계약을 체결하고 상품대금을 지급하여 재화의 소유권이 판매자로부터 소비자에게 이전되는 흐름 등을 총칭하여 상적 유통, 즉 상류(商流)라고 한다. 즉, 생산자로부터 상품을 매입하여 소비자에게 판매함으로써 상품의 소유권을 이전시키는 매매활동을 말한다.

② **물적 유통(Physical Distribution)**: 상적 유통에 의해 수반되는 상품의 물리적 이동과정에서 시간 및 장소 효용을 창출하는 활동으로 운송과 보관 활동이 중심이 되며, 이들 활동을 보조해 주는 포장, 하역, 유통 가공 등을 포함한 모든 활동을 말한다.

③ **금융적 유통**: 상품의 생산과 소비 간에 경제적 거리를 조정하여 유통을 원활히 하기 위한 과정에서 발생하는 위험부담이나 필요한 자금융통, 거래대금 등의 이전 활동을 말한다.

④ **정보 유통**: 거래되는 제품에 대한 정보를 제공하거나 물적 유통의 기능 사이에 흐르는 정보를 원활하게 하여 고객에 대한 서비스를 향상시키는 활동이다.

> **더 알고가기** 학자별 유통기능의 분류
>
> 1. **쇼(A. W. Shaw)의 분류**
>   ① 위험부담기능, ② 경영금융기능, ③ 재화수송기능, ④ 판매기능, ⑤ 수집·분류·재발송 기능 등
> 2. **클라크(F. E. Clark)의 분류**
>   ① 교환기능, ② 실질적 공급기능, ③ 보조적 기능 등`

2 유통의 역할과 기능

(1) 사회·경제적 역할로 분류된 유통

유통은 생산과 소비 사이에 발생하는 사회적·장소적·시간적인 불일치를 해소시켜 생산과 소비의 수급을 결합시키는 역할을 수행한다.

① **사회적 불일치 해소**: 생산과 소비 사이에는 생산자와 소비자가 별도로 존재한다는 사회적 불일치가 있다. 그러나 유통은 생산과 소비 사이에 발생하는 사회적인 간격을 해소시켜 주는 역할을 한다.

② **시간적 불일치 해소**: 생산과 소비의 사이에는 생산 시기와 소비 시기의 차이라는 시간적 불일치가 있다. 즉, 생산 시기와 소비 시기의 시간적인 차이를 해소하기 위하여 보관 등의 유통이 필요하다.

③ **장소적 불일치 해소**: 생산과 소비 사이에는 상품이 생산되는 생산지와 소비되는 소비지가 서로 다르다는 장소적 불일치가 있다. 즉, 유통은 생산지와 소비지 사이의 장소적인 차이를 해소시키는 역할을 한다.

(2) 유통의 기능

① 매매기능: 유통에는 생산자로부터 상품을 구입하여 소비자에게 상품을 판매함으로써 상품의 소유권을 이전시키는 매매기능이 있다.

② 운송기능: 상품의 생산지역과 소비지역이 달라 발생하는 장소적 불일치 문제를 극복해 주는 기능이다.

③ 보관기능: 상품의 생산 시기와 소비 시기가 달라 발생하는 시간적 불일치 문제를 극복해 주는 기능이다.

④ 금융기능: 상품의 생산과 소비 간의 경제적 거리를 조정하여 사회적 유통을 원활히 하기 위해 생산자금 융통, 신용판매, 할부판매 등 매매활동을 촉진하는 기능이다.

⑤ 위험부담(보험)기능: 상품흐름에 관여된 보관이나 운송 중 발생할 수 있는 화물의 멸실이나 훼손에 대해, 적하보험을 통해 화주와 유통업자를 보호함으로써 유통활동을 촉진하는 기능이다.

⑥ 정보통신기능: 거래되는 제품에 대한 정보를 제공하거나 물적 유통의 기능 사이에 흐르는 정보를 원활하게 하여 서비스를 향상시키는 활동이다.

⑦ 표준화기능: 수요·공급의 품질적 차이를 조절하여 거래 과정에서 거래 단위, 가격, 지불 조건 등을 표준화시키는 기능이다.

기출문제확인

유통의 의미와 역할에 대한 설명 중 가장 올바르지 않은 것은?

① 유통은 생산과 소비 사이에 개입하는 과정이며 유통흐름을 통해 생산과 소비를 연결한다.

② 유통기능은 거시적인 유통시스템 전체의 작동에 필요한 활동과 미시적인 유통기관의 활동을 연결한다.

③ 유통흐름의 핵심은 상품의 소유권과 상품 그 자체가 생산부문에서 소비부문으로 시간, 지리, 공간상의 제약을 뛰어넘어 이전되는 것이다.

④ 유통기능에는 소유권기능, 위험부담기능, 정보전달기능, 물류기능이 있으며 한 유통기관이 두 개의 기능을 수행하기는 어렵다.

⑤ 소유권, 위험부담, 정보전달, 물적 유통 등의 각 기능을 수행하는 정도는 유통기관에 따라 다르다.

해설
한 유통기관이 복수의 유통기능을 수행할 수 있다.

정답 ④

3 유통 담당자

(1) 상적 유통의 담당자

① 소매업: 제조업자나 도매업자로부터 구입한 재화를 최종 소비자에게 판매하는 것을 주된 목적으로 하는 유통업이다.

② 도매업: 도매업은 제조업자와 소매업자의 사이를 연결하는 역할을 1차적인 목적으로 하되, 상품의 수요와 공급을 원활하게 유지하여 소매업자나 소비자에게 상품을 공급하는 역할을 수행하고 있다.

(2) 물적 유통의 담당자

① 운송업자: 운송로에 따라 운송을 담당하는 주체를 운송기관이라 하고, 제조업자 또는 도매업자와 소매업자 사이의 공간적인 차이를 해소시키기 위하여 운송로에 따라 운송을 담당하는 자를 말한다.

② 창고업자: 재화를 소비 시기까지 보관할 목적으로 보관시설인 창고를 소유하고 상품을 보관하는 업무를 창고업이라 하는데, 제조업자와 최종 소비자 사이의 시간적 불일치를 극복할 수 있게 해준다.

(3) 금융적 유통의 담당자

① 금융업자: 금융업자는 자금을 대여함으로써 유통기능을 원활하게 하는 업무를 담당한다.

② 보험업자: 보험업자는 유통과정상 발생할 수 있는 재화에 대한 화재나 사고 등으로 인하여 발생할 수 있는 재산상의 손실에 대하여, 일정한 금액의 보험금을 보상해 줌으로써 유통활동을 안전하게 하는 업무를 담당한다.

(4) 정보통신의 담당자

① 정보처리업: 유통활동에 관련된 여러 정보를 분석·처리하여 그 정보를 활용할 수 있도록 효율적으로 관리하는 업무를 담당한다.

② 통신업: 생산지나 소비지 사이에 상품의 생산, 소비, 금융, 가격 변동 등에 관련된 여러 정보를 컴퓨터나 인터넷 등을 이용하여 상대방에게 신속하고 정확하게 전달하는 기능을 수행하여 상품의 교환이 유리하게 이루어지도록 한다.

기출문제확인

현대 유통산업 보조자의 기능에 대한 설명으로 옳은 것은?

① 보험업자는 유통과정상 발생할 수 있는 재화에 대한 화재나 사고 등으로 인하여 발생할 수 있는 재산상의 손실을 보전함으로써 안전한 유통업무를 보장한다.

② 통신업자는 제조업자와 도매업자 사이의 거리, 제조업자와 소매업자 사이의 공간적인 차이를 해소시키기 위하여 운송로에 따라 운송을 담당하는 자를 말한다.

③ 머천다이저는 생산이나 소비 사이에서 발생할 수 있는 장소적인 불일치를 해소하여 제조업자와 최종 소비자 사이의 장소적 불일치를 극복할 수 있게 해준다.

④ 운송업자는 상품의 수요와 공급을 원활하게 예측하여 소매업자나 소비자에게 상품을 공급하는 데 부족함이 없도록 역할을 수행한다.

⑤ 창고업자는 거리 간의 차이로 인한 정보의 불확실성에 따른 여러 정보를 컴퓨터나 인터넷 등을 이용하여 상대방에게 신속하고 정확하게 전달하는 기능을 수행한다.

해설
② 운송업자, ③ 운송업자, ④ 도매업자, ⑤ 통신업자

정답 ①

02 유통경로 및 유통구조

1 유통경로의 개념

(1) 유통경로의 정의

① 제품이나 서비스는 다양한 경로를 거쳐 최종 고객에게 전달되거나 소비되고 있는데, 유통경로(Distribution Channel)는 어떤 상품을 최종 구매자가 쉽게 구입할 수 있도록 만들어주는 과정을 말한다.

② 생산자와 소비자 사이에는 상품의 유통을 담당하는 여러 종류의 중간상들이 개입하게 되는데, 이러한 중간상에는 도매상, 소매상과 같이 소유권을 넘겨받아 판매차익을 얻는 형태도 있지만, 생산자의 직영점이나 거간과 같이 소유권의 이전 없이 단지 판매활동만을 하거나, 그것을 조성하는 활동만을 수행하는 형태도 있다.

③ 유통경로는 '생산자 → 각종 중간상 → 소비자'로 표현할 수 있다.

(2) 유통경로의 중요성

① 제조업자의 유통경로에 관한 의사결정은 기업이 제품이나 서비스를 그들의 표적시장에 효율적으로 도달시키는 방법으로, 다른 마케팅 활동에 직접적인 영향을 미친다.

② 유통경로는 다른 마케팅 믹스 요소와는 달리 한 번 결정되면 다른 유통경로로의 전환이 용이하지 않기 때문에 유통경로의 결정과 관리는 신중해야 한다.

③ 중간상이 창출하는 효용, 유통경로의 길이, 기업의 합리적 유통경로 결정 등은 기업의 경쟁력에 큰 영향을 주고, 나아가서는 국가경제에도 영향을 미친다.

(3) 유통경로상의 흐름

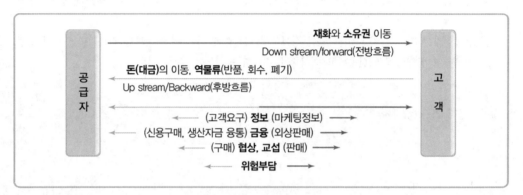

① 전방흐름(순방향, Forward, Down Stream: 소비자 방향)

    ㉠ 물적 흐름: 생산자로부터 소비자까지의 상품과 서비스의 이동

    ㉡ 촉진 흐름: 광고, 판촉 등 판매촉진활동의 흐름

    ㉢ 소유권 흐름: 유통기관으로부터 다른 기관 주체로의 소유권 이전

② 후방흐름(역방향, Backward, Up Stream: 생산자 방향)

    ㉠ 대금 흐름: 상품 구입에 따른 구입비용의 지불

    ㉡ 물적 흐름 중 역물류: 반품, 회수, 폐기

③ 양방향 흐름

    ㉠ 금융적 흐름

        ⓐ 외상판매 → 하류, 전방흐름

        ⓑ 생산자금 융통, 신용매출 → 상류, 후방흐름

    ㉡ 정보적 흐름

        ⓐ 생산자의 마케팅 및 상품과 서비스, 지원정보는 고객에게로 → 전방흐름

        ⓑ 소비자의 수요정보(고객의 요구, 희망사항, 문제점)는 경로구성원을 거쳐 생산자에게로 → 후방흐름

(4) 유통경로 설계 시 고려할 사항

① 제품의 특성

② 제품의 다양성

③ 환경의 특성

④ 자사의 특성

⑤ 대기시간

⑥ 유통경로의 목표설정

⑦ 경쟁기업의 특성

⑧ 구매 가능한 제품의 최소단위

⑨ 중간상의 특성

⑩ 고객이 기대하는 서비스 분석

⑪ 점포숫자의 분포

기출문제확인

유통경로에 대한 설명으로 옳지 않은 것은?

① 제품이나 서비스가 생산자로부터 소비자에 이르기까지 거치게 되는 단계이다.

② 유통경로는 시장에서의 총거래수를 감소시키고 거래를 촉진시킨다.

③ 지리적, 시간적, 정보적 장애를 극복하여 생산자와 소비자 간에 원활한 거래가 이루어지도록 한다.

④ 거래과정에서 제품, 지불조건 등을 표준화시켜 시장에서 거래를 용이하게 한다.

⑤ 소비자의 요구와 시장의 유행 그리고 소요비용 및 마진에 따라 수시로 신속한 유통경로 수정전략이 가능하다.

해설

유통경로상 중간상과의 거래는 지속적인 거래를 염두하여 장기계약을 하게 되므로 신속한 전략수정이 힘들어진다.

정답 ⑤

---

2 유통경로의 유용성

(1) 유통경로에서 중간상의 필요성

① 총거래수 최소의 원칙(Principle of Minimum Total Transaction): 생산자와 소비자가 직거래하는 것보다 중간상이 개입하면 효율적이어서, 총거래수가 줄어 실질적인 비용감소와 더불어 거래의 효율성을 가져온다는 원칙이다.

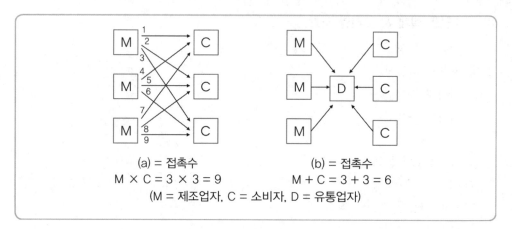

(a) = 접촉수
M × C = 3 × 3 = 9

(b) = 접촉수
M + C = 3 + 3 = 6

(M = 제조업자, C = 소비자, D = 유통업자)

┃ 총거래수 최소의 원리 ┃

② **집중준비의 원칙(Principle of Massed Reserve)**: 중간상이 2명의 생산자의 제품을 수집하여 구색을 갖추어 저장하면, 2명의 생산자가 각각 재고를 가지고 있는 것보다 재고비용을 절감할 수 있다. 더불어, 소비자의 구매 선택을 용이하게 도와주어 판매촉진 효과도 얻을 수 있다. 이러한 원칙이 집중준비의 원칙이다.

③ **분업의 원리**: 유통업에서도 제조업에서와 같이 유통경로상 수행되는 수급조절기능, 보관기능, 위험부담기능, 정보수집기능 등을 생산자와 유통기관이 상호 분업의 원리로써 참여한다면 보다 사회적 경제성과 능률성을 제고시킬 수 있다는 원리이다.

④ **변동비우위의 원리**: 유통분야에서는 제조업과는 다르게 변동비의 비중이 상대적으로 커서 제조분야와 유통분야를 통합하여 판매하여도 큰 이익을 기대하기 어려우므로, 무조건 제조분야와 유통분야를 통합하여 대규모화하기보다는 제조업자와 유통기관이 적당히 역할을 분담한다면 비용면에서 훨씬 유리하다는 원리이다.

 **기출문제확인**

유통경로의 필요성으로 보기 어려운 것은?

① 거래의 단순화　　　　　　　② 정보탐색의 용이성

③ 구색맞춤(분류기능)　　　　　④ 총거래수 최소화

⑤ 소품종 대량생산 가능

해설
소품종 대량생산과 유통경로의 필요성과는 거리가 멀다.

정답 ⑤

(2) 중간상의 분류기능

① **분배(Allocation, 할당)**: 동질적인 제품을 소량의 단위로 축소하는 기능
② **집적(Accumulation)**: 다양한 공급원으로부터 소규모로 제공되는 동질적인 제품들을 모아 대규모로 공급하는 기능
③ **분류(Sorting-Out)**: 이질적인 제품들을 동질적인 몇 개의 제품군으로 조정하는 기능
④ **구색화(Assorting)**: 상호 연관성이 있는 제품들로 일정한 구색을 갖추어 함께 취급하는 것

(3) 유통경로의 효용

① **시간효용(Time Utility)**: 생산과 소비 간의 시간적 차이 극복을 통하여 고객이 원하는 시기에 필요한 상품을 구매할 수 있게 해주는 효용이다.
② **장소효용(Place Utility)**: 생산지와 소비지의 공간적 차이를 극복하는 효용이다.
③ **소유효용(Possession Utility)**: 생산자로부터 소비자에게 재화나 서비스가 거래되어 그 소유권이 이전되는 과정에서 발생되는 효용이다.
④ **형태효용(Form Utility)**: 대량생산된 상품을 소비지에서 적절한 수량으로 분할·분배함으로써 생기는 효용이다.

(4) 유통경로의 마케팅 기능

① **소유권 이전기능**: 유통에는 생산자로부터 상품을 구입하여 소비자에게 상품을 판매함으로써 상품의 소유권을 이전시키는 매매기능이 있다.
② **물적 유통기능**: 물적 유통기능에는 상품의 생산지역과 소비지역이 달라 발생하는 장소적 불일치 문제를 극복해 주는 운송기능과, 상품의 생산 시기와 소비 시기가 달라 발생하는 시간적 불일치 문제를 극복해 주는 보관기능 및 포장, 하역 등의 기능이 있다.
③ **유통 조성기능**: 유통에는 물류가 원활하게 흐르도록 상인에게 자금을 조달하고 위험을 부담하며 정보를 전달하는 유통 조성기능이 있다. 이로 인해 유통이 생산자와 소비자 사이에서 그 기능을 다 함으로써 생산자는 생산에만, 소비자는 소비에만 전념할 수 있다.
  ㉠ **표준화 기능**: 거래과정에서 거래 단위, 가격, 지불 조건 등을 표준화한다.
  ㉡ **시장금융기능**: 고객에게 신용으로 판매하는 것과 같이 유통기관이 외상거래, 어음발행, 담보, 할부판매 등의 시장금융활동을 함으로써 생산자와 소비자 간의 원활한 마케팅 기능을 도모한다.
  ㉢ **위험부담기능**: 유통과정에서 발생하는 물리적 위험과 경제적 위험을 유통기관이 부담함으로써 소유권 이전과 물적 유통기능이 원활히 이루어지도록 해준다. 제품의 진부화, 손실, 분실, 변질의 손해를 부담한다.

 ② 시장정보기능: 기업이 필요로 하는 소비자 정보와 소비자가 필요로 하는 상품정보를 수집·제공함으로써, 정보적으로 격리되어 있는 양자를 가깝게 유도하여 거래가 촉진될 수 있도록 해준다.

더 알고가기 유통활동에서의 촉진전략

- **푸시(Push) 전략**: 도매상이나 소매상을 대상으로 지원금이나 할인판매와 같은 촉진수단을 사용하는 전략
- **풀(Pull) 전략**: 소비자를 대상으로 TV 광고 등을 통해 촉진활동을 수행하는 전략

더 알고가기 마이클 포터의 가치사슬

1. **가치사슬(Value Chain)**: 기업활동에서 부가가치가 생성되는 과정을 의미한다. 1985년 미국 하버드 대학교의 마이클 포터(M. Porter)가 모델로 정립한 이후 광범위하게 활용되고 있는 이론 틀로서, 부가가치의 창출에 직접 또는 간접적으로 관련된 일련의 활동·기능·프로세스의 연계를 의미한다.
2. **포터(M. Porter)의 가치창출활동 구분**
   ① **본원적 활동(Primary Activities)**: 물류투입(IL; Inbound Logistics), 운영/생산(OP; Operations), 물류산출(OL; Outbound Logistics), 마케팅 및 영업(M&S; Marketing & Sales), 서비스(Services) 활동이 이에 포함되며, 제품/서비스의 물리적 가치창출과 관련된 활동들로서 직접적으로 고객에게 전달되는 부가가치의 창출에 기여하는 활동들을 의미한다.
   ② **지원활동(Support Activities)**: 회사 인프라(Firm Infrastructure), 인적자원관리(HRM), 기술개발(Technology Development), 구매조달(Procurement)이 이에 포함되며, 본원적 활동이 발생하도록 하는 투입물 및 인프라를 제공한다. 지원활동들은 직접적으로 부가가치를 창출하지는 않지만, 이를 창출할 수 있도록 지원하는 활동들을 의미한다.
   ③ 기술개발은 지원활동에 포함된다.

(5) 유통경로의 사회적·경제적 기능

① 교환과정의 촉진
② 소비자와 제조업자의 연결
③ 고객서비스 제공
④ 정보제공
⑤ 제품구색 불일치의 완화
⑥ 거래의 표준화
⑦ 쇼핑의 즐거움 제공

(6) 마케팅경로 구성원이 수행하는 기능

① 정보: 마케팅 조사 자료와 정보를 수집하고 배포
② 촉진: 제품과 서비스에 대한 커뮤니케이션 개발

③ 접촉: 잠재 고객 탐색

④ 조정: 잠재 고객의 요구조건을 수용

⑤ 협상: 제품과 서비스에 대한 가격과 기타 조건에 대한 합의 도출

기출문제확인

유통경로의 사회적 · 경제적 기능으로 가장 보기 어려운 것은?

① 교환과정의 촉진 ② 제품구색의 불일치 완화

③ 제조업자와 소비자 간의 연결 ④ 고객서비스 제공

⑤ 거래의 다양화를 통한 소유권 이전

해설

유통경로의 기능

• 사회 · 경제적 기능: 교환과정의 촉진, 제품구색 불일치의 완화, 소비자와 제조업자의 연결, 거래의 표준화, 고객서비스 제공, 정보제공, 쇼핑의 즐거움 제공

• 마케팅 기능: 소유권 이전기능, 물적 유통기능, 조성기능(표준화, 시장금융, 위험부담, 시장정보)

정답 ⑤

더 알고가기 규모의 경제와 경험곡선 효과

• **규모의 경제**: 생산량이 증가하면 고정비가 감소하게 되고, 원가가 줄어든다는 것

• **경험곡선 효과**: 누적생산량이 늘어날수록 투입원가가 줄어드는 현상으로 학습효과라고도 한다.

3 유통경로 기본 구조의 내용

(1) 소비재 유통경로

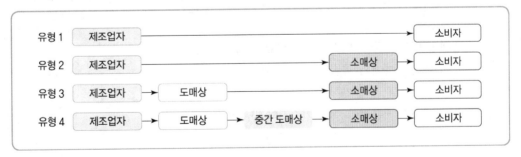

① 유형 1: 제조업자가 직접 소비자에게 판매하는 형태(직접 유통경로)

② 유형 2: 소매상이 개입되는 형태(간접 유통경로)

③ 유형 3: 도매상과 소매상이 개입되는 가장 전형적인 유형(간접 유통경로)

④ 유형 4: 세 단계의 중간상이 개입된 형태(간접 유통경로)

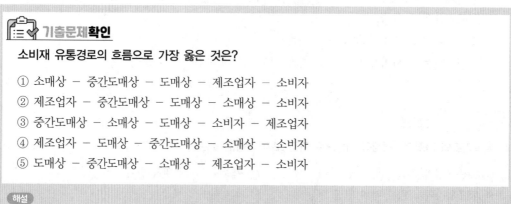

기출문제확인

소비재 유통경로의 흐름으로 가장 옳은 것은?

① 소매상 - 중간도매상 - 도매상 - 제조업자 - 소비자
② 제조업자 - 중간도매상 - 도매상 - 소매상 - 소비자
③ 중간도매상 - 소매상 - 도매상 - 소비자 - 제조업자
④ 제조업자 - 도매상 - 중간도매상 - 소매상 - 소비자
⑤ 도매상 - 중간도매상 - 소매상 - 제조업자 - 소비자

해설

소비재 유통경로: 제조업자 → 도매상 → 중간도매상 → 소매상 → 소비자

정답 ④

(2) 산업재 유통경로

산업재란 제품을 생산하기 위해 직·간접적으로 필요한 재화, 원자재, 부품, 설비, 기구, 소모품 등을 일컫는다(MRO).

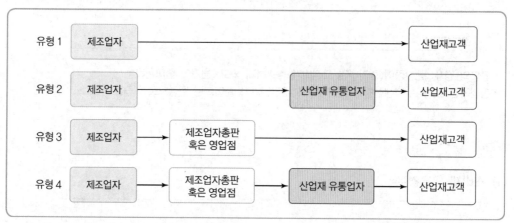

① 산업재는 대부분 직접 마케팅경로 형태가 지배적이다.
② 소수의 대형 구매자와 공급자가 존재한다.
③ 고객과 긴밀한 관계를 가진다.
④ 상품의 기술적 전문성이 높다(기술집약적).
⑤ 산업재 구매고객은 특정 지역에 집중된다.
⑥ 수요의 변동성이 크다.

(3) 서비스 유통경로

① 서비스는 눈에 보이지 않기 때문에 유형적인 재화와 달리 무형적인 특징을 지니며, 서비스를 생산하는 자와 제공하는 자가 동일성을 갖는다.

② 병원 의사들의 치료행위나 학원에서의 강의 등의 서비스는 생산과 동시에 소비되는 특징을 갖는다.

③ 서비스는 무형성을 가지고 있으므로 재화나 상품과 같이 창고에 보관하거나 운송한다는 개념이 적용될 수 없는 것이 일반적이지만, 고속철도와 같이 운송 그 자체를 서비스로 하는 분야에서는 유통개념이 적용된다.

④ 고객이 이용할 수 있는 구색 또는 제품의 다양성이 많아질수록 유통경로가 고객에게 제공하는 서비스의 성과가 높아지면서 유통비용도 같이 높아지는데, 이는 구색이 다양하고 많아질수록 재고가 많아지기 때문이다.

4 유통경로의 믹스

(1) 유통경로 서비스에 대한 고객의 욕구 파악

① **고객리드타임**: 고객이 주문한 제품을 인도받을 때까지의 시간

② **제품의 다양성**: 고객의 일괄 구매를 지원하는 상품구색의 정도

③ **입지의 편리성**: 고객의 구매가 용이한 위치(유통경로의 분산 정도)

④ **최소 구매단위**: 고객이 구매하고자 하는 제품단위

(2) 유통경로의 목표설정 시 고려사항

① 소비자들이 원하는 서비스 수준

　㉠ **구매편의성**: 소매점포망 확대

　㉡ **상품구색**: 상품 종류의 다양성

　㉢ **정보화**: 거래상품에 대한 정보제공, 물적 유통활동의 가시성 제공

　㉣ **배달시간**: 신속한 구매시간

　㉤ **구매단위의 크기**: 소량구매

② 기업의 장기목표 설정 시 고려사항

　㉠ **기업의 성격**: 기업의 크기, 재무상태

　㉡ **제품의 성격**: 기업이 생산하고 판매하는 제품

　㉢ 경쟁회사의 유통경로

　㉣ **경제적·법적 제한**: 유통경로와 관련 제약

　㉤ 투자수익률, 시장점유율, 매출액, 성장률

ⓗ 유통경로 변경 시 높은 전환비용 발생: 한 번 설계 시 많은 구성원들이 참여하므로 막대한 투자비용 발생

(3) 유통범위(경로 커버리지)의 결정 유형

① 개방적[집중적·집약적] 유통경로(Intensive Distribution): 개방적 유통경로는 가능한 한 많은 점포가 자사의 제품을 취급하도록 하는 마케팅 전략으로, 집중적(Intensive) 유통경로라고도 한다. 개방적 유통경로는 제품이 소비자에게 충분히 노출되어 있고, 제품판매의 체인화에 어려움이 있는 식품이나 편의품 등에 적용할 수 있다.

   ㉠ 장점
      ⓐ 구매의 증가
      ⓑ 소비자 인지도 확대
      ⓒ 편의성 증가(일용품이나 편의품 적합)
   ㉡ 단점
      ⓐ 낮은 순이익과 유통비용 증가
      ⓑ 재고 및 재주문 관리의 어려움
      ⓒ 중간상 통제의 어려움, 소량주문

> **더 알고가기** 중간상에 대한 통제가 어려워져서 궁극적으로 손실을 보게 되는 포화효과
>
> • 중간상의 이익 감소
> • 중간상의 제조업체에 대한 확신 감소
> • 중간상의 제품 가격 인하
> • 소비자에 대한 중간상의 지원 감소
> • 소비자의 만족 감소

② 전속적[배타적] 유통경로(Exclusive Distribution): 전속적 유통경로는 일정한 지역 내에 소재하고 있는 도매상과 소매상에 대하여 오직 특정 기업이 만든 제품만을 취급하게 하는 것을 말한다.

   ㉠ 장점
      ⓐ 중간상의 적극적 판매 노력
      ⓑ 중간상에 대한 강력한 통제(가격, 신용정책, 서비스)
      ⓒ 브랜드 이미지 강화
      ⓓ 전문품, 귀중품, 고가품에 적합
   ㉡ 단점
      ⓐ 제한된 유통
      ⓑ 판매기회 감소

③ 선택적 유통경로(Selective Distribution): 선택적 유통경로는 전속적 유통경로와 개방적 유통경로의 중간적인 형태를 지니는 경로로서, 일정한 자격(점포규모, 경영능력, 평판)을 갖춘 소수의 중간상에게만 자사의 제품을 취급하게 하는 것이다.
  ㉠ 장점
     ⓐ 중간상들의 적극적 판매 노력
     ⓑ 만족스러운 매출과 이익전략
     ⓒ 선매품 적합(의류·가구·가전제품 등)
  ㉡ 단점: 전속적 유통경로에 비해 유통경로에 대한 통제력이 떨어진다.
④ 다중유통경로(복수유통경로, Multichannel Distribution System, Hybrid Marketing Channels): 소비자의 욕구가 다양화·개성화되는 추세에 따라 시장세분화가 더욱 가속화되어, 2개 이상의 유통경로를 동시에 사용하는 것이다.
  ㉠ 장점
     ⓐ 판매가 증가되고 시장 커버리지가 확장된다.
     ⓑ 다양한 세분시장의 특정 요구에 대해 맞춰진 상품과 서비스를 제공할 기회를 얻는다.
  ㉡ 단점
     ⓐ 경로 통제가 용이하지 않다(경로관리비용 증가, 경로리더십 감소).
     ⓑ 경로갈등을 유발한다.

📋 기출문제확인

다음 글상자의 가구기업 유통집약도(distribution intensity) 대안 결정에 관한 사례를 읽고, (㉠), (㉡), (㉢) 안에 들어갈 용어를 올바르게 나열한 것은?

김사장: 이번에 우리 회사가 개발한 침대를 국내 중저가 시장에 진입시키기 위해서 어떻게 하면 좋겠습니까?

최부장: 우리 회사 침대는 직접 유통하기보다는 간접 유통이 효과적이라고 봅니다. 그 다음 문제는 유통집약도를 고려해야 하는데요. 부피가 큰 침대, 쇼파의 경우는 특정 지역에 자격을 구비한 소수의 제한된 판매망을 활용하는 (㉠)이 가장 합리적이라고 생각합니다. (㉠)은 (㉡)에 비하면 제품의 노출이 확대되고, (㉢)에 비하면 유통비용이 절감될 수 있습니다.

김사장: 그렇다면 (㉠)이 유력한 대안이군요.

① ㉠ 전속적 유통, ㉡ 개방적 유통, ㉢ 선택적 유통
② ㉠ 개방적 유통, ㉡ 전속적 유통, ㉢ 선택적 유통
③ ㉠ 선택적 유통, ㉡ 전속적 유통, ㉢ 개방적 유통
④ ㉠ 집약적 유통, ㉡ 전속적 유통, ㉢ 복수 유통
⑤ ㉠ 복수 유통, ㉡ 선택적 유통, ㉢ 전속적 유통

유통관리사

(4) 유통경로의 길이의 결정 요인

요인 유형	제품 특성	수요 특성	공급 특성	비용구조
짧은 경로	• 비표준(비규격)품 • 소품종 • 중량물 • 부패성(Perishable) • 기술집약적 상품(전문품)	• 대량구매 • 비규칙적 • 소빈도	• 소수 생산자(생산자 중심) • 제한적 시장진입 • 집중(집약)생산	장기적으로 불안정
긴 경로	• 표준(규격)품 • 다품종 • 경량물 • 부패성이 낮음 • 낮은 기술집약성(편의품)	• 소량구매 • 규칙적 • 다빈도	• 다수 생산자(구매자 중심) • 자유로운 시장진입 • 분산생산	장기적으로 안정적

(5) 유통경로의 통제

① 유통경로에 대한 통제수준이 낮다면 독립적인 역할을 수행하는 중간상을 이용하는 것이 효과적이다. 유통경로에 대한 통제수준이 높다면 유통경로에 대한 수직적 통합의 정도가 강화되며, 이러한 경우에는 기업에 의하여 지배받게 된다.

② 이러한 통제수준을 적절히 가미한 프랜차이즈(가맹점) 계약이나 합자방식의 통합도 있다.

(6) 유통경로상의 갈등관리와 힘(Power)

① 전통적 유통경로 갈등의 분류

㉠ 수평적 갈등(Horizontal Conflict)

ⓐ 유통경로상의 동일한 수준(단계)에 있는 경로구성원들 간의 갈등을 말한다.

ⓑ 제조 vs 제조, 도매 vs 도매, 소매 vs 소매

㉡ 수직적 갈등(Vertical Conflict)

ⓐ 유통경로상의 서로 다른 단계(수준)에 있는 구성원들 간의 갈등을 말하며, 수평적 경로갈등보다 더 빈번하게 발생되는 경로갈등의 유형이다.

ⓑ 제조 vs 도매, 도매 vs 소매

② **힘의 개념**: 개인이나 조직이 목표달성을 위해 조직의 의사에 상관없이 영향력을 행사하는 것을 의미한다.

③ **힘의 원천**

　㉠ **보상력**: 물질적·심리적·보호적 보상을 제공할 때 나타난다.

　　ⓐ **판매영역 및 입지보호**: 주어진 영역에서의 독점적 운영보장

　　ⓑ **성과 – 책임보호**: 성과요구 수준의 조정(할인, 광고 및 기술지원 등)

　　ⓒ **고객보호**: 경로구성원을 대신하여 고객에게 직접 특별서비스를 제공하여 경쟁자로부터 고객을 보호해 준다.

　㉡ **강권력**

　　ⓐ 영향력 행사에 따르지 않을 때 제재를 가할 수 있는 능력을 의미한다.

　　ⓑ 배달시간 지연, 상품공급의 지연, 대리점 보증금의 인상, 마진폭의 인하, 밀어내기, 전속적 지역권 철회, 유사제품 배달

　㉢ **합법력**

　　ⓐ 오랜 관습이나 공식계약에 근거해 행동 준수를 요구할 수 있는 능력을 의미한다.

　　ⓑ 상표등록, 특허권, 프랜차이즈 계약에 따른 비용부담과 경영지도

　㉣ **준거력**

　　ⓐ 매력, 일체감, 안전욕구에 의해 지속적 거래관계를 유지하도록 하는 능력을 의미한다.

　　ⓑ 유명상표를 취급한다는 소매상의 긍지와 보람, 목표공유, 관계지속 욕구

　㉤ **전문력**

　　ⓐ 상대방이 중요하게 인식하는 우수한 지식이나 경험, 정보능력을 의미한다.

　　ⓑ 오랜 경영관리에 대한 상담과 조언, 영업사원의 전문지식, 종업원의 교육과 훈련, 독보적인 상품개발능력과 기술력

　㉥ **정보력**: 정보를 제공하고 지적할 수 있을 때 정보제공자가 가지는 힘의 원천이다.

‖ 유통경로상의 파워원천 사례 ‖

보상적 파워 (Reward Power)	판매지원, 영업활동 지원, 관리기법, 시장정보, 금융지원, 신용조건, 마진폭의 증대, 특별할인, 리베이트, 광고지원, 판촉물 지원, 신속한 배달, 빈번한 배달, 감사패 제공, 지역독점권 제공
강압적 파워 (Coercive Power)	상품공급의 지연, 대리점 보증금의 인상, 마진폭의 인하, 대금결제일의 단축, 전속적 지역권의 철회, 인접 지역에 새로운 점포의 개설, 끼워팔기, 밀어내기, 기타 보상적 파워의 철회
합법적 파워 (Legitimate Power)	오랜 관습이나 상식에 따라 당연하게 인정되는 권리, 계약, 상표등록, 특허권, 프랜차이즈 협약, 기타 법률적 권리

준거적 파워 (Referent Power)	유명상표를 취급한다는 긍지와 보람, 유명업체 또는 관련 산업의 선도자와 거래한다는 긍지, 상호 간 목표의 공유, 상대방과의 관계지속 욕구, 상대방의 신뢰 및 결속
전문적 파워 (Expert Power)	경영관리에 관한 상담과 조언, 영업사원의 전문지식, 종업원의 교육과 훈련, 상품의 진열 및 전시조언, 경영정보, 시장정보, 우수한 제품, 다양한 제품, 신제품 개발능력

④ 힘에 대한 반응
  ㉠ 순응(Compliance): 단지 경로구성원 A로부터 좋은 반응을 기대하는 이유만으로 B가 A의 지시를 따르는 것을 의미한다.
  ㉡ 동일시(Identification): B가 바람직한 관계를 A와 맺거나 유지하기를 원할 때 B가 A를 따르는 것을 의미한다.
  ㉢ 내재화(Internalization): A의 요구가 B의 판단과 일치하기 때문에 B가 A의 의도에 따르는 것을 의미한다.

기출문제확인

유통경로 시스템의 경로파워를 형성하는 힘의 원천에 해당하지 않는 것은?

① 영업활동을 지원하는 보상적 힘
② 계약의 강제 조항에 의한 강압적 힘
③ 관행, 상식 및 계약에 따라 당연하게 인정되는 합법적 힘
④ 신뢰와 결속 또는 긍지와 보람에 의한 준거적 힘
⑤ 거래당사자 간 호혜적 교환에 의한 교환적 힘

해설
유통경로 시스템의 경로파워를 형성하는 힘의 원천에는 보상력, 강권력, 합법력, 준거력, 전문력, 정보력 등이 있다.

정답 ⑤

---

5 유통경로의 조직

(1) 전통적 유통경로

① 정의: 독립된 경로기관들이 상품판매과정에서 자연스럽게 형성된 형태이다.
② 특징
  ㉠ 구성원 간의 결속력이 매우 약하다.
    ⓐ 구성원 간의 공통의 목표가 없고, 있다 하더라도 그 정도가 미약하다.
    ⓑ 유통경로로의 진입과 철수가 비교적 쉽다.

ⓛ 구성원 간의 법적 결속력이 없어 자신들 개인의 이익만을 추구하는 경향이 높고 문제가 발생할 경우 구성원 간에 이해 조절이 어렵다.

(2) 수직적 유통경로(VMS; Vertical Marketing System)

① 수직적 유통경로의 의미

㉠ 수직적 유통경로(VMS)는 중앙(본부)에서 계획된 프로그램에 의해 수직적 유통경로상의 경로구성원들을 전문적으로 관리·통제하는 네트워크 형태의 경로조직을 가진다. 대표적인 예로 프랜차이즈 시스템이 있다.

ⓛ 수직적 유통경로는 생산에서 소비에 이르기까지의 유통과정을 체계적으로 통합하고 조정하여 하나의 통합된 체제를 유지하는 시스템을 의미한다.

ⓒ 유통경로의 구성원인 도·소매기관의 적극적인 활동이 필수적이므로 유통기관을 자기의 판매망으로 확립하기 위해서 수직적 통합이 요구된다.

㉣ 수직적 유통경로 시스템이 형성된 이유는 마케팅 비용을 절감하고, 경쟁기업과 대항하기 위해서이다.

② 수직적 유통경로의 도입 이유

㉠ 대량생산에 의한 대량판매의 요청
ⓛ 가격안정(또는 유지)의 필요
ⓒ 유통비용의 절감
㉣ 경쟁자에 대한 효과적인 대응
㉤ 기업의 상품이미지 제고
㉥ 목표이익의 확보
㉦ 유통경로 내에서의 지배력 확보

③ 수직적 유통경로의 장·단점

장점	단점
• 총유통비용의 절감 가능 • 자원 및 원재료 등을 안정적으로 확보 가능 • 혁신적인 기술보유 가능 • 높은 진입장벽으로 새로운 기업의 진입이 어려움	• 막대한 자금의 소요 • 시장이나 기술변화에 민감한 대응 곤란 • 각 유통단계에서의 전문화 상실

더 알고가기 전형적인 유통경로의 단계

전형적인 유통경로는 '전통시장단계 → 제조업체 우위단계 → 소매업체 성장과 제조업체 국제화 → 소매업체 국제화'의 순으로 변화한다.

④ 수직적 유통경로(VMS)의 구조

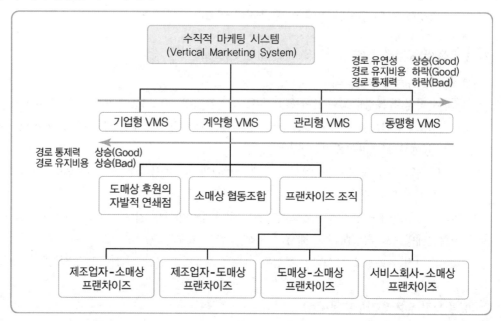

㉠ 관리형(Administered) VMS

ⓐ 관리형 VMS는 경로구성원들의 마케팅 활동이 소유권이나 계약에 의하지 않고 상호 이익을 바탕으로 맺어진 협력 시스템으로, 어느 한 경로구성원의 규모나 파워, 또는 경영지원에 의해 조정되는 경로유형이다.

ⓑ 명시적인 계약에 의하여 형성된 협력관계라기보다는 암묵적인 협력관계로 형성된 시스템이다. 관리형 VMS의 핵심적인 성공요인은 경로리더의 효과적 머천다이징 프로그램의 제공 여부에 있다.

ⓒ 본부의 통제력을 기준으로 보면 세 가지 유형 중 통제력이 가장 낮은 형태이다.

㉡ 계약형(Contractual) VMS

ⓐ 계약형 VMS는 경로구성원들이 각자 수행해야 할 마케팅 기능들을 계약(Contract)에 의해 합의함으로써 공식적인 경로관계를 형성하는 경로조직이다. 구성원들의 경로활동에 대한 통제는 계약형 VMS가 관리형 VMS보다 더 강하다.

ⓑ 도매상 후원 자발적 연쇄점(Wholesaler-Sponsored Voluntary Chain)은 도매상을 중심으로 독립적인 소매상들이 수직 통합된 경로조직을 말한다.

ⓒ 소매상 협동조합(Retailer Cooperative)은 중소 소매상들이 도매기능을 가진 공동소유의 조직체를 결성하여 이를 공동으로 운영하는 경로조직이다.

ⓓ 프랜차이즈 시스템(Franchise System)은 프랜차이즈 본부가 계약에 의해 가맹점에게 일정 기간 동안 특정 지역 내에서 자신들의 상표 · 상호 · 사업운영방식 등을 사용

하여 제품이나 서비스를 판매할 수 있는 권한을 허가하고, 가맹점은 이에 대한 대가로 초기 가입비와 매출액에 대한 일정 비율의 로열티(Royalty) 등을 지급하는 것이다.

ⓒ 기업형(Corporal) VMS
    ⓐ 기업형 VMS는 한 경로구성원이 다른 경로구성원들을 법적으로 소유·관리하는 유형으로, 여기에는 전방통합과 후방통합이 있다.
    ⓑ 기업형 전방통합은 제조회사가 도·소매업체를 소유하거나 혹은 도매상이 소매업체를 소유하는 유형이다.
    ⓒ 기업형 후방통합은 소매상이나 도매상이 제조업체를 소유하거나 제조업체가 부품공급업체를 소유하는 유형이다.
ⓒ 수직적 유통경로(VMS) 유형별 비교

특성	전통적 유통경로	관리형 VMS	계약형 VMS		기업형 VMS
			자발적 연쇄점과 협동조합	프랜차이즈	
시스템 차원의 목표	없음	제한적, 비공식적	제한적, 비공식적	광범위, 공식적	완전, 공식적
조정 메커니즘	교섭력, 협상력	마케팅 프로그램	계약	계약	기업정책
의사결정자	개별조직	비공식적 협력단체	승인된 도·소매업체	승인된 본부	집중적
결속력	불안정	약함	중간	매우 높음	매우 높음
규모의 경제 실현가능성	희박	약함	높음	매우 높음	매우 높음
유연성	매우 높음	높음	중간	낮음	매우 낮음
재고수준	매우 낮음	중간	높음	높음	매우 높음

기출문제확인

수직적 유통경로의 장점으로 옳지 않은 것은?

① 총유통비용을 절감시킬 수 있다.
② 자원이나 원재료를 안정적으로 확보할 수 있다.
③ 혁신적인 기술을 보유할 수 있다.
④ 신규진입 기업에게 높은 진입장벽으로 작용한다.
⑤ 개별시장의 특성에 대해서 유연한 대응이 가능하다.

해설
개별시장의 특성에 대하여 유연한 대응이 어렵다.

정답 ⑤

(3) 수평적 유통경로(HMS; Horizontal Marketing System)

같은 경로단계에 있는 둘 이상의 기업들이 대등한 관계에서 새로운 마케팅 기회(공생적 마케팅)를 이용하기 위해 함께 협력하는 것을 의미한다.

① 도입 이유
   ㉠ 한 회사만으로 자본, 노하우, 생산 등을 감당하기 힘들 때
   ㉡ 시너지효과를 기대하기 위해

② 시너지효과
   ㉠ 마케팅 시너지: 유통경로, 판매, 관리, 조직, 광고 등을 공동 활용
   ㉡ 투자 시너지: 공동원재료 조달, 공동연구개발
   ㉢ 경영관리 시너지: 경영자 노하우 공유, 기업제휴

(4) 복수 유통경로(MMCS; Multi Marketing Channel System)

① 두 개 이상의 유통경로를 이용하는 것으로 가전제품 회사가 직영 대리점과 백화점을 통하여 동시에 판매한다든가 하는 경우이다.

② 많은 기업이 복수의 유통경로 유형을 동시에 이용하고 있으며, 어떠한 유통경로 믹스(Channel Mix)를 이용할 것이냐 하는 것은 유통의 능률과 통제에 대한 경영자의 의지 그리고 기업의 유통전략에 따라 결정된다.

③ 장·단점
   ㉠ 장점: 판매량을 증가시킬 수 있다.
   ㉡ 단점: 각 유통경로 간 갈등이 심화되고 이중가격이 형성될 수 있다.

④ 복수 유통경로의 발생 이유
   ㉠ 소비자의 수량적 요구의 차이
   ㉡ 판매촉진에 대한 소비자의 반응 차이
   ㉢ 소비자의 가격에 대한 반응 차이
   ㉣ 지역 간 법률적 특이성
   ㉤ 기업의 자산이 잘 맞물리지 않는 경우, 즉 생산된 제품을 모두 판매하지 못하는 경우

> **더 알고가기** O2O(Online to Offline)
>
> O2O(Online to Offline)는 온라인과 오프라인을 연결하는 방식의 서비스를 말한다. 과거에 오프라인 매장에서 제품을 보고 실제 구매는 저렴한 온라인으로 하는 쇼루밍이 많았다면, 스마트폰 등장 이후엔 온라인으로 제품을 확인하고 오프라인에서 구매하는 현상인 웹루밍이 나타났다. 이처럼 온라인과 오프라인을 넘나드는 소비자들이 늘어나면서, 온·오프라인을 결합한 방식인 O2O 서비스 역시 증가했다. 이는 기업과 소비자 간 거래에 많이 활용되고 있다. 모바일에서 결제하면 오프라인 매장에서 제품을 받아갈 수 있는 형태부터, 모바일 배달 주문 서비스나 택시 호출 서비스 등이 대표적인 O2O 서비스이다.

03 유통산업의 전개 과정

1 유통의 발전 과정

(1) 소매업의 최근 추세

① **강력한 소매상(Power Retailer)의 등장**: 강력한 소매상이란 업태에 상관없이 표적고객이 누구이며, 그들이 무엇을 선호하는지를 정확히 이해하고, 이를 토대로 잘 선정된 다양한 품목의 상품들을 공급하는 대형 소매점포를 의미한다. 강력한 소매상으로는 카테고리 킬러, 대형마트, 회원제 창고형, 도·소매점, 전문소매점 등을 들 수 있다.

  ㉠ 소매점의 양극화 현상

  ㉡ **경로지배력의 변화**: 생활용품을 중심으로 제조업에서 소매업으로 이전되고 있다.

  ㉢ 소매업자 자체상표(PB)의 등장으로 인해 소매업자의 교섭력이 증가하고 있다.

  ㉣ 시장조사와 추세 예측을 통해 과감한 의사결정

  ㉤ 유통정보기술에 막대한 투자

  ㉥ 유통시장 개방과 수입관세 인하로 인한 가격경쟁 촉진

  ㉦ 가격에 대한 소비자의 민감도 증대

  ㉧ 소비용품 시장의 제조업체 간 경쟁 심화

  ㉨ 유통업체 간 통합에 의한 규모의 증가

② **경로지배력의 변화**: 생활용품을 중심으로 한 가격파괴 현상이 유통경로상의 지배력을 제조업에서 소매업으로 변화하게 하고 있다.

③ **PB(유통업자 상표)의 강화**: 소매업이 기업화되며 유통업자 자체상표의 개발로 소매업의 입지가 강화되고 있다.

> **더 알고가기** 업태형 유통의 등장
>
> 1. 20세기 중반을 넘어서면, 선진국에선 업종으로 설명할 수 없는 다품목 소매업태로, 할인점이 대두한다. 그러자 이러한 할인점의 상품구색에 효율적으로 적응하기 위해 도매과정도 다품목화되었다. 이것을 '업태형 유통'이라 부른다.
> 2. 업태형 유통의 출현배경
>   ① 기술이 발달하여 생산단계에서 완성품을 만들 수 있게 됨으로써 유통업자가 상품의 가공에서 해방되었다.
>   ② 생활이 다양해짐에 따라 일용품 따위의 쇼핑시간을 단축하는 것이 필요해졌고, 원스톱 쇼핑(한자리에서 다품목을 구매하는 것)이 일반화되었다.

📋 기출문제**확인**

최근 선진국 소매업계의 환경변화에 대한 설명으로 옳은 것은?

① 소매업체에 비해 제조업체의 파워가 더욱 증대하고 있다.
② 소매업계는 백화점을 중심으로 고급화가 대세적인 흐름이다.
③ 소매업체 촉진 비중이 과거에 비해 점차 커지고 있다.
④ 할인점, 카테고리 킬러 등은 성숙기를 거쳐 쇠퇴기에 진입하고 있다.
⑤ 패스트 패션(fashion) 유통은 도입기에 접어들었다.

해설
① 소매업체의 파워가 증대하고 있다.
② 백화점이 둔화되고 있으며, 대형 할인점이나 편의점 등 신업태의 성장과 경쟁이 치열하다.
④ 할인점은 성숙기에 접어들었으며, 카테고리 킬러는 도입기에 접어들어 성장가능성이 크다.
⑤ 패스트 패션(fashion) 유통은 성장기에 접어들었다.

정답 ③

---

2 소매상의 진화와 발전이론

(1) 소매수레바퀴이론

① 의의

㉠ 소매수레바퀴이론(The Wheel of Retailing Theory)은 1958년 하버드 대학의 맥나이어 (M. P. McNair) 교수가 미국과 영국의 소매업 발전과정을 분석하여 증명한 이론이다.

㉡ 소매기관들은 다소 '제한된 원' 안에서 변화하는데 처음에는 혁신적인 형태에서 출발하여 성장하다가 새로운 개념으로 등장한 신업태에게 그 자리를 양보하고 사라진다는 것이다. 즉, 소매수레바퀴이론은 진입단계(Entry Phase), 성장단계(Trading up Phase), 쇠퇴단계(Vulnerability Phase)의 세 단계로 구성되어 있다.

㉢ 혁신적 형태의 소매상은 시장진입 초기에 저가격, 저마진, 최소 서비스의 소구방식으로 소매시장에 진입하여 기존의 고가격, 고마진, 높은 서비스의 다른 소매업태와 경쟁한다. 이러한 전략이 소비자들에게 수용되면 본격적으로 성장기에 접어들게 된다.

㉣ 성공적인 시장진입 후에는 동일 유형의 소매점 사이의 경쟁이 격화됨으로써 경쟁적 우위를 확보하기 위하여 보다 세련된 설비와 서비스를 더해감에 따라 고비용, 고가격, 높은 서비스의 소매점으로 전환되어 초기의 혁신적인 특징들은 사라지게 된다.

㉤ 성장기를 거쳐 쇠퇴기에 접어들게 되면 시장에서 안정적이고 보수적인 대형 소매업태로 발전하게 되며, 투자수익률 또한 현저하게 낮아지게 된다. 소매환경의 변화는 새로운 유형의 혁신적인 소매점이 저가격, 저마진, 낮은 서비스로 시장에 진입할 수 있는 여지를 제공하게 되고, 이 새로운 유형의 소매점 역시 위와 동일한 패턴을 따르게 된다는 것이다.

ⓗ 선진국 시장의 경우, 과거 백화점이 소규모 전문점들을 대체하는 혁신적인 소매업태로 등장하였다가 대형할인점이 등장하면서 취약한 상태로 접어들었고, 할인점들도 창고형 클럽이나 슈퍼센터, 카테고리 킬러 등에 의해 다시 취약한 상태로 접어들고 있는데, 이런 현상들을 소매수레바퀴이론으로 설명할 수 있다.

② 소매수레바퀴이론의 평가

    ㉠ 소매수레바퀴이론은 근래에 등장한 새로운 업태인 대형할인점, 카테고리 킬러, 인터넷 전자상거래 등의 성공적인 소매시장 진입을 효과적으로 설명해 주고 있지만, 가격만을 소매업 변천의 주원인으로 보고 있다는 한계가 있다. 또한 편의점은 이 이론으로 설명하기에는 설득력이 부족하다.

    ㉡ 이 이론은 가격만을 중심으로 소매업의 변천을 설명하기 때문에 백화점이나 자동판매기 같은 고가격 및 고마진을 추구하는 새로운 소매상에 대하여는 충분히 설명할 수 없다.

(2) 소매수명주기이론

소매수명주기이론(Retail Life Cycle Theory)은 한 소매기관이 출현하여 사라지기까지 일반적으로 진입단계(초기 성장단계), 성장단계(발전단계), 성숙단계, 그리고 쇠퇴단계를 거친다는 이론이다.

① 진입단계(Innovation Stage)

    ㉠ 진입단계 또는 초기 성장단계는 새로운 유형의 소매업태가 등장하여 시장에 진입하는 시기이다. 이 단계에서는 매출액 성장률이 높고 경쟁자의 수는 적지만 초기 투자비용으로 인해 수익성은 낮다.

    ㉡ 우리나라의 경우, TV홈쇼핑이나 인터넷 쇼핑몰 등이 이 단계에 있다고 할 수 있다.

② 성장단계(Development Stage)

    ㉠ 성장단계 또는 발전단계는 진입단계를 지난 새로운 유형의 소매업태가 시장 전체로 급속히 확산되는 시기이다. 경쟁자가 다수 등장하고 매출액도 급격히 증가하여 규모의 경제가 실현되고 투자비용이 감소하기 때문에 이익이 증가한다.

    ㉡ 우리나라의 경우, 편의점과 대형할인점 등이 이 단계에 있다고 볼 수 있다.

③ 성숙단계(Maturity Stage)

    ㉠ 성숙단계에서는 전체적으로 시장점유율이 안정되며, 규모의 불경제가 나타나기 시작하여 수익성은 떨어진다. 일반적으로 이 단계에서 혁신적인 소매업태가 출현하게 된다.

    ㉡ 우리나라의 경우, 백화점이나 일부 대형 할인점, 그리고 편의점 등이 이 단계에 위치하는 것으로 볼 수 있다.

④ 쇠퇴단계(Decline Stage)

    ㉠ 쇠퇴단계에서는 그동안 발전하고 성숙해 온 소매업태는 경쟁력을 잃게 되고 시장점유율, 이익 등이 급격하게 하락한다.

ⓛ 우리나라의 경우, 재래시장이나 슈퍼마켓, 지방 백화점 등이 이 단계에 위치해 있다고 볼 수 있다.

‖ 수명주기단계 ‖

전략 ＼ 단계	관심영역	진입기	성장기	성숙기	쇠퇴기
시장 특성	경쟁자 수	거의 없음	중간	많은 직접 경쟁자, 보통의 간접 경쟁자	보통의 직접 경쟁자, 많은 간접 경쟁자
	판매증가율	매우 빠름	빠름	중간	느림·감소
	이익수준	낮음	높음	중간	매우 낮음
	현신장률 지속	3~5년	5~6년	불확정	불확정
소매업자 전략	투자·성장·위험결정	높은 투자, 높은 위험부담	성장유지를 위한 고투자	통제된 성장	자본지출의 최소화
	관리의 중심적 관심	조정과 실현을 통한 개념정립	시장위치 선점	성숙기의 지속과 소매개념의 수정	탈출전략 구사
	관리통제기법의 사용	최소	중간	확장	중간
	성공적인 관리 스타일	기업가적 경영	집권적 경영	전문적 경영	관리적 경영

 기출문제확인

제품수명주기와 관련된 설명 중 옳은 것은?

① 도입기에는 인지도 확보와 제품차별화가 중요하다.
② 성장기에는 침투가격전략을 활용하여 시장점유율을 방어하여야 한다.
③ 성숙기에는 경쟁이 과도하므로 브랜드 충성도를 유지할 수 있는 전략을 활용한다.
④ 쇠퇴기에는 판매가 감소하므로 이익이 줄어든 브랜드는 모두 철수한다.
⑤ 패션(fashion) 제품은 유행성이 강하여 급격히 성장하고 급격히 쇠퇴한다.

해설
① 도입기에는 제품에 대한 인지도가 낮기 때문에 판매량이 적고, 초기 투자비용 등이 많아 고가격정책을 실시하려 한다.
② 성장기에는 시장점유율을 확대하여야 한다.
④ 쇠퇴기에는 이익이 감소한 브랜드의 철수보다는 효율적인 판매전략 등을 통해 유지하는 게 유리하다.
⑤ 패션 제품은 일정 주기로 성장과 쇠퇴를 반복한다.

정답 ③

(3) 소매아코디언이론

① 소매상의 변천과정을 가격이 아니라 상품구색의 변화에 기초(다품종 업태 → 소품종 → 다품종 → 소품종 업태)하여, 초기에는 다양한 상품을 취급하다가 일정시간이 지나면 전문화된 한정 상품만을 취급하고, 좀 더 기간이 지나면 다양한 제품을 다시 취급하는 과정을 반복하여 조화를 이루면서 발전한다는 이론이다.

② 소매아코디언이론은 저관여상품 소매업태와 고관여상품 소매업태의 발전과정을 구분하지 못하는 결정적인 한계를 가진다.

저관여상품 소매업태는 저관여상품들을 주로 다루기 때문에 다품종 소매업태가 된 것이고, 고관여상품 소매업태는 주로 고관여상품 중에 특정 상품을 특화하여 다루기 때문에 소품종 소매업태가 된 것이다.

(4) 변증법적 이론

① 두 개의 경쟁적인 소매상이 하나의 새로운 형태로 합하면서 혁신적인 형태로 발전한다는 것이며, 기존업태(정: Thesis)와 경쟁하려는 새로운 업태(반: Antithesis)가 서로의 경쟁우위 요인을 수용하면서 서로의 특성이 혼합된 새로운 형태(합: Synthesis)를 형성한다.

② 할인점(정) + 전문점(반) = 전문할인점(합)

(5) 자연도태설

환경에 적응하는 소매상은 생존·발전하게 되고, 환경변화에 적응하지 못한 소매상은 자연적으로 도태된다는 이론이다(적자생존).

(6) 닐센/진공지대이론

① 기존의 업태가 가격과 서비스 수준의 조합으로 사업 영역을 가져간다고(A, B, C) 가정할 때, 최적가격과 서비스 수준이라 여겨지는 B영역 수준으로 기존업태들(A, C)은 자연스럽게 이동하려고 노력하고, C수준 이하와 A수준 이상은 진공지대(Vacuum Zone)가 되고 혁신업태는 바로 이 진공지대 영역으로 들어온다는 이론이다.

② 진공지대 1: 기존의 저가격·저서비스보다 더 저가격·저서비스 영역

③ 진공지대 2: 기존의 고가격·고서비스보다 더 고가격·고서비스 영역

기출문제확인

소매상 발전에 관한 이론 중 '진공지대이론'에 해당하는 것으로 가장 옳은 것은?

① 백화점 – 할인점 – 할인형 백화점 형태로 진화해 간다.
② 소매업 환경 변화에 효율적으로 적응하는 소매상만이 시장에서 살아남는다.
③ 기존의 소매업태가 다른 유형의 소매업태로 변화하면 그 빈자리를 새로운 형태의 소매업태가 자리를 채운다.
④ 종합상품계열을 가진 유통기관은 한정된 상품계열을 가지는 기관으로 대체되고 이는 다시 종합상품계열을 가진 기관에 대체되는 과정이 되풀이되면서 변화해 간다.
⑤ 도입기에는 저가격·저서비스, 성장기에는 고가격·차별적 서비스, 쇠퇴기에는 저가격·저서비스의 변화과정을 거친다.

해설

닐센의 진공지대이론은 기존의 업태가 가격과 서비스 수준의 조합으로 사업 영역을 가져간다고(A, B, C) 가정할 때, 최적가격과 서비스 수준이라 여겨지는 B영역 수준으로 기존업태들(A, C)은 자연스럽게 이동하려고 노력하고, C수준 이하와 A수준 이상은 진공지대(vacuum zone)가 되고 혁신업태는 바로 이 진공지대 영역으로 들어온다는 이론이다.

정답 ③

더 알고가기 파레토법칙과 롱테일법칙

• **파레토(Pareto)법칙**: 소수 20%가 전체 성과의 80%에 기여한다는 것을 파레토법칙이라 한다.
• **롱테일(Long Tail)법칙**: 구성원 80%가 핵심적인 구성원 20%보다 뛰어난 가치를 창출한다는 이론이다.

더 알고가기 디자이너 푸드(Designer Food)

디자이너 푸드는 노인이나 유아들과 같이 특정 연령층이나 당뇨, 비만환자 등과 같이 특별한 음식을 먹어야 하는 사람들을 대상으로 각각의 체질이나 요구에 맞게 만들어진 음식을 일컫는 말이다.

더 알고가기 유통산업의 역할

• **경제적 역할**: 생산자와 소비자 간 매개역할, 고용창출, 물가조정, 산업발전의 촉매
• **사회적 역할**: 풍요로운 사회에 공헌(고객서비스 제공), 소비문화의 창달

01 출제 예상문제

01 유통에서 표준화(standardization)의 목적과 거리가 먼 것은?

① 상품을 보다 합목적으로 사용할 수 있게 한다.
② 가격하락이나 수요감퇴를 막을 수 있다.
③ 소비자가 자신의 욕구를 잘 충족시킬 수 있는 상품의 발견을 용이하게 한다.
④ 상품의 유통을 원활하게 한다.
⑤ 생산합리화를 통한 원가절감을 가능하게 한다.

 일반적으로 표준화의 목적은 생산능률 향상, 제품의 품질개선, 서비스의 질 향상, 상거래의 단순화와 공정
화를 통한 효율성의 제고 등이다. 따라서 가격하락이나 수요감퇴와는 거리가 멀다.

02 유통의 기본 개념에 대한 설명으로 가장 옳지 않은 것은?

① 분업의 확대로 갈수록 생산과 소비 사이의 거리가 멀어지므로 양자의 가교역할을 하는
   유통이 점점 더 중요해지고 있다.
② 생산된 제품에 시간, 장소 및 소유의 효용을 더해 줌으로써 부가가치를 창출하는 기능을
   한다.
③ 최근 유형상품의 소비 활성화로 인해 생산과 동시에 소비가 이루어지므로 도시화와 정
   보화로 인한 시간적 거리를 확대하는 역할이 가장 중요하다.
④ 유통은 국민경제적인 측면에서 생산과 소비를 연결시켜주는 기능을 한다.
⑤ 유통의 발전 없이는 소비자의 욕구충족이라는 마케팅의 기본적인 목적을 달성하기 어렵다.

 시간적 거리를 확대하는 역할이 아닌 축소하는 역할이 가장 중요하다.

03 다음 ( ) 안에 들어갈 알맞은 것은?

> ( )은(는) 각종 유통기관이 사회 내에서 상호 연관을 가지고 유통기능을 수행할 때 형성되는 전체적 유기적 조직을 말한다. 다시 말해, ( )(이)란 분업관계에 의해 필요한 기능을 수행하고 있는 유통기능담당자를 구성원으로 하는 사회적 구조이다.

① 유통업태   ② 유통물류

③ 유통업종   ④ 유통기구

⑤ 유통단계

> **해설** 주어진 내용은 유통기구를 설명하고 있으며, 일반적으로 유통기구란 상품이 생산자에서 최종 소비자의 손에 이르기까지의 조직을 말한다.

04 유통의 기본 개념에 대한 설명으로 가장 잘못된 것은?

① 유통경로는 상품 및 서비스를 생산자로부터 소비자에게 이전시키는 가치사슬 과정에 참여하는 모든 개인 및 기관을 말한다.

② 유통은 생산자와 소비자 간의 간격을 메워주고 여러 가지 효용을 창조하는 활동이다.

③ 유통기관들은 소비자와 생산자 양쪽의 정보를 통합 전달하여 정보탐색비용을 줄이는 역할을 한다.

④ 유통의 기본 활동은 상품이나 서비스의 소유권을 이전하는 활동이다.

⑤ 유통은 거래횟수를 늘리고 거래관계를 다변화하여 수요자에게 다양한 상품 및 서비스를 제공하는 활동이다.

> **해설** 유통은 생산과 소비를 이어주는 중간기능을 통해 총거래횟수를 최소화시키며, 유·무형의 재화와 서비스의 사회적 이동을 통해 장소적·시간적·소유적 효용을 창출하는 활동이다.

05 쇼(A. W. Shaw) 교수의 유통기능 분류와 거리가 먼 것은?

① 시장확대(market expansion)

② 경영금융(financing the operations)

③ 재화수송(transporting the goods)

④ 판매(selling the goods)

⑤ 위험부담(sharing the risk)

정답 03 ④   04 ⑤   05 ①

쇼(A. W. Shaw) 교수의 유통기능 분류
- 위험부담기능
- 재화수송기능
- 경영금융기능
- 판매기능
- 수집·분류·재발송 기능

06 유통의 의미와 역할에 대한 설명으로 가장 옳지 않은 것은?

① 유통은 생산과 소비 사이에 개입하는 과정이며, 유통흐름을 통해 생산과 소비를 연결한다.
② 유통기능에는 소유권 기능, 위험부담기능, 정보전달기능, 물류기능이 있으며, 한 유통기관이 두 개의 기능을 수행하기는 어렵다.
③ 유통흐름의 핵심은 상품의 소유권과 상품 그 자체가 생산부문에서 소비부문으로 시간, 지리, 공간상의 제약을 뛰어넘어 이전되는 것이다.
④ 소유권, 위험부담, 정보전달, 물적 유통 등의 각 기능을 수행하는 정도는 유통기관에 따라 다르다.
⑤ 유통기능은 거시적인 유통시스템 전체의 작동에 필요한 활동과 미시적인 유통기관의 활동을 연결한다.

해설 한 유통기관이 복수의 유통기능을 수행할 수 있다.

07 다음 유통의 역할 중 소비자에 대한 역할에 해당하지 않는 것은?

① 상품정보, 유행정보, 생활정보를 제공하는 역할
② 필요치 않은 상품의 재고를 유지하는 역할
③ 쇼핑의 장소 및 정보를 제공하는 역할
④ 적절한 상품의 구색을 갖추는 역할
⑤ 올바른 상품을 제공하는 역할

해설 유통은 소비자의 욕구에 맞춰 필요한 상품의 재고를 유지하는 역할을 한다.

정답 06 ② 07 ②

08 유통기능의 통괄적 분류와 그에 대한 설명이 잘못 짝지어진 것은?

① 시간적 기능: 보관기능
② 장소적 통일기능: 운송기능
③ 양적 통일기능: 생산과 소비의 수량적 통일기능
④ 품질적 통일기능: 규격과 표준화
⑤ 인격적 통일기능: 물리적 위험과 경제적 위험의 담보기능

> [해설]
> • 인격적 통일기능: 소유권 이전기능(사회적 불일치 극복)
> • 위험부담기능: 물리적 위험과 경제적 위험의 담보기능

09 유통산업의 경제적 역할과 거리가 먼 것은?

① 생산자와 소비자 간 매개역할
② 산업발전의 촉매역할
③ 물가조정 역할
④ 고용창출 역할
⑤ 유통업체 간, 제조업체와 유통업체 간 경쟁력 약화 유도 역할

> [해설]
> 유통구조의 효율화는 최종 소비자가격을 낮추고 유통업체 간, 제조업체와 유통업체 간의 경쟁을 통한 물가조정의 역할을 한다.
> ● 유통산업의 역할
> • 경제적 역할: 생산자와 소비자 간 매개역할, 고용창출, 물가조정, 산업발전의 촉매
> • 사회적 역할: 풍요로운 사회에 공헌(고객서비스 제공), 소비문화의 창달

정답 08 ⑤ 09 ⑤

10 유통의 사회·경제적 역할에 대한 설명으로 가장 옳은 것은?

① 유통은 생산자의 라이프스타일에 적합한 제품과 서비스를 선택하여 공급함으로써 사회적으로 효율적이고 안정적인 생활을 영위하게 한다.

② 유통은 양질의 제품을 생산자에게 저렴하게 공급함으로써 건전한 생산을 유도하고, 제조업자가 담합을 통해 가격의 합리화를 추구하여 소비자에게 건전한 소비를 유도한다.

③ 유통은 생산자 측면에서 소비자가 담당해야 할 물적 유통기능(배송, 보관, 하역, 포장, 재고관리 등)을 수행한다.

④ 유통은 소비자가 기대하는 제품을 합리적인 가격으로 적절한 시기에 필요한 양만큼 자유로이 구매하는 역할을 담당한다.

⑤ 유통은 생산자의 기대를 충족시키고 만족도 향상과 수요 및 가격 등의 정보전달을 함으로써 생산자의 위험부담을 감소시켜주고 기술혁신을 위한 금융지원 역할을 담당한다.

해설 ① 유통은 소비자의 라이프스타일에 적합한 제품과 서비스를 선택하여 공급함으로써 사회적으로 효율적이고 안정적인 생활을 영위하게 한다.
② 유통은 양질의 제품을 소비자에게 합리적인 가격으로 공급하여 건전한 소비를 유도하고, 제조업자는 공정한 경쟁을 통해 가격의 합리화를 이루어 소비자에게 적절한 선택을 제공한다.
③ 유통은 소비자 측면에서 생산자가 담당해야 할 물적 유통기능(배송, 보관, 하역, 포장, 재고관리 등)을 수행한다.
⑤ 유통은 소비자의 기대를 충족시키고 만족도 향상과 수요 및 가격 등의 정보전달을 함으로써 생산자의 위험부담을 감소시켜주고 기술혁신을 위한 금융지원 역할을 담당한다.

11 유통경로에 있어서의 가치사슬은 본원적 활동과 지원활동으로 구분되는데 그 활동의 성격이 다른 하나는?

① 마케팅 및 판매활동　　　　② 운영활동
③ 획득(조달)활동　　　　　　④ 물류투입활동
⑤ 서비스활동

해설 마이클 포터의 가치사슬
• **본원적 활동(primary activities)**: 물류투입활동, 운영활동(생산), 물류산출활동, 마케팅과 판매계획, 서비스활동
• **지원활동(support activities)**: 획득활동, 기술개발활동, 인적자원관리활동, 기업하부구조

정답 10 ④　11 ③

12 다음 유통기구의 기능별 구성요소인 수집기구, 중계기구, 분산기구 중 수집기구에 대한 설명으로 가장 옳지 않은 것은?

① 수집기구에는 집하기관과 출하기관 그리고 양자를 병행하는 공동판매기관이 있다.
② 가내공업상품 및 중소기업상품 등을 도매시장에 공급하는 기구를 말한다.
③ 농산품 및 수산품과 같은 산업에 일반적으로 수반되는 기구이다.
④ 소규모, 소량생산이 분산적으로 이루어지는 경우에 특히 중요한 역할을 하게 되는 조직이다.
⑤ 수집기구의 대표적인 예로는 도매상과 소매상처럼 상품들이 대량화되어 모이는 유통기구를 들 수 있다.

> **해설** 도매상과 소매상처럼 상품들이 대량화되어 모이는 유통기구는 분산기구에 해당한다.

13 소매점이 수행하는 유통기능인 소유권 이전기능, 물적 유통기능, 조성기능 중 조성기능으로 분류할 수 있는 하부기능은?

① 유통가공기능   ② 판매기능
③ 금융기능   ④ 운송기능
⑤ 보관·저장기능

> **해설** 소매상의 유통기능
> • 소유권 이전기능: 판매기능, 구매기능
> • 물적 유통기능: 보관기능, 하역기능, 포장기능, 유통가공기능, 물류정보기능
> • 조성기능: 표준화 및 등급화 기능, 금융기능, 위험부담(risk bearing)기능, 시장정보기능, 교환주선기능

14 다음 유통기능 중 소유권 이전기능에 해당하는 활동으로만 묶인 것은?

① 수송활동과 보관활동   ② 표준화활동과 금융활동
③ 구매활동과 판매활동   ④ 포장활동과 유통가공활동
⑤ 위험부담활동과 시장 정보수집활동

> **해설** 소매상의 유통기능
> • 소유권 이전기능: 판매기능, 구매기능
> • 물적 유통기능: 보관기능, 하역기능, 포장기능, 유통가공기능, 물류정보기능
> • 조성기능: 표준화 및 등급화 기능, 금융기능, 위험부담(risk bearing)기능, 시장정보기능, 교환주선기능

정답 12 ⑤   13 ③   14 ③

15 다음 내용의 (   ) 안에 들어갈 알맞은 용어가 옳게 나열된 것은?

> 유통흐름(distribution flow)이란 생산부문에서 소비부문으로 거래요소의 흐름을 말하는
> 데 상품의 소유권 이동을 뜻하는 (   ), 상품 그 자체의 이동을 의미하는 (   ), 그리고
> 소비부문에서 생산부문으로 상품에 대한 대가로서 자금의 이동인 (   ), 마지막으로 이
> 세 유통을 제어하기 위한 생산부문과 소비부문과의 쌍방향적 (   )으로 구성된다.

① 정보유통 － 물적 유통 － 자금유통 － 상적 유통
② 자금유통 － 정보유통 － 상적 유통 － 물적 유통
③ 자금유통 － 정보유통 － 물적 유통 － 상적 유통
④ 물적 유통 － 자금유통 － 정보유통 － 상적 유통
⑤ 상적 유통 － 물적 유통 － 자금유통 － 정보유통

해설 **유통의 분류**
• **상적 유통**: 제품을 사고파는 것, 즉 상품의 매매 자체를 의미한다. → 상류
• **물적 유통**: 제품의 운반, 보관 등의 활동을 의미한다. → 물류
• **금융적 유통**: 유통활동에서 발생하는 위험부담이나 필요한 자금융통, 거래대금 등의 이전활동을 말한다.
• **정보유통**: 거래되는 제품에 대한 정보를 제공하거나 물적 유통의 기능 사이에 흐르는 정보를 원활하게
  하여 서비스를 향상시키는 활동이다.

16 어떤 상품과 서비스가 생산자로부터 소비자 및 최종 사용자에게로 이전되는 과정에 참여하는
모든 개인 및 기업을 일컫는 것은?

① 유통기관　　　　　　　② 유통구조
③ 유통경로　　　　　　　④ 유통산업
⑤ 유통과정

해설 유통경로란 제품이나 서비스가 생산자로부터 최종 소비자에 이르기까지 거치게 되는 통로 또는 단계를 말
한다.

17 마케팅에 대한 사회적 비판을 모두 고른 것은?

> ㉠ 포장을 통한 내용물 과장
> ㉡ 계획적 진부화
> ㉢ 높은 광고비용과 촉진비용의 소비자 전가
> ㉣ 과도한 가격인상

① ㉠, ㉡   ② ㉠, ㉡, ㉢
③ ㉡, ㉢, ㉣   ④ ㉠, ㉡, ㉣
⑤ ㉠, ㉡, ㉢, ㉣

 마케팅에 대한 사회적 비판
• 사회 전체적 측면: 과도한 물질주의 조장, 문화적 오염, 공공재의 초과수요 등
• 소비자 측면: 사기행위, 과도한 가격인상, 고압적 판매, 계획적 진부화, 판매비용의 소비자 전가 등

18 다음 주어진 내용이 설명하고 있는 것은?

> 최근 들어 기업들은 고객주문에서부터 시작하여 원자재 조달, 제품생산, 제품판매 등의 프로세스와 제품정보흐름에 외부 기업의 참여기회를 확대시키고 있다. 따라서 물적 유통 관리를 효율적으로 하고자 하면 기업은 원재료 공급업체로부터 출발하여 최종 소비자까지 제품이 전달되는 과정을 하나의 시스템으로 보고 이를 효과적으로 관리해야 한다.

① 생산자원관리(MRP Ⅱ: Material Requirements Planning Ⅱ)
② 고객관계관리(CRM: Customer Relationship Management)
③ 공급망관리(SCM: Supply Chain Management)
④ 경영정보시스템(MIS: Management Information System)
⑤ 자재소요량관리(MRP: Material Requirements Planning)

 ① 생산자원관리(MRP II): 기본적으로 MRP에서 얻은 생산과 조달계획이 자사 또는 외주처의 생산능력에 비추어 합당한 것인지를 체크하고, 더 나아가 생산기능과 회계·구매 등 생산과 관련된 다른 업무를 지원할 수 있도록 확장된 정보시스템이다.
② 고객관계관리(CRM): 기업이 고객관리를 통해 고객의 만족도를 향상시킴으로써 지속적으로 수익을 창출하고자 하는 전략과 이를 시스템으로 구현하는 모든 과정을 의미한다.

정답 17 ⑤   18 ③

④ **경영정보시스템(MIS):** 효율적인 의사결정에 필요한 정보를 제공 및 지원하는 시스템으로 경영보고시스템, 의사결정지원시스템, 중역지원시스템 및 전문가시스템 등으로 구성된다.

⑤ **자재소요량관리(MRP):** 자재소요계획은 생산일정계획(MPS), BOM(Bill of Material), 그리고 재고정보를 근거로 자재의 생산과 조달계획을 산출해 내는 시스템이다.

19 전통적인 오프라인 유통에서의 물류와 전자상거래 등 온라인 유통에서의 물류의 차이점을 설명한 것으로 옳지 않은 것은?

① 오프라인 물류는 로트(lot)단위로 배송하는데, 온라인 물류는 최소 1개 단위로 배송된다.

② 오프라인 물류는 충분한 리드타임이 있는데, 온라인 물류는 리드타임이 매우 짧다.

③ 오프라인 물류는 배송시간의 사전 계획이 가능하지만, 온라인 물류에서는 배송시간의 사전계획이 불가능하다.

④ 오프라인 물류는 가치지향적 관리체계로 움직이는데, 온라인 물류는 비용지향적 관리체계로 움직인다.

⑤ 오프라인 물류와 온라인 물류의 가장 큰 차이점은 고객접점이다.

해설 오프라인 물류는 비용지향적 관리체계로 움직이는데, 온라인 물류는 가치지향적 관리체계로 움직인다.

20 유통경로에 대한 설명으로 가장 옳지 않은 것은?

① 유통경로는 제품이나 서비스를 고객이 사용 또는 소비하도록 하기 위해 필요한 것이며, 유통경로 내 과정은 최종 사용자(end-user)를 만족시키는 것을 목적으로 한다.

② 유통경로가 일단 구축되면 이를 변경하는 것이 용이하지 않고 경로구성원에 대한 통제가 비교적 어렵다는 점에서 보다 신중한 관리가 필요하다.

③ 유통경로는 수직적 및 수평적으로 계열화할 수가 있으며, 그중 수직적으로 계열화된 유통경로는 전통적 유통경로에 비해 효율성과 효과성은 낮지만 유연성이 높다.

④ 유통경로는 제품, 가격, 촉진과 함께 마케팅 관리자가 목표달성을 위해 전략적으로 활용할 수 있는 마케팅 믹스 요소 중 하나이다.

⑤ 유통경로는 '고객이 제품이나 서비스를 사용 또는 소비하는 과정에 참여하는 상호 의존적인 조직들의 집합체'로 정의된다.

해설 수직적 유통경로는 전통적 유통경로에 비해 효율성과 효과성은 높지만 유연성은 낮다.

정답 19 ④ 20 ③

21 유통경로의 필요성이 아닌 것은?

① 총거래수 최소화
② 구색맞춤(분류기능)
③ 정보탐색의 용이성
④ 거래의 단순화
⑤ 소품종 대량생산 가능

 유통경로의 필요성
- **총거래수 최소의 원칙**: 유통경로에서 중간상이 개입함으로써 거래수가 결과적으로 단순화·통합화되어 실질적인 거래비용이 감소한다.
- **분업의 원칙**: 유통업에서도 제조업에서와 같이 유통경로상에서 수행되는 수급조절, 수·배송, 보관, 위험부담 및 정보수집 등을 생산자와 유통기관이 상호 분업의 원리에 기초하여 분담한다면 경제성과 능률성이 보다 향상된다.
- **변동비우위의 원칙**: 제조분야와 유통분야를 무조건 통합하여 대규모화하기보다는 제조업자와 유통기관이 적절하게 역할을 분담한다면 비용면에서 훨씬 유리하다.
- **집중준비의 원칙**: 도매상은 상당량의 브랜드 상품을 대량으로 보관하기 때문에 사회 전체적으로 보관할 수 있는 양을 감소시킬 수 있으며, 소매상은 소량의 적정량만을 보관함으로써 원활한 유통기능을 수행할 수 있다는 원칙이다.

22 유통경로에 있어 중간상의 존재 이유와 가장 거리가 먼 것은?

① 가능한 많은 수의 중간상을 개입시켜 대량보관이 아닌 분담보관을 함으로써 사회 전체 보관의 총량을 감소시킬 수 있다.
② 제조와 유통을 통합하여 대량판매를 하여도 규모의 경제에 의한 이점이 발생하지 않으므로 중간상을 통한 판매가 비용상 유리하다.
③ 제조업자는 생산을 그리고 유통업자는 유통을 전문화할 수 있으므로 보다 경제적이고 능률적인 유통기능을 수행할 수 있다.
④ 중간상의 개입으로 거래의 총량이 감소하게 되어 제조업자와 소비자 양자에게 실질적인 비용감소 및 거래의 효율성을 제공한다.
⑤ 유통과정에 중간상이 개입함으로써 제조업자가 수급조절, 정보수집 및 보관에 대한 위험부담을 전담하여 수행할 수 있다.

해설 유통업에서도 제조업에서와 같이 유통경로상에서 수행되는 수급조절, 수·배송, 보관, 위험부담 및 정보수집 등을 생산자와 유통기관이 상호 분업의 원리에 기초하여 분담한다면 경제성과 능률성이 보다 향상된다 (분업의 원칙).

정답 21 ⑤   22 ⑤

23 중간도매상인(merchant intermediaries)과 중간대리인(agent intermediaries)을 구분하게 해주는 가장 중요한 기준이 되는 것은?

① 저장 및 배달기능　　　　　　② 컨설팅기능
③ 정보제공　　　　　　　　　　④ 신원과 신용보증
⑤ 소유권 이전의 유무

> **해설** 중간도매상인과 중간대리인의 구분에 가장 큰 척도는 소유권 이전의 유무이다. 중간도매상인(상인도매상)은 제품에 대한 소유권을 갖고 자기의 책임하에 거래를 하는 도매상이며, 중간대리인(대리도매상)은 제품에 대한 소유권은 갖지 않고 수수료나 요금을 받고 마케팅 기능만을 수행하는 도매상이다.

24 유통경로가 창출하는 효용과 가장 거리가 먼 것은?

① 시간효용　　　　　　　　　　② 장소효용
③ 기술효용　　　　　　　　　　④ 소유효용
⑤ 형태효용

> **해설** ① 시간적 효용(time utility): 언제든지 소비자가 원하는 시간에 상품과 서비스를 제공함으로써 소비자의 욕구를 충족시켜 주는 효용이다.
> ② 장소적 효용(place utility): 어디서든지 소비자가 원하는 장소에서 상품과 서비스를 제공함으로써 소비자의 욕구를 충족시켜 주는 효용이다.
> ④ 소유적 효용(possession utility): 특정한 소비자가 직접 구매하지 않고도 중간상의 도움으로 구매와 동일한 효용을 얻을 수 있게 해주는 것을 말한다. 즉, 신용판매, 할부판매 등을 통하여 효용을 창출하여 제품의 부가가치를 높임으로써 판매를 높이는 역할을 수행한다.
> ⑤ 형태적 효용(form utility): 대량으로 생산되는 상품의 수량을 소비지에서 요구되는 적절한 수량으로 분할, 분배함으로써 창출되는 효용이다.

25 전주, 춘천, 제주에 있는 세 명의 소비자와 서울, 대전, 광주에 있는 세 명의 생산자가 있다고 할 때, 유통업체가 없는 경우 소비자와 생산자의 총거래횟수와 유통업체가 1개 업체만 존재할 경우, 소비자와 생산자의 총거래횟수가 순서대로 나열된 것은?

① 6, 9　　　　　　　　　　　　② 9, 6
③ 18, 6　　　　　　　　　　　④ 18, 9
⑤ 36, 9

• 유통업체가 없는 경우

중간에 유통업체가 없으므로, 각 세 명의 소비자와 각 세 명의 생산자가 직거래를 하게 된다. 따라서 총거래횟수는 9가 된다.

• 유통업체가 1개 있는 경우

1개의 유통업체가 중간상으로 존재할 경우, 유통업체를 통해 거래를 하게 되므로 각 소비자와 생산자가 직거래를 하지 않게 된다. 따라서 소비자와 중간상 3회, 생산자와 중간상 3회의 거래가 되므로, 총거래횟수는 6회가 된다.

26 소비자가 라면을 박스 단위가 아닌 낱개로 구매할 수 있도록 하는 유통경로의 역할은?

① 분류기능 중 분배
② 거래의 일상화
③ 반복화
④ 탐색과정의 촉진
⑤ 교환과정의 효율성 제고

 중간상의 분류기능

• 분배(allocation, 할당): 동질적인 제품을 소량의 단위로 축소하는 기능
• 집적(accumulation): 다양한 공급원으로부터 소규모로 제공되는 동질적인 제품들을 모아 대규모 공급하는 기능
• 분류(sorting-out): 이질적인 제품들을 동질적인 몇 개의 제품군으로 조정하는 기능
• 구색화(assorting): 상호 연관성이 있는 제품들로 일정한 구색을 갖추어 함께 취급하는 것

27 유통경로 내의 모든 유통기관은 몇 가지 유형의 흐름에 의해 서로 연결되어 있다. 이 흐름에 해당하지 않는 것은?

① 정보의 흐름(information flow)
② 결제의 흐름(payment flow)
③ 소유권의 흐름(flow of ownership)
④ 협상의 흐름(negotiation flow)
⑤ 제품의 흐름(physical flow)

 유통경로 내 유통기관이 서로 연결된 유형의 흐름

• 제품의 흐름: 생산자로부터 최종 소비자에 이르기까지의 제품의 이동
• 소유권의 흐름: 유통기관으로부터 다른 기관으로의 소유권의 이전
• 결제의 흐름: 고객이 대금을 지급하거나 판매점이 생산자에게 송금
• 정보의 흐름: 유통기관 사이의 정보의 흐름
• 촉진의 흐름: 광고, 판촉원 등 판매촉진 활동의 흐름

정답 26 ① 27 ④

28 정수기회사의 영업사원을 통한 정수기 판매나, 과수농가가 카탈로그를 통해 우편판매를 하는 것은 어떤 유통경로인가?

① 생산자 → 소비자
② 생산자 → 소매상 → 소비자
③ 생산자 → 도매상 → 소비자
④ 생산자 → 도매상 → 소매상 → 소비자
⑤ 생산자 → 도매상 → 중개인 → 소비자

해설 두 가지 경우 생산업자가 중간상을 거치지 않고 소비자에게 판매하는 유통경로에 해당한다.

29 소비재 유통경로의 흐름이 가장 옳게 된 것은?

① 제조업자 → 도매상 → 중간도매상 → 소매상 → 소비자
② 도매상 → 중간도매상 → 소매상 → 제조업자 → 소비자
③ 중간도매상 → 소매상 → 도매상 → 소비자 → 제조업자
④ 소매상 → 중간도매상 → 도매상 → 제조업자 → 소비자
⑤ 제조업자 → 중간도매상 → 도매상 → 소매상 → 소비자

해설 소비재 유통경로: 제조업자 → 도매상 → 중간도매상 → 소매상 → 소비자

30 서비스 유통경로에 대한 설명으로 가장 거리가 먼 것은?

① 제품유통에 비해 간결한 경로를 지닌다.
② 서비스 유통경로는 고객이 직접 서비스 기업에 다가가는 경로만 존재한다.
③ 최근 프랜차이즈는 서비스, 특히 외식업의 전형적 경로로 부각되고 있다.
④ 서비스 유통경로는 직영 채널과 다양한 간접 채널이 존재한다.
⑤ 전형적인 서비스 유통경로는 서비스 제공자와 고객이 직접 접촉하는 경로형태이다.

해설 서비스 유통경로는 정보통신산업의 발달로 다양한 경로가 존재한다.

정답 28 ① 29 ① 30 ②

31 기업이 자사제품의 유통경로를 설계할 때 우선적으로 고려해야 할 사항이 아닌 것은?

① 중간상 특성
② 경쟁 특성
③ 유통지역 특성
④ 고객 특성
⑤ 제품 특성

 유통경로 설계 시 고려할 사항

- 제품의 특성
- 제품의 다양성
- 환경의 특성
- 자사의 특성
- 대기시간
- 유통경로의 목표설정
- 경쟁기업의 특성
- 구매 가능한 제품의 최소단위
- 중간상의 특성
- 고객이 기대하는 서비스 분석
- 점포숫자의 분포

32 소비재 유형에 대한 설명으로 옳지 않은 것은?

① 편의품은 일반적으로 가격이 저렴한 편이다.
② 카메라 등의 전자제품은 경쟁사와 차별화 촉진전략을 구사한다.
③ 전문품일수록 브랜드의 독특성을 강조한다.
④ 선매품은 편의품에 비하여 쇼핑빈도가 적다.
⑤ 치약, 비누 등은 편의품으로 선택적 점포에서 유통한다.

 치약이나 비누 등과 같은 편의품은 집중적 유통방식이 적합하다.

33 유통집약도에 관한 전략 중 소비자의 편의성을 최대한 높일 수 있으나, 중간상 통제가 어려운 전략은?

① 자유분방형(unrestrained) 유통전략
② 복수(multichannel) 유통전략
③ 선택적(selective) 유통전략
④ 전속적(exclusive) 유통전략
⑤ 집약적(intensive) 유통전략

 집약적 유통경로는 제품이 소비자에게 충분히 노출되어 있고, 제품판매의 체인화에 어려움이 있는 일용품이나 편의품 등에 적용할 수 있다. 따라서 집약적 유통은 소비자의 충동구매를 유도할 수 있고, 고객이 쉽게 제품을 구매할 수 있으며, 소비자의 인지도를 높일 수 있다는 장점이 있다. 그러나 유통비용이 증가하고, 재고통제가 어렵다는 문제점이 있다.

정답 31 ③ 32 ⑤ 33 ⑤

34 음료수, 라면 등과 같은 편의품에 가장 많이 이용되는 경로정책은?

① 전속적 경로정책   ② 간접적 경로정책

③ 직접적 경로정책   ④ 개방적 경로정책

⑤ 선택적 경로정책

> **해설** 개방적 유통경로는 제품이 소비자에게 충분히 노출되어 있고, 제품판매의 체인화에 어려움이 있는 일용품
> 이나 편의품 등에 적용할 수 있다.

35 집중적 유통에 가장 적합한 것은?

① 독특한 디자인 가구를 판매하는 가구점

② 특정 브랜드의 의류를 판매하는 단독매장

③ 고급의류 및 보석을 판매하는 상점

④ 컴퓨터를 전문적으로 판매하는 상점

⑤ 식료품, 담배 등을 판매하는 편의점

> **해설** 집약적(집중적·개방적) 유통의 경우 소비자에게 충분히 노출되어 있고, 제품판매의 체인화에 어려움이 있
> 는 청량음료, 비누, 껌, 담배와 같은 일용품이나 편의품 등이 적합하다.

36 개방적 유통경로의 단점이 아닌 것은?

① 장기적으로는 소매업체들이 해당 상품에 대한 촉진활동을 줄이게 될 수 있다.

② 해당 상품판매 후 소매업체들이 제공하는 서비스나 수리업무에 대한 품질이 저하될 수
있다.

③ 제조업체와 소매업자의 강한 파트너십으로 인해 소비자의 해당 상품 구매에 대한 편의
성이 제한될 수 있다.

④ 장기적으로는 해당 상품에 대한 소매업체들의 마진이 작아질 수 있다.

⑤ 해당 상품 제조업체의 소매업체에 대한 통제가 용이하지 않아질 수 있다.

> **해설** ③ 전속적 유통경로의 단점에 해당한다.
> ● 개방적 유통경로의 장·단점
>   • 장점: 구매의 증가, 소비자 인지도 확대, 편의성 증가(편의품 적합)
>   • 단점: 낮은 순이익, 재고 및 재주문 관리의 어려움, 중간상 통제의 어려움

정답 34 ④   35 ⑤   36 ③

37 다음 중 집약적 유통(intensive distribution)의 장점으로 볼 수 없는 것은?

① 충동구매의 증가
② 편의성의 증가
③ 소비자 인지도의 확대
④ 판매량의 증가
⑤ 재고 및 재주문 관리의 용이

해설 집약적 유통은 소비자의 충동구매를 유도할 수 있고, 고객이 쉽게 제품을 구매할 수 있으며, 소비자의 인지도를 높일 수 있다는 장점이 있다. 그러나 유통비용이 증가하고, 재고통제가 어렵다는 문제점이 있다.

38 기업이 집약적 유통경로를 활용하는 경우, 중간상에 대한 통제가 불가능해져 궁극적으로 손실을 보게 되는 포화효과(effects of saturation)가 발생할 수 있는데, 이와 관계가 없는 것은?

① 중간상의 이익 감소
② 중간상의 제품 가격 인상
③ 소비자의 만족 감소
④ 소비자에 대한 중간상의 지원 감소
⑤ 중간상의 제조업체에 대한 확신 감소

해설 집약적 유통은 가능한 한 많은 점포가 자사제품을 취급하도록 하는 마케팅 전략으로 유통상의 경쟁이 치열하며, 다음과 같은 특징이 있다. 제조업체의 희망소매가격보다 '저가'로 제품을 판매할 가능성, 제품판매의 동기부여는 낮아지며, 저마진 개선을 위한 저서비스 전략, 대체상품이 많이 존재하기 때문에 결품방지가 가장 큰 숙제이고, 결품방지에 집중체제는 매출이 증가할 때 재고비용이 증가하게 되어 실제 이익은 감소할 가능성이 내재되어 있다. 따라서 ②는 관계가 없다.

39 짧은 유통경로에 적합한 것으로만 고른 것은?

> ㉠ 부패성 상품
> ㉡ 구매단위가 적은 상품
> ㉢ 표준화된 경량품
> ㉣ 구매빈도가 낮고 비규칙적 수요를 가진 상품
> ㉤ 생산자의 수가 적은 상품

① ㉠, ㉡, ㉢
② ㉡, ㉢, ㉣
③ ㉠, ㉣, ㉤
④ ㉡, ㉢, ㉤
⑤ ㉠, ㉢, ㉤

정답 37 ⑤　38 ②　39 ③

해설 유통경로 길이의 결정요인

영향 요인	짧은 경로	긴 경로
제품 특성	• 비표준화된 중량품, 부패성 상품 • 기술적으로 복잡한 제품, 전문품	• 표준화된 경량품, 비부패성 상품 • 기술적으로 단순한 제품, 편의품
수요 특성	• 구매단위가 큰 제품 • 구매빈도가 낮고 비규칙적인 제품	• 구매단위가 작은 제품 • 구매빈도가 높고 규칙적인 제품
공급 특성	• 생산자의 수가 적고, 진입이 제한적 • 지역적 집중생산	• 생산자의 수가 많고, 진입이 자유로움 • 지역적 분산생산
유통비용 구조	• 장기적으로 불안정 → 최적화 추구	• 장기적으로 안정적

40 개방적 유통, 선택적 유통, 전속적 유통에 대한 설명으로 가장 옳지 않은 것은?

① 전속적 유통은 선택적 유통보다 여러 가지 이점을 가지고 있는데, 경로구성원과의 관계를 더욱 강화하여 판매를 보다 원활하게 할 수 있는 장점을 가지고 있다.

② 전속적 유통은 정해진 지역에서 특정 경로구성원만이 활동하는 유통방식으로, 전속권은 기업이 바람직한 경로구성원을 끌어들이기 위해서 사용하는 강력한 유인책이기도 하다.

③ 선택적 유통은 제품개념에 독특함, 희소성, 선택성 같은 이미지를 부여하고자 할 때 적절한 방법이라고 할 수 있다.

④ 선택적 유통의 목적은 시장범위를 제한하는 것이며, 이 방법을 통해서 기업은 선적비용과 같은 유통비용을 낮출 수 있다.

⑤ 개방적 유통은 시장을 더 넓게 개척하기 위해서 많은 경로구성원들을 이용함으로써 시장의 노출을 극대화하는 것을 말하며, 기업의 시장집중과 노출보다는 경로구성원의 수로서만 측정된다.

해설 개방적 유통은 가능한 한 많은 점포가 자사제품을 취급하도록 하는 마케팅 전략으로, 제품이 소비자에게 충분히 노출되어 있고 제품판매의 체인화에 어려움이 있는 일용품이나 편의품 등에 적용할 수 있다. 따라서 경로구성원의 수로서만 측정되는 것은 옳지 않다.

41 유통경로에서의 수직적 갈등에 해당하는 것은?

① 인터넷 쇼핑몰과 백화점의 갈등

② 대형슈퍼(SSM)와 전통시장의 갈등

③ 할인점과 전통시장의 갈등

④ A마트와 B마트의 갈등

⑤ 할인점에 납품하는 제조업체와 할인점의 갈등

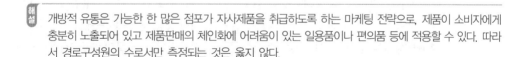
정답 40 ⑤　41 ⑤

42 경로갈등의 발생 원인과 유형에 대한 설명으로 옳지 않은 것은?

① 경로구성원들 간의 성장성과 수익성 목표에 대한 의견불일치가 발생될 수 있다.

② 경로갈등은 크게 유통경로상의 동일 단계에 있는 경로구성원들 간의 갈등을 의미하는 수직적 갈등(vertical conflict)과 유통경로상의 상호 다른 단계에서의 경로구성원들 간의 갈등을 의미하는 수평적 갈등(horizontal conflict)이 있다.

③ 경로갈등은 한 경로구성원이 다른 경로구성원의 목표달성을 위한 노력을 저해하는 행위를 한다고 생각할 때 발생된다.

④ 각 경로구성원들이 수행해야 할 마케팅과업과 과업수행방법에 있어서 구성원들 간의 의견불일치가 경로갈등을 유발하기도 한다.

⑤ 경로구성원들 간의 현실에 대한 지각의 차이로 같은 상황에 대해 서로 다른 반응을 보이게 됨에 따라 갈등이 유발된다.

43 경로파워에 대한 설명으로 옳지 않은 것은?

① 경로파워가 커지게 되면 경로구성원들을 중재하여 그들 간의 경로갈등을 줄여줄 수 있다.

② 경로파워가 커지게 되면 다른 경로구성원의 의사결정 변수를 통제할 수 있게 된다.

③ 경로구성원들 간에 이해의 상충이 발생될 때 경로리더는 경로파워를 행사하여 이를 조정해야 한다.

④ 경로파워는 그 경로구성원이 가지고 있는 힘의 원천과 특정 경로구성원에 대한 다른 경로구성원의 의존성 정도에 따라 결정된다.

⑤ 경로파워는 유통경로 내의 다른 경로구성원의 마케팅 의사결정에 영향력을 행사할 수 있는 한 경로구성원의 능력으로 정의된다.

정답 42 ② 43 ①

44 다음 주어진 내용을 옳게 연결한 것은?

> ㉠ 동일 상권 내 백화점과 대형마트와의 갈등이다.
> ㉡ 중소 제조업체는 대형 백화점에 납품하기를 원한다. 이러한 일체감을 원하기 때문에 발생하는 유통경로의 파워이다.

① ㉠ – 업태 간 갈등, ㉡ – 준거적 파워
② ㉠ – 수직적 갈등, ㉡ – 준거적 파워
③ ㉠ – 업태 간 갈등, ㉡ – 보상적 파워
④ ㉠ – 수직적 갈등, ㉡ – 보상적 파워

> 해설 업태 간 갈등은 경로상 동일 단계의 동일 업종 간 발생하는 갈등을 말하며, 준거적 파워는 경로구성원 B가 A와 일체감(identification)을 갖기를 원하기 때문에 A가 B에 대해 갖는 파워(영향력)이다.

45 수직적 마케팅 시스템에 대한 설명으로 가장 옳은 것은?
① 관리형 경로에는 경로조직 내 상위기구가 존재한다.
② 프랜차이즈 시스템은 대표적인 계약형 경로이다.
③ 소매상 협동조합 경로에서는 도매상이라는 경로리더가 존재한다.
④ 기업형 경로에서는 공동의 목표는 없으나, 높은 수준의 몰입은 존재한다.
⑤ 계약형 경로는 가장 강력한 집단지향성과 통제력을 보인다.

> 해설 ① 경로조직 내 상위기구가 존재하는 것은 기업형 경로이고, 관리형 경로는 명시적인 계약에 의하여 형성된 협력관계라기보다는 암묵적인 협력관계로 형성된 시스템이다.
> ③ 소매상 협동조합은 계약형 시스템에 속하고, 경로리더가 존재하는 것은 관리형 시스템이다.
> ④ 기업형 경로는 공동의 목표를 달성하기 위해 조직화된 형태이다.
> ⑤ 가장 강력한 집단지향성과 통제력을 보이는 것은 기업형 경로이다.

정답 44 ① 45 ②

46 수직적 유통경로의 장점이 아닌 것은?

① 개별시장의 특성에 대해서 유연한 대응이 가능하다.
② 자원이나 원재료를 안정적으로 확보할 수 있다.
③ 총유통비용을 절감시킬 수 있다.
④ 신규 진입 기업에게 높은 진입장벽으로 작용한다.
⑤ 혁신적인 기술을 보유할 수 있다.

 수직적 유통경로의 장·단점

장점	단점
• 총유통비용의 절감 가능 • 자원 및 원재료 등을 안정적으로 확보 가능 • 혁신적인 기술보유 가능 • 높은 진입장벽으로 새로운 기업의 진입이 어려움	• 막대한 자금의 소요 • 시장이나 기술변화에 민감한 대응 곤란 • 각 유통단계에서의 전문화 상실

47 수평적 마케팅 시스템에 대한 설명으로 옳은 것은?

① 특정 경로구성원이 공동소유권에 의해 판촉과 지원을 공유하는 것을 말한다.
② 각 경로구성원들이 수평적 대등관계를 유지하며 독립적인 역할을 수행하는 것이다.
③ 한 경로구성원이 다른 구성원을 모두 소유함으로써 강력한 협력체계를 이룬다.
④ 생산과 유통과정에서 서로 다른 단계에 위치한 독립회사들이 계약을 통해 결합한다.
⑤ 같은 경로수준에 있는 둘 혹은 그 이상의 기업이 결합하는 것을 말한다.

해설 수평적 마케팅 시스템은 같은 경로단계에 있는 둘 이상의 기업들이 대등한 관계에서 새로운 마케팅 기회를 이용하기 위해 함께 협력하는 것을 말한다.

48 서로 다른 두 개 이상의 유통경로를 채택하는 복수 유통경로가 발생하는 이유가 아닌 것은?

① 구매자가 특정 지역에 집중되어 있기 때문이다.
② 다양한 표적시장의 욕구에 맞추기 위함 때문이다.
③ 소비자의 가격에 대한 반응 차이 때문이다.
④ 판매촉진에 대한 소비자 반응 차이 때문이다.
⑤ 소비자의 수량적 요구 차이 때문이다.

정답 46 ① 47 ⑤ 48 ①

복수 유통경로는 고객욕구의 다양화, 개성화에 따라 시장세분화가 가속화되는 것에 대응하기 위해, 한 기업이 두 개 이상의 세분시장에 접근하기 위하여 수립하는 경로구조이다. 따라서 구매자가 특정 지역에 집중되는 경우는 복수 유통경로가 발생하는 이유에 해당하지 않는다.

49 다음 주어진 내용 중 수직적 마케팅 시스템의 형태에 속하는 것을 모두 고른 것은?

> ㉠ 관리형 경로 ㉡ 프랜차이즈
> ㉢ 전통형 경로 ㉣ 소매상 협동조합

① ㉠, ㉡ ② ㉠, ㉡, ㉣
③ ㉠, ㉢, ㉣ ④ ㉡, ㉢, ㉣
⑤ ㉠, ㉡, ㉢, ㉣

 ㉢ 전통형 경로는 수직적 마케팅 시스템에 속하지 않는다.
수직적 마케팅 시스템에는 기업형 경로, 계약형 경로, 관리형 경로, 동맹형 경로가 있으며, 전통형 경로는 이에 해당하지 않는다.

50 소매상은 소비자의 기대를 만족시켜 주기 위해 소매믹스 변수들을 결합하게 되는데, 이러한 소매믹스 변수에 해당하지 않는 것은?

① 촉진 및 서비스 ② 가격책정
③ 상품계획 ④ 물적 시설
⑤ 상권 및 입지

소매믹스 변수
• **가격결정**: 가격수준, 유인가격, 가격에 포함시킬 서비스 비용, 단위가격 등
• **상품계획**: 소비자들의 요구에 맞는 제품믹스의 개발 및 확보, 관리
• **물적 시설**: 점포의 위치, 운영시간, 레이아웃, 표준화, 동선, 외관, 간판, 규모 등
• **촉진**: 기업 이미지 강조, 목표청중 및 매체 선정, 사은품 및 쿠폰, 재구매 프로그램 등

정답 49 ② 50 ⑤

51 표적고객의 구매를 유발하기 위해 소매상은 제조업자와 마찬가지로 광고, 인적 판매, 판매촉진, PR 등의 촉진믹스를 이용하는데, 소매상의 성과목표와 그 수단을 가장 옳게 연결한 것은?

	장기성과 개선	단기성과 개선
①	기존고객 구매량 증가를 위한 판촉	신고객 유인을 위한 소매 광고
②	기존고객 구매빈도 증가를 위한 광고	점포 이미지 개선을 위한 PR
③	점포 포지션 개선을 위한 PR	고객서비스 확대를 위한 인적 판매 강화
④	기존고객 구매량 증가를 위한 판촉	기존고객 구매빈도 증가를 위한 광고
⑤	점포 이미지 개선을 위한 PR	신고객 유인을 위한 소매 광고

 소매상의 판매를 위한 촉진믹스에서 단기적으로는 신규고객을 창출하기 위한 광고가 이루어지며, 장기적으로는 기존고객을 유지하기 위해 점포 이미지 개선이나 고객서비스 확대 등을 시행한다.

52 최근 유통환경의 변화에 대한 설명으로 가장 옳지 않은 것은?
① 무점포 소매업이 성장하고 있다.
② 소비자 욕구가 다양화되고 있다.
③ 핵가족화로 인하여 가구수가 증가하고 있다.
④ 유통시장 개방이 지속되고 있다.
⑤ 업태 간 경쟁이 줄어들고 있다.

 최근 업태 간 경쟁이 치열해지고 있다.

53 대형마트 등 파워 소매업체(power retailer)의 영향력이 증가하게 되는 배경과 관계없는 것은?
① 특정 브랜드에 대한 소비자 선호도 증가
② 유통시장 개방과 수입관세 인하로 인한 가격경쟁 촉진
③ 가격에 대한 소비자의 민감도 증대
④ 소비용품 시장의 제조업체 간 경쟁 심화
⑤ 유통업체 간 통합에 의한 규모의 증가

 ①의 내용은 파워 소매업체(강력한 소매상)의 영향력이 증가하게 되는 배경과 거리가 멀다.

정답 51 ⑤ 52 ⑤ 53 ①

54 소매업태의 변화이론에 대한 설명으로 옳지 않은 것은?

① 소매업 아코디언이론(retail accordion theory)은 상품 믹스에 따라 유통업태의 변화를 설명하는 이론이다.

② 소매업 수레바퀴가설(the wheel of retailing hypothesis)은 소매가격의 혁신은 오로지 저비용구조에 바탕을 둔 저가격을 기반으로 이루어진다는 이론이다.

③ 소매수명주기이론(retail life cycle theory)의 시사점은 환경변화에 가능한 효과적으로 소매조직을 적용시켜야 한다는 것이다.

④ 진공지대이론(vacuum zone theory)에서는 서비스량이 극소한 상태에서 서비스를 증가 시키면 가격은 낮아지지만 소비자의 선호는 감소한다고 하였다.

⑤ 변증법이론(dialectic theory)은 두 개의 서로 다른 경쟁적인 소매업태가 하나의 새로운 소매업태로 합쳐지는 소매업태 혁신의 합성이론을 의미한다.

> 해설 진공지대이론에서는 서비스량이 극소한 상태에서 서비스를 증가시키면, 가격은 높아지고 소비자의 선호도 증가한다고 하였다.

55 소매수레바퀴이론(wheel of retailing theory)에 대한 설명으로 옳지 않은 것은?

① 차륜형 발전가설이라고도 한다.

② 유통시장에서 백화점이 할인점을 거쳐 전문점으로 대체되는 현상을 설명할 수 있는 이 론이다.

③ 진입단계, 성숙단계, 쇠퇴단계의 3가지 단계로 설명이 된다.

④ 성숙단계 말기에 이르면 소매기관이 갖고 있던 초기의 혁신적인 특징이 사라지고 고가 격, 고마진, 고서비스의 특징을 가진 소매기구로 변화하게 된다.

⑤ 혁신적인 소매상은 항상 기존 소매상보다 저가격, 저이윤 및 저서비스라는 가격소구방 법으로 신규 진입하여 기존업체의 고가격, 고마진, 고서비스와 경쟁하면서 점차로 기존 소매상을 대체한다는 이론이다.

> 해설 백화점이 소규모 전문점들을 대체하는 혁신적인 소매업태로 등장하였다가 대형 할인점이 등장하면서 취약 한 상태로 접어들었고, 할인점들도 창고형 클럽이나 슈퍼센터, 카테고리 킬러 등에 의해 다시 취약한 상태 로 접어들고 있는데, 이런 현상들을 소매수레바퀴이론으로 설명할 수 있다.

정답 54 ④ 55 ②

56 소매점의 진화과정을 주로 소매점에서 취급하는 상품구색의 폭으로 설명한 이론은?

① 소매점 아코디언이론(retail accordion theory)

② 소매상 수레바퀴이론(wheel of retailing theory)

③ 소매상 수명주기이론(retail life cycle theory)

④ 변증법적 과정(dialectic process)

⑤ 소매기관 적응행동이론(adaptive theory)

 ② **소매상 수레바퀴이론**: 혁신적인 형태에서 출발하여 성장하다가 새로운 개념으로 등장한 신업태에게 그 자리를 양보하고 사라진다는 것이다.

③ **소매상 수명주기이론**: 소매상이 발전하는 과정을 제품수명주기이론에 적용하여, 소매업태가 '도입기-성장기-성숙기-쇠퇴기'를 거친다는 이론이다.

④ **변증법적 과정**: 고가격·고마진의 백화점에 대해 저가격·저마진의 할인점이 등장하여 경쟁한 결과로, 백화점과 할인점의 절충형인 새로운 형태의 소매점으로 진화된다는 이론이다.

⑤ **소매기관 적응행동이론**: 자연도태이론에서 추출한 이론으로, 유통업을 둘러싸고 빠르게 변화하는 시장의 사회적·문화적·정치적·경제적 구조와 다양한 소비자들의 욕구를 충족시킬 수 있는 유연하고 환경에 적응력이 강한 소매업태만이 생존하여 성공을 거둘 수 있다. 반면, 변화에 대처하지 못하거나 대처할 능력이 없다면 도태되거나 경쟁력을 잃게 된다는 것이다.

정답 56 ①

Chapter

02 도·소매업의 이해

01 소매업의 기능 및 특성

1 소매업의 정의

(1) 소매상의 개념

① 소매업(Retail Trade, Retailing)이란 상품과 서비스의 유통 말단에 위치하여 최종 소비자에게 상품 및 서비스 등 주로 종합생활자의 생활용품 판매활동을 수행하는 업종으로, 소매상은 이 같은 소매업을 직접 수행하는 상인을 지칭한다.

② 일반적으로 롯데백화점, GS25가 소매상이라는 것은 잘 알고 있지만 삼성전자 대리점이나 워커힐호텔, 또는 환자를 치료하는 의사 역시 소매상이라는 것은 간과한다. 미국에서는 전체 판매액 가운데 최종 소비자에게 판매하는 비율이 50% 이상인 조직체를 소매상이라 정의하고 있다.

(2) 소매업의 분류

① 업종

　㉠ 업종은 소매상이 판매하는 상품군에 따른 전통적인 분류방법이다(생산자·제품중심적 시각).

　㉡ 업종은 의류점, 가전제품점, 가구점, 양화점, 식품점 등으로 구분한다.

② 업태

　㉠ 업태는 소매점의 영업전략에 따른 분류방법이다(소비자·전략지향적 시각).

　㉡ 머천다이징 전략, 입지, 판매방식, 영업시간, 광고, 가격전략 등에 의해 소매업의 업태가 결정된다. 업태는 백화점, 할인점, 슈퍼마켓, 카테고리 킬러, 전자상거래 등으로 구분한다.

③ 업종과 업태의 개념 비교

구분	시각	주도자	분류기준	점포크기	주요 유형	장점
업종	생산자	제조업체	제품성격	소규모	대리점	제조업체의 통제 용이
업태	소비자	소매업체	소매전략	대규모	할인점, 카테고리 킬러	소비자 편의, 소매효율 증대, 거래촉진

(3) 소매상의 분류

① **소매업의 변화**: 소매업(Retailing)은 최종 소비자를 대상으로 제품 및 서비스를 판매하는 것과 관련된 모든 활동을 수행한다. 소매상은 소비자와 직접 접촉하기 때문에 소비자의 욕구에 신속하게 반응한다.

② **소매업의 분류**

 ㉠ **소매업의 분류기준**: 소매업은 점포의 유무, 취급하는 제품의 깊이와 폭(넓이), 판매방법, 규모의 차이, 경영방식, 입지, 제공하는 서비스, 가격, 제조업자와의 관계, 그리고 최종 소비자와의 접촉형태 등을 기준으로 분류할 수 있다.

 ㉡ **점포의 유무**: 소매업은 점포의 유무에 따라 점포 소매업(Store Retailing)과 무점포 소매업(Non-Store Retailing)으로 구분된다. 최근 전자상거래의 발전에 따라 무점포 소매업의 비중이 크게 증가하고 있으나 아직은 점포 소매업의 비중이 크다.

 ㉢ **취급상품**: 소매업은 취급하는 상품의 종류에 따라 분류되기도 하는데, 이를 업종별 분류라고 한다. 여기서 업종은 한국표준산업분류(KSIC)에 기초하여 작성된 통계청의 「도소매업통계조사」에 따라 중분류, 소분류로 세분화된다.

 ㉣ **판매방법**: 판매방법의 차이에 따른 소매업 분류를 업태별 분류라고 한다. 업태별로 분류하면 백화점, 전문점, GMS(대중양판점), 슈퍼마켓, 하이퍼마켓, DS(디스카운트 스토어), 아웃렛스토어, 카테고리 킬러, 드럭스토어, 편의점(CVS), 홈센터 등으로 구분된다.

 ㉤ **경영방식**: 경영방식을 기준으로 하면 소매업은 단독점 경영과 체인점 경영으로 구분된다. 체인점 경영은 동일 업종의 소매점포를 다수 직영하거나, 계약에 의하여 다수의 소매점포에 대해 경영지원을 계속하는 것을 말한다.

③ **점포 소매상과 무점포 소매상**

 ㉠ 소매상은 크게 점포 소매상과 무점포 소매상으로 구분할 수 있다. 점포 소매상으로는 백화점, 슈퍼마켓 등의 전통적인 소매상과 최근에 등장하여 발전하고 있는 편의점(CVS), 대형마트, 회원제 창고형 도소매점(MWC), 카테고리 킬러(전문할인점), 대중양판점(GMS), 하이퍼마켓, 전문점 등이 포함된다.

 ㉡ 무점포 소매상에는 방문판매, 텔레마케팅, 카탈로그·DM 소매상, 인터넷 쇼핑몰, 자동판매기 등이 포함된다.

 ㉢ **CATV 홈쇼핑**: 케이블 TV를 이용하여 상품을 시청자에게 소개하고, 이를 통해 상품을 판매하는 형태로 최근 자체브랜드(PB)를 중심으로 채널을 다각화하고 있다.

2 소매업의 기능

(1) 소비자에 대한 기능

소매상은 유통경로상에서 소비자에게 상품구색을 제공하고, 소비자가 원하는 가공 및 선별, 벌크(Bulk)의 소량분할(소분)기능, 재고보유 및 기타 서비스 등의 기능을 수행한다. 소매상이 소비자에게 제공하는 기능을 정리하면 다음과 같다.

① **상품구색 제공기능**: 소비자에게 적정한 가격과 우수한 품질을 지닌 상품을 제공하기 위해 다양한 상품구색(Assortment)을 제공한다.

② **상품 소량분할기능**: 소매상은 제품을 박스 단위나 벌크 형태로 생산자나 도매상으로부터 공급받아 소비자가 원하는 형태인 소량으로 판매한다. 이를 통해 소매상은 소비자에게는 제품을 원하는 형태로 제공하면서 유통경로에서의 비용을 절감시켜 준다.

③ **재고보유기능**: 소매상은 소비자의 수요에 신속하게 대응할 수 있도록 적정량의 재고를 확보·유지한다. 이러한 소매상의 재고보유는 생산자나 도매상의 재고분산에 도움을 주고, 소매업체로의 배송횟수를 줄임으로써 유통경로상에서 물류비용을 줄이는 효과도 있다.

④ **정보제공기능**: 소매상은 매장 내 POP(Point of Purchase) 광고나 판매원 서비스, 점포 디스플레이 등을 통해 소비자에게 제품과 관련된 정보를 제공하고, 생산자에게는 소비자에 대한 정보를 제공한다.

⑤ **금융기능**: 소매상은 외상판매나 할부판매, 기타 신용제공을 통해 소비자의 구매비용 부담을 덜어주는 등의 금융기능을 수행한다.

⑥ **각종 부가서비스 제공**: 애프터서비스의 제공, 제품의 배달·설치, 사용방법의 교육 등과 같은 서비스를 제공한다.

(2) 생산자 및 공급자에 대한 기능

① **판매활동을 대신해 주는 역할**: 제조업자가 생산한 제품을 판매함으로써 생산업자나 도매업자가 각자 본연의 업무에 전념할 수 있도록 해준다.

② **소비자 정보를 제공해 주는 역할**: 소비자와의 접촉을 통해 얻게 된 상품에 대한 소비자의 요구나 불만에 관한 정보를, 생산자에게 전달하여 상품개발·계획·생산 등에 활용하도록 한다.

③ **물적 유통기능을 수행하는 역할**: 운송·설치·보관 등 각종 물적 유통기능을 수행한다.

④ **금융기능을 수행하는 역할**: 제조업자의 제품구입 시 제품의 대금을 지불함으로써 생산자의 자금순환을 도와준다.

⑤ **판매촉진기능**: 판매실적을 올리기 위하여 자체적으로 소비자들에게 광고와 판매촉진활동을 하게 되는데, 이러한 활동은 간접적으로 생산업자나 도매업자들의 판매촉진활동을 도와주게 된다.

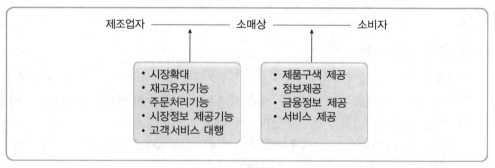

┃ 소매업의 기능 ┃

(3) 소매상과 도매상의 특징 비교

소매상(소비자 대면판매)	도매상(소비자 비대면판매)
• 고객반응 파악의 즉시성 • 입지의 중요성 • 충동구매성 • 지리적 분산 • 단위당 판매가격이 높고 소량판매 위주 • 일반 소비자 대상 판매 • 소매점 내 점포구성 중시	• 유통경로의 다양성 　(재고분산 및 비용효율적 유통) • 입지가 크게 중요치 않음 • 단위당 판매가격이 낮고 대량판매 위주 • 소매상 대상 판매 • 점포(창고) 내의 점포구성의 중요성 낮음

 **기출문제확인**

소매상이 생산자를 위해 수행하는 기능이라고 볼 수 있는 것은?

① 신용을 제공하여 소비자의 구매비용 부담을 덜어준다.
② 재고유지기능으로 고객욕구충족을 위해 생산자 대신 재고를 유지한다.
③ 구색을 제공하며 상품선택에 필요한 시간적, 공간적 편리함을 준다.
④ 선택의 폭을 넓혀준다.
⑤ 디스플레이, 판매원 서비스 등을 통해 정보를 제공한다.

해설
재고유지기능은 제조업자를 위한 소매상의 기능이다.

정답 ②

▼ **더 알고가기** 소매가 제공하는 역할: 구매집합

• 비교 구매집합: 같은 종류의 재화를 모아놓은 제품의 집합 예 다양한 라면을 모아놓은 매장
• 관련 구매집합: 보완관계에 있는 재화를 모아놓은 상품들의 집합 예 라면과 그릇, 라면과 생수, 라면과 계란

02 도매업의 기능 및 특성

1 도매기관의 개념

(1) 도매업의 의미

① 도매업(Wholesaling)은 최종 고객에게 판매하지 않고 소매상이나 다른 상인 또는 다른 기관 등의 상업적 사용자에게 판매하는 유통활동을 말한다.

② 도매는 재판매 또는 사업을 목적으로 상품이나 서비스를 구입하는 자에게 상품이나 서비스를 판매하는 데 관련된 모든 활동으로 정의된다.

(2) 도매업의 특징

① 도매상(Wholesaler)은 최종 판매상이 아니므로 소매상처럼 입지, 촉진, 점포분위기 등과 관련된 마케팅에 상대적으로 주의를 덜 기울이며 넓은 상권을 대상으로 대량거래를 하게 된다.

② 도매상은 상품의 수집과 배송이 편리한 교통기관의 발착지 부근에 위치하고, 같은 종류의 점포가 밀집되어 있는 장소가 유리하다.

2 도매기관의 기능

(1) 도매상의 역할

① 도매상은 유통경로상에서 제조업체와 소매상 간의 유통의 흐름을 보다 원활하게 해주는 중간상의 역할을 한다. 도매상의 주요 기능으로는 금융기능, 소매상 지원기능, 재고보유기능, 물류대행기능, 구색편의기능, 위험부담 분산기능 등이 있다.

② 도매상은 이러한 기능들의 수행을 통해 유통경로의 효율성 향상에 기여하고 있다. 그러나 1996년 유통시장이 개방되고, 소매상이 대형화됨에 따라 제조업체와 소매상의 직접 거래가 크게 증가하여 도매상의 입지는 크게 좁아지고 있는 실정이다.

(2) 제조업자를 위한 도매상의 기능

도매상의 기능 중 제조업자를 위한 기능은 한마디로 요약하면 '판매대행' 기능이라고 할 수 있다. 즉, 도매상은 제조업자를 대신하여 판매를 대행해 주는 기관이라고 할 수 있다.

① 시장 커버리지 제공기능: 도매상은 광범위한 지역에 퍼져 있는 다수의 고객을 커버리지(포괄)하여 고객이 제조업자의 제품을 필요로 할 때 쉽게 구매할 수 있도록 해준다.

② 판매접촉점 창출기능: 제조업자가 판매조직을 가지고 외부 판매원을 유지한다면 비용이 많이 들지만, 도매상이 제조업자를 대신하여 판매접촉점으로 기능함으로써 이러한 비용을 줄여준다.

③ 재고유지기능: 도매상들이 일정량의 재고를 보유함으로써 제조업자의 재무부담과 재고보유에 따른 제조업자의 위험을 감소시켜 준다.

④ 주문처리기능: 다수 제조업자들의 제품을 구비한 도매상들은 고객들의 소량주문을 보다 효율적으로 처리할 수 있다.

⑤ 시장정보 수집기능: 도매상이 소매상을 통하여 수집한 고객에 대한 정보가 제조업자에게 전달되어 제조업자의 마케팅 전략의 수립에 유용하게 이용된다.

⑥ 고객지원 대행기능: 도매상에서 제품을 구입하는 소매상들은 제품구매 이외에도 다양한 유형의 서비스를 기대하고 있다. 이러한 기대를 제조업자를 대신하여 도매상이 충족시켜 주게 된다.

(3) 소매상을 위한 도매상의 기능

소매상을 위해 도매상이 담당하는 기능을 한마디로 요약하면 '구매대행' 기능이라고 할 수 있다. 즉, 도매상은 소매상을 대신하여 구매를 대행해 주는 기관이라고 할 수 있다.

① 제품 공급선 기능: 도매상은 제조업자들이 쉽게 충족시켜줄 수 없는 제품의 공급력을 소매상에게 제공할 수 있다. 도매상들은 제조업자에 비해 더 빠르게, 더 적절한 제품을, 요구하는 양만큼 소매업자들에게 공급할 수 있다.

② 소매상 서비스 제공기능: 소매상들은 제품의 구매처로부터 배달・수리・보증 등 다양한 유형의 서비스를 요구하게 된다. 도매상은 이러한 서비스를 제공함으로써 소매상들의 노력과 비용을 절감시켜 준다.

③ 신용 및 금융지원기능: 도매상은 소매상에게 외상판매와 할부판매를 확대함으로써 소매상들이 쉽게 제품을 구매할 수 있는 기회를 제공한다. 그리고 소매상들이 필요로 하는 많은 품목들을 보관하여 재고의 이용가능성을 높임으로써 소매상들이 부담해야 할 구입비용과 재고비용을 지원해 주는 역할을 한다.

④ 구색편의 제공기능: 도매상은 다수의 제조업자로부터 제품을 제공받아 소매상의 주문업무를 단순화시킬 수 있는 다양한 제품구색을 동시에 갖추고 있다.

⑤ 소분판매기능: 도매상은 제조업자로부터 대량으로 제품을 구입한 뒤, 이를 소량으로 분할하여 소매상들에게 판매할 수 있다.

⑥ 조언 및 기술지원기능: 소매상들은 제품사용에 대한 기술적 지원과 제품판매에 대한 조언을 필요로 한다. 이 경우 도매상은 숙련된 판매원을 통해 소매상에게 기술적・경영적 지원을 제공해 줄 수 있다.

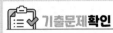 기출문제**확인**

도매상에 대한 설명으로 옳지 않은 것은?

① 도매상의 역할 중에는 판매대행기능이 있다.
② 도매상은 최종 판매상이므로 입지, 점포분위기 등에 관련된 마케팅 활동에 심혈을 기울여야 한다.
③ 국내에서는 생산자와 소매상의 직접 거래가 크게 증가하면서 도매상의 입지가 점점 좁아지고 있다.
④ 도매상은 유통경로상에서 주로 생산자와 소매상 간의 유통흐름을 원활하게 해주는 역할을 한다.
⑤ 도매상은 소매상에게 제품이나 서비스를 판매하고 이와 관련된 활동을 수행하는 상인이다.

해설
도매상(wholesaler)은 최종 판매상이 아니므로 소매상처럼 입지, 촉진, 점포분위기 등과 관련된 마케팅에 상대적으로 주의를 덜 기울이며, 넓은 상권을 대상으로 대량거래를 하게 된다.

정답 ②

 기출문제**확인**

도매상과 소매상을 비교한 것으로 옳지 않은 것은?

① 도매상은 소매상에 비해 촉진, 점포분위기 등에 대해 상대적으로 주의를 기울이지 않는다.
② 도매상은 판매상품의 단위당 가격이 소매상보다 높다.
③ 도매상은 가급적 저렴한 입지를 선호하나, 소매상은 대체로 고객이 쇼핑하기 편리한 곳에 입점하려는 경향이 있다.
④ 도매상은 소매상보다 점포 내부의 인테리어 등 구성의 중요성이 상대적으로 낮다.
⑤ 도매상은 대량판매 위주인 반면, 소매상은 일반 소비자를 대상으로 하는 소량판매 위주이다.

해설
소매상의 상품의 단위당 가격은 생산자나 도매상보다 높은 편이다.

정답 ②

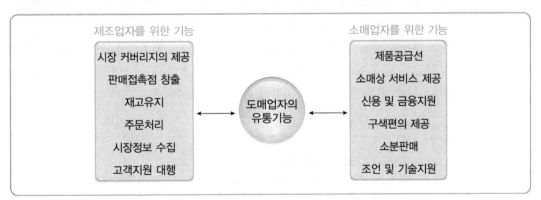

▌도매상의 기능 ▌

3 도매기관의 형태와 특성

도매상에는 다양한 유형이 있으나 크게 제조업자 도매상, 상인 도매상, 대리인 및 브로커 등으로 구분할 수 있다. 이와 함께 체인사업자나 생산자단체 판매조직도 도매상의 유형으로 포함시킬 수 있다.

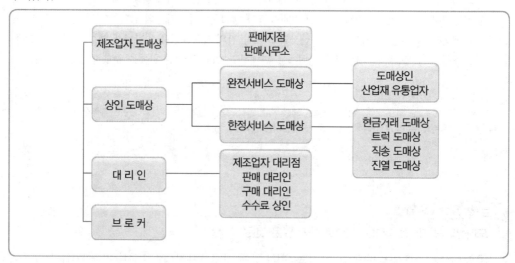

(1) 상인 도매기관

① 완전서비스 도매상

    ㉠ 완전서비스 도매상(Full-Service Wholesaler)은 유통경로상에서 거의 모든 유통기능을 수행하며 소매상 고객들을 위해 재고유지, 판매원 지원, 신용제공, 배송, 경영지도와 같은 종합적인 서비스를 제공하기도 한다.

    ㉡ 일반상품(General Merchandise) 도매상은 서로 관련이 없는 다양한 상품들을 취급하며, 중소 슈퍼마켓과 같은 중소 소매상들과 주로 거래한다.

    ㉢ 한정상품 도매상(Limited Line Wholesaler)은 서로 연관성이 있는 소수의 상품라인을 집중적으로 취급한다. 의약품 도매상, 의류 도매상, 가구 도매상 등을 말한다.

    ㉣ 전문품 도매상(Specialty Wholesaler)은 소수 혹은 하나의 제품계열 내에서 소수의 특정 제품만을 깊이 있게 취급한다. 청과물 도매상, 건강식품 도매상 등이 있다. 이들은 구색의 깊이와 함께 전문성을 갖추고 고객의 욕구를 충족시킨다.

> **더 알고가기** 완전서비스 도매상
>
> • 완전서비스 도매상을 도매업자와 산업분배업자로 구분하기도 한다.
> • 도매업자 또는 도매상인(Wholesale Merchant)이란 전형적인 중간상으로 제조업체나 납품업체로부터 상품과 서비스를 구매하여 소매상을 대상으로 분산판매하는 전형적인 도매업자를 말한다.

- 산업분배업자(Industrial Distributer)란 주로 제조업자나 신용사용자에게 MRO(Maintenance, Repair, Operation) 품목, OEM 품목, 시설·장비, 반제품·부품 등을 풀 서비스로 제공하는 업자를 말한다.

② 한정서비스 도매상

　㉠ 한정서비스 도매상(Limited−Service Wholesaler): 유통기능 중 소수의 기능에 전문화되어 있고 소매상 고객에게 제한된 서비스만을 제공하는 도매상이다.

　㉡ 현금거래 도매상(Cash and Carry Wholesaler) 또는 현금무배달 도매상: 현금지불조건으로 거래를 성사하며, 배달은 하지 않고 저렴한 가격으로 공급한다. 코스트코 홀세일 클럽이나 농협의 하나로 클럽 등이 좋은 예이다. 이들은 도매와 소매를 병행하고 있다.

　㉢ 트럭배달 도매상(Truck Jobber), 트럭 중개상: 판매와 배달기능을 트럭을 이용하여 직접 수행한다. 주로 한정된 제품을 취급하며 고객(소매상)들의 주문에 의해 구매와 보관, 배송의 기능을 수행한다.

　㉣ 선반진열 중개인(Rack Jobber): 소매상들에게 매출비중이 높지 않은 상품들을 주로 공급하며, 상대적으로 이윤이 적고 매출비중은 낮지만 회전율이 높은 상품들을 취급한다. 진열 도매상은 위탁판매를 주로 한다.

　㉤ 직송 도매상(Drop Shipper): 소매상 고객으로부터 주문이 왔을 때, 해당 상품을 생산자가 직접 구매자에게 배송하도록 하는 형태이다. 제품을 주문받은 도매상은 재고를 보유하거나 운송하는 기능을 수행하지 않는다. 주된 취급품목은 물류비용이 많이 들고, 부피가 크며 무포장 상품으로 목재, 석탄, 건자재 등이다. 직송 도매상은 상품에 대한 소유권을 가지며 보관기능과 운송기능만을 생산자에게 의존한다는 점에서 거간과는 다르다.

(2) 대리 도매기관

① 대리인(Agent)의 의미

　㉠ 대리인 또는 대리점은 위탁도매상의 일종으로, 장기적인 기반 위에서 구매자나 판매자 한쪽을 대표한다. 대리인은 제조업자 대리인, 판매 대리인, 구매 대리인, 수수료 상인 등으로 구분되지만 제조업체와의 전속계약에 의한 제조업자 판매 대리인이 주된 형태이다.

　㉡ 이들은 제조업자와 계약을 통해 장기적인 거래관계를 맺고, 일정한 상권을 보장받기도 하고 경영지도 및 필요하면 금융지원을 받기도 한다.

　㉢ 대리인과 브로커(Broker)는 거래되는 제품에 대한 소유권을 보유하고 있지 않으며, 단지 제품거래를 촉진시키는 역할만 수행한다.

② 판매 대리인(Selling Agent)

　㉠ 판매 대리인은 기업의 마케팅부서와 같은 기능을 수행하는 도매상으로, 비경쟁적인 제품을 생산하는 몇 개의 제조업자를 대신하여 비교적 넓은 지역을 대상으로 판매를 수행한다.

ⓛ 판매 대리인은 제조업자가 생산하는 전품목을 판매하기 위하여 계약을 통해 권한을 부여
받으며, 제조업자가 판매기능에 관심이 없거나 능력이 없을 경우 주로 이 유형의 대리인
이 이용된다.

ⓒ 가격·촉진·포장 등에 대해 제조업자의 통제를 받게 되지만, 자체적으로 시장조사를 수행하
여 제조업자와 경쟁상태, 소비자의 욕구변화, 제품의 개선방향 등에 대해 논의하기도 한다.

ⓔ 제조업자 대리인과 비교하면, 판매 대리인은 제조업자가 생산하는 전품목을 취급하지만,
제조업자 대리인은 일부 제품만을 취급한다. 또한 판매 대리인은 제조업자 대리인보다는
활동범위가 넓고 비교적 자율적인 의사결정이 가능하다.

ⓜ 판매 대리인은 모든 지역에서 판매를 하지만, 제조업자 대리인은 제조업자의 시장지배력
이 약한 지역에서만 활동한다. 그리고 판매 대리인은 신용을 제공하는 반면, 제조업자 대
리인은 그렇지 않다.

③ 제조업자 대리인(Manufacturers Agent)

ⓣ 일반적으로 제조업자 대리인은 생산되는 제품계열이 서로 다른 2명 이상의 제조업자를
대표한다.

ⓛ 제조업자 대리인은 가격 방침, 영업지역, 주문처리 결정, 배달서비스, 품질보증 및 수수
료 등에 관해서 양쪽 거래당사자들 간의 같은 제품계열에서 자주 이용된다.

ⓒ 판매원을 고용하기 어려운 소규모 제조업자나 자사의 판매원이 접근하기 어려운 판매지
역으로 진입하고자 하는 대규모 제조업자에 의해 활용된다.

④ 구매 대리인(Purchasing Agent)

ⓣ 구매 대리인은 통상적으로 구매자와 장기적인 관계를 유지하면서 구매자를 대리하여 상품
을 구입·인수·검사하여 창고에 보관하고 구매자에게 제품을 선적해 보내는 역할을 한다.

ⓛ 구매 대리인은 의류산업에서 자주 이용되는데, 이들은 소규모 의류소매업자들에게 필요
한 의류의 탐색과 구입을 대신해 주는 한편, 시장정보를 수집하여 소규모 의류점의 영업
을 도와주는 역할도 부가적으로 수행한다.

⑤ 수수료 상인(Commission Merchant)

ⓣ 수수료 상인은 제조업자와 단기적인 계약을 맺어 제품의 소유권은 보유하지 않고, 단지
제조업자의 판매협상을 대리하고 수수료와 발생비용을 제외한 제품판매대금을 제조업자
에게 지불한다.

ⓛ 수수료 상인은 농산물 산업에서 주로 이용되며, 직판능력이 없거나 조합에 가입하지 않은
농산물 생산업자들이 이들을 주로 활용한다.

⑥ 브로커(Broker)

ⓣ 브로커, 즉 중개인은 취급하는 상품에 대한 소유권을 보유하지 않고, 단지 상품거래를 촉
진시켜 주고 판매가격의 일정 비율을 수수료로 받는다. 즉, 브로커는 구매자와 판매자 사
이에서 거래협상을 도와주는 역할만을 수행한다.

      © 브로커는 재고를 유지하지 않고 금융에 관여하지도 않아 거래에 대한 위험을 부담하지 않게 된다. 즉, 브로커는 구매자와 판매자 사이에서 거래를 촉진시키는 역할만을 할 뿐이며 그들을 고용한 측으로부터 일정액의 보수를 받는다.

      © 대표적인 예로서는 부동산업자, 보험 및 증권업자, 공동구매를 주선하는 웹사이트 등이 있다.

(3) 제조업자 도매상과 상인 도매상

  ① 제조업자 도매상(Manufacturer Wholesaler)

      ⊙ 제조업자 도매상은 제조업자가 직영으로 자사제품의 도매업을 수행하여, 재고통제와 판매 및 촉진관리를 하는 형태이다.

      © 주로 제품의 단위당 판매가격이 고가인 경우, 취급이 어렵고 보증과 수리업무가 중요한 제품인 경우(주로 목재, 자동차 정비, 부품산업 등)에 활용된다.

      © 제조업자의 자금규모가 크고 창고의 여유가 있는 경우에 유리하다.

      @ 일반적으로 영업소라는 조직으로 운영되는데 중소 소매업체가 주 고객이며, 대형 소매업체는 본사 내 별도 영업조직에서 주로 담당한다.

      ⑩ 최근에는 소매업체가 대형화됨에 따라 제조업체의 영업소 판매는 줄어들고, 대신 대형소매업체를 직접적으로 상대하는 영업조직에 의한 판매가 늘어나는 추세를 보이고 있다.

  ② 상인 도매상(Merchant Wholesaler)

      ⊙ 상인 도매상은 자신이 취급하는 제품에 대한 소유권을 가지는 독립된 사업체로서 가장 전형적인 형태의 도매상이다.

      © 상인 도매상은 거래고객에게 제공하는 서비스의 정도에 따라 크게 완전서비스 도매상과 한정서비스 도매상으로 구분된다.

📋 기출문제확인

상인 도매상에 대한 설명으로 옳은 것은?

① 거래하는 제품의 소유권을 가지지 않는 독립적인 기업이다.
② 크게 완전기능 도매상과 한정기능 도매상으로 나누어진다.
③ 고객을 대리하여 활동하는 동안 판매와 구매의 협상기능을 수행한다.
④ 일반적으로 판매 또는 구매를 통한 수수료를 받는다.
⑤ 제조업자가 재고를 보관하는 창고시설을 갖추고 자신의 상품을 유통하는 도매상이다.

> **해설**
> 도매상은 일반적으로 상인 도매상과 대리 도매상으로 분류된다. 상인 도매상은 상품을 직접 구매하여 판매하는 기능을 하고, 대리 도매상은 제조업자의 상품을 대신 판매·유통시켜 주는 기능을 가지고 있다. 상인 도매상은 광범위한 서비스를 제공하는 완전기능 도매상과 도매기관의 기능 일부를 수행하는 한정기능 도매상이 있다.
>
> 정답 ②

03 유통업태의 유형 및 특성

1 소매업별 특징

(1) 백화점(Department Store)

① 개념과 특징

㉠ 백화점이란 하나의 매장 내에 일괄 구매와 비교가 가능하도록 상품 부문별로 구색을 갖추어 진열·판매하는 대규모 소매업태를 뜻한다.

㉡ 백화점이 구매자에게 제공할 수 있는 가장 큰 효용은 다양한 제품구색, 편리한 입지, 쾌적한 쇼핑공간이다.

(2) 연쇄점(Chain Store)

① 연쇄점의 특징

㉠ 각 도시의 번화한 지구에 점포를 설립하고, 판매하는 상품은 가맹본부에서 일괄적으로 구매를 담당한다.

㉡ 가맹본부에서는 필요에 응하여 각 가맹점에 공급하는 소매방식의 체인형태이며, 다수 점포가 모여 직영 또는 협동체제로 규모의 경제를 실현하기 위하여 조직화된 대규모 소매상업 집단이라고 할 수 있다.

㉢ 연쇄점 경영의 특징은 표준화·단순화·집중화라는 원칙을 상품화, 점포정책, 점포관리, 업무관리, 평가방식 및 교육훈련 등에 일관되게 적용하여 수행하는 경영체제이다.

㉣ 연쇄점은 그 운영형태에 따라 회사형 연쇄점(CC; Corporate Chain Store)과 가맹형 연쇄점으로 구분되며, 가맹형 연쇄점은 다시 자유독립형 연쇄점(VC; Voluntary Chain Store)과 프랜차이즈형 연쇄점으로 구분된다.

② 회사형 연쇄점(CC; Corporate Chain or RC; Regular Chain)

㉠ 각 가맹점은 중앙본부에 의해 관리되고 통제되며 표준화된 경영방식을 따르고, 다수점포가 단일기업, 단일자본에 의하여 통합된다.

㉡ 진열상품은 본부에서 집중 관리하고 각 지역의 중심부에 상품창고(유통센터 및 디포)를 설치하여 각 점포의 재고량 최소화와 상품회전율을 증대한다.

㉢ 다수의 점포를 소비자의 거주지에 배치하여 구매상의 편의를 제공한다.

㉣ 점두(店頭)에서 현금판매를 원칙으로 판매경비를 절약하여 저가로 판매한다.

㉤ 취급상품은 주로 편의품을 중심으로 하되 상품구매는 중앙본부에서 일괄하여 수행하며, 할인 서비스를 통해 저가로 가맹점에 제공한다.

③ 가맹형 연쇄점

　㉠ 볼런터리 체인(Voluntary Chain)

　　ⓐ 자유·임의·독립형 체인으로, 소규모로 동일한 상품을 취급하는 소매상들의 체인이다.

　　ⓑ 공동구매, 공동광고, 공동보관, 공동포장 및 공동훈련 등 연쇄점의 제 기능을 수행하는 형태로, 독립적인 형태를 취하기 때문에 가입과 탈퇴가 자유롭다.

　　ⓒ 편의점이나 슈퍼마켓 등의 강력한 구매력을 필요로 하는 곳에 가장 적합한 방식이다.

　㉡ 프랜차이즈 체인(Franchise Chain)

　　ⓐ 취급상품, 판매방법, 설비, 장부기록, 광고 또는 기타 전면적인 규제를 가하는 체인 중에서 가장 결속력이 강한 체인이다.

　　ⓑ 가맹점은 일정한 지역에서 독점적인 영업권이 보장되는 동시에 경험이 없어도 완비된 프로그램에 의해 어느 정도의 이익을 올릴 수가 있으며, 대규모 조직에 참여하는 데서 오는 규모의 이익을 얻을 수 있다.

　　ⓒ 체인본부가 가맹점으로부터 정형적인 부합계약에 따라 가맹료를 받고 가맹점에 대하여 사업을 수행할 수 있는 일부 자금과 권리 그리고 허가, 훈련, 머천다이징, 관리운영의 원조와 조언 등 노하우를 제공하는 체인형태로, 가맹점은 연간 매출액의 약 2~3% 정도의 경영지도료를 지불하게 된다.

(3) 슈퍼마켓(Supermarket)

① 슈퍼마켓의 출현: 슈퍼마켓은 식료품, 일용품 등을 주로 취급하며, 염가판매, 셀프서비스를 특징으로 하는 소매업태이다.

② 슈퍼마켓의 특징

　㉠ 식료품의 종합점: 일용잡화, 화장품, 잡지, 필름, 전기기기, 시계, 스포츠용품, 내구소비재 등을 판매하는 부분별 관리방식을 기본으로 하는 종합점이다.

　㉡ 셀프서비스와 초저가 판매: 생산자나 도매상으로부터 상품을 저가로 대량구매하여 초저가로 판매하고, 셀프서비스와 현금정찰제의 고회전주의를 고수하는 특징을 지니고 있다.

　㉢ 대규모화: 취급품목수를 늘리면서 매장면적을 확대하고 있으며, 타 업태와 경쟁관계에 있기 때문에 비교적 넓은 매장을 보유하고, 대규모화하고 있다.

　㉣ 중앙집중의 구매방식: 대개 체인형태로 있기 때문에 체인본부에서 상품을 일괄적으로 집중구매하며, 최근에는 벤더업체(물류도매업체)로부터 일괄 구매하는 경우도 있다.

(4) 편의점(CVS; Convenience Store)

① 편의점은 일반적으로 좋은 위치에 입지하여 장시간 영업을 하며 한정된 수의 품목을 취급하는 소매상으로, 미국에서 1950년대부터 시작되어 1960~1970년대에 걸쳐 급속도로 확산된 소매체인 형태의 일종이다.

② 이는 대규모 소매상이 제공할 수 없는 편리함을 소비자에게 제공하는 것을 목적으로 하는 일종의 미니 슈퍼와 같은 형태로 시작된 근린형 소형 소매업태이다.

(5) 전문점(Specialty Store)

① 전문점의 개념

　㉠ 전문점의 경쟁적 우위는 전문적 상품구색과 높은 서비스 제공에 있다고 할 수 있다. 또한 전문점이 취급하는 제품계열은 한정되어 있으나, 해당 제품계열 내에서는 매우 다양한 품목들을 취급한다.

　㉡ 전문점이란 고객에게 제공하고자 하는 상품이나 서비스를 전문품으로 집약하여 판매하는 소매업태로, 단일품목 중 극히 한정된 품종만을 전문적으로 취급하는 특정품 판매점을 의미한다.

② 판매상품

　㉠ 전문점은 주로 가전, 오디오, 의류, 운동기구, 가구, 서적 등의 제품계열에서 볼 수 있으며, 취급하는 제품계열의 폭과 깊이 정도에 따라 세분화가 가능하다.

　㉡ 고급 귀금속, 고급시계, 여성용 의류 및 액세서리, 남자 양복, 광학기기, 악기, 서적 등 다양하게 볼 수 있는데, 흔히 커피전문점, 보석전문점 등으로 불린다.

③ 전문점의 특징

　㉠ **제품구색**: 전문점은 단 하나의 제품계열을 취급하기도 하고, 소수의 제한된 제품계열을 취급하기도 하는데, 어떤 형태든지 간에 전문점이 가지는 특징은 특정 제품계열에 대하여 매우 깊이 있는 제품구색(Assortment)을 갖추고 있다는 것이다.

　㉡ **경영방식**: 독립점포와 체인방식이 있다.

　㉢ **종류 범위의 축소**: 취급상품의 종류에서 특정 상품의 색상·사이즈·형태·가격 등 고객 욕구에 부응하는 전문품을 판매한다.

　㉣ **효용 범위**: 상품에 대한 일관성과 전문성을 갖추고, 고객의 연령·소득·용도 등을 중심으로 구색을 갖춘다.

　㉤ **전문적 서비스**: 풍부한 상품지식의 전달, 호감을 줄 수 있는 매너, 매력 있는 점포 구성과 진열, 특색 있는 판매기법, 그리고 매력적인 광고를 통해 전문적인 서비스를 고객에게 제공한다.

(6) 잡화점(General Store)

① 식료품 및 각종 생필품인 일용잡화를 제한된 지역 내에서 독점적으로 운영하던 가장 오래된 소매상이다.

② 점포 주인의 배타적이고 비효율적인 운영으로 상품지식이 부족하고, 교통의 발달로 도시와 농촌의 거리가 축소되면서 쇠퇴되었다.

 **기출문제확인**

소매상의 유형과 의미를 짝지은 것으로 옳지 않은 것은?

① 백화점 – 다양성과 구색을 추구   ② 편의점 – 깊은 구색과 저가격 추구

③ 할인점 – 상시적 저가격   ④ 양판점 – 다품종 판매

⑤ 아웃렛 – 재고처리용 할인

해설

편의점은 식료품 및 일용잡화 등을 중심으로 한 상품구색으로 한정된 수의 품목만을 취급하며, 가격에 있어서는 슈퍼마켓보다 다소 높은 가격을 유지한다.

정답 ②

2 신유통업태의 특징

(1) 할인점(DS; Discount Store)

① 의의

  ㉠ 현재 미국 제일의 할인점(디스카운트 스토어) 체인은 Wal-Mart이지만, 할인점의 효시는 1948년에 개점한 콜벳(Korvette)이다. 1950년대 들어 Korvette의 영향을 받아 우수한 할인점 체인들이 창업했다. 1960년대 들어 여러 할인점 체인들이 치열한 경쟁을 벌인 결과 K-Mart, Wal-Mart, Target 등은 성장하고, Grant, Woolco 등은 도산하거나 문을 닫게 된다.

  ㉡ 할인점은 의류품이나 가정용품, 일반잡화 등의 대중적이고 실용적인 상품을 저렴한 가격으로 판매하는 유통기관이며, 상품가격의 상한과 하한을 양판점보다 더 줄인 박리다매형 셀프서비스 업태이다.

② 할인점의 특징

  ㉠ 강력한 매일저가정책(EDLP)을 추구하며, 주요 특징으로는 비식품류의 취급, 회전이 빠른 상품의 취급, 대량판매, 저가격, 최소한의 고객서비스, 최대한의 경비절감 등을 들 수 있다.

  ㉡ 정규적으로 저가격(약 10~20% 정도)으로 대량판매한다. 따라서 바겐세일, 점포정리세일, 특별가격 할인과 같이 비정규적인 저가격 판매상점은 할인점이 아니다.

  ㉢ 표준적인 브랜드를 판매하는 것에 중점을 두며, 저가격이나 저품질 제품을 판매하는 것이 아니다.

  ㉣ 대량으로 판매하기 위하여 저가의 가격정책을 취하고 있기 때문에 낮은 마진율(20~30%)을 가져오지만, 대량판매로 구매력이 신장되고 제품의 회전율이 향상됨으로써 재고비용의 감소를 가져오게 된다.

📋✔ **기출문제확인**

대형마트에 대한 설명으로 거리가 먼 것은?

① 마진이 낮은 제품의 비중이 높아 매출 총이익률이 낮으나 대량판매를 통해 수익성을 보전한다.
② 백화점에 비해 상품회전율이 높다고 볼 수 있다.
③ 수익성 향상을 위해 자체상표 상품(PB 상품)의 취급 비중을 낮추려 노력한다.
④ 인건비나 관리비 등의 비용을 최소화하여 원가우위 전략을 추구한다.
⑤ 자체 물류센터 건립을 통해 물류비 절감을 도모하기도 한다.

해설
대형마트는 자체상표 상품을 저렴한 가격으로 공급하여 점유율을 높이고자 하므로 취급 비중을 높이고자 한다.

정답 ③

(2) 하이퍼마켓(HM; Hyper Market)

① 의의

㉠ 하이퍼마켓은 슈퍼마켓, 할인점, 창고소매점의 장점을 결합한 소매업태인데, 대형화된 슈퍼마켓에 할인점을 접목시켜 식품과 비식품을 저렴하게 판매하는 소매업태를 의미한다.
㉡ 하이퍼마켓의 상품구색은 주로 슈퍼마켓에서 취급하는 식품과 생필품 등이며, 이들의 구성비는 6 : 4 정도이다. 상품은 주로 구매빈도가 높고 널리 알려진 국내외의 유명 제품이며, 중간상 제품(PB) 역시 많고 중저가의 편의품을 중심으로 선매품도 취급하고 있다.

② 특징

㉠ 상품의 종류가 전통적인 슈퍼마켓의 9,000여 개에 비해 훨씬 많다. 취급상품의 품목수는 대략 75,000~100,000개 정도의 품목에 이르고, 가전품목·정원용품·차량연료 등은 별도의 설비가 갖추어진 전문점 또는 직영매점을 통해서 판매되고 있어 주 매장의 상품구색을 보완하고 있다.
㉡ 주로 교외에 입지하고 점포면적은 5,000~10,000m^2 정도의 대형점으로 출점하며, 넓은 주차장과 셀프서비스를 운영하고 비회원의 출입도 허용한다.
㉢ 회원제 창고점의 상품진열에서 취약했던 식품 비율을 강화하고, 낮은 마진과 높은 회전의 경영을 지향한다.
㉣ 매장구성은 창고형태로 운영하며, 소매상과 외식업자를 대상으로 하는 전형적인 유럽형 슈퍼마켓이다.

(3) 대중 양판점(General Merchandising Store)

의류 및 생활용품을 중심으로 다품종 대량판매하는 체인형 대형 소매점으로, 점포형태 및 상품구성은 백화점과 유사하지만 대량매입, 다점포화, 유통업체 브랜드 중심의 상품구성 등으로 가격면에서 백화점보다 저렴하다는 차이가 있다. 따라서 양판점은 백화점과 할인점의 중간형태로서, 규모는 백화점, 운영은 할인점 형태를 유지하는 소매점 형태이다.

(4) 홈 디포(HD; Home Depot)

① 홈 센터(HC; Home Center)라 부르기도 하는 홈 디포의 주요 특징은 주택을 꾸미기 위한 기본적인 건축자재에서부터 가정용품에 이르기까지 모든 품목을 구비하여 원스톱 쇼핑의 개념으로 운영된다.

② 또한, 인구의 교외 이동을 반영하여 주택 개·보수에 관련된 내구 소비재·철물·인테리어 제품·전기자재 및 가정생활용 필수품도 판매하며, 처음에는 진열 형식이었지만 현재는 창고형 매장과 회원제를 통한 저가판매를 지향하는 셀프서비스점으로 정착되었다.

(5) 카테고리 킬러(CK; Catagory Killer)

① 특정한 상품계열에서 전문점과 같은 상품구색을 갖추고 저렴하게 판매하는 일종의 전문품 할인점 또는 전문 양판점이라 부르고 있다.

② 주요 특징은 소비자의 라이프스타일 변화에 따라 기존 종합소매상 취급품목 중 특정 제품계열에서 전문점과 같은 깊은 상품구색을 갖추고 저렴하게 판매하는 것이 원칙이다. 대량구매와 대량판매 그리고 낮은 비용으로 저렴한 상품가격을 제시한다.

③ 전문할인점은 '카테고리 킬러'라고도 하는데, 한 가지 또는 한정된 상품군을 깊게 취급하며, 할인점보다 훨씬 저렴한 가격으로 판매하는 소매업태를 말한다. 이 업태는 불경기에 성장이 두드러지며, 경기에 관련없이 꾸준하게 성장하고 있다.

④ 전문할인점은 깊이 있는 제품구색, 우수한 고객서비스, 고가격의 점포특성을 가지는 전문점과 어느 정도의 깊이를 가진 다양한 상품군들을 취급하는 할인점 및 양판점과 차별화되는 점포형태이다.

⑤ 카테고리 킬러는 전문품 할인점 또는 업종별 디스카운트 스토어라 할 수 있으며, 전문점과 할인점이 접목된 것이라 할 수 있다.

📋 기출문제확인

소매업태 중 카테고리 킬러(category killer)에 대한 설명으로 옳지 않은 것은?

① 포괄적으로 할인전문점이라 불린다.
② 고객에게 제공하고자 하는 상품이나 서비스를 전문화한 소매기관이다.
③ 취급상품을 한정하여 특정 상품에 대해 구색을 갖추고 있다.
④ 상표충성도가 높지 않은 일용품들 중 잘 알려지지 않은 품종으로 상품구색을 갖춘다.
⑤ 낮은 비용으로 저렴한 상품가격을 제시한다.

(6) 회원제 도매클럽(MWC; Membership Wholesale Club)

① 회원제 도소매점의 개념

    ㉠ 회원제 도매클럽은 일정한 회비를 정기적으로 내는 회원들에게만 30~50%의 할인된 가격으로 정상적인 유명제품들을 판매하는 유통업태를 말한다.

    ㉡ 현금판매 무배달(無配達) 창고형 점포로, 진열방식은 파렛트 쌓기 방식을 채용함으로써 진열비용을 대폭 삭감하여 할인점보다 20~30% 저렴한 가격으로 제공하는 회원제 창고형 도·소매업태이다.

② 회원제 도소매점의 특징

    ㉠ 취급 제품은 가공식품, 잡화 가정용품, 가구, 전자제품 등을 중심으로 3,000~4,000개 정도의 품목이고, 매장은 거대한 창고형으로 실내장식은 거의 없으며, 진열대에 상품을 상자단위로 쌓아놓아 고객이 직접 고르게 하는 묶음 판매를 통해 점포운영비를 최소화하고 있다.

    ㉡ 창고형태로 점포를 운영함으로써 DS보다 더 싼 가격으로 판매하며, 안정된 매출 확보를 위하여 회원제 도입, 상자 및 묶음단위로 판매하는 것을 원칙으로 한다.

(7) 슈퍼센터(SC; Super Center)

① 슈퍼센터는 1990년대 미국에서 가장 성장한 소매업태의 하나로, 프랑스에 기원을 둔 하이퍼마켓을 미국 사정에 맞게 개량한 것이다. 즉, 미국에서 하이퍼마켓에 대한 소비자의 반응이 좋지 않자 이에 대한 대응으로 월마트와 케이마트가 하이퍼마켓보다 좀 더 작은 규모의 슈퍼센터를 개발하였다.

② 하이퍼마켓보다는 작은 매장면적에 슈퍼스토어와 드럭스토어(Drugstore)를 결합한 대형 복합점이라고 보는 견해도 있다. 슈퍼센터는 다양한 품목과 서비스를 제공함으로써 시간절약 및 이동거리를 최소화하려는 1990년대 소비자 욕구에 부합하는 소매업태이다.

(8) 아웃렛점(Outlet Store)

① 의의

    ㉠ 상설 할인매장 혹은 아웃렛은 제조업자가 소유 및 운영하는 염가매장으로서, 제조업자의 잉여상품, 단절상품, 기획재고상품을 주로 취급한다. 이들은 소매가격보다 30~70% 정도 저렴한 가격에 판매되고 있다.

ⓛ 최근의 상설 할인매장은 교통이 불편한 도시 외곽에 위치함에도 불구하고 주말을 이용하여 유명제조업체 상표를 저렴하게 구매할 수 있는 상설 할인매장을 방문하는 소비자들이 점점 증가하고 있다.

② 특징

㉠ 아웃렛점은 팩토리 아웃렛(Factory Outlet)이라고도 하는데, 주요 특징은 메이커와 백화점의 비인기상품, 재고품, 하자상품 및 이월상품 등을 자신의 회사 명의로 대폭적인 할인가격으로 판매한다.

ⓛ 수십 개 또는 수백 개의 점포가 출점하여 쇼핑센터를 이루는 업태로서, 재고상품이 집하되는 물류센터 주변에 위치하는 것이 대부분이다. 또한 기존의 유통구조와의 반발을 피하기 위해 주로 도심 외곽에 입지하게 된다.

(9) 드럭스토어(Drugstore)

의약품이나 화장품, 생활용품, 식품 등을 취급하는 복합점포를 말하는데, 건강 및 미용과 관련된 제품들을 주로 판매하기 때문에 H & BC(Health & Beauty Care) Shop이라고 부르기도 한다. 즉, 드럭스토어 업종별 유통채널에 의해 각각 제공되던 약품·식료·화장품 등의 상품을 한 번에 구매하고자 하는 소비자의 건강 및 미용에 대한 요구를 맞춘 소매서비스이다.

(10) 무점포 소매상

① 무점포 소매상의 유형

㉠ 무점포 소매상은 크게 직접 마케팅(Direct Marketing), 직접판매(Direct Selling), 자동판매기(Automatic Vending Machine) 등으로 구분한다.

ⓛ 직접 마케팅에는 e-마케팅(인터넷 소매업 또는 인터넷 쇼핑몰), 카탈로그·DM 소매업, 텔레마케팅, 텔레비전 마케팅(TV홈쇼핑) 등이 있다. 직접판매에는 방문판매, 다단계판매 등이 있다.

더 알고가기 다양한 소매형태의 변화

- **자동판매기**: 점포를 통해 판매하기 어려운 장소와 시간에, 제품을 24시간 구매할 수 있게 하는 형태
- **키오스크(Kiosk)**: 터치스크린 방식의 정보전달 시스템인 무인단말기로 쇼핑몰이나 박물관, 공항 등에서의 위치정보 서비스 제공, 티켓 발매
- **CATV 홈쇼핑**: 케이블 TV를 이용하여 상품을 시청자에게 소개하고, 이를 통해 상품을 판매하는 형태
- **모바일 커머스(Mobile Commerce)**: 이동 중에도 무선인터넷과 첨단 통신기술을 통해서 상거래가 이루어지는 소매형태
- **T-커머스(T-Commerce)**: 텔레비전(Television)과 커머스(Commerce)를 결합한 단어로, 인터넷TV를 이용한 전자상거래

② e-마케팅

　㉠ e-마케팅(인터넷 소매업 또는 인터넷 쇼핑몰)은 인터넷이라는 가상공간(Cyber Space)을 통해 기업과 소비자들이 상거래를 하거나 정보를 교환하는 것을 말한다. e-마케팅 또는 전자상거래는 다양한 영역을 포함하지만 크게 B2C, B2B, C2C, C2B 등 네 가지 유형으로 구분된다.

　㉡ 인터넷 쇼핑몰은 기존의 전통적인 상거래와는 달리 시간과 공간의 편의성이 극대화될 수 있고, 유통경로가 짧으며, 단순하기 때문에 저렴한 가격으로 제품을 공급할 수 있다.

③ 카탈로그 · DM 소매업

　㉠ 카탈로그(Catalog) 판매: 고객들이 필요하다고 예상되는 제품을 카탈로그를 이용하여 소개하고, 판매계약을 접수한 뒤 제품을 우편(또는 택배)으로 전달하는 전통적인 무점포 소매방식이다.

　㉡ DM(Direct Mail) 소매업: 특정한 개인에게 특정한 광고주가 자신들의 선전 내용을 우편물 속에 담아서 보내는 것을 말한다.

④ 텔레마케팅(Telemarketing)

　㉠ 텔레마케팅은 전화로 소비자에게 제품정보를 제공한 후 제품판매를 유도하거나 혹은 고객이 TV광고, 우편광고를 보고 수신자부담 전화번호(080)를 이용하여 주문하는 소매유형이다.

　㉡ 텔레마케팅은 기업이 일반소비자와 기업고객들에게 전화를 통해 직접 제품과 서비스를 판매하는 아웃바운드(Outbound) 텔레마케팅과 TV 및 인쇄물광고 · 직접우편(DM) · 카탈로그에 기재된 주문전화를 통해 고객의 주문을 유도함으로써 판매가 이루어지는 인바운드(Inbound) 텔레마케팅으로 나누어진다.

⑤ 직접판매 · 방문판매 · 다단계판매

　㉠ 직접판매(Direct Selling): 제조업자가 자기의 비용을 들여 소비자를 집집마다 방문하여 상품을 설명하고 판매하는 방식이다. 불필요한 재고나 반품이 적게 되어 생산계획을 쉽게 세울 수 있고, 중간 상인에게 유통 마진을 지불하지 않아 그만큼 가격을 인하할 수 있어, 판매자와 소비자 모두에게 이득이 된다.

　㉡ 방문판매

　　ⓐ 의의: 영업사원을 이용한 직접판매의 방식으로, 역사가 가장 오래된 무점포형 소매업이다. 우리나라의 경우 화장품이나 서적, 가전제품, 학습지, 보험 등의 판매가 방문판매를 통해 이루어지고 있다.

　　ⓑ 장점

　　　• 우선 점포를 개설하지 않고서 상품을 판매할 수 있으므로 유통비용을 줄이고 상품의 원가를 절감할 수 있다.

　　　• 저마다 다른 고객의 기호와 취향에 맞출 수 있다는 장점을 지닌다. 따라서 표적소비자의 필요, 동기, 행동에 적합한 마케팅을 할 수 있다.

- 이러한 무점포 판매방식은 특히 기존의 유통망을 사용하기 어려워 새로운 시장진입 기업에게 공격적 판매기법으로 각광받고 있다.

ⓒ 다단계판매(Network Marketing): 피라미드형 판매라고도 부르는 것으로, 판매원(Distributor) 의 추천으로 상품을 사용해 보고 이에 만족한 소비자 자신이 다시 판매원이 되어 상품의 사용을 권하고, 이 상품을 사용한 소비자가 다시 판매원으로 전환되는 과정이 반복됨으로써 상품의 판매범위가 넓어지는 유통기법이다.

⑥ SNS 마케팅(Social – Commerce)

㉠ 소셜커머스의 종류

ⓐ 플래시 세일(Flash Sale): 제한된 시간 동안만 상품을 일시적으로 판매하며 입소문을 통해 회원들 간에 정보를 공유하고 짧은 시간 안에 구매를 성사시키는 형태이다.

ⓑ 그룹바이(Group – Buy): 지역 거점을 중심으로 제한된 시간 동안 목표한 수요가 모이면 할인판매가 성사되는 형태이다(티켓몬스터, 쿠팡, 그루폰).

ⓒ 소셜쇼핑(Social Shopping): 소셜네트워크(SNS)를 통해 할인된 가격과 양질의 상품에 대한 경험 공유뿐만 아니라, 특정 상품과 서비스에 대한 니즈를 가진 개인의 질문에 대해, 회원들이 적합한 상품이나 질 좋은 서비스를 제공하는 판매처를 회원들끼리 공유를 통해 판매촉진이 이루어지는 형태이다(미국, Plyvore).

ⓓ 소셜쇼핑 앱스(Social Shopping Apps): 고객은 스마트폰 애플리케이션(Apps)을 이용하여 현 위치에서 원하는 오프라인의 쇼핑장소를 찾아, 제공받은 쿠폰으로 할인구매나 적립 혜택을 제공받고, 소셜쇼핑 앱스 제작업체 입장에서는 이용자의 소비 및 취향 정보를 지속적으로 취합함으로써, 서비스 이용자 개인에 맞춤화된 마케팅을 지속적으로 제공하여 상거래를 일으키는 형태이다(Shopkick).

ⓔ 퍼체이스 셰어링(Purchase – Sharing): 소비자가 자신의 상품구매 정보를 공유하게 함으로써 사업자에게는 마케팅의 수단을 제공하고, 구매자에게는 금전적 보상을 해주는 방식이다. 단골고객 유치를 가능하게 하고 친구나 가족들에게 입소문을 내는 마케팅 효과를 기대하는 형태이다(Swipely).

> 고객 신용카드 등록 → 카드사용 정보제공 → 카드포인트 및 금전적 보상

ⓕ 퍼스널 쇼퍼(Personal Shopper): 무엇을 입을지, 무엇을 구매해야 할지 고민하게 될 때, 소셜네트워크를 통해 다른 사람의 객관적인 조언을 얻을 수 있는 유형의 소셜커머스이다. 이용자와 참여하는 판매자가 많아지면, 조언을 구하거나 조언을 해주는 이용자에게 포인트를 제공하고, 사업자는 구전효과를 얻고, 사이트 운영자는 광고수입을 얻는 형태이다.

ⓛ 소셜커머스의 용어

ⓐ 쇼루밍(Showrooming): 매장에서 제품을 살펴본 뒤 실제 구매는 온라인 등 다른 유통 경로로 하는 것으로 오프라인 매장이 온라인 쇼핑몰의 전시장(Showroom)으로 변하는 현상을 이르는 말이다.

ⓑ 웹루밍(Webrooming): 상품에 대한 정보를 온라인에서 습득한 후에 온라인보다 저렴한 오프라인 매장을 찾아 구매하는 것이다.

ⓒ 모루밍(Morooming): 오프라인 매장에서 제품을 살펴본 후 모바일로 구매하는 것이다.

ⓓ 역쇼루밍(Reverse-Showrooming): 온라인 매장에서 제품을 살펴본 후 실제 구매는 오프라인으로 하는 것이다.

ⓔ 프로슈머(Prosumer): 소비자(Consumer)가 소비는 물론 제품 개발과 유통과정에도 직접 참여하는 '생산적 소비자'로 거듭난다는 뜻으로 만든 말이다.

ⓕ 모디슈머(Modisumer): 제품을 제조사에서 제시하는 표준방법대로 따르지 않고 자신만의 방식으로 재창조해 내는 소비자이다. 서로 다른 2개 제품을 하나로 재탄생시키는 조리법을 창조해내는 것이 특징이다.

ⓖ 트라이슈머(Trysumer): '시도하다(Try)'와 '소비자(Consumer)'의 합성어로 체험적 소비자를 말한다. 이들은 회사나 광고 등을 통해 제공되는 정보에 의존하기보다는 새로운 서비스·제품을 직접 경험하길 원한다.

ⓗ 소셜슈머(Socialsumer): 소비자 개인의 만족뿐 아니라 사회 전체의 혜택을 위해 의견을 제시하는 소비자이다.

ⓘ 트윈슈머(Twinsumer): 다른 사람의 사용 후기를 참조해 상품을 구입하는 소비자이다.

ⓙ 메타슈머(Metasumer): 평범한 제품에 변화를 더해 새로운 제품으로 진화시키려는 소비자이다.

더 알고가기

- **헬스 & 뷰티 스토어(Health & Beauty Store)**: 화장품을 중심으로 식품, 음료, 일용잡화 등의 다양한 상품을 취급하는 업태로 주변의 화장품점, 약국, 중소슈퍼 등과 경쟁관계가 형성된다.
- **몰링(Malling)**: 복합쇼핑몰을 통해 쇼핑과 다양한 문화 체험을 동시에 즐기는 소비형태를 말한다.

3 프랜차이즈 시스템

(1) 정의

① 프랜차이저라고 불리는 모회사와 프랜차이지인 개인이나 조직과의 계약관계를 의미한다.

② 프랜차이즈(징)는 프랜차이저가 프랜차이지에게 사업구조 및 조직형태, 교육훈련을 통한 인력개발, 영업관리, 점포개설, 브랜드의 사용권한 등의 경영노하우 전달과 같은 지원과 함께 면허상의 특권을 부여하는 계약관계이다.

(2) 프랜차이즈 사업계약의 특징

① **혼합계약**: 라이선스 계약, 도급 또는 위임계약, 계속적 상품공급계약, 노하우 라이선스 계약 등이 혼합적으로 체결되는 계약을 말한다.

② **쌍무/유상계약**

가맹본부	가맹점 사업자
물품공급, 지원, 교육의무	가맹금 지급의무

③ **추상성**: 권리와 의무라는 것 자체가 추상적인 성질을 가진 것들로서, 영업노하우 및 비밀을 문서화하는 것을 기피하고 시장상황에 대해서 대응하는 판매촉진방법을 구체적으로 열거하는 것도 불가능하다. 따라서 간단한 내용의 일시적 계약처럼 완전한 계약을 만들기 어렵고 아무리 노력해도 계약이 불완전하다.

④ **불평등계약으로서의 성격**: 사업경험이 없는 가맹점 사업자가 우월적 경험과 지식을 가진 가맹본부에 일방적으로 의존하고 지시에 따라 의무를 감수한다.

⑤ **약관에 의한 계약체결의 성격**

⑥ **포괄성과 시스템성**

(3) 프랜차이즈 본부의 통제방법

① **경제적 통제**: 로열티를 부과하여 가맹점의 매출의욕을 높이고, 경영지도비, 촉진비, 소모품 비용을 부과함으로써 품질 및 경영에서의 일관성을 지니게 한다.

② **법적 통제**: 등록상표, 계약조항에 의한 통제로, 제품·상호형 프랜차이즈가 다른 유형의 프랜차이즈에 비해 가장 통제가 강하며, 법적 통제는 계약조항에 명시됨을 원칙으로 한다.

③ **관리적 통제**: 회계시스템과 재고시스템 같은 관리시스템에 의한 통제로, 프랜차이즈 본부와 가맹점 간의 신뢰가 관리적 통제에 있어 가장 핵심적인 요소이며, 본부의 교육 프로그램이 신뢰 형성에 크게 기여한다.

(4) 프랜차이즈 시스템의 장·단점

① **본부의 장점**

　㉠ **자본조달의 용이성**: 많은 사업 의욕이 있는 사람을 가맹점으로 모음으로써, 점포투자액을 적게 하고 넓은 지역에 단시간 내에 판매망 확보 및 체인 전개를 가속화할 수 있다.

　㉡ **높은 수익성**: 가입비와 로열티 등을 확보할 수 있기 때문에 안정된 사업을 수행할 수 있다.

　㉢ **가맹점과의 협동적 광고효과**: 가맹점 점포스타일, 판매원의 유니폼 등을 통일할 수 있기 때문에 소비자와 업계에 대하여 통일적인 이미지를 제공한다.

　㉣ **구매 및 판매에서의 규모의 경제 달성**: 상품의 유통을 목적으로 한 프랜차이즈 시스템의 경우, 확실한 상품유통의 루트가 설정되기 때문에 일정 상품의 판매망을 확보한다.

  ◎ 지역적 특수성 고려 가능성, 시장정보 수집, 피드백 용이: 가맹점 영업상황, 회사 체계, 환
   경조건의 변화를 보면서 가맹점 모집을 조절하여 유연하게 성장 가능하다.

② 본부의 단점

  ㉠ 지도 및 원조를 위해 계속적인 비용과 노력이 소요된다.

  ㉡ 가맹점이 급증할 경우 회사의 관리체계가 뒤따라가기 힘들어 통제가 어렵다.

  ㉢ 가맹점이 프랜차이즈 시스템이라는 권리 위에 안이한 생각으로 있게 되어 프랜차이즈 시
   스템 전체에 활력이 없어질 우려가 있다.

  ㉣ 투자효율이 높다고 해서 자기 스스로 점포전개를 하는 것보다 이익 그 자체를 대폭 증가
   시키는 것은 곤란하다.

  ㉤ 부실채권의 발생가능성이 크다.

┃ 프랜차이즈 시스템의 본원적·부가적 장점 ┃

본원적 장점	부가적 장점
• 가맹점 모집을 통한 급속한 성장 • 자금조달이 유리함 • 가맹점에 의한 위험분산 • 프랜차이즈의 물동량을 통합, 규모의 경제 실현(비용절감)	• 소비자는 표준화된 편의성과 품질의 일관성을 제공 • 소자본 창업에 유용 • 프랜차이즈 시스템 수출 • 정책적 지원 확보

 기출문제확인

다음 중 프랜차이즈 사업본부 입장에서의 장점은?

① 과도한 자본을 투자하지 않고 보다 빠르게 시장을 확대할 수 있다.

② 인지도 높은 유명 상호로 단기간 매출을 올릴 수 있다.

③ 일정 영역 내 독점적인 영업권이 보장되어 수익성이 높다.

④ 효율적인 경영기법을 전수받아 사업의 안정성이 높다.

⑤ 사업확장을 위한 자본조달이 용이하다.

해설
②, ③, ④는 프랜차이지(가맹점) 입장에서의 장점에 해당한다.

정답 ①, ⑤

02 출제 예상문제

01 소매상에 대한 설명으로 가장 옳지 않은 것은?

① 소매상은 유통경로상의 마지막 단계로서 최종 소비자와 직접 접촉한다는 점에서 제조업체와 도매상의 판매성과에 큰 영향을 미친다.

② 소매상이 다수 제조업체의 제품을 취급하여 제품의 구색이 많아지고 대형화되면 도매상으로 분류된다.

③ 소매상의 성격은 수익률, 재고회전율, 제품구색, 위치 그리고 제공하는 서비스에 따라 달라진다.

④ 무점포 소매상으로는 방문판매, 전화소매상, 자동판매기, 우편주문 소매상 등이 있다.

⑤ 소매상은 비영리적 목적으로 구매하려는 최종 소비자에게 재화나 서비스를 판매하는 조직이나 사람을 의미한다.

> **해설** 최종 소비자를 대상으로 제품 및 서비스를 판매하는 소매상은 제품의 구색이 많아지고 대형화된다고 하더라도 도매상으로 분류되지는 않는다.

02 소매업의 특성을 설명한 것 중 가장 옳은 것은?

① 다른 경로의 구성원보다 입지상권 및 소매점 내의 제반 판매시설은 중요하지 않다.

② 일반적으로 업태에 따라 각기 다른 소비자에게 다른 가격으로 판매한다.

③ 상품의 단위당 가격은 생산자나 도매기관보다 낮은 편이다.

④ 대량단위로 제품을 판매하며 일반 소비자에게 개방되어 있다.

⑤ 소비자들이 점포를 방문하거나 전화 및 우편주문을 하여 판매가 이루어진다.

> **해설** ① 무점포 소매상도 있으나, 아직까지는 점포 판매상들이 많으므로 입지상권 및 소매점 내의 제반 판매시설은 중요하다.
> ② 일반적으로 업태에 따라 각기 다른 소비자에게 다른 가격으로 판매할 경우 신뢰의 문제가 발생한다.
> ③ 상품의 단위당 가격은 생산자나 도매기관보다 높은 편이다.
> ④ 소량단위로 제품을 판매한다.

정답 01 ② 02 ⑤

03 다음 소매상의 기능 중 소비자를 위한 기능과 거리가 먼 것은?

① 디스플레이, 판매원 서비스 등을 통해 정보를 제공한다.
② 구색을 제공하며 상품선택에 필요한 시간적·공간적 편리함을 준다.
③ 재고유지기능으로 고객욕구 충족을 위해 생산자 대신 재고를 유지한다.
④ 선택의 폭을 넓혀준다.
⑤ 신용을 제공하여 소비자의 구매비용 부담을 덜어준다.

 소매상의 기능
• 제조업자를 위한 기능: 시장확대, 재고유지기능, 주문처리기능, 시장정보 제공기능, 고객서비스 대행
• 소비자를 위한 기능: 구색갖춤, 공급자정보제공(마케팅정보), 신용 및 금융, 고객지원기능(서비스)

04 다음 중 제조업자를 위한 소매상의 기능에 대한 설명으로 가장 적합한 것은?

① 소비자의 구매욕구 등의 정보제공기능
② 재고의 보유기능
③ 재판매가격의 유지기능
④ 경쟁사의 진입 제한기능
⑤ 상품구색을 제공하는 기능

 소비자 정보를 제공해 주는 역할: 소비자와의 접촉을 통해 얻은, 상품에 대한 소비자의 요구에 관한 정보를 생산자에게 전달하여 상품개발·계획·생산 등에 활용하도록 한다.

05 다음 중 도매와 소매의 본질적인 차이점을 가장 올바르게 설명한 것은?

① 소매상은 소비재를 주로 취급하지만, 도매상은 원자재·반자재를 주로 취급한다.
② 도매상은 영업방식에 있어 수직적인 유통경로를 주로 취하는 반면에, 소매상은 수평적인 유통경로를 취하는 경우가 많다.
③ 소매상의 주된 판매대상은 최종 소비자, 즉 가계가 되며, 도매상이 상대하는 주된 고객은 최종 소비자를 제외한 모든 개인 및 조직이다.
④ 대량주문과 대량판매 등 대규모 거래를 하면 도매상이 되며, 소량주문과 소량판매 등 소규모 거래를 하면 소매상이 된다.
⑤ 도매상은 제조업자와 직거래를 하나, 소매상은 제조업자와는 직거래를 하지 않는다.

정답 03 ③   04 ①   05 ③

① 소매상과 도매상 모두 소비재를 주로 취급한다.
② 도매상과 소매상 모두 수직적인(vertical) 유통경로상에서 영업활동을 한다.
④ 주문량과 판매량으로 도매상과 소매상을 구분할 수는 없다(예 백화점과 대형마트는 소매상이지만 대량 구매와 판매를 하고 있다).
⑤ 제조업자와의 직거래는 도매상이나 소매상이나 가능하므로, 본질적인 차이가 될 수 없다.

06 소매점이 제공하는 역할 중 하나는 소비자의 구매집합 형성을 돕는 것이다. 다른 범주에 속하는 상품의 집합으로, 이종상품들을 조합하여 구입하게 하는 방식을 뜻하며 예를 들어 셔츠, 넥타이, 구두, 양말 등을 함께 모아놓은 집합을 무엇이라 하는가?

① 이종 구매집합 ② 상황 구매집합
③ 관련 구매집합 ④ 비교 구매집합
⑤ 공동 구매집합

 구매집합
• 비교 구매집합: 같은 계열의 다양한 제품의 집합 예 다양한 종류의 맥주
• 관련 구매집합: 다른 계열의 이종상품들의 집합 예 라면, 생수, 계란

07 소매상의 추세에 대한 설명으로 가장 틀린 것은?

① 규모의 경제를 추구하는 대형점포가 점차 증가하고 있다.
② 고마진·저회전을 추구하는 전문점이 크게 성장하고 있다.
③ 편의성을 위해 판매사원에 대한 의존도가 증가하고 있다.
④ 소매업의 양극화 추세가 점차 심화되고 있다.
⑤ 파워 리테일러에 의한 시장지배력이 점차 심화되고 있다.

 온라인 등을 통한 제품 및 구매와 관련된 다양한 정보의 획득과 다양한 구매수단의 발전으로 인해 오프라인의 판매사원에 대한 의존도는 감소하고 있다.

정답 06 ③ 07 ③

08 업종과 업태에 대한 설명으로 옳지 않은 것은?

① 업종이란 소매기업이 취급하는 주력상품의 총칭이다.

② 업태란 '어떤 방법으로 판매하고 있는가?'에 따른 분류이다.

③ 업종이란 상품군에 따른 전통적 분류이다.

④ 업종이란 한국표준산업분류상 영업의 종류 중 대분류에 속하는 것이다.

⑤ 백화점, 편의점, 할인점, 카테고리 킬러 등은 업태의 분류이다.

> **해설** 업종은 통계청장이 작성·고시하는 한국표준산업분류의 소분류, 세분류 또는 세세분류에 따른다.

09 제품에 대한 소유권을 가지기는 하지만 물리적으로는 제품을 취급하지 않고, 제품을 구매하고 싶어 하는 소매상과 접촉하여 계약을 체결하고, 제품은 공급자 또는 생산자가 직접 소매상에게 선적하게 하는 한정서비스 도매상은?

① 우편주문 도매상   ② 직송 도매상

③ 트럭 도매상   ④ 현금인도 도매상

⑤ 제조업자 판매사무소

> **해설** 한정서비스 도매상
> • **현금거래 도매상(cash and carry wholesaler)**: 현금 지불조건으로 거래를 성사하며, 배달은 하지 않고 저렴한 가격으로 공급한다. 코스트코 홀세일 클럽이나 농협의 하나로 클럽 등이 좋은 예이다.
> • **트럭 도매상(truck jobber)**: 판매와 배달기능을 트럭을 이용하여 직접 수행한다. 주로 한정된 제품을 취급하며 고객(소매상)들의 주문에 의해 구매와 보관, 배송의 기능을 수행한다.
> • **진열 도매상(rack jobber)**: 소매상들에게 매출비중이 높지 않은 상품들을 주로 공급하며, 상대적으로 이윤이 적고 매출비중은 낮지만 회전율이 높은 상품들을 취급한다.
> • **직송 도매상(drop shipper)**: 소매상 고객으로부터 주문이 왔을 때, 해당 상품을 생산자가 직접 구매자에게 배송하도록 하는 형태이다.

정답 08 ④   09 ②

10 도매상에 대한 설명으로 가장 잘못된 것은?

① 제품 매입원가 및 소요비용에 일정 마진율을 가산하여 가격을 결정하기도 한다.

② 매출증대와 재고처분을 위해 가격할인이나 가격인하를 단행하는 경우도 있다.

③ 제조업체나 소매상에 비해 판매를 위한 판촉활동은 뒤떨어진다.

④ 입지나 상권에 있어 중심상가지역에 위치하지 않아도 영업에 큰 지장이 없다.

⑤ 수익성 유지를 위해 주로 비인적(非人的) 판촉수단을 활용하여 제조업체를 대상으로 한 판촉에 주력한다.

> **해설** 도매상의 판촉수단으로 인적 판매나 소매상 판촉이 이용되며, 제조업체나 소매상에 비해 상대적으로 촉진 비중이 낮다.

11 도매상의 기능 및 특성에 관한 설명으로 가장 옳지 않은 것은?

① 소매상을 위해 신속한 이용가능성을 제공한다.

② 소매상과 상이한 법적 규제와 세제의 적용을 받는다.

③ 주로 제조업자를 위해 제품을 소량으로 분할하여 제공한다.

④ 소매상보다 상대적으로 입지에 큰 비중을 두지 않는다.

⑤ 소매상보다 넓은 상권을 대상으로 거래한다.

> **해설** 제조업자에게서 대량의 제품을 공급받은 도매상은 소매상을 위해 제품을 소량으로 분할하여 제공한다.

12 도매상이 소매상을 위해 수행하는 기능이 아닌 것은?

① 신용 및 금융기능   ② 소단위 판매기능

③ 구색갖춤기능   ④ 시장확대기능

⑤ 기술지원기능

> **해설** 시장확대기능은 제조업자를 위한 도매상의 기능이다.

정답 10 ⑤   11 ③   12 ④

13 도매상이 제공하는 효용과 거리가 먼 것은?

① 도매상은 소매상에게 다양한 신제품, 제품가격변화 등에 관한 정보를 제공한다.
② 도매상은 넓은 판매망을 제공하여 최종 소비자에게 신속한 배달이 가능하다.
③ 도매상들은 재고를 보유함으로써 소매상의 재고비용과 위험부담을 덜어준다.
④ 도매상은 소매상에게 신용판매 및 금융서비스 등을 제공한다.
⑤ 도매상은 소매상이 필요로 하는 구색을 갖춤으로써 고객의 불편을 덜어준다.

해설 ②는 도매상이 제공하는 효용과 거리가 멀고, 소매상이 제공하는 효용에 가깝다.

14 다음 주어진 내용에 해당하는 도매상 유형이 올바르게 짝지어진 것은?

> ㉠ 거래를 촉진시키며, 소유권을 이전하지 않은 채 구매자와 판매자 사이에서 일정 보수를 받는다.
> ㉡ 전형적인 도매상으로, 소매상들에게 종합적인 서비스를 제공하며 취급하는 제품계열의 폭이 매우 넓다.

	㉠	㉡		㉠	㉡
①	중개업자	광역 도매상	②	제품 도매상	커미셔너
③	서비스 도매상	대리점	④	브로커	도매상인
⑤	판매사무소	거간			

해설 주어진 내용의 ㉠은 브로커에 대해 설명한 것이고, ㉡은 도매상인에 대한 설명이다.

정답 13 ②　14 ④

15 도매기관의 유형에 대한 설명으로 가장 옳지 않은 것은?

① 대리상은 특정한 상인의 명의로 계속적으로 영업을 대리해 주고, 그 성과에 따라 일정한 보수 또는 수수료를 받는 도매상이다.

② 제조업자 직영점은 독립된 도매상을 이용하는 것이 아니라 판매자나 구매자에 의하여 직접 운영되는 도매상이다.

③ 상인 도매상은 상품에 대한 소유권을 가지고, 소매상과 거래하는 독립적인 상인이다.

④ 창고형 할인매장은 설비를 간소화하고 서비스를 절감하는 대신에 가격을 할인하여 판매하는 상점이다.

⑤ 중개상은 제조업자로부터 소유권 이전 없이 위탁을 받아 매매를 수행하거나 알선해 주고, 수수료를 받는다.

> **해설** 제조업자 직영점은 중간상을 거치지 않고 제조업자가 소비자에게 직접 판매하는 도매상에 해당한다.

16 현금판매 – 무배달 도매기관에 대한 설명으로 옳지 않은 것은?

① 신용판매를 하지 않고 현금만으로 거래를 한다.

② 소매기관이 직접 찾아와 제품을 주문하고 인수해 간다.

③ 판매원을 통해 소매기관을 상대로 판매지원 및 서비스를 제공한다.

④ 주로 소규모의 소매기관을 대상으로 상품을 공급한다.

⑤ 배달을 하지 않는 대신 싼 가격으로 상품을 공급한다.

> **해설** 현금배달 – 무배달 도매기관은 소매기관을 상대로 판매지원 및 서비스를 제공하지 않는다.

17 서로 연관성 있는 소수의 상품계열만을 집중적으로 취급하는 도매상으로서 의약품 도매상, 가구 도매상, 철물 도매상 등이 해당하는 유형은?

① 현금거래 도매상　　　　　　② 전문상품 도매상
③ 한정상품 도매상　　　　　　④ 일반잡화 도매상
⑤ 진열 도매상

> 정답 15 ②　　16 ③　　17 ③

완전서비스 도매상(full-service wholesaler)
- 일반상품(general merchandise) 도매상: 서로 관련이 없는 다양한 상품들을 취급하며, 중소 슈퍼마켓과 같은 중소 소매상들과 주로 거래한다.
- 한정상품 도매상(limited line wholesaler): 서로 연관성이 있는 소수의 상품라인을 집중적으로 취급한다. 의약품 도매상, 의류 도매상, 가구 도매상 등을 말한다.
- 전문품 도매상(specialty wholesaler): 소수 혹은 하나의 제품계열 내에서 소수의 특정 제품만을 깊이 있게 취급한다. 청과물 도매상, 건강식품 도매상 등이 있다. 이들은 구색의 깊이와 함께 전문성을 갖추고 고객의 욕구를 충족시킨다.

18 다음 주어진 내용에서 설명하고 있는 도매상의 유형은?

- 한정기능 도매상이다.
- 자신들은 직접 재고를 유지하지 않는다.
- 주문을 받으면 합의된 조건과 배달시간에 맞추어 고객에게 직접 제품을 선적·운반할 제조업자에게 연결해 준다.
- 부피가 큰 석탄, 목재, 중장비와 같은 제품을 주로 취급한다.

① 우편주문 도매상(mail-order wholesalers)
② 선반 중개인(rack jobber)
③ 현금판매 도매상(cash and carry wholesalers)
④ 트럭 도매상(truck wholesalers)
⑤ 직송 도매상(drop shipper)

 ① 우편주문 도매상(카탈로그 도매상): 우편을 통해 소매상에게 카탈로그와 제품주문서 등을 발송하여 주문을 접수하면 제품을 배달하는 도매상이다.
② 선반 중개인: 주로 비식료품 분야인 잡화 및 의약품 소매상을 대상으로 하며, 이들 소매상들은 많은 제품들에 대한 직접적인 진열과 독자적인 주문절차를 싫어하므로 선반 중개인은 점포까지 트럭 배달을 해주고 배달원은 제품을 선반에 쌓아 놓은 역할까지 수행한다.
③ 현금판매 도매상(현금거래 ○, 배달 ×): 현금 무배달 도매상이라고도 불리며, 현금으로 거래하고 수송서비스를 제공해 주지 않는 도매상이다.
④ 트럭 도매상(현금거래 ○, 배달 ○): 소매상에게 직접 제품을 수송하며 거래하는 도매상으로, 특정 지역을 순회하면서 소매상과 거래하게 되는데, 대체로 과일이나 야채와 같이 부패하기 쉬운 제품 또는 일부 담배, 제과류, 잡화 등을 소규모로 공급하는 도매상이다.

정답 18 ⑤

19 다음 도매기관 중 상인 도매상에 속하지 않는 것은?

① 수수료 상인(commission merchants)

② 선반 도매기관(rack jobber)

③ 직송 도매기관(drop shipper)

④ 트럭 도매기관(truck wholesaler)

⑤ 현금판매 – 무배달 도매기관(cash and carry wholesaler)

해설 도매상의 유형
- **제조업자 도매상**: 판매지점, 판매사무소
- **상인 도매상**: 도매상인, 산업재 유통업자, 현금거래 도매상, 트럭 도매상, 직송 도매상, 진열 도매상
- **대리인**: 제조업자 대리점, 판매대리인, 구매대리인, 수수료 상인
- **브로커**

20 유통단계에 있어 생산자와 소매상 사이에 도매상이 개입하기에 좋은 조건과 거리가 먼 것은?

① 소매상의 상품구성이 다수 생산자의 상품믹스로 이루어져 있다.

② 생산자나 소매상이 지리적으로 넓게 분산되어 있다.

③ 생산자가 생산하는 제품이 희소성을 가져 선점의 필요가 있다.

④ 생산부문이 다수의 중소규모 생산자로 구성되어 있다.

⑤ 생산자가 서로 다른 특정 상품의 생산에 전문화되어 있다.

해설 생산자가 생산하는 제품이 단순할 때 도매상이 개입하기에 좋은 조건이 된다.

21 다음 주어진 내용에 해당하는 소매업체를 순서대로 옳게 나열한 것은?

> ㉠ 의류 및 생활용품을 중심으로 다품종 대량판매하는 대형 소매점으로 백화점보다 가격은 저렴하다.
> ㉡ 의약품이나 화장품, 생활용품, 식품 등을 취급하는 복합점포이다.

① 아웃렛 – 드럭스토어 ② 멤버십홀세일 – 아웃렛
③ 할인점 – 슈퍼센터 ④ 양판점 – 드럭스토어
⑤ 카테고리 킬러 – 하이퍼마켓

정답 19 ① 20 ③ 21 ④

㉠ **양판점**: 의류 및 생활용품을 중심으로 다품종 대량판매하는 체인형 대형 소매점으로, 점포형태 및 상품 구성은 백화점과 유사하지만 대량매입, 다점포화, 유통업체 브랜드 중심의 상품구성 등으로 가격면에서 백화점보다 저렴하다는 차이가 있다.
　㉡ **드럭스토어**: 의약품이나 화장품, 생활용품, 식품 등을 취급하는 복합점포를 말한다.

22 유통업체의 상품구성정책과 구색, 상품의 깊이와 넓이에 관한 의사결정의 수행과 관련된 설명으로 가장 옳지 않은 것은?

① 상품의 넓이 또는 폭이 넓다는 것은 상품의 종류가 많다는 것을 의미한다.
② 상품의 넓이와 깊이에 대한 의사결정은 표적구매자들의 기대를 일치시키면서 동시에 다른 소매상과 차별화할 수 있어야 한다.
③ 편의점과 백화점을 상품의 깊이 측면에서 비교할 경우, 편의점이 백화점에 비해 상품의 깊이가 더욱 깊다.
④ 상품의 깊이는 각 브랜드 중 한 가지의 단위에서 얼마나 깊이 있는 상품이 있는지를 말한다.
⑤ 상품의 구색이란 상품 브랜드의 폭과 깊이가 어느 정도 제대로 갖추어져 있는지를 의미한다.

해설 편의점은 일반 생필품 위주의 상품구성으로 상품의 넓이나 깊이 측면에서 백화점보다 좁고 얕다.

23 소매업태 중 백화점에 대한 설명으로 가장 잘못된 것은?

① 생필품을 제외한 선매품과 전문품의 상품계열 취급
② 엄격한 정찰제 실시
③ 기능별 전문화에 의한 합리적 경영 추구
④ 대형마트와는 다른 고급화와 차별화를 중심으로 전략 실행
⑤ 풍부한 인적, 물적 서비스로 판매활동 전개

해설 백화점은 선매품을 중심으로 생필품, 전문품 등 다양한 상품을 취급한다.

정답 22 ③　23 ①

24 편의점(convenience store)의 경영 특성과 거리가 먼 것은?

① 상대적 다품종 소량구색
② 상대적 구매의 편의성
③ 상대적 저가격 판매
④ 상대적 시간과 공간의 편리성
⑤ 상대적 쇼핑의 신속성

> 해설 편의점의 높은 가격은 다른 업태들에 비해 편의점의 경쟁적 우위인 위치적 효용과 시간상의 접근 편리성으로 상쇄할 수 있다.

25 다음 소매업태 중 전문점에 대한 설명으로 옳지 않은 것은?

① 해당 제품계열 내에서는 매우 다양한 품목을 취급
② 풍부한 상품지식 전달 및 전문적 서비스 제공
③ 우수한 머천다이징 능력이 경쟁력의 바탕
④ 묶음이나 박스 단위로 판매하는 것이 특징
⑤ 특정 범위 내의 상품군을 전문적으로 취급

> 해설 묶음이나 박스 단위로 판매하는 것은 대형마트나 대형 할인점의 특징이다.

26 가격파괴형 유통업태에 속하지 않는 것은?

① 카테고리 킬러(category killer)
② 전문점(specialty store)
③ 슈퍼센터(super center)
④ 하이퍼마켓(hypermarket)
⑤ 회원제 도매클럽(membership wholesale club)

> 해설 전문점은 특정 범위 내의 상품군만을 전문으로 취급하는 소매업태로, 품질·가격면에 있어 다양한 종류의 상품을 보유하고 있으며, 상품회전율이 높고 고객에 대한 고도의 상담과 서비스를 제공한다. 따라서 가격파괴형 유통업태와는 거리가 멀다.

정답 24 ③ 25 ④ 26 ②

27 다음 대형마트(할인점)에 대한 설명 중 가장 옳지 않은 것은?

① 일반 소매점보다 저렴하게 상품을 판매하여 제조업자 및 도매업자로부터 경쟁관계를 갖고 있다.

② POS 시스템, 유통 VAN 등을 도입하여 판매동향을 파악하여 상품구색을 해나간다.

③ 상품라인 구성은 백화점과 유사하지만 저마진을 유지하기 위해 건물이나 인건비 및 일반관리비 등을 낮게 운영한다.

④ 상품의 회전율을 높이기 위해서 물류시스템의 합리화를 기한다.

⑤ 내부 소비재 상품을 중심으로 하며 상품회전율이 편의점보다 항상 높으며 셀프서비스를 채택하는 것이 특징이다.

> **해설** 대형마트(할인점)는 상품의 대량구매를 통하여 구입원가를 낮추고 건물이나 시설 등을 검소한 창고형으로 하며, 상품의 진열 등을 간소화하고 셀프서비스 방식의 운영으로 운영비를 낮춘다. 그러나 상품회전율이 편의점보다 항상 높은 것은 아니다.

28 대형매장에 1차 식품류를 위주로 하여 잡화, 의류 등의 상품구색을 함께 판매하는 소매업태는?

① 양판점
② 아웃렛
③ 편의점
④ 카테고리 킬러
⑤ 하이퍼마켓

> **해설** 하이퍼마켓(HM: Hyper Market)은 유럽, 특히 프랑스를 중심으로 발달한 소매업태로, 대형화된 슈퍼마켓에 기존의 할인점 및 창고소매업 방식을 접목시켜 가격을 저가로 책정하여 판매하는 유통업태이다.

29 양판점에 대한 내용에 해당하지 않는 것은?

① 다점포화 전략
② 셀프서비스 지향
③ 저마진·고회전 전략
④ 재고위험을 제조업체가 부담
⑤ 비용절감전략 추구

> **해설** 양판점의 특성
> • 의류 및 생활용품을 중심으로 다품종 대량판매하는 체인형 대형 소매점
> • 점포형태 및 상품구성은 백화점과 유사하지만 대량매입, 다점포화, 유통업체 브랜드 중심의 상품구성
> • 가격면에서 백화점보다 저렴
> • 규모는 백화점, 운영은 할인점 형태를 유지하는 소매점 형태

정답 27 ⑤ 28 ⑤ 29 ④

30 카테고리 킬러(category killer)에 대한 설명으로 옳지 않은 것은?

① 낮은 비용으로 저렴한 상품가격을 제시한다.

② 상표충성도가 높지 않은 일용품들 중 잘 알려지지 않은 품종으로 상품구색을 갖춘다.

③ 취급상품을 한정하여 특정 상품에 대해 구색을 갖추고 있다.

④ 고객에게 제공하고자 하는 상품이나 서비스를 전문화한 소매기관이다.

⑤ 포괄적으로 할인전문점이라 불린다.

해설 카테고리 킬러(CK: Category Killer)는 특정한 상품계열에서 전문점과 같은 상품구색을 갖추고 저렴하게
판매하는 일종의 전문품 할인점 또는 전문양판점이라 부르고 있다.

31 완구나 스포츠용품처럼 특정 품목군만을 집중적으로 취급하는 유통형태로, 해당 품목에 대한
상세한 정보와 함께 다양한 제품을 살펴보고 구매할 수 있는 장점을 갖고 있는 소매업태는
무엇인가?

① 카테고리 킬러   ② 아웃렛

③ 종합쇼핑몰   ④ 대형 할인점

⑤ 백화점

해설 카테고리 킬러는 소비자의 라이프스타일 변화에 따라 기존의 종합소매상 취급품목 중 특정 제품계열에서
전문점과 같은 깊은 상품구색을 갖추고 저렴하게 판매하며, 미국의 Toys 'R'Us(완구), Circuit City(가전),
Office Depot(사무실 가구), Home Depot(건자재) 등이 대표적인 카테고리 킬러이다.

32 회원제 도매클럽에 대한 설명으로 가장 옳지 않은 것은?

① 취급 제품은 제품의 보존성과 소모성이 높고 비교적 단가가 낮은 일용품이 중심이다.

② 매장은 거대한 창고형으로 구성되며 진열대에 상자단위로 진열한다.

③ 회원으로 가입한 고객만을 대상으로 판매하는 업태이다.

④ 연중무휴로 24시간 영업을 실시하고 주택가 상권이 형성된 지역에 입지한 소규모 매장
이다.

⑤ 안정적 고객층 확보와 회비를 통한 수익의 보전이 가능하다.

해설 ④는 편의점에 대한 설명이다.

정답 30 ②　31 ①　32 ④

33 인터넷 마케팅을 포함한 전자상거래에 대한 설명으로 가장 거리가 먼 것은?

① 소비자의 입장에서는 정보의 탐색이나 검색이 용이하여 오프라인 점포를 이용할 때보다 더욱 자세하고 세밀한 정보를 얻을 수 있다.

② 인터넷 마케팅을 통해 판매되는 상품과 서비스의 유형이 갈수록 다양화되고 있다.

③ 고객의 인구통계적 특성과 구매패턴 등에 맞추어 개별 고객지향적인 마케팅활동을 할 수 있다.

④ 고객의 입장에서는 구매에 대한 시간적·공간적 제약이 없어 매우 편리하다.

⑤ 물리적인 진열공간이 없기 때문에 판매자의 입장에서는 저렴한 비용으로 상품의 제시 및 판매가 가능하다.

해설 소비자의 입장에서 다양하고 많은 정보를 쉽게 얻을 수 있으나, 오프라인에 비해 자세하고 세밀한 정보의 수집은 어렵다.

34 전통적인 상거래와 비교하여 전자상거래의 특징으로 옳지 않은 것은?

① 1 : 1 마케팅이 가능하다.

② 고객수요를 신속히 포착하여 대응할 수 있다.

③ 24시간 거래가 가능하다.

④ 즉각적 쌍방향 커뮤니케이션이 어렵다.

⑤ 거래대상 지역을 전 세계로 확장 가능하다.

해설 즉각적 쌍방향 커뮤니케이션은 전자상거래의 대표적인 특징에 해당한다.

35 소매업의 유형 관점에서 나머지와 다르게 분류되는 것은?

① 통신판매   ② 다단계판매
③ TV홈쇼핑   ④ 인터넷 쇼핑몰
⑤ 편의점

해설 ①, ②, ③, ④는 무점포 소매업이고, ⑤ 편의점은 점포 소매업이다.

정답 33 ①   34 ④   35 ⑤

36 무점포 판매에 포함되지 않는 것은 무엇인가?

① 텔레비전 홈쇼핑
② 이동통신기기를 이용한 판매
③ 다단계판매
④ 인터넷 쇼핑몰 또는 사이버몰 등 전자상거래
⑤ 프랜차이즈형 체인사업

> **해설** ⑤ 프랜차이즈형 체인사업은 점포 판매에 해당하며, ①, ②, ③, ④는 무점포 판매에 해당한다.

37 다음 내용에 해당하는 쇼핑센터의 유형은?

> ㉠ 수십 또는 수백 개의 점포가 출점하여 쇼핑센터를 이루는 셀프서비스 형태의 상설할인 소매업태이다.
> ㉡ 염가성과 품질이라는 두 가지 분야를 만족시켜 주는 소매업태이다.
> ㉢ 이월상품, 재고상품 등을 할인판매하여 합리적인 구매를 가능하게 한다.

① 현대식 메가쇼핑몰
② 테마형 전문쇼핑몰
③ 리조트형몰
④ 아웃렛
⑤ 할인점

> **해설** 아웃렛은 상품의 품질상에는 어떠한 문제가 없고 제조업자와 백화점의 비인기상품 및 재고상품을 대폭적인 할인가격으로 구매할 수 있는 상설할인 점포이다.

38 인터넷 쇼핑몰에 대한 설명으로 가장 잘못된 것은?

① 상거래 과정이 인터넷상에서 전자적으로 이루어지는 가상공간을 인터넷 쇼핑몰이라 한다.
② 시간과 공간적 제약이 사라져서, 소비자는 다양한 상품을 선택할 수 있는 선택의 기회가 확대되었다.
③ 점포 소매업에 비해 고객과 공급자의 상호작용은 더욱 증가하고, 양방향의 의사전달에서 단방향 의사전달로 변화·발전하였다.
④ 인터넷 쇼핑몰은 일반 점포나 상점에 비해 재고에 따른 비용이 절감되기 때문에 가격이 상대적으로 저렴하다.
⑤ 제품을 비교하기 편리하고, 쇼핑시간을 절약할 수 있다는 장점이 있다.

> **해설** 점포 소매업에 비해 고객과 공급자의 상호작용은 더욱 증가하고, 단방향의 의사전달에서 양방향 의사전달로 변화·발전하였다.

정답 36 ⑤ 37 ④ 38 ③

03 판매원의 자세

01 판매의 개념

(1) 판매의 개념

판매는 제품이나 서비스를 구매하도록 한다든지 혹은 판매자의 상업상 중요한 아이디어에 기인해서 호의적 반응을 보이도록 하는 것을 말한다.

(2) 판매원 판매(인적 판매)

① 판매원 판매[인적 판매](Personal Selling)의 개념: 판매원을 매개로 고객과 대면해서 수행하는 의사전달 방법이다.

② 인적 판매과정의 단계

    ㉠ 인적 판매과정: 준비단계[고객발굴(예측), 사전접근(준비)], 설득단계(고객접근, 제품소개, 의견조율, 구매권유), 사후관리단계(사후관리)

    ㉡ 세부단계: 고객발굴(예측) → 사전접근 → 고객접근 → 영업제안 → 영업종결 → 사후관리

📋 기출문제확인

인적 판매과정을 순서대로 설명한 것은?

① 고객발굴 → 사전접근 → 영업제안 → 고객접근 → 사후관리 → 영업종결
② 고객발굴 → 사전접근 → 고객접근 → 영업제안 → 영업종결 → 사후관리
③ 사전접근 → 고객발굴 → 영업제안 → 고객접근 → 영업종결 → 사후관리
④ 사전접근 → 고객발굴 → 고객접근 → 영업제안 → 사후관리 → 영업종결
⑤ 고객발굴 → 사전접근 → 고객접근 → 영업제안 → 사후관리 → 영업종결

해설
인적 판매과정은 '고객발굴 → 사전접근 → 고객접근 → 영업제안 → 영업종결 → 사후관리'의 순이다.

정답 ②

---

③ 인적 판매의 장·단점

　㉠ 장점

　　ⓐ 장기적이고 지속적인 고객과의 관계구축의 기회 제공

　　ⓑ 고객의 반응에 맞춰 즉각 대응할 수 있는 융통성 있는 쌍방 커뮤니케이션

　　ⓒ 즉각적이고 명백한 피드백

　㉡ 단점

　　ⓐ 판매원 교육과 유지·관리 비용이 많이 든다.

　　ⓑ 촉진의 속도가 느리다.

　　ⓒ 커뮤니케이션 비용이 많이 든다.

　　ⓓ 한정된 소비자 접근

02 판매원의 자세와 마음가짐

(1) 지식(Knowledge)

판매담당자는 고객의 욕구충족이 실현될 수 있는 현명한 선택에 이르도록 상품에 대한 풍부한 지식과 정보를 가지고 있어야 한다. 상품 이외에 판매담당자가 가져야 할 지식으로는 회사·시장·업무 지식 등이 있다.

 **기출문제확인**

판매담당자가 가져야 할 지식과 그 성격이 다른 하나는?

① 상품에 대한 지식

② 에티켓에 대한 지식

③ 시장에 대한 지식

④ 회사에 대한 지식

⑤ 업무에 대한 지식

해설

판매담당자가 가져야 할 지식으로는 회사·상품·시장·업무 지식 등이 있다.

정답 ②

더 알고가기 임파워먼트(권한 위임)

1. 정의
   ① 부하들이 잠재능력을 발휘하게 함과 아울러, 능력을 확대시켜 더욱 유능한 사람이 되도록 하는 것이다.
   ② 학습조직을 구축해 부하들의 잠재력을 꾸준히 개발해 나가는 것이다.

2. 방법
   ① 부하들을 의사결정에 참여시키는 참여적 의사결정
   ② 자율관리팀의 구성과 활동
   ③ 경청과 인정, 도전적인 목표량 설정
   ④ 교육훈련
   ⑤ 인센티브 제공, 관료주의적 병폐 제거
   ⑥ 합리적인 보상제도 설치, 공정한 업적평가 및 피드백
   ⑦ 토론문화 창달

(2) 태도(Attitude)

① 태도의 필요성: 접객서비스의 본질은 고객과의 접촉에서 좋은 느낌을 주는 것이라고 할 수 있다. 고객에게 좋은 느낌을 준다는 것은 마음의 접촉을 느끼는 대응을 한다는 것인데, 이는 고객이 상품을 구입할 때 무의식중에 요구하는 것이다. 따라서 판매담당자는 고객과의 접촉에서 좋은 느낌을 준다는 것이 기본적인 마음가짐과 행위가 되어야 한다.

② 에티켓: 판매담당자가 고객과의 첫 만남이나 상담 중에 호감을 줄 수 있다면 고객으로부터 좋은 인상을 획득하는 것은 물론이고, 이를 더욱 강화한다면 본인뿐만 아니라 고객이 구입한 제품에 대한 만족과 아울러 회사에 더 좋은 영향을 줄 것이다.

기출문제확인

판매담당자가 고객과의 만남에 있어 가장 올바르지 않은 모습(에티켓)은 어느 것인가?

① 복장을 단정하게 한다.
② 호감받는 화장을 한다.
③ 밝고 명랑한 표정을 짓는다.
④ 첫 대면에 가깝게 마주 본다.
⑤ 고객의 말을 경청한다.

해설
첫 대면에는 너무 가깝게 마주 보는 것을 피한다(너무 가깝게 마주 보면 긴장감이 유발된다).

정답 ④

③ 인사예절

　㉠ 인사예절의 의미: 고객에 대한 대응기법의 기본은 '인사말'의 진정한 의미를 이해하고, 그
　　것을 실천하는 것이다.

　㉡ 접객 8대 용어와 사용법

　　ⓐ 어서오십시오.

구분	처음 맞이할 때 하는 인사
마음가짐	진심으로 반기는 마음으로 정중하게 미소를 잃지 않고 한다.
보통인사	45°로 정중하게 굽히고 너무 빨리 고개를 들지 않는다.

　　ⓑ 네, 잘 알겠습니다.

구분	고객의 요구사항에 대한 첫 답변
마음가짐	고객이 원하는 방향으로 일을 처리할 것이라는 마음가짐을 갖고 자신 있게 이야기한다.
보통인사	15° 정도로 가볍게 굽히고 나서 곧바로 시행한다.

　　ⓒ 죄송합니다만,

구분	고객에게 요구나 부탁할 때
마음가짐	고객에게 진심으로 양해를 구하는 마음으로 인사한다.
보통인사	15° 정도로 가볍게 굽히고 나서 곧바로 시행한다.

　　ⓓ 잠시만 기다려주시겠습니까?

구분	고객을 기다리게 할 때
마음가짐	진심으로 죄송한 마음으로 정중하게 고개를 숙인다.
보통인사	15° 정도로 묵례 후 신속하게 움직인다.

　　ⓔ 오랫동안 기다리셨습니다.

구분	상품을 찾아 왔을 때, 대금 결제 완료 시
마음가짐	고객이 기다린 것에 대한 지루한 기분이 풀어지도록 밝고 명랑하게 표현한다.
보통인사	15° 정도로 가볍게 굽히고 나서 곧바로 시행한다.

　　ⓕ 감사합니다.

구분	고객에 대한 감사, 대금을 받을 때, 상품을 건네줄 때
마음가짐	진정으로 감사하는 마음이 고객에게 전달이 되도록 진지하게 표현한다.
보통인사	30° 정도로 고개를 숙이고 나서 고객의 눈을 잠시 응시했다가 곧바로 시선을 아래로 내린다.

ⓖ 안녕히 가십시오. 또 들러주십시오.

구분	구매해 준 것에 대해 고마워하는 마음으로, 전송 시
마음가짐	찾아 준 것에 대해 감사하며, 가시는 길이나 이후의 모든 생활에 있어서도 '안녕'하시길 바라는 마음을 전한다.
보통인사	45° 정도로 신속하며, 밝고 상냥하게 한다.

ⓗ 네, 손님

구분	고객과 눈길이 마주쳤을 때
마음가짐	'항상 응대준비가 되어 있습니다.'라는 자세
보통인사	45° 정도로 신속하며, 밝고 상냥하게

기출문제확인

고객을 응대할 때의 올바른 자세 및 예절에 대한 다음의 내용 중에서 가장 옳지 않은 것은?

① 눈맞춤이 없는 인사는 무성의하고 형식적인 것으로 보이므로, 반드시 고객과 눈맞추기를 유지해야 한다.

② 두 손을 모아 잡아 허리 아래로 내려놓은 듯이 공손한 자세가 기본이다.

③ 인사의 각도가 마음을 전달하는 방법 중 하나이므로, 고객에게는 가능한 한 굽히는 각도를 크게 하는 것이 좋다.

④ 인사할 때 덧붙이는 말이 대화 분위기를 풍성하게 만든다.

⑤ 다른 사람의 말을 들을 때 될 수 있으면 눈을 보고, 자신이 이야기할 때에는 조금 시선을 아래로 향하는 것이 좋다.

해설

인사는 고객에 대한 마음가짐의 표현이며, 인간관계의 청신호를 알리는 적극적인 표현이다. 인사는 정중히 해야 하는데, 과하게 굽히는 각도를 크게 하는 것은 고객에게 오히려 부담을 주게 되므로 바람직하지 않다.

정답 ③

---

④ 대화예절

㉠ 간결하고 쉽고 정확하게 말하며, 대화 도중 말을 가로막지 않는다.

㉡ 밝은 표정, 밝은 음성, 밝은 내용, 밝은 마음으로 말한다.

㉢ Check-Back: 요구 실행 후 다시 한번 고객의 의사를 확인한다.

㉣ 눈은 상대방의 얼굴을 주시하고, 팔짱을 끼거나 다리를 포개지 않는다.

㉤ 쿠션(Cushion) 언어: 부드러운 느낌으로 전달할 수 있는 표현을 익힌다.

㉥ 명령형: "-주세요.", "-하세요."가 아닌 "-해 주시겠습니까?"라는 표현을 익힌다.

ⓐ 부정형·단정형: "없어요.", "안 돼요.", "몰라요."로 끝내지 말고 대안을 제시한다.
ⓞ 잘 아는 용어를 사용하고, 말 끝에 "–다요."와 같은 쓸데 없는 접미사를 쓰지 않는다.

더 알고가기 감정노동

판매원들은 양질의 서비스를 제공하기 위해 자신의 기분과는 상관없이 조직을 대신해서 고객에게 친근감, 공손함, 공감 등을 표현해야 한다. 이 경우 이러한 책임 때문에 많은 부담과 스트레스를 느끼게 된다.

(3) 기술(Skill)

① 기술의 필요성: 판매활동은 기술이다. 판매기술이란 고객들이 특정의 아이디어를 받아들이도록 하는 설득능력으로서 가능고객을 발견하는 법, 설득하여 상담을 체결하는 법, 가능고객을 관리하는 법 등을 의미한다.
② 가능고객의 발견
　㉠ 가능고객이란 이름이 정해진 고객이 아니기 때문에 외부에 나타나지 않고 있으므로 이를 식별하는 기술이 필요하다.
　㉡ 판매담당자는 가능고객으로 식별이 되는 사람을 찾아낸다고 생각할 것이 아니라, 일반 수요자를 어떻게 자기의 가능고객으로 만들까 하는 관점에서 생각과 행동을 하는 것이 더 필요하다.
③ 접근기술: 고객에게 저항감을 주지 않고 부담 없이 사람을 만나며 자기를 효과적으로 알리고 자기가 목표로 하는 바를 저항 없이 전달하는 접근기술이 요구된다.
④ 상담체결기술: 판매의 모든 과정은 체결(Closing)로서 그 결과가 설명된다. 과정이 중요하다는 것은 체결을 잘 맺기 위해 그러한 것이지 과정 자체를 위해 중요한 것은 아니다.
⑤ 고객과의 관계 극대화 요건
　㉠ 고객에 관한 필요한 정보가 수집되어야 할 것이다.
　㉡ 정보에 의한 목표설정과 치밀한 행동계획이 필요하다.
　㉢ 정확한 단계를 거친 상담기술의 습득과 습관화가 필요하다.

(4) 습관화(Habit)

① 계획적인 실행력: 판매는 실천력을 요구한다.
② 이론무장·정신무장·기술무장의 행동화: 판매담당자는 항상 배우고 창조하며 봉사하는 마음가짐으로 이론·정신·기술면에서 평소에 철저한 무장을 하되, 이를 몸에 배도록 행동화하는 일이 중요하다.

‖ 판매원의 자세(KASH 원칙) 요약 ‖

KASH 원칙	내용	세부 실천사항
지식 (K, 이론무장)	이론 습득으로 무장한다.	• 시장지식 • 상품지식 • 회사 및 업무지식
태도 (A, 정신무장)	습득된 지식을 바르게 실천하려는 의지를 갖는다.	• 고객과의 접객에서 제 지식을 적용·응용한다.
기술 (S, 기술무장)	반복적으로 실천·교정하여 자기만의 독특하고 독창적인 노하우를 정립한다.	• 확실히 익히고 실행한다. • 정립하고 숙달시킨다.
습관화 (H, 실행·행동)	강인한 정신력, 실행력, 성실성의 습관을 갖는다. 즉, 생활화되어 나타난다.	• 창의적이고 적극적인 사고와 행동을 체질화한다.

 기출문제확인

판매원이 지켜야 할 행동에 대한 설명으로 옳지 않은 것은?

① 방법무장 – 경쟁제품의 단점을 부각시켜 비교우위를 획득한다.
② 이론무장 – 시장지식, 상품지식 등의 지식으로 무장한다.
③ 태도무장 – 습득된 지식을 바르게 실천하려는 의지를 갖는다.
④ 기술무장 – 반복적으로 실천, 교정하여 확실히 익히고 실행한다.
⑤ 습관화 – 창의적이고 적극적인 사고와 행동을 체질화한다.

해설
판매원이 지켜야 할 행동(KASH 원칙)
지식(Knowledge) – 이론무장, 태도(Attitude) – 정신무장, 기술(Skill) – 기술무장, 습관화(Habit) – 실행·행동

정답 ①

(5) 고객지향적 사고

판매담당자는 고객의 입장에 서서 서비스를 실시하려는 고객지향적 사고가 항상 바탕에 있어야 한다.

03 판매원의 역할

(1) 정보전달자의 역할

판매종업원은 소비자에게 상품에 대한 정보제공 역할을 담당하기 위하여 대상 상품에 대한 전문적인 상품정보 및 전달능력이 요구된다.

(2) 상담자의 역할

판매서비스를 담당하는 판매원은 기본적으로 고객에게 구매를 하도록 돕는 기능 이외에도, 고객의 라이프스타일을 파악하여 고객의 생애가치를 향상시키는 역할을 하는 동시에, 기업의 효율성 증대를 통한 생산성 증대에 기여하는 역할을 담당한다.

(3) 수요창출자의 역할

잠재고객의 욕구를 발견하고 이의 설득을 통해 구매로 연결시키며, 높은 만족감을 주어 지속적인 관계를 유지하는 역할을 한다.

(4) 서비스 제공자의 역할

판매 후 A/S 등의 서비스와 인간적인 서비스를 통해 고객의 총체적인 욕구를 충족시켜주는 역할을 한다.

(5) 정보습득자의 역할

판매서비스를 실행함에 있어서 고객에게 상품에 대한 정보전달 및 설득 역할을 하는 동시에 고객과의 대면을 통해서, 고객이 요구하는 다양한 욕구를 파악하고 이를 기업에게 전달하는 역할을 담당한다.

> **더 알고가기** 멘토링제
>
> 멘토링(Mentoring)은 소매점의 신규 종업원에 대한 훈련방법으로, 선배 사원이 후배 사원에게 업무지식과 함께 다양한 직장 내 경험 등을 전수하는 방법이다.

04 직장생활에서의 보상관리

(1) 보상관리의 의의

한 개인이 조직체에서 수행한 일의 대가로 받게 되는 모든 효익을 의미하는 것으로서 임금, 상여금, 복리후생 등과 같은 금전적인 보상과 도전감, 책임감, 성취감, 발전 기회 등과 같은 정신적 보상으로 구분된다.

(2) 보상관리의 이론적 배경

① 브룸(Vroom)의 기대이론: 동기부여이론 중 하나로, 개인이 특정 행동을 할 동기를 가지는 이유를 설명하는 이론이다. '노력 → 성과 → 보상'의 관계를 중심으로 하는 이론이며, 사람들이 기대하는 결과에 따라 동기부여 수준이 달라진다고 보는 이론이다.

② 애덤스(J. S. Adams)의 공정성이론: 개인의 동기부여는 행위 유발 이후, 타인과의 비교를 통하여 과다보상, 또는 과소보상에 의하여 등장한다고 보는 이론이다.

> **더 알고가기** 평가지표의 종류
>
> 1. 측정 기준의 시점
>   ① **투입지표**: 투입물의 양을 나타내는 지표
>   ② **과정지표**: 진행과정에서 나타나는 산출물의 양을 나타내는 지표
>   ③ **산출지표**: 완료 후 나타나는 1차적 산출물을 나타내는 지표
>   ④ **결과지표**: 효과 영향력을 나타내는 지표
> 2. 정량 측정 가능 여부
>   ① **정량지표**: 비교할 수 있는 기준이 명확한 경우에 사용(객관적으로 평가하는 지표)
>   ② **정성지표**: 계수화하기 어려운 부문의 평가에 사용(주관적인 관점을 포함하는 지표)

> **더 알고가기** 판매관리자의 임무
>
> • 판매원의 모집과 선발, 훈련 및 감독
> • 판매목표의 설정
> • 판매예산 수립과 판매비용의 통제
> • 효과적인 판매조직 개발
> • 판매원의 동기부여
> • 장·단기 프로젝트 작성
> • 인적 판매활동과 다른 형태의 판매촉진활동과의 교류

01 판매원이 고객에게 신뢰성을 유지하는 방법으로 가장 옳지 않은 것은?

① 고객이 만족할 수 있는 서비스를 제공한다.

② 고객과 지속적인 커뮤니케이션을 갖는다.

③ 신제품 안내 같은 정보제공 서비스를 실시한다.

④ 컴플레인을 신속하게 처리한다.

⑤ 고객의 사생활 침해가 될 수 있기에 생일이나 기념일에 관심을 갖지 않는다.

> **해설** 고객과 지속적인 관계를 유지하기 위해 구매 후에도 지속적으로 고객을 관리하여 신뢰성을 유지한다. 따라서 고객의 생일이나 기념일 등에 관심을 가져야 한다.

02 인적 판매의 역할을 설명한 것으로 가장 옳지 않은 것은?

① 단순히 제품 자체만이 아닌 고객의 총체적 욕구를 채워줄 수 있는 서비스까지 제공한다.

② 수요창출을 위해 어떻게 고객이 요구하는 가치를 발견할 것인지 노력한다.

③ 회사를 대표하는 입장이기에 회사의 이익만을 최대화하기 위해 노력한다.

④ 단순한 판매처리 업무뿐만이 아니라 회사와 고객과의 관계에서 정보매개자로 활동한다.

⑤ 상담자로서 고객이 인식하고 있는 문제를 고객의 입장에서 해결해 주려는 마음가짐이 필요하다.

> **해설** 회사를 대표하더라도 회사의 이익만을 얻기 위해 노력하게 되면, 고객을 잃게 된다. 따라서 고객의 입장을 최대한 배려하는 노력이 필요하다.

03 다음 판매관리자의 임무에 대한 설명 중 가장 거리가 먼 것은?

① 판매원의 훈련   ② 판매지역 설정

③ 판매원의 모집과 선발   ④ 판매목표의 설정

⑤ 판매원의 동기부여

정답 01 ⑤   02 ③   03 ②

판매관리자의 임무
• 판매원의 모집과 선발, 훈련 및 감독
• 판매목표의 설정
• 판매예산 수립과 판매비용의 통제
• 효과적인 판매조직 개발
• 판매원의 동기부여
• 장·단기 프로젝트 작성
• 인적 판매활동과 다른 형태의 판매촉진활동과의 교류

04 인적 판매에서 판매담당자의 역할과 가장 거리가 먼 것은?

① 수요창출자의 역할　　　　　　② 정보생산자의 역할
③ 상담자의 역할　　　　　　　　④ 정보전달자의 역할
⑤ 서비스제공자의 역할

인적 판매에서 판매담당자는 정보생산자의 역할이 아니라 정보전달자의 역할을 한다.

05 인적 판매에 대한 설명 중 잘못된 것은?

① 고객의 구매욕구를 자극시키기 위해 인간적인 서비스를 제공한다.
② 언어적·비언어적 수단을 통해 고객과 교류한다.
③ 인적 판매는 단순히 물건 그 자체만의 판매를 넘어선 추가 정보를 제공한다.
④ 지속적이기보다는 단순 거래적인 측면이 강하다.
⑤ 인적 판매는 고객과의 인격적·교육적 만남으로 이루어진다.

인적 판매는 지속적인 거래관계를 유지하기 위해 판매 후에도 관리를 통해 추가 구매를 유도한다.

정답 04 ② 　 05 ④

06 인적 판매의 장점과 단점에 대한 설명으로 가장 옳지 않은 것은?

① 판매원이 고객의 표정과 행동을 파악하여 그들의 특성에 맞는 제품을 제시하기 어렵다.

② 판매원이 고객과 1 : 1 접촉을 하므로 비용이 많이 든다.

③ 서비스 및 배달과 설치 같은 구매에 영향을 미치는 요인들을 설명함으로써 제품 구입 시 발생할 수 있는 소비자들의 인지적 부조화를 해결해 주는 장점이 있다.

④ 다른 판매촉진 수단들과는 달리 판매행위를 현장에서 완결하기 때문에 매출액과 수익성의 측정이 쉽다.

⑤ 동시에 많은 고객을 상대하기 어렵다.

> **해설** 판매원이 고객의 표정과 행동을 파악하여 그들의 특성에 맞는 제품을 제시할 수 있다.

07 인적 판매과정이 순서대로 옳게 나열된 것은?

① 사전접근 → 고객발굴 → 영업제안 → 고객접근 → 영업종결 → 사후관리

② 고객발굴 → 사전접근 → 고객접근 → 영업제안 → 사후관리 → 영업종결

③ 고객발굴 → 사전접근 → 영업제안 → 고객접근 → 사후관리 → 영업종결

④ 사전접근 → 고객발굴 → 고객접근 → 영업제안 → 사후관리 → 영업종결

⑤ 고객발굴 → 사전접근 → 고객접근 → 영업제안 → 영업종결 → 사후관리

> **해설** 인적 판매과정은 '고객발굴 → 사전접근 → 고객접근 → 영업제안 → 영업종결 → 사후관리'의 순이다.

08 다음 인적 판매과정의 단계 중 다양한 제안방식이 가능하며, 고객의 욕구에 초점을 두어 관심을 끌어내야 하는 단계는?

① 사전접근단계   ② 사후관리단계

③ 고객발굴단계   ④ 고객접근단계

⑤ 영업제안단계

> **해설** 인적 판매과정의 판매 전 단계인 준비단계로서 사전접근단계와 고객접근단계 및 고객발굴단계가 있고, 제품소개와 의견조정 및 구매권유 등의 영업제안단계인 판매단계, 사후관리단계인 판매 후 단계가 있다.

정답 06 ①   07 ⑤   08 ⑤

09 판매원이 지녀야 할 자세로서 가장 거리가 먼 것은?

① 이론습득으로 무장한다.
② 지식을 바르게 실천하려는 의지를 갖는다.
③ 고객을 이해하기 위해 감성만으로 무장한다.
④ 항상 실천하고 행동으로 옮기는 습관을 갖는다.
⑤ 반복적으로 실천, 교정하여 자기만의 독특하고 독창적인 노하우를 정립한다.

> 해설 판매원은 이론과 태도 및 행동 등이 잘 갖춰져야지 감성만의 무장은 바람직한 자세가 아니다.

10 판매원이 지녀야 할 에티켓을 설명한 것으로 가장 적절한 것은?

① 고객응대 시 가능한 큰 모션을 취한다.
② 손님의 기분을 좋게 할 수 있는 사장님 혹은 사모님의 호칭을 사용한다.
③ 처음 방문한 고객에게 친근감을 위해 최대한 가깝게 마주 본다.
④ 최신 유행하는 화려한 화장을 하여 눈에 띄게 한다.
⑤ 고객이 너무 어색해하지 않도록 일정한 공간을 유지하면서 응대한다.

> 해설 ① 고객응대 시 지나치게 큰 모션을 취하지 않는다.
> ② 적합한 호칭(사장님, 사모님 → 손님)과 존경어를 사용한다.
> ③ 처음 방문한 고객에게 너무 가깝게 마주 보는 것을 피한다.
> ④ 부담스런 화려한 화장보다는 호감받는 화장을 한다.

11 판매담당자의 고객응대 시 에티켓으로 가장 적절하지 않은 것은?

① 복장을 단정하게 한다.
② 호감받는 화장을 한다.
③ 칭찬을 한다.
④ 첫 대면에 가깝게 마주 본다.
⑤ 고객의 말에 경청하는 태도를 취한다.

정답 09 ③ 10 ⑤ 11 ④

고객응대 시 에티켓
- 복장을 단정하게 한다.
- 진실을 말한다.
- 호감받는 화장을 한다.
- 밝고 명랑한 표정을 짓는다.
- 정중한 인사를 한다.
- 고객의 말에 듣는 태도를 취한다.
- 적합한 호칭(언니, 사모님, 사장님 → 손님)과 존경어(말하다 → 말씀하시다)를 사용한다.
- 첫 대면에는 너무 가깝게 마주 보는 것을 피한다(너무 가깝게 마주 보면 긴장감이 유발된다).
- 칭찬을 한다.
- 일정한 공간을 유지한다(너무 가까이는 어색하다).
- 미소를 짓는다.
- 지나치게 큰 모션을 취하지 않는다.

12 판매담당자가 알아야 할 회사에 대한 지식으로 가장 옳지 않은 것은?

① 일일보고 사항과 작성해야 할 서류
② 자체 생산품이나 판매제품의 매출액과 당기순이익
③ 회사의 역사, 기구 및 조직의 구성
④ 회사의 사훈 혹은 경영이념과 경영방침
⑤ 경영층과 주요 간부의 성명

 판매담당자는 회사·상품·시장·업무 지식을 갖춰야 하는데, ②, ③, ④, ⑤는 회사지식에 해당하나, ①은
업무지식에 해당한다.

13 판매담당자가 고객의 욕구를 충족시키기 위해 미리 알아두어야 할 구체적인 상품 관련 지식
과 가장 거리가 먼 것은?

① 유효기간, 보증기간, 애프터서비스의 내용은 어떠한가?
② 상품의 기능성, 상징성을 고객에게 어필할 수 있는 포인트는 어떤 것들인가?
③ 제품개발 배경과 주요 원자재의 공급원은 어디인가?
④ 전국 및 지역별 판매와 서비스망의 현황은 어떠한가?
⑤ 주요 재원 및 장착품목, 선택품목은 무엇인가?

 전국 및 지역별 판매와 서비스망의 현황은 상품 관련 지식이 아니라 회사지식에 해당한다.

정답 12 ①   13 ④

14 판매담당자가 기본적으로 가져야 할 시장에 대한 지식과 상품에 대한 지식 중 시장에 대한 지식에 포함되지 않는 것은?

① 인구통계적 요소　　　　　　　② 상권의 규모
③ 고객의 구매성향　　　　　　　④ 상품의 기능
⑤ 경쟁점의 상품구성

> **해설** 상품의 기능은 상품에 대한 지식에 해당한다. ①, ②, ③, ⑤는 시장에 대한 지식에 해당한다.

15 접객용 용어의 올바른 사용법으로 잘못된 것은?

① "오랫동안 기다리셨습니다." – 상품을 찾아 왔을 때
② "네, 잘 알겠습니다." – 고객요구의 첫 응대 시
③ "감사합니다." – 고객과 눈길이 마주쳤을 때
④ "어서오십시오." – 처음 맞이할 때
⑤ "죄송합니다만," – 고객에게 요구나 부탁할 때

> **해설** "감사합니다."의 표현은 고객이 상품을 구매했을 때나 구매 후 돌아갈 때 사용한다. '고객과 눈길이 마주쳤을 때'는 가볍게 고개를 숙이면 무난하다.

16 불량고객에 대응하는 판매원의 바른 자세와 훈련으로 옳지 않은 것은?

① 채무를 불이행하는 신용불량형 고객은 가망 없는 고객으로 무조건 관계를 종결한다.
② 장비나 시설을 파괴하는 고객에 대해서는 사전 경고장치를 부착한다.
③ 고객들끼리 싸우는 내분형 고객을 응대하기 위해서 판매원들은 관리자와 함께 즉각적으로 해결책을 모색하고 대응한다.
④ 화를 잘내고 싸움을 하려는 호전형 고객을 응대하기 위해서 판매원들에게 사전 역할극 등을 훈련시킨다.
⑤ 규칙을 위반하는 고객에게는 판매원이 그들에게 적절히 교육을 실시한다.

> **해설** 현재의 상황도 중요하나 그보다 미래의 상황을 더 고려하여야 한다. 따라서 현재는 신용불량형 고객이나 향후 건전한 고객으로 지속적인 거래관계를 유지할 수도 있으므로 성실히 대해야 한다.

정답 14 ④　15 ③　16 ①

17 인적 판매원의 역할로 가장 옳지 않은 것은?

① 고객파악과 고객파악의 유지　　② 지속적인 서비스 제공
③ 직원할인 제공　　④ 일상적인 시장정보 수집
⑤ 고객문제 해결

> **해설** 직원할인 제공은 기업이 자사 직원들에게 일정 금액의 할인을 해주는 것으로, 인적 판매원의 역할과는 거리가 멀다.

18 판매원 간 갈등의 원인에 해당하지 않는 것은?

① 고객에 대한 상호 경쟁　　② 업무량에 대한 인식차이
③ 성격적 갈등　　④ 상호 의사소통 부족
⑤ 직무 부적합

> **해설** 직무 부적합은 개인과 조직 간의 문제이지, 조직 구성원 간 갈등의 원인은 아니다.

19 판매원의 실적을 평가하기 위한 지표와 거리가 먼 것은?

① 고객민감성　　② 고객방문횟수
③ 전문가다운 품행　　④ 제품지식
⑤ 의사소통능력

> **해설** 판매원의 실적을 평가하기 위한 지표로는 근무실적·근무수행능력 및 태도 등이 있는데, 고객민감성·전문가다운 품행·제품지식·의사소통능력은 근무수행능력 및 태도에 해당하고, 고객방문횟수는 근무실적에 해당한다.

정답　17 ③　18 ⑤　19 ②

20 판매원이 고객과의 관계를 강화하기 위한 방법으로 가장 적절하지 않은 것은?

① 고객정보를 통한 판매 목표설정이 필요하다.
② 관리자를 중심으로 한 판매담당자 상호 간의 협력체제가 필요하다.
③ 1회성 이벤트를 중심으로 고객에게 접근한다.
④ 고객에 관한 판매정보가 수집되어야 할 것이다.
⑤ 판매원의 상담기술 습득과 습관화가 필요하다.

> **해설** 고객과 지속적인 관계를 유지할 수 있도록 사전 및 사후적인 관리가 필요하다.

21 판매원에게 임파워먼트를 함으로써 얻게 되는 장점과 거리가 먼 것은?

① 고객으로부터 좋은 구전이 창출될 수 있다.
② 고객의 공정성에 대한 기대가 상승하고 다양해질 수 있다.
③ 고객에게 즉각적인 대응이 가능해진다.
④ 직원의 직무만족감이 상승한다.
⑤ 판매원이 다양한 아이디어를 창출할 수 있다.

> **해설** 임파워먼트란 판매원에게 일정 권한을 부여하여 직무만족이나 조직몰입도 향상, 동기부여 등을 꾀하는 것
> 으로, 고객의 공정성에 대한 기대의 상승과 다양성과는 거리가 멀다.

22 소매점의 신규 종업원에 대한 훈련방법으로 선배 사원이 후배 사원에게 업무지식과 함께 다
양한 직장 내 경험 등을 전수하는 방법을 무엇이라고 하는가?

① 교육훈련 프로그램   ② 업무지식훈련
③ 멘토링제   ④ OJT
⑤ 극기훈련

> **해설** 멘토링은 조직생활에 대한 경험과 업무 노하우가 풍부한 선배 직원이 직접 후배 직원들을 지도하고 조언해
> 주는 활동으로 조직이 전략적인 차원에서, 핵심인재로 성장할 가능성이 있는 구성원들을 집중적으로 관리,
> 지도, 조언함으로써 실적향상을 유도하는 인재육성 방법이다.

정답 20 ③   21 ②   22 ③

Chapter

04 직업윤리

01 기업윤리(Business Ethics)

1 기업윤리의 기초

(1) 기업윤리의 개요

① 기업윤리의 의의: 기업윤리(Business Ethics)는 기업경영이라는 상황에서 나타나는 행동이나 태도의 옳고 그름을 체계적으로 구분하는 판단기준이다.

> **더 알고가기** 윤리적 딜레마 상황에서 고려해야 할 사항
>
> • 최대한 사실을 알아내기 위해 힘쓴다.
> • 다른 것들을 제쳐 놓고 하나를 선택했을 때의 결과를 합리적으로 추측해 본다.
> • 주변 상황 등을 고려하여 판단한다.
> • 관련된 사람들의 눈으로 볼 때 어떻게 보이는지 판단해 본다.
> • 다른 사람들에게 설명하거나 정당화할 수 있는지 살펴본다.

② 기업윤리의 중요성
  ㉠ 기업을 지속시키는 원동력
  ㉡ 기업의 성과창출에 기여
  ㉢ 기업경쟁력의 강화요인

(2) 기업윤리를 강화하는 방법

① 최고경영자가 윤리경영에 대한 몰입을 강조한다.
② 기업의 윤리에 관한 강령(Code)을 작성하고 발표한다.
③ 순응(Compliance) 메커니즘을 수립한다. 즉, 종업원의 모집·선발에서부터 훈련까지 기업윤리를 강조하여 종업원에게 동기를 유발하고 잘 따르는지 여부를 확인하는 감사를 한다.
④ 윤리기준을 갖고 지속적으로 감사·조사하여 결과를 공유하고 개선방향을 토론한다.
⑤ 조직의 잘못을 보고하려는 종업원의 활동, 즉 '내부고발(Whistle-Blowing)'을 보장한다.

더 알고가기 도덕적 해이와 주인·대리인 문제

1. **도덕적 해이(Moral Hazard)**
   ① 정보의 비대칭성(Information Asymmetry) 현상을 설명할 수 있는 하나의 예로서 도덕적 해이를 들 수 있다.
   ② 기업조직의 법적인 형태가 주식회사인 경우, 주식 소유주인 주주와 주식을 소유하지 않은 전문경영인이 주주들의 이익에 반하는 조직 및 경영관리를 방지하는 방법으로서 감시·감독의 강화, 높은 임금의 지급, 보수의 지급시기 조정(연기) 등을 들 수 있다.
2. **주인·대리인 문제**
   ① 주인·대리인 문제는 대리인(Agent)이 사용자(Principal)를 위해 어떤 임무를 수행할 때 발생하는 문제로서, 일반적으로 대리인은 사용자가 원하는 수준만큼 일하지 않는 경향뿐만 아니라 대리인이 사용자의 의도를 충분히 파악하고 실천하지 못한다는 점을 설명하고 있다.
   ② 전형적인 예로서 고용계약을 들 수 있다. 이때 고용주는 사용자(Principal)로, 근로자는 대리인(Agent)으로 생각할 수 있다.

더 알고가기 기업가정신

- 기업의 사회적 책임으로 기업가정신의 추구를 강조하는 학자도 있다. 미국의 경제학자인 슘페터(J. Schumpeter)는 기업가정신의 본질은 창조적 파괴(Creative Destruction), 즉 혁신(Innovation)에 있다고 보고, 혁신이야말로 자본주의 경제성장의 원동력인 동시에 기업이윤의 원천이라고 주장하였다.
- 기업가정신(Enterpreneurship)은 혁신이나 창의성을 바탕으로 위험을 무릅쓰고 새로운 것을 과감하게 추구하는 모험정신으로 표현할 수 있다.
- 윤리성, 창의성 그리고 모험심을 바탕으로 경쟁기업의 제품보다 우수한 상품을 만들어 판매해야 한다.

기출문제확인

윤리경영을 실행하기 위해 필요한 방안이라 보기 어려운 것은?

① 윤리행동을 평가하고, 그 결과는 반드시 보상하여야 한다.
② 윤리적 통제시스템을 구축하고, 이를 적극 활용하여야 한다.
③ 윤리적 경영자를 선발하고 양성하는 방안을 강구하여야 한다.
④ 윤리적 가치이념을 기업전략으로 연계시키는 방안이 필요하다.
⑤ 윤리의식을 정착시키기 위한 제도화가 필요하나, 윤리강령은 불필요하다.

해설
윤리의식을 정착시키기 위한 제도화와 더불어 윤리강령도 필요하다.

정답 ⑤

(3) 기업의 사회적 책임

① 기업의 사회적 책임(CSR; Corporate Social Responsibility)의 의의: 기업윤리는 기업의 사회적 책임이라고 정의할 수도 있다. 기업의 사회적 책임은 다음과 같은 세 가지 의미를 포함한다.

ⓐ 사회적 의무: 사회적 의무(Obligation)는 기업의 경제적·법적 책임감을 반영한 기업의 행동이다. 기업은 법의 테두리 안에서 소유자를 위한 이익을 추구한다.

ⓑ 사회적 반응: 사회적 반응(Reaction)은 조직의 행동에 직접 이해관계가 있는 집단이 요구하는 행동이다. 사회의 규범, 가치관, 기대 등에 반응하는 것을 의미한다.

ⓒ 사회적 책임: 사회적 책임(Responsiveness)은 예측적이고 적극적이며 사전예방행동까지 포함한 개념이다. 사회적 의무·사회적 반응의 두 개념을 포함하며 사회적 문제를 막기 위한 적극적 조치까지 취한다.

② 사회적 책임의 구체적 활동

ⓐ 사회적 책임의 범주와 영향: 기업의 사회적 책임(CSR)은 안전하고, 신뢰할 만하며, 양질의 제품을 만드는 것은 물론 예술분야를 지원하는 활동(메세나 활동), 중소기업을 지원하는 활동 및 건전하고 안전한 작업조건을 제공하는 활동까지 포함한다.

ⓑ 내부 수혜자들을 위한 활동: CSR 활동의 내부 수혜자(Internal Beneficiaries)로는 고객, 주주, 종업원 등이 있다.

ⓐ 고객에 대한 책임감으로는 고객의 불만에 즉각적인 반응, 완전하고 정확한 제품정보의 제공, 제품성과에 대한 충실한 정보를 담은 광고 및 고객의 사회적 관심에 대한 적극적 제품개발 등을 포함한다.

ⓑ 종업원에 대한 책임감은 노사관계의 법적 사항에 많이 나타난다. 즉, 작업조건, 임금, 시간, 노조 등의 문제와 관련된다.

ⓒ 주주(소유자)에 대한 책임감으로, 경영진은 주주들에게 회사의 자원과 그 성과를 정확히 보고해야 한다.

ⓒ 외부 수혜자들을 위한 활동: CSR 활동의 외부 수혜자들(External Beneficiaries)로는 여성, 장애인, 노령자, 소수민족 등을 대표하는 집단들이 있다.

2 판매윤리(Sales Ethics)

(1) 유통기구의 윤리문제

① 경로관리(Channel Management)의 윤리문제

ⓐ 경로관리의 윤리문제는 단순한 물적 유통에 관한 것이 아니다.

ⓑ 판매업자의 종류, 각 시장에서 판매업자의 수, 각각에 주어진 협력과 노력의 타입에 관해서 윤리적 관리의 대상으로 삼아야만 한다.

② 도매상의 윤리문제: 최근에 들어와서 도매상의 윤리문제는 큰 문제로 대두되지 않고 있다.

③ 소매상의 윤리문제

    ㉠ 소매상의 윤리문제는 아주 심각하다. 특히 의류, 농수산물, 공업제품 등 다양한 중소기업 제품일 경우에 더욱 영향이 크다. 최근에 성행하고 있는 가격파괴는 소매점이 판매가격을 결정하고 낮은 가격을 제조업자에게 강요한다.

    ㉡ 이러한 상황 속에서 대규모 소매점에 의한 비윤리적 행위가 속출하고 있다. 상품을 선정하고 구입하는 과정에서, 납품업자와의 구매계약을 하는 과정에서, 매장면적의 배정과정에서, 소매점의 세일가격 광고과정에서, 할인율을 결정하는 과정에서 등 비윤리적 문제가 제기된다.

④ 유통경로의 윤리문제: 유통경로에 관계되는 비윤리적 문제는 유통질서를 문란시키고, 유통업체에 대한 불신을 초래하여 결국은 유통업계나 생산업자, 소비자에게 불리한 결과를 가져온다.

(2) 판매원의 윤리문제

① 대고객 관계

    ㉠ 지킬 수 없는 납품기일을 약속하는 경우

    ㉡ 고객을 고려하지 않고 고가품을 권할 경우

    ㉢ 구매강요나 과장된 품절정보를 통해 고객을 조급하게 하는 경우

    ㉣ 제품의 기능만 과장해서 말하고 결점은 숨기는 경우

    ㉤ 회사 구매 관계자에게 뇌물을 주는 경우

② 공금의 사적 사용: 판매를 위해 사용하는 공적 비용과 판매와 상관없이 사용하게 되는 사적 비용의 구분이 모호해진다.

③ 대(對)경쟁자 관계: 경쟁사 제품을 비방하기 위해 고의로 흠을 내는 등의 행위는 해서는 안 된다.

> **더 알고가기** 특별장려금(Push Money)
>
> 소매점이나 외판원에서 지급하는 장려금으로 판매 노력 강화를 위해 취급점에 현금, 선물 등을 제공하는 것을 말한다.
> - 각각의 상품마다 부과하는 등록비
> - 일정한 기간 내 시행되는 특별 진열에 대해서 지급되는 수당
> - 목표를 달성한 경우나 보다 많은 상품을 판매한 경우, 생산자가 도매업자나 소매업자에게 보수로 지급하는 금액

④ 상충되는 이해관계: 판매과정에서 얻은 정보를 자신의 이익을 위해 개인적으로 이용하게 되는 상충되는 이해관계가 발생할 수 있다.

(3) 판매상의 윤리문제

① **상품의 질**: 소매업체들은 소비자들의 기대에 부응하는 제품을 판매할 의무가 있다. 소비자들을 제품의 품질면에서 만족시키는 일은 간단치 않지만 구매 시 좋은 제품을 구입하는 일에 최선을 다하여야 하고 불만족한 고객에 대해서는 환불이나 반품을 허락해야 한다.

② **격려금**

　㉠ 격려금(Push Money)이란 자사의 제품판매를 촉진시키기 위하여 납품업체에 의하여 영업사원에게 제공되는 인센티브를 의미한다. 격려금은 선물의 형태가 될 수도 있고 현금이 될 수도 있다.

　㉡ 격려금이 납품업체에 의해 모든 영업직원들에게 공개적으로 차별 없이 제공된다면 큰 문제가 되지는 않을 것이다. 그러나 몰래 일부 직원들에게만 제공되어 그 직원들이 회사의 방침과는 어긋나게 그 제품만 잘 팔리도록 혜택을 주거나, 소비자들에게 강매하는 경우가 생긴다면, 점포 내 제품 간의 공정경쟁을 해칠 뿐 아니라 점포의 신뢰도도 떨어뜨리게 된다.

 **기출문제확인**

납품업체가 자사의 제품판매를 위하여 유통업체 일부 판매원에게 특별 목표를 달성할 경우 제공하는 수당을 무엇이라고 하는가?

① 입점비
② 촉진지원금(push money)
③ 진열수당
④ 리베이트(rebate)
⑤ 특판수당

해설

② **촉진지원금**: 소매점이나 외판원에서 지급하는 장려금으로 판매 노력 강화를 위해 취급점에 현금, 선물 등을 제공하는 것을 말한다.

④ **리베이트**: 소비자가 해당 제품을 구매했다는 증거를 제조업자에게 보내면 구매가격의 일부분을 소비자에게 돌려주는 것을 말한다.

⑤ **특판수당**: 특정한 시기에 맞춰 기획과 행사를 통해 특별판매를 한 경우에 지급하는 수당을 말한다.

정답 ②

 **기출문제확인**

유통윤리에 대한 설명 중 가장 옳지 않은 것은?

① 뇌물을 방지하기 위해서는 금액, 횟수, 종류 등에 대한 뇌물방지규정을 명시화할 필요가 있다.
② 통상적으로 전시비용은 제품가격 상승으로 인해 소비자의 부담으로 돌아올 수 있다.
③ 할인품목을 정상가격으로 판매하는 행위는 윤리적으로 문제가 되지만, 친구나 친지에게 종업원
　할인을 적용하는 것은 큰 무리가 따르지 않는다.
④ 업무와 관련된 정보를 단골거래처에 사전에 귀띔하는 것은 문제를 야기할 수 있다.
⑤ 회사 비품의 사적 이용이나 고객사은품을 이용하는 것은 비윤리적 행위이다.

해설
할인품목을 정상가격으로 판매하는 행위는 윤리적으로 크게 문제가 되지 않지만, 친구나 친지 등에게 종업원 할인을 적용하는 행위는 윤리적으로 문제가 된다.

정답 ③

02 직업윤리

(1) 직업윤리의 의미

① 직업인이 직업생활이라는 사회 공동체적인 삶을 살아가면서 사회와 타인들에 대해서 마땅히
　행하고 지켜야 하는 규범 내지 도덕적 기준을 의미한다.
② 직업인에게 평균적으로 요구되는 정신적 자세나 행위규범을 말하며, 모든 사람은 그 직업의
　특수성에 따라서 각기 다른 도덕적 규범을 갖는다.
③ 직업활동에 대한 평가가 사회적 공인을 받을 경우 직업윤리가 형성되기도 한다.
④ 직업윤리도 일반윤리의 규범에 어긋나서는 안 된다.
⑤ 직업윤리는 자신의 직업을 통해서 자아실현을 도모하는 것을 포함하며, 사회봉사의 기회로
　여기고 자신의 적성과 능력에 맞는 직업을 탐색하는 자세가 필요하다.
⑥ 직업윤리는 시대가 바뀌면 내용도 달라지는 변동적인 가치관을 의미한다.
⑦ 직업을 생계유지와 부의 축적 수단으로만 여기는 것은 직업윤리에 해당하지 않는다.

(2) 일반적인 직업윤리의 덕목

① **소명의식**: 자신이 맡은 일은 하늘에 의해 맡겨진 일이라고 생각하는 태도
② **천직의식**: 자신의 일이 자신의 능력과 적성에 꼭 맞는다 여기고, 그 일에 열성을 가지고 성실
　히 임하는 태도

③ **책임의식**: 직업에 대한 사회적 역할과 책무를 충실히 수행하고 책임을 다하는 태도

④ **직분의식**: 자신이 하고 있는 일이 사회나 기업을 위해 중요한 역할을 하고 있다고 믿고 자신의 활동을 수행하는 태도

⑤ **봉사의식**: 직업활동을 통해 다른 사람과 공동체에 대하여 봉사하는 정신을 갖추고 실천하는 태도

⑥ **전문가의식**: 자신의 일이 누구나 할 수 있는 것이 아니라 해당 분야의 지식과 교육을 밑바탕으로 성실히 수행해야만 가능한 것이라 믿고 수행하는 태도

(3) 개인윤리와 직업윤리의 조화

① 업무상에서 나타나는 개인의 판단과 행동이 사회적 영향력이 큰 기업시스템을 통하여 여러 이해관계자와 관련되게 된다.

② 많은 사람이 관련되어 높은 수준의 공동 협력을 요구하므로 자신이 맡은 역할에 대한 책임완수가 필요하고, 정확하면서도 투명한 일 처리가 필요하다.

③ 규모가 큰 공동의 재산, 정보 등을 개인의 권한 아래 위임하여 관리하므로 높은 윤리의식이 필요하다.

④ 직장이라는 특수 상황에서 맺는 집단적 인간관계는 가족관계나 개인적 측면의 친분관계와는 다른 측면의 배려가 필요하다.

⑤ 기업은 경쟁을 통하여 사회적 책임을 다하고, 보다 강한 경쟁력을 키우기 위하여 조직원 개개인의 역할과 능력을 적절하게 꾸준히 향상시켜야 한다.

기출문제확인

직업윤리의 개념에 대한 설명 중 가장 옳지 않은 것은?

① 직업인으로서 마땅히 지켜야 하는 도덕적 가치관을 말한다.

② 직업인에게 평균적으로 요구되는 정신적 자세나 행위규범을 말한다.

③ 모든 사람은 그 직업의 특수성에 따라서 각기 다른 도덕적 규범을 갖는다.

④ 일반윤리의 규범에 어긋나는 직업윤리의 규범이 존재하기도 한다.

⑤ 직업활동에 대한 평가가 사회적 공인을 받을 경우 직업윤리가 형성되기도 한다.

해설
직업윤리는 일반윤리의 범주 내 직업과 관련된 윤리를 말하므로 일반윤리의 규범에 어긋나서는 안 된다.

정답 ④

더 **알고가기** 직업윤리의 기본 5원칙

- **객관성의 원칙**: 숨김없이 투명하게 처리하는 원칙
- **고객중심의 원칙**: 고객에 대한 봉사를 최우선시하는 원칙
- **전문성의 원칙**: 업무에 대한 전문가로서의 능력과 의식을 갖는 원칙
- **정직과 신용의 원칙**: 본분과 약속을 지켜 신뢰를 유지하는 원칙
- **공정경쟁의 원칙**: 법규를 준수하고 공정하게 행동하는 원칙

더 **알고가기** 조직의 5가지 기본원칙

- **삼면등가의 원칙**: 직무의 책임, 권한, 의무가 대등해야 한다는 원칙
- **명령통일의 원칙**: 조직에서 명령계통은 하나로 일원화되어야 한다는 원칙
- **통제범위의 원칙**: 한 사람의 관리자가 감독하는 범위를 정해야 한다는 원칙
- **전문화의 원칙**: 분업을 할 경우 관련된 업무끼리 묶어서 전문적으로 수행하게 해야 한다는 원칙
- **권한위양의 원칙**: 윗사람이 자신의 직무의 일부를 부하에게 위임할 경우 그 위임한 직무수행에 필요한 권한도 위양해야 한다는 원칙

03 양성평등에 대한 이해

1 양성평등의 이해

(1) 양성평등의 개요

성이 다르다는 이유만으로 차별이 있어서는 안 된다는 것으로, 특정 성(性)에 대하여 부정적인 감정이나 고정관념, 차별적인 태도를 갖지 않고 동등하게 대우하여 똑같은 참여 기회를 주어, 똑같은 권리와 이익을 누릴 수 있도록 하는 것을 말한다.

(2) 양성평등을 위한 대책

① 상대적 평등의 실현: 상대적 평등은 각자의 잠재적·후천적 능력의 기여도와 필요의 상이성에 바탕을 둔 평등으로 결과의 평등이 아니라 기회의 평등이다.
② 여성을 위한 제도적 노력: 직장에서 남성과 여성의 보이지 않는 차별이나, 가사 분담에 있어서 남성과 여성의 차별 등을 없앨 수 있는 제도적 장치를 마련해야 한다.
③ 생각의 전환: 남성과 여성을 구분하는 고정관념을 없애는 생각의 전환이 양성평등을 이룰 수 있는 근본적인 대책이 된다.

2 성희롱의 개념과 유형

(1) 성희롱의 개념

① 성희롱은 강간, 윤간, 강도강간뿐 아니라 성추행, 언어적 희롱, 음란전화, 성기노출, 어린이 성추행, 아내강간 등 상대방의 의사에 반(反)하여 가하는 성적 행위로, 모든 신체적·언어적·정신적 폭력을 포괄하는 광범위한 개념이다.

② 「남녀고용평등과 일·가정 양립지원에 관한 법률」에서는 "직장 내 성희롱이란 사업주·상급자 또는 근로자가 직장 내의 지위를 이용하거나 업무와 관련하여 다른 근로자에게 성적 언동 등으로, 성적 굴욕감 또는 혐오감을 느끼게 하거나 성적 언동 또는 그 밖의 요구 등에 따르지 아니하였다는 이유로 고용에서 불이익을 주는 것을 말한다."라고 규정하고 있다.

(2) 성희롱의 유형

① **육체적 행위**: 육체적 행위는 입맞춤·포옹, 뒤에서 껴안기 등의 신체적 접촉이나 엉덩이 등 특정 신체부위를 만지는 행위, 안마나 애무를 강요하는 행위 등이다.

② **언어적 행위**: 언어적 행위는 음란한 농담이나 음담패설, 외모에 대한 성적인 평가나 비유, 성적 사실관계를 묻거나 성적인 내용의 정보를 의도적으로 유포하는 행위, 성적 관계를 강요하거나 회유하는 행위, 음란한 내용의 전화통화, 회식석상 등에서 무리하게 옆에 앉혀 술을 따르도록 강요하는 행위 등이다.

③ **시각적 행위**: 시각적 행위는 외설적인 사진·그림·낙서·음란 출판물 등을 보여주는 행위, 직접 또는 팩스나 컴퓨터 등을 통해 음란한 편지·사진·그림을 보내는 행위, 성과 관련된 자신의 특정 신체부위를 고의적으로 노출하거나 만지는 행위 등이다.

3 성희롱의 예방

(1) 성희롱의 예방

① 사업주는 직장 내 성희롱 예방을 위한 교육을 연 1회 이상 실시하여야 한다.

② 사내 고충처리기관을 설치하고 이 기관의 활동을 적극 지원하여야 한다.

③ 직접적인 가해 행위가 아니더라도 상대방에게 불쾌감을 일으킬 만한 간접적인 행동의 경우도 주의를 준다.

④ 성희롱 행위자에 대한 적정한 대처 및 재발 방지대책을 수립한다.

(2) 성희롱 예방교육

① 성희롱 예방교육기관은 고용노동부령으로 정하는 기관 중에서 지정하되, 고용노동부령으로 정하는 강사 1명을 두어야 한다.

② 사업주는 성희롱 예방교육을 고용노동부장관이 지정하는 기관에 위탁하여 실시할 수 있다.

③ 성희롱 예방교육의 내용, 방법 및 횟수 등에 관하여 필요한 사항은 대통령령으로 정한다.

④ 성희롱 예방교육기관은 고용노동부령으로 정하는 바에 따라 교육을 실시하고, 교육 이수증이나 이수자 명단 등 교육 실시 관련 자료를 보관하며, 사업주나 피교육자에게 그 자료를 내주어야 한다.

 **기출문제확인**

최근 사회적 문제가 되고 있는 점포 내 성희롱에 대응하는 적절한 방법과 가장 거리가 먼 것은?

① 피해접수 절차를 포함한 성희롱 방지정책을 만든다.

② 감독자나 상사 위주로 구성된 공식적인 의사소통 경로로 집중화시켜 운영한다.

③ 피해자의 진술과 회의 내용을 서류로 남긴다.

④ 조사결과를 인적자원관리부서에 보고한다.

⑤ 피해자를 보호하며 사건에 대한 정보를 입수한다.

해설

감독자나 상사 위주로 구성된 공식적인 의사소통 경로로 집중화시켜 운영하는 것은 바람직하지 않은 대응방법이다.

정답 ②

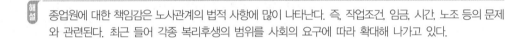

01 유통업체의 사회적 책임에 대한 설명으로 옳지 않은 것은?

① 법적인 책임도 항상 고려하여야 한다.

② 내부의 종업원관리는 노사문제로 사회적 책임과는 거리가 멀다.

③ 무엇보다 소비자를 위한 양질의 상품을 제공하여야 한다.

④ 지역민을 위한 다양한 참여 프로그램을 제공하여야 한다.

⑤ 매장 내 적정 온도관리, 위생적 환경관리도 중요하다.

> **해설** 종업원에 대한 책임감은 노사관계의 법적 사항에 많이 나타난다. 즉, 작업조건, 임금, 시간, 노조 등의 문제
> 와 관련된다. 최근 들어 각종 복리후생의 범위를 사회의 요구에 따라 확대해 나가고 있다.

02 유통윤리에 대한 설명으로 가장 옳지 않은 것은?

① 업무와 관련된 정보를 단골거래처에 사전에 귀띔하는 것은 문제를 야기할 수 있다.

② 통상적으로 전시비용은 제품가격 상승으로 인해 소비자의 부담으로 돌아올 수 있다.

③ 회사 비품의 사적 이용이나 고객사은품을 이용하는 것은 비윤리적 행위이다.

④ 뇌물을 방지하기 위해서는 금액, 횟수, 종류 등에 대한 뇌물방지규정을 명시화할 필요가
    있다.

⑤ 할인품목을 정상가격으로 판매하는 행위는 윤리적으로 문제가 되지만, 친구나 친지에게
    종업원 할인을 적용하는 것은 큰 무리가 따르지 않는다.

> **해설** 할인품목을 정상가격으로 판매하는 행위는 윤리적으로 크게 문제가 되지 않지만, 친구나 친지 등에게 종업
> 원 할인을 적용하는 행위는 윤리적으로 문제가 된다.

정답 01 ② 02 ⑤

03 유통윤리(distributor ethics)의 기본 원칙에 대한 설명으로 옳지 않은 것은?

① 기업마다 치열한 광고 및 판매촉진활동을 전개하는 과정에서 소비자들의 개인정보 유출 문제와 사생활 보호문제가 마케팅과 유통에서 윤리적인 문제로 대두되고 있다.

② 경쟁업체와의 수평적 가격담합, 제조업자와 중간상 간의 수직적 가격담합은 비윤리적이 지만, 경쟁에서 이기기 위한 약탈적 가격전략은 정상적인 기업전략의 일부분이기 때문에 윤리적이다.

③ 도·소매점의 윤리문제는 공급자가 자사제품만을 취급하게 하거나 거래조건을 연계하여 독점거래권을 행사하는 경우가 대표적인 비윤리적인 문제이다.

④ 경로관리의 윤리문제는 유통경로에 존재하는 사회적·환경적인 문제들에서 발생하는 윤리적 문제로 단순한 물적 유통에 한정된 것이 아니다.

⑤ 유통윤리는 유통경로에서 정당하지 못한 방법이나 상도에 어긋난 행동으로 인하여 유통질서를 혼탁하게 하는 행위를 하는 경우에 필요하다.

> **해설** 약탈적 가격전략은 시장에서 지배적 지위의 기업이 경쟁기업에 경제적 손실을 입히거나, 신규진입을 억제하기 위해 원가 이하의 낮은 가격으로 판매하는 가격전략으로, 불공정행위에 해당한다.

04 다음 주어진 내용의 (   ) 안에 들어갈 알맞은 용어는?

> 소매업체가 특정 공급업체(A)에게 그들 경쟁사의 상품을 (   )하게 하고, 그 공간에 공급업체(A)의 상품을 진열하게 하거나, 느리게 판매되는 상품에 대해 소매업체가 공급업체(A)에게 (   )을/를 요구하기도 한다.

① 입점비 지급   ② 뇌물 지급
③ 역청구   ④ 리베이트 지급
⑤ 역매입

> **해설** 역매입(buybacks)은 소매업체가 공급업체에게 경쟁사의 상품을 역매입하게 하여 소매업체 선반으로부터 경쟁사의 상품을 제거하고 그 공간에 진열하게 하거나, 느리게 판매되는 상품에 대해 소매업체가 공급업체에게 역매입을 요구하는 경우이다.

정답 03 ② 04 ⑤

05 양성평등에 대한 설명으로 옳지 않은 것은?

① 양성평등을 위해서는 절대적 평등이 아니라 상대적 평등이 필요하다.
② 남성과 여성의 근본적인 차이가 있으므로 직장에서의 남녀 차별은 인정해야 한다.
③ 남성과 여성을 구분하는 고정관념을 탈피해야 양성평등을 이룰 수 있다.
④ 여성에게만 가사를 맡기기보다는 남성도 분담할 수 있도록 하는 제도적 장치가 필요하다.
⑤ 양성평등을 위한 교육은 어렸을 때부터 실시해야 한다.

> **해설** 남성과 여성이 근본적인 차이가 존재하더라도 이를 직장에서 차별의 인정 근거로 삼아서는 안 된다.

06 성희롱 예방요령으로 옳지 않은 것은?

① 가급적 신체접촉을 피한다.
② 일단 성희롱이 발생하면 즉시 조치를 취한다.
③ 조치 이후에 가해자가 보복하지 않도록 주의해야 한다.
④ 부하직원을 칭찬할 때 쓰다듬거나 하는 행위를 하지 않는다.
⑤ 당사자 간의 일이므로 관리자가 나설 필요는 없다.

> **해설** 관리자는 자신의 관리하에 있는 조직에서 성희롱이 발생하지 않도록 노력해야 하며, 발생 시에는 행동을 중지시키고 이의 해결을 위해 노력을 해야 한다.

정답 05 ② 06 ⑤

Chapter

05 유통관련 법규

01 유통산업발전법

1 총칙

(1) 목적(제1조)

이 법은 유통산업의 효율적인 진흥과 균형 있는 발전을 꾀하고, 건전한 상거래질서를 세움으로써 소비자를 보호하고 국민경제의 발전에 이바지함을 목적으로 한다.

(2) 용어의 정의(법 제2조)

① 유통산업: 농산물·임산물·축산물·수산물(가공물 및 조리물을 포함한다) 및 공산품의 도매·소매 및 이를 경영하기 위한 보관·배송·포장과 이와 관련된 정보·용역의 제공 등을 목적으로 하는 산업을 말한다.

② 매장: 상품의 판매와 이를 지원하는 용역의 제공에 직접 사용되는 장소를 말한다.

③ 대규모점포: 다음의 요건을 모두 갖춘 매장을 보유한 점포의 집단으로서 별표에 규정된 것을 말한다.

　　㉠ 하나 또는 대통령령으로 정하는 둘 이상의 연접되어 있는 건물 안에 하나 또는 여러 개로 나누어 설치되는 매장일 것

　　㉡ 상시 운영되는 매장일 것

　　㉢ 매장면적의 합계가 3천제곱미터 이상일 것

④ 준대규모점포

　　㉠ 대규모점포를 경영하는 회사 또는 그 계열회사(「독점규제 및 공정거래에 관한 법률」에 따른 계열회사)가 직영하는 점포

　　㉡ 「독점규제 및 공정거래에 관한 법률」에 따른 상호출자제한 기업집단의 계열회사가 직영하는 점포

　　㉢ ㉠ 및 ㉡의 회사 또는 계열회사가 직영점형 체인사업 및 프랜차이즈형 체인사업의 형태로 운영하는 점포

⑤ 임시시장: 다수의 수요자와 공급자가 일정한 기간 동안 상품을 매매하거나 용역을 제공하는 일정한 장소를 말한다.

⑥ 체인사업: 같은 업종의 여러 소매점포를 직영(자기가 소유하거나 임차한 매장에서 자기의 책임과 계산하에 직접 매장을 운영하는 것을 말한다)하거나 같은 업종의 여러 소매점포에 대하여 계속적으로 경영을 지도하고 상품·원재료 또는 용역을 공급하는 다음의 어느 하나에 해당하는 사업을 말한다.

  ㉠ 직영점형 체인사업: 체인본부가 주로 소매점포를 직영하되, 가맹계약을 체결한 일부 소매점포(가맹점)에 대하여 상품의 공급 및 경영지도를 계속하는 형태의 체인사업

  ㉡ 프랜차이즈형 체인사업: 독자적인 상품 또는 판매·경영 기법을 개발한 체인본부가 상호·판매방법·매장운영 및 광고방법 등을 결정하고, 가맹점으로 하여금 그 결정과 지도에 따라 운영하도록 하는 형태의 체인사업

  ㉢ 임의가맹점형 체인사업: 체인본부의 계속적인 경영지도 및 체인본부와 가맹점 간의 협업에 의하여 가맹점의 취급품목·영업방식 등의 표준화사업과 공동구매·공동판매·공동시설활용 등 공동사업을 수행하는 형태의 체인사업

  ㉣ 조합형 체인사업: 같은 업종의 소매점들이 「중소기업협동조합법」 제3조에 따른 중소기업협동조합, 「협동조합 기본법」 제15조에 따른 협동조합, 같은 법 제71조에 따른 협동조합연합회, 같은 법 제85조에 따른 사회적협동조합 또는 같은 법 제114조에 따른 사회적협동조합연합회를 설립하여 공동구매·공동판매·공동시설활용 등 사업을 수행하는 형태의 체인사업

⑦ 상점가: 일정 범위의 가로(街路) 또는 지하도에 대통령령으로 정하는 수 이상의 도매점포·소매점포 또는 용역점포가 밀집하여 있는 지구를 말한다.

⑧ 전문상가단지: 같은 업종을 경영하는 여러 도매업자 또는 소매업자가 일정 지역에 점포 및 부대시설 등을 집단으로 설치하여 만든 상가단지를 말한다.

⑨ 무점포판매: 상시 운영되는 매장을 가진 점포를 두지 아니하고 상품을 판매하는 것으로서 산업통상자원부령으로 정하는 것을 말한다.

⑩ 유통표준코드: 상품·상품포장·포장용기 또는 운반용기의 표면에 표준화된 체계에 따라 표기된 숫자와 바코드 등으로서 산업통상자원부령으로 정하는 것을 말한다.

⑪ 유통표준전자문서: 「전자문서 및 전자거래 기본법」에 따른 전자문서 중 유통부문에 관하여 표준화되어 있는 것으로서 산업통상자원부령으로 정하는 것을 말한다.

⑫ 판매시점 정보관리시스템: 상품을 판매할 때 활용하는 시스템으로서 광학적 자동판독방식에 따라 상품의 판매·매입 또는 배송 등에 관한 정보가 수록된 것을 말한다.

⑬ 물류설비: 화물의 수송·포장·하역·운반과 이를 관리하는 물류정보처리활동에 사용되는 물품·기계·장치 등의 설비를 말한다.

⑭ **도매배송서비스**: 집배송시설을 이용하여 자기의 계산으로 매입한 상품을 도매하거나 위탁받은 상품을 「화물자동차 운수사업법」에 따른 허가를 받은 자가 수수료를 받고 도매점포 또는 소매점포에 공급하는 것을 말한다.

⑮ **집배송시설**: 상품의 주문처리·재고관리·수송·보관·하역·포장·가공 등 집하(集荷) 및 배송에 관한 활동과 이를 유기적으로 조정하거나 지원하는 정보처리활동에 사용되는 기계·장치 등의 일련의 시설을 말한다.

⑯ **공동집배송센터**: 여러 유통사업자 또는 제조업자가 공동으로 사용할 수 있도록 집배송시설 및 부대업무시설이 설치되어 있는 지역 및 시설물을 말한다.

2 유통산업발전법의 주요 내용

(1) 유통산업시책의 기본방향(법 제3조)

① 유통구조의 선진화 및 유통기능의 효율화 촉진
② 유통산업에서의 소비자 편익의 증진
③ 유통산업의 지역별 균형발전의 도모
④ 유통산업의 종류별 균형발전의 도모
⑤ 중소유통기업(유통산업을 경영하는 자로서 「중소기업기본법」 제2조에 따른 중소기업자에 해당하는 자)의 구조개선 및 경쟁력 강화
⑥ 유통산업의 국제경쟁력 제고
⑦ 유통산업에서의 건전한 상거래질서의 확립 및 공정한 경쟁여건의 조성
⑧ 그 밖에 유통산업의 발전을 촉진하기 위하여 필요한 사항

📋 기출문제확인

다음 유통산업발전법 정의에 해당하는 올바른 체인사업의 종류는?

㉠ 특수한 영업권으로 영업방식을 통일 및 통제
㉡ 체인본부가 상호, 판매방법, 매장운영 및 광고 등에 관한 경영방식을 결정하고 가맹점으로 하여금 그 결정과 지도에 따라 운영하도록 하는 형태의 체인사업

① 프랜차이즈형 체인사업　　　　　　　② 임의가맹점형 체인사업
③ 조합형 체인사업　　　　　　　　　　④ 직영점형 체인사업
⑤ 입점형 체인사업

해설
주어진 내용은 프랜차이즈형 체인사업에 대한 것이다.

정답 ①

---

(2) 유통관리사 수행 직무(법 제24조 제1항)

① 유통경영·관리 기법의 향상

② 유통경영·관리와 관련한 계획·조사·연구

③ 유통경영·관리와 관련한 진단·평가

④ 유통경영·관리와 관련한 상담·자문

⑤ 그 밖에 유통경영·관리에 필요한 사항

02 소비자기본법

1 소비자기본법의 개요

(1) 소비자기본법의 목적

① 「소비자기본법」은 종래 소비자보호 위주의 소비자정책에서 탈피하여 중장기 소비자정책의 수립 등을 통해 소비자권익을 증진함으로써 소비자의 주권을 강화하고 있다.

② 시장환경의 변화에 맞게 한국소비자원의 관할 및 소비자정책에 대한 집행기능을 공정거래위원회로 이관하도록 하며, 소비자 피해를 신속하고 효율적으로 구제하기 위하여 일괄적 집단 분쟁조정 및 단체소송을 도입하여 소비자피해구제제도를 강화하였다.

(2) 용어의 정의(법 제2조)

① **소비자**: 사업자가 제공하는 물품 또는 용역(시설물을 포함한다)을 소비생활을 위하여 사용(이용을 포함한다)하는 자 또는 생산활동을 위하여 사용하는 자로서 대통령령이 정하는 자를 말한다.

② **사업자**: 물품을 제조(가공 또는 포장을 포함한다)·수입·판매하거나 용역을 제공하는 자를 말한다.

③ **소비자단체**: 소비자의 권익을 증진하기 위하여 소비자가 조직한 단체를 말한다.

④ **사업자단체**: 2 이상의 사업자가 공동의 이익을 증진할 목적으로 조직한 단체를 말한다.

 기출문제**확인**

소비자기본법의 목적과 정의에 대한 설명으로 옳지 않은 것은?

① 「소비자기본법」은 소비자의 권익을 증진하기 위하여 소비자의 권리와 책무, 국가·지방자치단체 및 사업자의 책무, 소비자단체의 역할 및 자유시장경제에서 소비자와 사업자 사이의 관계를 규정함과 아울러 소비자정책의 종합적 추진을 위한 기본적인 사항을 규정함으로써 소비생활의 향상과 국민경제의 발전에 이바지함을 목적으로 한다.

② '소비자'라 함은 사업자가 제공하는 물품 또는 용역(시설물을 포함한다)을 소비생활을 위하여 사용(이용을 포함한다)하는 자 또는 생산활동을 위하여 사용하는 자로서 산업통상자원부장관령이 정하는 자를 말한다.

③ '사업자'라 함은 물품을 제조(가공 또는 포장을 포함한다)·수입·판매하거나 용역을 제공하는 자를 말한다.

④ '소비자단체'라 함은 소비자의 권익을 증진하기 위하여 소비자가 조직한 단체를 말한다.

⑤ '사업자단체'라 함은 2 이상의 사업자가 공동의 이익을 증진할 목적으로 조직한 단체를 말한다.

해설
'산업통상자원부장관령이 정하는 자'가 아니라 '대통령령이 정하는 자'이다.

정답 ②

2 소비자의 기본적 권리와 책무

(1) 소비자의 기본적 권리(법 제4조)

① 물품 또는 용역으로 인한 생명·신체 또는 재산에 대한 위해로부터 보호받을 권리

② 물품 등을 선택함에 있어서 필요한 지식 및 정보를 제공받을 권리

③ 물품 등을 사용함에 있어서 거래상대방·구입장소·가격 및 거래조건 등을 자유로이 선택할 권리

④ 소비생활에 영향을 주는 국가 및 지방자치단체의 정책과 사업자의 사업활동 등에 대하여 의견을 반영시킬 권리

⑤ 물품 등의 사용으로 인하여 입은 피해에 대하여 신속·공정한 절차에 따라 적절한 보상을 받을 권리

⑥ 합리적인 소비생활을 위하여 필요한 교육을 받을 권리

⑦ 소비자 스스로의 권익을 증진하기 위하여 단체를 조직하고 이를 통하여 활동할 수 있는 권리

⑧ 안전하고 쾌적한 소비생활 환경에서 소비할 권리

소비자기본법에서 제시된 소비자의 8대 권리 중 다음의 사례에 해당하는 권리로서 가장 적절한 것은?

> 고객: 여기에서 구매한지 1주일도 안 된 TV제품이 정상적으로 작동을 안해요.
> 종업원: 믿고 구매해 주셨는데 이런 일이 생겨서 정말 죄송합니다. 제품을 교환하시거나 구입가를 환급해드리겠습니다.

① 물품 등을 선택함에 있어서 필요한 지식 및 정보를 제공받을 권리
② 물품 등을 선택함에 있어서 거래상대방, 구입장소, 가격 및 거래조건 등을 자유로이 선택할 권리
③ 소비자 스스로의 권익증진을 위해 단체를 조직하고 활동할 수 있는 권리
④ 소비생활에 영향을 주는 정책과 사업자활동 등에 대하여 의견을 반영시킬 권리
⑤ 피해에 대하여 신속·공정한 절차에 따라 적절한 보상을 받을 권리

해설

소비자의 기본적 권리(소비자기본법 제4조)
1. 물품 또는 용역으로 인한 생명·신체 또는 재산에 대한 위해로부터 보호받을 권리
2. 물품 등을 선택함에 있어서 필요한 지식 및 정보를 제공받을 권리
3. 물품 등을 사용함에 있어서 거래상대방·구입장소·가격 및 거래조건 등을 자유로이 선택할 권리
4. 소비생활에 영향을 주는 국가 및 지방자치단체의 정책과 사업자의 사업활동 등에 대하여 의견을 반영시킬 권리
5. 물품 등의 사용으로 인하여 입은 피해에 대하여 신속·공정한 절차에 따라 적절한 보상을 받을 권리
6. 합리적인 소비생활을 위하여 필요한 교육을 받을 권리
7. 소비자 스스로의 권익을 증진하기 위하여 단체를 조직하고 이를 통하여 활동할 수 있는 권리
8. 안전하고 쾌적한 소비생활 환경에서 소비할 권리

정답 ⑤

(2) 소비자의 책무(법 제5조)

① 소비자는 사업자 등과 더불어 자유시장경제를 구성하는 주체임을 인식하여 물품 등을 올바르게 선택하고, 제4조의 규정에 따른 소비자의 기본적 권리를 정당하게 행사하여야 한다.
② 소비자는 스스로의 권익을 증진하기 위하여 필요한 지식과 정보를 습득하도록 노력하여야 한다.
③ 소비자는 자주적이고 합리적인 행동과 자원절약적이고 환경친화적인 소비생활을 함으로써 소비생활의 향상과 국민경제의 발전에 적극적인 역할을 다하여야 한다.

(3) 국가 및 지방자치단체의 책무(법 제6조)

① 관계 법령 및 조례의 제정 및 개정·폐지
② 필요한 행정조직의 정비 및 운영 개선
③ 필요한 시책의 수립 및 실시
④ 소비자의 건전하고 자주적인 조직활동의 지원·육성

(4) 사업자의 책무(법 제19조)

① 사업자는 물품 등으로 인하여 소비자에게 생명·신체 또는 재산에 대한 위해가 발생하지 아니하도록 필요한 조치를 강구하여야 한다.

② 사업자는 물품 등을 공급함에 있어서 소비자의 합리적인 선택이나 이익을 침해할 우려가 있는 거래조건이나 거래방법을 사용하여서는 아니 된다.

③ 사업자는 소비자에게 물품 등에 대한 정보를 성실하고 정확하게 제공하여야 한다.

④ 사업자는 소비자의 개인정보가 분실·도난·누출·변조 또는 훼손되지 아니하도록 그 개인정보를 성실하게 취급하여야 한다.

⑤ 사업자는 물품 등의 하자로 인한 소비자의 불만이나 피해를 해결하거나 보상하여야 하며, 채무불이행 등으로 인한 소비자의 손해를 배상하여야 한다.

3 소비자분쟁의 해결

(1) 소비자상담기구의 설치운영(법 제53조)

① 사업자 및 사업자단체는 소비자로부터 제기되는 의견이나 불만 등을 기업경영에 반영하고, 소비자의 피해를 신속하게 처리하기 위한 기구('소비자상담기구'라 한다)의 설치·운영에 적극 노력하여야 한다.

② 사업자 및 사업자단체는 소비자의 불만 또는 피해의 상담을 위하여 「국가기술자격법」에 따른 관련 자격이 있는 자 등 전담직원을 고용·배치하도록 적극 노력하여야 한다.

(2) 소비자상담기구의 설치 권장(법 제54조)

① 중앙행정기관의 장 또는 시·도지사는 사업자 또는 사업자단체에 소비자상담기구의 설치·운영을 권장하거나 그 설치·운영에 필요한 지원을 할 수 있다.

② 공정거래위원회는 소비자상담기구의 설치·운영에 관한 권장기준을 정하여 고시할 수 있다.

(3) 한국소비자보호원에 피해구제의 신청 등(법 제55조)

① 소비자는 물품 등의 사용으로 인한 피해의 구제를 한국소비자원에 신청할 수 있다.

② 국가·지방자치단체 또는 소비자단체는 소비자로부터 피해구제의 신청을 받은 때에는 한국소비자원에 그 처리를 의뢰할 수 있다.

③ 사업자는 소비자로부터 피해구제의 신청을 받은 때에는 다음의 어느 하나에 해당하는 경우에 한하여 한국소비자원에 그 처리를 의뢰할 수 있다.

    ㉠ 소비자로부터 피해구제의 신청을 받은 날부터 30일이 경과하여도 합의에 이르지 못하는 경우

    ㉡ 한국소비자원에 피해구제의 처리를 의뢰하기로 소비자와 합의한 경우

ⓒ 그 밖에 한국소비자원의 피해구제의 처리가 필요한 경우로서 대통령령이 정하는 사유에
해당하는 경우
④ 원장은 피해구제의 신청(피해구제의 의뢰를 포함한다)을 받은 경우 그 내용이 한국소비자원
에서 처리하는 것이 부적합하다고 판단되는 때에는 신청인에게 그 사유를 통보하고 그 사건
의 처리를 중지할 수 있다.

(4) 소비자분쟁조정위원회의 설치(법 제60조)

① 소비자와 사업자 사이에 발생한 분쟁을 조정하기 위하여 한국소비자원에 소비자분쟁조정위
원회를 둔다.
② 조정위원회는 다음의 사항을 심의 · 의결한다.
ㄱ 소비자분쟁에 대한 조정결정
ㄴ 조정위원회의 의사(議事)에 관한 규칙의 제정 및 개정 · 폐지
ㄷ 그 밖에 조정위원회의 위원장이 토의에 부치는 사항
③ 조정위원회의 운영 및 조정절차 등에 관하여 필요한 사항은 대통령령으로 정한다.

더 알고가기 결함정보의 보고의무(법 제47조 제1항)

사업자는 제조 · 수입 · 판매 또는 제공한 물품 등에 소비자의 생명 · 신체 또는 재산에 위해를 끼치거나
끼칠 우려가 있는 제조 · 설계 또는 표시 등의 중대한 결함이 있다는 사실을 알게 된 때에는 그 결함을
소관 중앙행정기관의 장에게 보고(전자적 보고를 포함한다)하여야 한다.

03 청소년 보호법

1 총칙

(1) 목적(법 제1조)

이 법은 청소년에게 유해한 매체물과 약물 등이 청소년에게 유통되는 것과 청소년이 유해한 업
소에 출입하는 것 등을 규제하고, 청소년을 유해한 환경으로부터 보호 · 구제함으로써 청소년이
건전한 인격체로 성장할 수 있도록 함을 목적으로 한다.

 **기출문제확인**

청소년 보호법의 목적으로 옳지 않은 것은?

① 청소년에게 유해한 매체물과 약물 등이 유통되는 것 등을 규제한다.
② 청소년이 유해한 업소에 출입하는 것 등을 규제한다.
③ 청소년을 유해한 환경으로부터 보호·구제한다.
④ 청소년이 경제적 독립체로 성장할 수 있도록 지원한다.
⑤ 청소년이 건전한 인격체로 성장할 수 있도록 한다.

해설
④는 「청소년 보호법」의 목적과 관계가 없다.

정답 ④

(2) 용어의 정의(법 제2조)

① **청소년**: 만 19세 미만인 사람을 말한다. 다만, 만 19세가 되는 해의 1월 1일을 맞이한 사람은 제외한다.

② **매체물**

㉠ 「영화 및 비디오물의 진흥에 관한 법률」에 따른 영화 및 비디오물
㉡ 「게임산업진흥에 관한 법률」에 따른 게임물
㉢ 「음악산업진흥에 관한 법률」에 따른 음반, 음악파일, 음악영상물 및 음악영상파일
㉣ 「공연법」에 따른 공연(국악공연은 제외한다)
㉤ 「전기통신사업법」에 따른 전기통신을 통한 부호·문언·음향 또는 영상정보
㉥ 「방송법」에 따른 방송프로그램(보도방송 프로그램은 제외한다)
㉦ 「신문 등의 진흥에 관한 법률」에 따른 일반 일간신문(주로 정치·경제·사회에 관한 보도·논평 및 여론을 전파하는 신문은 제외), 특수 일간신문(경제·산업·과학·종교 분야는 제외), 일반 주간신문(정치·경제 분야는 제외), 특수 주간신문(경제·산업·과학·시사·종교 분야는 제외), 인터넷신문(주로 보도·논평 및 여론을 전파하는 기사는 제외) 및 인터넷뉴스 서비스
㉧ 「잡지 등 정기간행물의 진흥에 관한 법률」에 따른 잡지(정치·경제·사회·시사·산업·과학·종교 분야는 제외), 정보간행물, 전자간행물 및 그 밖의 간행물
㉨ 「출판문화산업 진흥법」에 따른 간행물, 전자출판물 및 외국간행물(㉦ 및 ㉧에 해당하는 매체물은 제외)
㉩ 「옥외광고물 등의 관리와 옥외광고산업 진흥에 관한 법률」에 따른 옥외광고물과 ㉠부터 ㉨까지의 매체물에 수록·게재·전시되거나 그 밖의 방법으로 포함된 상업적 광고선전물
㉪ 그 밖에 청소년의 정신적·신체적 건강을 해칠 우려가 있어 대통령령으로 정하는 매체물

③ 청소년유해매체물
  ㉠ 청소년보호위원회가 청소년에게 유해한 것으로 결정하거나 확인하여 여성가족부장관이 고시한 매체물
  ㉡ 각 심의기관이 청소년에게 유해한 것으로 심의하거나 확인하여 여성가족부장관이 고시한 매체물
④ 청소년유해약물 등: 청소년에게 유해한 것으로 인정되는 청소년유해약물과 청소년에게 유해한 것으로 인정되는 청소년유해물건을 말한다.
  ㉠ 청소년유해약물
    ⓐ 「주세법」에 따른 주류
    ⓑ 「담배사업법」에 따른 담배
    ⓒ 「마약류 관리에 관한 법률」에 따른 마약류
    ⓓ 「화학물질관리법」에 따른 환각물질
    ⓔ 그 밖에 중추신경에 작용하여 습관성, 중독성, 내성 등을 유발하여 인체에 유해하게 작용할 수 있는 약물 등 청소년의 사용을 제한하지 아니하면 청소년의 심신을 심각하게 손상시킬 우려가 있는 약물로서, 대통령령으로 정하는 기준에 따라 관계기관의 의견을 들어 청소년보호위원회가 결정하고 여성가족부장관이 고시한 것
  ㉡ 청소년유해물건
    ⓐ 청소년에게 음란한 행위를 조장하는 성기구 등 청소년의 사용을 제한하지 아니하면 청소년의 심신을 심각하게 손상시킬 우려가 있는 성 관련 물건으로서, 대통령령으로 정하는 기준에 따라 청소년보호위원회가 결정하고 여성가족부장관이 고시한 것
    ⓑ 청소년에게 음란성·포악성·잔인성·사행성 등을 조장하는 완구류 등 청소년의 사용을 제한하지 아니하면 청소년의 심신을 심각하게 손상시킬 우려가 있는 물건으로서, 대통령령으로 정하는 기준에 따라 청소년보호위원회가 결정하고 여성가족부장관이 고시한 것
    ⓒ 청소년유해약물과 유사한 형태의 제품으로 청소년의 사용을 제한하지 아니하면 청소년의 청소년유해약물 이용습관을 심각하게 조장할 우려가 있는 물건으로서, 대통령령으로 정하는 기준에 따라 청소년보호위원회가 결정하고 여성가족부장관이 고시한 것
⑤ 청소년유해업소: 청소년의 출입과 고용이 청소년에게 유해한 것으로 인정되는 청소년 출입·고용금지업소와 청소년의 출입은 가능하나 고용이 청소년에게 유해한 것으로 인정되는 청소년고용금지업소를 말한다. 이 경우 업소의 구분은 그 업소가 영업을 할 때 다른 법령에 따라 요구되는 허가·인가·등록·신고 등의 여부와 관계없이 실제로 이루어지고 있는 영업행위를 기준으로 한다.

ⓒ 청소년 출입·고용금지업소
  ⓐ 「게임산업진흥에 관한 법률」에 따른 일반게임제공업 및 복합유통게임제공업 중 대통
    령령으로 정하는 것
  ⓑ 「사행행위 등 규제 및 처벌 특례법」에 따른 사행행위영업
  ⓒ 「식품위생법」에 따른 식품접객업 중 대통령령으로 정하는 것
  ⓓ 「영화 및 비디오물의 진흥에 관한 법률」에 따른 비디오물 감상실업 및 제한관람가 비
    디오물소극장업 및 복합영상물제공업
  ⓔ 「음악산업진흥에 관한 법률」에 따른 노래연습장업 중 대통령령으로 정하는 것
  ⓕ 「체육시설의 설치·이용에 관한 법률」에 따른 무도학원업 및 무도장업
  ⓖ 전기통신설비를 갖추고 불특정한 사람들 사이의 음성대화 또는 화상대화를 매개하는
    것을 주된 목적으로 하는 영업. 다만, 「전기통신사업법」 등 다른 법률에 따라 통신을
    매개하는 영업은 제외한다.
  ⓗ 불특정한 사람 사이의 신체적인 접촉 또는 은밀한 부분의 노출 등 성적 행위가 이루어
    지거나 이와 유사한 행위가 이루어질 우려가 있는 서비스를 제공하는 영업으로서 청
    소년보호위원회가 결정하고 여성가족부장관이 고시한 것
  ⓘ 청소년유해매체물 및 청소년유해약물 등을 제작·생산·유통하는 영업 등 청소년의
    출입과 고용이 청소년에게 유해하다고 인정되는 영업으로서, 대통령령으로 정하는 기
    준에 따라 청소년보호위원회가 결정하고 여성가족부장관이 고시한 것
  ⓙ 「한국마사회법」에 따른 장외발매소
  ⓚ 「경륜·경정법」에 따른 장외매장
ⓛ 청소년 고용금지업소
  ⓐ 「게임산업진흥에 관한 법률」에 따른 청소년게임제공업 및 인터넷컴퓨터게임시설제
    공업
  ⓑ 「공중위생관리법」에 따른 숙박업, 목욕장업, 이용업 중 대통령령으로 정하는 것
  ⓒ 「식품위생법」에 따른 식품접객업 중 대통령령으로 정하는 것
  ⓓ 「영화 및 비디오물의 진흥에 관한 법률」에 따른 비디오물 소극장업
  ⓔ 「화학물질관리법」에 따른 유해화학물질 영업. 다만, 유해화학물질 사용과 직접 관련
    이 없는 영업으로서 대통령령으로 정하는 영업은 제외한다.
  ⓕ 회비 등을 받거나 유료로 만화를 빌려 주는 만화대여업
  ⓖ 청소년유해매체물 및 청소년유해약물 등을 제작·생산·유통하는 영업 등 청소년의
    고용이 청소년에게 유해하다고 인정되는 영업으로서, 대통령령으로 정하는 기준에 따
    라 청소년보호위원회가 결정하고 여성가족부장관이 고시한 것

2 청소년 유해행위의 금지(법 제30조)

(1) 영리를 목적으로 청소년으로 하여금 신체적인 접촉 또는 은밀한 부분의 노출 등 성적 접대행위를 하게 하거나 이러한 행위를 알선·매개하는 행위

(2) 영리를 목적으로 청소년으로 하여금 손님과 함께 술을 마시거나 노래 또는 춤 등으로 손님의 유흥을 돋우는 접객행위를 하게 하거나 이러한 행위를 알선·매개하는 행위

(3) 영리나 흥행을 목적으로 청소년에게 음란한 행위를 하게 하는 행위

(4) 영리나 흥행을 목적으로 청소년의 장애나 기형 등의 모습을 일반인들에게 관람시키는 행위

(5) 청소년에게 구걸을 시키거나 청소년을 이용하여 구걸하는 행위

(6) 청소년을 학대하는 행위

(7) 영리를 목적으로 청소년으로 하여금 거리에서 손님을 유인하는 행위를 하게 하는 행위

(8) 청소년을 남녀 혼숙하게 하는 등 풍기를 문란하게 하는 영업행위를 하거나 이를 목적으로 장소를 제공하는 행위

(9) 주로 차 종류를 조리·판매하는 업소에서 청소년으로 하여금 영업장을 벗어나 차 종류를 배달하는 행위를 하게 하거나 이를 조장하거나 묵인하는 행위

기출문제확인

청소년 보호법상의 '청소년 유해행위의 금지'에 해당하지 않는 것은?

① 영리 또는 흥행의 목적으로 청소년에게 음란한 행위를 하게 하는 행위
② 영리를 목적으로 청소년으로 하여금 노동을 강요하는 행위
③ 영리 또는 흥행을 목적으로 청소년의 장애나 기형 등의 모습을 일반인에게 관람시키는 행위
④ 청소년에게 구걸을 시키거나 청소년을 이용하여 구걸하는 행위
⑤ 영리를 목적으로 청소년으로 하여금 손님을 거리에서 유인하도록 하게 하는 행위

해설
②는 법 제30조에서 정한 '청소년 유해행위의 금지'에 해당하지 않는다.

정답 ②

04 방문판매 등에 관한 법률

(1) 법의 목적

이 법은 방문판매, 전화권유판매, 다단계판매, 후원방문판매, 계속거래 및 사업권유거래 등에 의한 재화 또는 용역의 공정한 거래에 관한 사항을 규정함으로써 소비자의 권익을 보호하고 시장의 신뢰도를 높여 국민경제의 건전한 발전에 이바지함을 목적으로 한다.

(2) 용어의 정의

① **방문판매**: 재화 또는 용역의 판매(위탁 및 중개를 포함)를 업으로 하는 자가 방문을 하는 방법으로, 그의 영업소, 대리점, 그 밖에 총리령으로 정하는 영업장소 외의 장소에서 소비자에게 권유하여 계약의 청약을 받거나 계약을 체결하여 재화 또는 용역을 판매하는 것을 말한다.

② **전화권유판매**: 전화를 이용하여 소비자에게 권유를 하거나 전화회신을 유도하는 방법으로 재화 등을 판매하는 것을 말한다.

③ **다단계판매**: 다음의 요건을 모두 충족하는 판매조직을 통하여 재화 등을 판매하는 것을 말한다.

  ㉠ 판매업자에 속한 판매원이 특정인을 해당 판매원의 하위 판매원으로 가입하도록 권유하는 모집방식이 있을 것

  ㉡ 판매원의 가입이 3단계 이상 단계적으로 이루어질 것. 다만, 판매원의 단계가 2단계 이하라고 하더라도 사실상 3단계 이상으로 관리·운영되는 경우로서 대통령령으로 정하는 경우를 포함한다.

  ㉢ 판매업자가 판매원에게 후원수당을 지급하는 방식을 가지고 있을 것

④ **후원방문판매**: 특정 판매원의 구매·판매 등의 실적이 그 직근 상위판매원 1인의 후원수당에만 영향을 미치는 후원수당 지급방식을 가진 경우를 말한다.

⑤ **후원수당**: 판매수당, 알선수수료, 장려금, 후원금 등 그 명칭 및 지급 형태와 상관없이 판매업자가 다음의 사항과 관련하여 소속 판매원에게 지급하는 경제적 이익을 말한다.

  ㉠ 판매원 자신의 재화 등의 거래실적

  ㉡ 판매원의 수당에 영향을 미치는 다른 판매원들의 재화 등의 거래실적

  ㉢ 판매원의 수당에 영향을 미치는 다른 판매원들의 조직관리 및 교육훈련 실적

  ㉣ 그 밖에 판매원들의 판매활동을 장려하거나 보상하기 위하여 지급되는 일체의 경제적 이익

⑥ **계속거래**: 1개월 이상에 걸쳐 계속적으로 또는 부정기적으로 재화 등을 공급하는 계약으로서 중도에 해지할 경우, 대금 환급의 제한 또는 위약금에 관한 약정이 있는 거래를 말한다.

⑦ **사업권유거래**: 사업자가 소득 기회를 알선·제공하는 방법으로 거래상대방을 유인하여 금품을 수수하거나 재화 등을 구입하게 하는 거래를 말한다.

기출문제확인

방문판매 등에 관한 법률에서 규정하지 않은 판매업은?

① 전화권유판매
② 다단계판매
③ 후원방문판매
④ 홈쇼핑판매
⑤ 계속거래 및 사업권유거래

해설
「방문판매 등에 관한 법률」상 판매업: 방문판매, 전화권유판매, 다단계판매, 후원방문판매, 계속거래 및 사업권유거래 등

정답 ④

---

(3) 방문판매자 등의 소비자에 대한 정보제공의무 등(법 제7조 제1항)

① 방문판매업자 등의 성명(법인인 경우에는 대표자의 성명을 말한다), 상호, 주소, 전화번호 및 전자우편주소
② 방문판매원 등의 성명, 주소, 전화번호 및 전자우편주소. 다만, 방문판매업자 등이 소비자와 직접 계약을 체결하는 경우는 제외한다.
③ 재화 등의 명칭, 종류 및 내용
④ 재화 등의 가격과 그 지급의 방법 및 시기
⑤ 재화 등을 공급하는 방법 및 시기
⑥ 청약의 철회 및 계약의 해제의 기한·행사방법·효과에 관한 사항 및 청약철회 등의 권리행사에 필요한 서식으로서 총리령으로 정하는 것
⑦ 재화 등의 교환·반품·수리보증 및 그 대금 환불의 조건과 절차
⑧ 전자매체로 공급할 수 있는 재화 등의 설치·전송 등과 관련하여 요구되는 기술적 사항
⑨ 소비자피해 보상, 재화 등에 대한 불만 및 소비자와 사업자 사이의 분쟁 처리에 관한 사항
⑩ 거래에 관한 약관
⑪ 그 밖에 소비자의 구매 여부 판단에 영향을 주는 거래조건 또는 소비자피해 구제에 필요한 사항으로서 대통령령으로 정하는 사항

 기출문제**확인**

방문판매 등에 관한 법률(법률 제11839호 2013.5.28. 일부개정) 제7조에 의해 방문판매자 등이 계약 체결 전에 소비자에게 제공해야 하는 의무 정보내용에 해당하지 않는 것은?

① 방문판매업자 등의 성명, 상호, 주소, 전화번호, 전자우편주소
② 방문판매원 등의 성명, 주소, 전화번호, 전자우편주소
③ 재화 등의 가격과 그 지급의 방법 및 시기
④ 재화 등의 안전전달을 위한 포장방법 및 배달자의 성명, 주소, 전화번호
⑤ 재화 등을 공급하는 방법 및 시기

해설
④는 관계가 없다.

정답 ④

01 유통산업발전법상 다음 내용에 해당하는 체인사업은?

> ㉠ 특수한 영업권으로 영업방식을 통일 및 통제
> ㉡ 체인본부가 상호, 판매방법, 매장운영 및 광고 등에 관한 경영방식을 결정하고 가맹점으로 하여금 그 결정과 지도에 따라 운영하도록 하는 형태의 체인사업

① 직영점형 체인사업　　　　　　② 조합형 체인사업
③ 임의가맹점형 체인사업　　　　④ 프랜차이즈형 체인사업
⑤ 입점형 체인사업

해설 ① **직영점형 체인사업**: 체인본부가 주로 소매점포를 직영하되, 가맹계약을 체결한 일부 소매점포에 대하여 상품의 공급 및 경영지도를 계속하는 형태의 체인사업
② **조합형 체인사업**: 같은 업종의 소매점들이 중소기업협동조합, 협동조합, 협동조합연합회, 사회적협동조합 또는 사회적협동조합연합회를 설립하여 공동구매·공동판매·공동시설활용 등 사업을 수행하는 형태의 체인사업
③ **임의가맹점형 체인사업**: 체인본부의 계속적인 경영지도 및 체인본부와 가맹점 간의 협업에 의하여 가맹점의 취급품목·영업방식 등의 표준화사업과 공동구매·공동판매·공동시설활용 등 공동사업을 수행하는 형태의 체인사업

02 다음 내용에 해당하는 것은?

> • 본부는 가맹점에 판매권을 주고 경영을 지도한다.
> • 가맹점은 본부에 가입비와 매출액의 일부를 납부하기도 한다.

① 조합형 체인　　　　　　　　② 볼런터리 체인
③ 프랜차이즈 체인　　　　　　④ 레귤러 체인
⑤ 컨버터블 체인

정답 01 ④　02 ③

① **조합형 체인**: 같은 업종의 소매점들이 「중소기업협동조합법」 제3조에 따른 중소기업협동조합을 설립하여 공동구매·공동판매·공동시설활용 등 사업을 수행하는 형태의 체인사업이다.
② **볼런터리 체인**: 체인본부의 계속적인 경영지도 및 체인본부와 가맹점 간의 협업에 의하여 가맹점의 취급품목·영업방식 등의 표준화사업과 공동구매·공동판매·공동시설활용 등 공동사업을 수행하는 형태의 체인사업이다.
④ **레귤러 체인**: 체인본부가 주로 소매점포를 직영하되, 가맹계약을 체결한 일부 소매점포(가맹점)에 대하여 상품의 공급 및 경영지도를 계속하는 형태의 체인사업이다.

03 유통산업발전법에서 규정하는 유통관리사의 직무사항과 거리가 먼 것은?

① 유통경영·관리 기법의 향상
② 유통경영·관리와 관련된 인력양성
③ 유통경영·관리와 관련한 상담 및 자문
④ 유통경영·관리와 관련한 진단 및 평가
⑤ 유통경영·관리와 관련한 계획, 조사, 연구

 유통관리사는 다음의 직무를 수행한다(법 제24조 제1항).
1. 유통경영·관리 기법의 향상
2. 유통경영·관리와 관련한 계획·조사·연구
3. 유통경영·관리와 관련한 진단·평가
4. 유통경영·관리와 관련한 상담·자문
5. 그 밖에 유통경영·관리에 필요한 사항

04 소비자기본법상 용어의 정의에 대한 것으로 옳지 않은 것은?

① 소비자라 함은 사업자가 제공하는 물품 또는 용역을 소비생활을 위하여 사용하는 자 또는 생산활동을 위하여 사용하는 자로서 대통령령이 정하는 자를 말한다.
② 사업자라 함은 물품을 제조·수입·판매하거나 용역을 제공하는 자를 말한다.
③ 소비자단체라 함은 소비자의 권익을 증진하기 위하여 소비자가 조직한 단체를 말한다.
④ 사업자권익위원회라 함은 3개 이상의 사업자가 공동의 이익을 증진할 목적으로 조직한 단체를 말한다.
⑤ 사업체단체라 함은 2 이상의 사업자가 공동의 이익을 증진할 목적으로 조직한 단체를 말한다.

 ④는 사업체단체에 대한 설명으로 옳지 않다.

정답 03 ② 04 ④

05 소비자기본법상 소비자의 기본적 권리가 아닌 것은?

① 소비생활에 영향을 주는 기업정책과 활동에 대한 정보를 제공받고 의견을 교환할 권리
② 합리적인 소비생활을 위하여 필요한 교육을 받을 권리
③ 물품 또는 용역으로 인한 생명·신체 또는 재산에 대한 위해로부터 보호받을 권리
④ 안전하고 쾌적한 소비생활 환경에서 소비할 권리
⑤ 물품 또는 용역을 선택함에 있어서 필요한 지식 및 정보를 제공받을 권리

해설 소비자의 기본적 권리(법 제4조)
1. 물품 또는 용역(물품 등)으로 인한 생명·신체 또는 재산에 대한 위해로부터 보호받을 권리
2. 물품 등을 선택함에 있어서 필요한 지식 및 정보를 제공받을 권리
3. 물품 등을 사용함에 있어서 거래상대방·구입장소·가격 및 거래조건 등을 자유로이 선택할 권리
4. 소비생활에 영향을 주는 국가 및 지방자치단체의 정책과 사업자의 사업활동 등에 대하여 의견을 반영시킬 권리
5. 물품 등의 사용으로 인하여 입은 피해에 대하여 신속·공정한 절차에 따라 적절한 보상을 받을 권리
6. 합리적인 소비생활을 위하여 필요한 교육을 받을 권리
7. 소비자 스스로의 권익을 증진하기 위하여 단체를 조직하고 이를 통하여 활동할 수 있는 권리
8. 안전하고 쾌적한 소비생활 환경에서 소비할 권리

06 소비자기본법에서 규정하고 있는 소비자의 책무에 해당하지 않는 것은?

① 소비자는 사업자 등과 더불어 자유시장경제를 구성하는 주체임을 인식하여 물품 등을 올바르게 선택해야 한다.
② 소비자는 스스로의 권익을 증진하기 위하여 필요한 지식과 정보를 습득하도록 노력하여야 한다.
③ 소비자는 자주적이고 합리적인 행동과 자원절약적이고 환경친화적인 소비생활을 함으로써 소비생활의 향상과 국민경제의 발전에 적극적인 역할을 다하여야 한다.
④ 소비생활에 영향을 주는 국가 및 지방자치단체의 정책과 사업자의 사업활동 등에 대하여 의견을 반영하여야 한다.
⑤ 소비자는 소비자의 기본적 권리를 정당하게 행사하여야 한다.

해설 ④는 소비자의 권리에 해당한다.
 소비자의 책무(법 제5조)
1. 소비자는 사업자 등과 더불어 자유시장경제를 구성하는 주체임을 인식하여 물품 등을 올바르게 선택하고, 제4조의 규정에 따른 소비자의 기본적 권리를 정당하게 행사하여야 한다.
2. 소비자는 스스로의 권익을 증진하기 위하여 필요한 지식과 정보를 습득하도록 노력하여야 한다.

정답 05 ① 06 ④

3. 소비자는 자주적이고 합리적인 행동과 자원절약적이고 환경친화적인 소비생활을 함으로써 소비생활의 향상과 국민경제의 발전에 적극적인 역할을 다하여야 한다.

07 소비자기본법상 국가 및 지방자치단체의 책무와 거리가 먼 것은?

① 관계 법령 및 조례의 제정 및 개정・폐지
② 소비자 스스로의 권익을 증진하기 위하여 단체를 조직하고 이를 통하여 활동할 수 있는 권리
③ 소비자의 건전하고 자주적인 조직활동의 지원・육성
④ 필요한 행정조직의 정비 및 운영 개선
⑤ 필요한 시책의 수립 및 실시

> 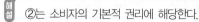 ②는 소비자의 기본적 권리에 해당한다.
>
> ◎ **국가 및 지방자치단체의 책무(법 제6조)**
> 국가 및 지방자치단체는 제4조의 규정에 따른 소비자의 기본적 권리가 실현되도록 하기 위하여 다음의 책무를 진다.
> 1. 관계 법령 및 조례의 제정 및 개정・폐지
> 2. 필요한 행정조직의 정비 및 운영 개선
> 3. 필요한 시책의 수립 및 실시
> 4. 소비자의 건전하고 자주적인 조직활동의 지원・육성

08 다음 중 소비자기본법상 사업자의 책무와 거리가 먼 것은?

① 사업자는 물품 등으로 인하여 소비자에게 생명・신체 또는 재산에 대한 위해가 발생하지 아니하도록 필요한 조치를 강구하여야 한다.
② 사업자는 소비자에게 물품 등에 대한 정보를 성실하고 정확하게 제공하여야 한다.
③ 사업자는 소비자의 개인정보가 분실・도난・누출・변조 또는 훼손되지 아니하도록 그 개인정보를 성실하게 취급하여야 한다.
④ 사업자는 물품 등을 공급함에 있어서 소비자의 합리적인 선택이나 이익을 침해할 우려가 있는 거래조건이나 거래방법을 사용하여서는 아니 된다.
⑤ 사업자는 물품 등의 하자로 인한 소비자의 불만이나 피해를 해결하거나 보상하여야 하나, 채무불이행 등으로 인한 소비자의 손해는 배상하지 않아도 된다.

> 사업자는 물품 등의 하자로 인한 소비자의 불만이나 피해를 해결하거나 보상하여야 하며, 채무불이행 등으로 인한 소비자의 손해를 배상하여야 한다.

정답 07 ② 08 ⑤

◉ 사업자의 책무(법 제19조)
1. 사업자는 물품 등으로 인하여 소비자에게 생명·신체 또는 재산에 대한 위해가 발생하지 아니하도록 필요한 조치를 강구하여야 한다.
2. 사업자는 물품 등을 공급함에 있어서 소비자의 합리적인 선택이나 이익을 침해할 우려가 있는 거래조건이나 거래방법을 사용하여서는 아니 된다.
3. 사업자는 소비자에게 물품 등에 대한 정보를 성실하고 정확하게 제공하여야 한다.
4. 사업자는 소비자의 개인정보가 분실·도난·누출·변조 또는 훼손되지 아니하도록 그 개인정보를 성실하게 취급하여야 한다.
5. 사업자는 물품 등의 하자로 인한 소비자의 불만이나 피해를 해결하거나 보상하여야 하며, 채무불이행 등으로 인한 소비자의 손해를 배상하여야 한다.

09 소비자기본법에 의한 소비자분쟁 해결에 관련된 조항으로 가장 옳지 않은 것은?

① 중앙행정기관의 장은 사업자 또는 사업자단체에게 소비자상담기구의 설치·운영을 권장할 수 있다.
② 공정거래위원회는 소비자상담기구의 설치·운영에 관한 권장기준을 정하여 고시할 수 있다.
③ 사업자 및 사업자단체는 소비자의 불만 또는 피해의 상담을 위해 「국가기술자격법」에 따른 관련 자격이 있는 자 등 전담직원을 고용·배치하도록 적극 노력해야 한다.
④ 소비자는 물품 등의 사용으로 인한 피해 구제를 공정거래위원회에 신청할 수 있다.
⑤ 사업자 및 사업자단체는 소비자의 피해를 신속하게 처리하기 위한 기구의 설치·운영에 적극 노력해야 한다.

해설 소비자는 물품 등의 사용으로 인한 피해의 구제를 한국소비자원에 신청할 수 있다(법 제55조 제1항).

10 청소년 보호법의 내용을 설명한 것으로 옳은 것은?

① 청소년이란 만 20세 미만인 사람을 말한다.
② 청소년 폭력·학대란 폭력이나 학대를 통하여 청소년에게 신체적·정신적 피해를 발생하게 하는 행위를 말한다.
③ 청소년유해환경이란 청소년유해매체물, 청소년유해업소 등을 말하며, 청소년폭력·학대는 제외된다.
④ 매체물이란 출판, 음반, 게임, 방송을 말하며, 옥외광고물은 제외된다.
⑤ 청소년유해매체물이란 청소년보호위원회가 청소년에게 유해한 것으로 결정하거나 확인하여 국무총리가 고시한 매체물이다.

정답 09 ④ 10 ②

해설
① 청소년이란 만 19세 미만인 사람을 말한다.
③ 청소년유해환경이란 청소년유해매체물, 청소년유해업소 및 청소년폭력·학대를 말한다.
④ 옥외광고물도 매체물에 포함된다.
⑤ 청소년유해매체물이란 청소년보호위원회가 청소년에게 유해한 것으로 결정하거나 확인하여 여성가족
부장관이 고시한 매체물이다.

11 청소년 보호법의 목적과 거리가 먼 것은?

① 청소년에게 유해한 매체물과 약물 등이 유통되는 것 등을 규제한다.
② 청소년이 유해한 업소에 출입하는 것 등을 규제한다.
③ 청소년을 유해한 환경으로부터 보호·구제한다.
④ 청소년이 경제적 독립체로 성장할 수 있도록 지원한다.
⑤ 청소년이 건전한 인격체로 성장할 수 있도록 한다.

해설
「청소년 보호법」은 청소년에게 유해한 매체물과 약물 등이 청소년에게 유통되는 것과 청소년이 유해한 업
소에 출입하는 것 등을 규제하고, 청소년을 유해한 환경으로부터 보호·구제함으로써 청소년이 건전한 인
격체로 성장할 수 있도록 함을 목적으로 한다.

12 청소년 보호법상 청소년고용금지업소에 해당되지 않는 것은?

① 「식품위생법」에 의한 식품접객업 중 대통령령으로 정하는 것
② 「공중위생관리법」에 의한 숙박업, 이용업, 목욕장업 중 대통령령으로 정하는 것
③ 「영화 및 비디오물의 진흥에 관한 법률」에 의한 비디오물소극장업 또는 「게임산업진흥
에 관한 법률」에 의한 게임제공업·복합유통게임제공업 중 대통령령이 정하는 영업
④ 회비 등을 받거나 유료로 만화를 대여하는 만화대여업
⑤ 청소년유해매체물, 청소년유해약물 및 청소년유해물건을 제작·생산·유통하는 영업
등 청소년의 고용이 청소년에게 유해하다고 인정되는 영업으로서 대통령령이 정하는 기
준에 따라 청소년보호위원회가 결정하고 보건복지부장관이 이를 고시한 것

해설
청소년고용금지업소(법 제2조 제5호 나목)
1. 「게임산업진흥에 관한 법률」에 따른 청소년게임제공업 및 인터넷컴퓨터게임시설제공업
2. 「공중위생관리법」에 따른 숙박업, 목욕장업, 이용업 중 대통령령으로 정하는 것
3. 「식품위생법」에 따른 식품접객업 중 대통령령으로 정하는 것
4. 「영화 및 비디오물의 진흥에 관한 법률」에 따른 비디오물소극장업

정답 11 ④　12 ⑤

5. 「화학물질관리법」에 따른 유해화학물질 영업. 다만, 유해화학물질 사용과 직접 관련이 없는 영업으로서 대통령령으로 정하는 영업은 제외한다.
6. 회비 등을 받거나 유료로 만화를 빌려 주는 만화대여업
7. 청소년유해매체물 및 청소년유해약물 등을 제작·생산·유통하는 영업 등 청소년의 고용이 청소년에게 유해하다고 인정되는 영업으로서 대통령령으로 정하는 기준에 따라 청소년보호위원회가 결정하고 여성 가족부장관이 고시한 것

13 방문판매 등에 관한 법률상 방문판매자 등이 계약체결 전에 소비자에게 제공해야 하는 의무 정보내용에 해당하지 않는 것은?

① 방문판매업자 등의 성명, 상호, 주소, 전화번호, 전자우편주소
② 재화 등의 안전전달을 위한 포장방법 및 배달자의 성명, 주소, 전화번호
③ 재화 등을 공급하는 방법 및 시기
④ 방문판매원 등의 성명, 주소, 전화번호, 전자우편주소
⑤ 재화 등의 명칭, 종류 및 내용

해설 방문판매자 등의 소비자에 대한 정보제공의무(법 제7조 제1항)
1. 방문판매업자 등의 성명(법인인 경우에는 대표자의 성명을 말한다), 상호, 주소, 전화번호 및 전자우편 주소
2. 방문판매원 등의 성명, 주소, 전화번호 및 전자우편주소. 다만, 방문판매업자 등이 소비자와 직접 계약 을 체결하는 경우는 제외한다.
3. 재화 등의 명칭, 종류 및 내용
4. 재화 등의 가격과 그 지급의 방법 및 시기
5. 재화 등을 공급하는 방법 및 시기
6. 청약의 철회 및 계약의 해제(청약철회 등)의 기한·행사방법·효과에 관한 사항 및 청약철회 등의 권리 행사에 필요한 서식으로서 총리령으로 정하는 것
7. 재화 등의 교환·반품·수리보증 및 그 대금 환불의 조건과 절차
8. 전자매체로 공급할 수 있는 재화 등의 설치·전송 등과 관련하여 요구되는 기술적 사항
9. 소비자피해 보상, 재화 등에 대한 불만 및 소비자와 사업자 사이의 분쟁 처리에 관한 사항
10. 거래에 관한 약관
11. 그 밖에 소비자의 구매 여부 판단에 영향을 주는 거래조건 또는 소비자피해 구제에 필요한 사항으로서 대통령령으로 정하는 사항

정답 13 ②

2과목

판매 및 고객관리

Chapter

01 매장관리

01 상품지식

1 상품의 이해

(1) 개요

① 상품의 개념

　㉠ 좁은 의미의 상품: 소비자는 상품을 구매, 사용, 소비함으로써 그들의 생활을 유지·향상 시키므로 상품은 단순한 교환의 대상으로 그치는 것이 아니라, 점포의 목표 고객인 소비 자의 입장에서 바로 그들의 삶을 이어가기 위해 필요한 생활자원이다.

　㉡ 넓은 의미의 상품: 확장된 의미의 상품은 이러한 물리적 상품의 개념 외에 판매상황에서 제공되는 모든 서비스를 포함한다.

② 상품과 제공하는 편익

　㉠ 기능적 편익(Functional Benefits): 제품의 속성과 연결되어 소비자들에게 제공되는 편익 을 의미하며, 이에는 다양한 상품구색, 좋은 위치, 경제적 가격, 애프터서비스, 주차시설, 정보제공 등이 있다.

　㉡ 감각적 편익(Sensual Benefits): 상품이 소비자에게 주는 긍정적 감정들을 의미하며, 이 에는 점포의 분위기, 감각적 디자인 및 배경, 점포냄새, 점포외관 및 간판, 네온사인, 전 반적인 색깔 등이 있다.

　㉢ 상징적 편익(Symbolic Benefits): 상품의 구매를 통해 사회적으로 인정받음으로써 얻게 되는 만족을 의미하며, 이에는 점포의 사회적 위치나 이미지 혹은 연령이나 소득, 지위 등과의 적합성 등이 있다.

(2) 상품의 적성

상품이 하나의 물리적인 유형물로서 성립하여 매매의 대상이 되고, 소비자가 기대하는 효용을 가져다주기 위해서는 여러 가지 적성을 갖추어야 한다.

① 적합성: 소비자의 필요와 요구에 적합해야 한다.

② 내구성: 생산되어 소비되기까지의 전 기간에 걸쳐 가치가 변하지 않아야 한다.

③ 운반성: 생산지에서 소비되는 장소까지 쉽고 안전하며 경제적으로 운반이 가능해야 한다.

④ 대체성: 매매 및 소비 시에 동종 동량의 상품으로 대체할 수 있어야 한다.

⑤ **경제성:** 가격이 가치에 비해서 싸야 한다.

⑥ **정보성:** 상품이 잘 알려져 있으며, 소비자에게 충분한 정보가 제공되어야 한다.

⑦ **안전성:** 인체와 생명에 해로운 것은 생산, 유통, 소비되어서는 안 된다.

⑧ **채산성:** 소비자에게 경제적이면서, 제조업자 및 판매업자에게도 채산이 맞아야 한다.

⑨ **사회성:** 상품이 사회에 미치는 영향까지 고려해야 한다.

(3) 상품의 구성요소

① **디자인과 색상:** 상품의 적합성을 높이고, 정서적 가치의 향상을 도모하여 상품의 가치를 높이고, 차별화를 통한 경쟁력을 향상시키는 데 있어 디자인과 색상의 역할은 중요하다.

② **상표(Brand)**

㉠ 기업적 측면의 상표 기능

ⓐ 상품을 차별화한다.

ⓑ 상품의 선택을 촉진한다.

ⓒ 고유 시장을 확보한다.

ⓓ 출처, 책임을 명확히 한다.

ⓔ 무형의 자산이 된다.

㉡ 소비자 측면의 상표 기능

ⓐ 상품을 식별한다.

ⓑ 정보가치가 있다.

ⓒ 상품을 보증해 준다.

③ **상표(Brand)의 종류**

㉠ **제조업자 브랜드(NB; National Brand):** 제조업자가 자신의 제품임을 나타낼 수 있는 상품명이나 기호 혹은 기업명이나 기호 등으로 표시한다.

㉡ **유통업자 브랜드(PB; Private Brand):** 대형 도·소매 유통업체가 자신의 제품임을 나타낼 수 있는 상품명이나 기호 혹은 기업명이나 기호 등으로 표시된다. PB제품은 유통업체에서 개발하고 관리하는 브랜드로서 NB제품에 비해 가격이 저렴하다는 장점이 있으나, 제품의 품질과 브랜드인지도 등의 고객신뢰도가 낮다는 단점이 있다.

> **더 알고가기** PB가 NB보다 유리한 이유
>
> • 유통업체에서 개발하고 관리하는 브랜드로 NB보다 좋은 위치에 진열이 가능하여 매출액을 높일 수 있다.
> • PB제품은 NB에 비해 광고비 등 원가절감으로 저가에 제품을 제공할 수 있어 가격에 민감한 수요층을 흡수할 수 있다.
> • 유통업체는 자체브랜드를 소유함으로 인해 NB제품과의 협상력에서 우위를 점할 수 있다.
> • PB제품에 만족한 기존 이용고객을 다시 끌어들이는 힘에 있어서는 상대적으로 강점이 있다.

ⓒ **통일상표**: 기업의 전 상품에 대해 단일 브랜드를 붙여서, 통일된 이미지 확립

ⓔ **개별상표**: 동일 기업의 상품이라도 종류에 따라 다른 브랜드를 사용하는 경우

(4) 포장

① 포장의 목적

ㄱ 내용물의 보호

ㄴ 상품의 운송, 보관, 판매, 소비에 편리하도록 하는 것

ㄷ 상품의 판매촉진

ㄹ 소비·사용에 관한 정보를 제공

ㅁ 신선도 관리

② 포장의 기능

ㄱ **보호성(1차적 기능)**: 외부 환경이나 충격으로부터 제품을 보호해 주는 기능

ㄴ **편리성(2차적 기능)**: 제품의 운송, 보관, 사용, 폐기 시까지 취급을 편리하게 하는 기능

ㄷ **판촉성(3차적 기능)**: 멋진 포장을 통해 구매욕을 자극하여 판매를 촉진하는 기능

2 상품 분류

(1) 사용목적에 따른 분류

① **소비용품**: 소비용품은 최종 소비자가 소비를 목적으로 하는 상품이기 때문에 일단 구매하게 되면 다시 재판매되지 않는 것을 원칙으로 하는 것이 중요하다.

② **산업용품**: 산업용품은 개인적인 욕구를 충족시키는 데 사용되는 것이 아니라 기업의 욕구를 충족시키고 있는 것이다. 즉, 기업과 산업활동의 수행에 사용하도록 예정된 목적을 갖는 것이 궁극적인 목표이다.

(2) 구매습관에 의한 분류

① 편의품(Convenience Goods)

ㄱ 편의품은 일반적으로 별로 값이 비싸지 않고 최소의 구매노력으로 구매가 가능한 품목이다.

ㄴ 편의품을 사는 데는 여기저기 다니면서 시간을 소비할 필요가 없다. 소매상의 입장으로 볼 때 편의품은 수요가 규칙적이고 계속적인 상품이며, 상용(on hand)으로 사갈 수 있도록 상품을 보유해야 하고 고객에게 편리한 서비스를 제공해야 하며, 훌륭한 진열을 해야 한다.

ㄷ 편의품의 종류는 음료수, 밀가루, 설탕, 커피, 빵, 버터, 계란, 육류, 종이 제품, 치약 등의 생활필수품이다.

② 선매품(Shopping Goods)

　㉠ 편의품보다 선매품은 일반적으로 많은 주의를 가지고 구매하며 최종 구매결정은 몇몇 상품을 비교한 후에야 이루어진다. 품질, 스타일의 적합성과 가격 등이 비교의 기준이 되고 상당한 정도의 소비자 취미에 의하여 결정된다.

　㉡ 고객이 여러 점포를 돌아다니며 상품의 가격, 특징, 신뢰성, 색채, 디자인 등을 비교하여 선택구매하는 경향이 있고, 보통 금액의 지출을 충분히 고려하며 구매횟수는 적다.

　㉢ 구매자는 충분한 노력과 시간을 들여서 비교를 하기 위해 그 상품을 판매한 상점이 집결해 있는 상점가에까지 가기를 좋아하며, 여러 곳을 돌아다니는 것까지도 감수한다.

　㉣ 선매품의 구매선택 결정에 있어서 신중하기 때문에 장시간 상점에 머무르는 일이 많으므로, 점 내의 분위기 등이 구매자에게 커다란 영향을 주고 판매원의 설명, 지도 등의 자문을 구하는 경우가 많다.

　㉤ 선매품의 종류에는 내구성 상품인 가구·기계·자동차·텔레비전·라디오·보석·의류·신발류·선물용품 등이 있다.

③ 전문품(Speciality Goods)

　㉠ 전문품은 소비자가 상품구매에 있어 시간과 노력을 아끼지 않는 것으로 가격보다는 상품에 특수한 매력을 갖고 있으며, 구매결정요인은 절대적으로 품질을 우선시한다.

　㉡ 전문품은 소비자가 상품구매에 있어 그 상품에 대한 상당한 지식을 보유하고 있으며 상품에 대한 선호도가 강하고, 특히 전문가다운 판매원의 조언과 지도가 판매에 많은 영향이 있다.

　㉢ 전문품의 종류에는 포도주, 위스키 등 주류와 화장품, 고급의류나 고급가구 등의 하이 패션품, 피아노, 스테레오, 시계, 고급자동차 등이 있다.

┃ 소비용품의 특징 ┃

항목＼품목	편의품	선매품	전문품
매입계획	관습적으로 구매한다.	예산을 짜서 계획을 세운다.	보다 신중히 계획된다.
구매자의 노력	노고와 시간이 안 걸리는 것을 좋아한다.	비교와 검토를 아끼지 않는다.	노고와 시간이 걸리더라도 좋다.
가격	저가	중간	고가
품질에 대한 관심도	무관심 등이 많다.	품질, 디자인, 색채 등을 문제로 한다.	대용품은 불가하다.
구매횟수	빈번하고 정기적이다.	불규칙적이다.	희소하게 구하게 된다.
상품회전율	높다.	중간	낮다.
이윤 폭	작다.	중간	크다.
점포장식	조밀하다.	서비스, 분위기 중요하다.	고급 인상을 심어주고, 서비스, 분위기를 중시한다.

(3) 라이프사이클에 의한 분류

① 의의: 상품의 라이프사이클이란 상품이 발매되어 시장에서 판매되기까지의 변화를 단계적으로 나타내는 것을 말한다.

② 시간적 기준

  ㉠ 도입기 상품: 도입기 상품은 방금 발매된 신상품으로 메이커는 소비자를 상대로 해서 대규모의 광고와 샘플을 제공하는 등의 적극적인 판매촉진활동으로 상품의 존재를 알리고 사용해 보도록 권유하는 한편, 유통업자에게 적극적인 취급을 요청해야 한다.

  ㉡ 성장기 상품

    ⓐ 성장기 상품은 판매추세가 급상승하고 높은 가격에도 수요는 지속적으로 증가하므로 메이커, 소매점에서는 높은 수준의 매출과 이익을 확보할 수가 있다.

    ⓑ 성장기에는 브랜드 간의 경쟁이 격화되고 메이커는 적극적인 광고활동으로 자기 브랜드의 시장침투를 적극적으로 모색함과 동시에, 상품차별화에 의한 경쟁력 강화를 추구해야 한다.

    ⓒ 소매점으로서는 이익률이 높은 이 기간에 대량판매와 품절에 의한 기회 손실이 발생하지 않도록 매입과 상품관리에 충분한 배려를 해야 하며, 침투할 새로운 세분시장을 모색한다.

  ㉢ 성숙기 상품

    ⓐ 성숙기의 수요는 포화상태가 되고 판매신장률도 점차 정체된다.

        ⓑ 성숙기에는 신규수요보다도 대체수요에 중점을 두어야 하며, 한정된 시장에서 메이커 간 및 소매점 간의 경쟁도 격화된다.

     ㉣ 쇠퇴기 상품

        ⓐ 쇠퇴기에는 매출, 이익이 급격히 감소하기 때문에 메이커 중에는 채산이 맞지 않아 철수하는 업체도 증가한다.

        ⓑ 이 시기에는 소매점으로서도 취급을 그만둘 시기를 찾는 한편, 가능한 재고를 축소하고 설령 이익이 나지 않아도 싼 가격에 팔아야 한다.

> **더 알고가기**   신상품 수용자의 유형
>
> - **혁신수용층(Innovators)**: 신제품 수용에 수반되는 위험을 기꺼이 감수하려는 성향으로 집단규범에 덜 의존하며, 자기과신적이다.
> - **조기수용층(Early Adopters)**: 의견 선도자의 역할을 수행하며, 소속집단의 존경의 대상이다.
> - **조기다수파(Early Majority)**: 신중한 성향을 지녔으며, 많은 정보를 수집하여 브랜드를 평가하고, 신상품 정보를 집단에 의존한다.
> - **후기다수파(Late Majority)**: 신제품 수용에 의심이 많은 자이다.
> - **지참자(Laggards)**: 집단규범에 비의존적이며 어쩔 수 없이 교체하는 경향이 높다.

(4) 일반기준의 상품분류(코틀러의 제품개념)

① 핵심상품(Core Product)

    ㉠ 상품의 가장 기본적이고 기초적인 수준의 분류기준으로서, 소비자가 상품을 소비함으로써 얻을 수 있는 핵심적인 효용이 핵심상품이라고 한다.

    ㉡ 상품에 있어서 핵심효용이 무엇인가에 따라 상품의 종류도 달라지고 경쟁상품 역시 달라질 수 있기 때문에 상품이 제공하는 핵심효용이 소비자가 추구하는 욕구에 적합하지 않으면 상품으로서의 의미를 상실한다.

② 유형상품(Tangible Product)

    ㉠ 보통사람들이 일반적으로 상품이라고 하면 유형상품을 말하는 것이다.

    ㉡ 유형상품은 눈으로 보고, 손으로도 만져볼 수 있도록 구체적으로 드러난 물리적인 속성 차원의 상품이라고 말할 수 있다.

    ㉢ 유형상품은 품질과 특성, 상표, 디자인, 포장, 라벨 등의 요소가 혼합되어 물리적인 형태를 가지고 있는 상품을 말한다.

③ 확장상품(Augmented Product)

    ㉠ 확장상품이란 유형상품의 효용가치를 증가시키는 부가서비스 차원의 상품을 확장상품이라고 말한다. 유형상품에 보증, 반품, 배달, 설치, 애프터서비스, 사용법 교육, 신용, 상담 등의 서비스를 추가하여 상품의 효용가치를 증대시키는 것을 말한다.

ⓒ 이러한 요소들의 추가는 상품의 원가상승과 그에 따른 판매가격의 상승으로 이어지게 되기 때문에, 소비자가 가격에 민감한 경우에는 확장요소의 범위를 신중하게 고려해서 결정해야 한다.

📋 기출문제확인

상품을 이해하는 차원은 좁은 것부터 넓은 것까지 크게 3단계로 나누어 이해할 수 있다. '판매 후 서비스'는 다음 중에서 어디에 해당하는가?

① 물리적 상품   ② 확장상품
③ 유형상품   ④ 고유상품
⑤ 핵심상품

해설
확장상품(augmented product)은 유형상품의 효용가치를 증가시키는 부가서비스 차원의 상품으로, 유형상품에 보증, 반품, 배달, 설치, 판매 후 서비스, 사용법 교육, 신용, 상담 등의 서비스를 추가하여 상품의 효용가치를 증대시키는 것을 말한다.

정답 ②

---

(5) 인지된 위험수준에 따른 분류

인지된 위험(Perceived Risk)수준에 따라 제품을 고관여 제품과 저관여 제품으로 구분한다.

① **소비자 관여(Consumer Involvement)**: 소비자 관여는 소비자가 제품을 구매할 때 기울이는 노력 또는 개입의 정도를 나타내는 것으로 소비자 특성, 제품 특성, 상황 특성에 의해 영향을 받는다.

② **저관여 제품(Low Involvement Product)**
    ⓐ 저관여 제품은 구매 중요도가 낮고 값도 싸며, 상표 사이의 차이가 별로 없고 잘못 구매했을 경우 위험이 작은 제품을 말한다.
    ⓑ 저관여 제품은 일반적인 소비자의 구매의사결정과는 달리 구매행동 후에 태도가 형성된다.
    ⓒ 외적 정보의 탐색 없이 제한된 내적 정보에 의존하거나, 과거의 경험·기억에 의존한 구매가 이루어지고 충동구매하는 경우도 많다.
    ⓓ 저관여 제품은 광고의 노출빈도는 적게, 도달범위는 넓게 하는 것이 효과적이고, 대량광고가 중요하며, 소매점의 위치(입지, Location)가 매우 중요하다.

③ **고관여 제품(High Involvement Product)**
    ⓐ 고관여 제품은 구매 중요도가 크고, 값도 비싸고 잘못 구매했을 경우에 위험이 큰 제품을 말한다. 일반적인 소비자 행동모형에 적합한 제품이다.
    ⓑ 고관여 제품은 광고의 노출빈도는 많게, 도달범위는 좁게 하는 것이 효과적이고, 인적 판매와 함께 제품의 품질향상에 신경을 써야 한다.

- **라이선스 생산**: 타 기업이나 개인이 개발한 제품에 대해 소유자의 허가를 받아 제조에 대한 기술·제조법·노하우(Know-how)를 제공받고 상표·마크를 사용하여 제품을 생산하는데, 그 대가로 라이선스료(許可料)를 소유자에게 지불하는 것을 말한다. 그 제품의 기술에 전면적으로 의존하는 것에서 기술도입과 차이가 있다.
- **주문자 상표부착방식 생산(OEM)**: 주문자의 의뢰에 따라 주문자의 상표를 부착하여 판매할 상품을 제작하는 업체를 의미하며, 위탁생산이라 부르기도 한다. 이 방식은 대량생산이 가능하고 생산원가를 낮출 수 있다는 장점이 있다.
- **개발자 상표부착방식 생산(ODM)**: 설계·개발 능력을 갖춘 제조업체가 유통망을 확보한 판매업체에 상품이나 재화를 공급하는 생산방식이다. 이 방식은 다양한 생산업체 선정이 가능하며, 기술개발에 따른 로열티를 기대할 수 있다.
- **간접생산**: 주요 제품이나 서비스의 제조에 필요한 품목을 생산하는 것을 말한다.

3 상품구성(진열)

(1) 진열의 개요

① **진열의 의미**: 진열(Display)은 소비자에게 제품을 알리고 소비자의 구매의욕을 자극하여 제품을 판매할 목적으로, 판매대를 설치·배치하고 상품을 배열하는 것을 말한다.

② **진열의 요소**

    ㉠ **진열의 기본요소**: 진열의 요소는 품목(무엇을), 진열의 양(얼마나), 진열의 위치(어디에)와 형태(어떤 형태로), 페이스(어느 면을 보이게)로 이루어진다.

    ㉡ **진열의 기본조건**: 보기 쉬운 진열, 고르기 쉬운 진열, 사기 쉬운 진열, 박력 있는 진열, 낭비 없는 진열이다.

③ **진열의 중요성**

    ㉠ 근래 들어 소매유통업은 셀프서비스(Self-Service) 방식을 빌어 크게 성장해왔다. 그리고 이러한 셀프서비스 방식을 가능하게 한 것이 바로 진열기술(Display Technique)이다.

    ㉡ 소매유통업에서 진열기술이 중요한 이유는, 대면판매방식은 판매원이 제품의 특징과 장점을 설명하며 권장판매를 하지만, 셀프서비스 판매방식은 제품 스스로가 진열된 상태에서 소비자에게 어필하여 소비자가 구매할 수 있도록 하여야 하기 때문이다.

④ **진열의 효과**

    ㉠ 제품의 진열과 매장의 장식은 점포의 이미지를 높이고 매력을 향상시켜 매출을 늘리는 데 있어서 결코 무시할 수 없는 판매의 비결이다.

    ㉡ 진열은 직접 소비자의 마음을 사로잡는 중요한 광고 메시지가 되며, 신문·잡지·라디오·TV 등 전국적 광고정책의 최종 단계이다.

ⓒ 진열은 고객의 내점동기를 촉진하고, 충동구매·계속구매·회상구매의 기회를 높여, 제품뿐만 아니라 점포 전체를 팔겠다는 데까지 발전시켜야 한다.

⑤ 진열의 품목 구성순서

㉠ 페이싱(Facing): 특정 상품을 가로로 몇 개 진열하는가를 의미한다. 그 진열량 모두를 페이스의 수, 혹은 페이싱이라고 한다. 이는 깊이의 진열이 아닌 넓이의 진열을 말하는 것으로, 같은 선반 위에 몇 단을 쌓아 올리는가는 페이스 수와 관계가 없다.

> **더 알고가기** 페이스(얼굴) 결정 시 고려할 사항
>
> • 진열하기 쉬운 면은 어디인가를 고려해야 한다.
> • 넓게 보이는 면은 어디인가를 고려해야 한다.
> • 전체적인 배색이 균형을 이루도록 적절한 색을 고려해야 한다.
> • 상품의 내용물이 보이는 면은 어디인가를 고려해야 한다.
> • 고객의 상품선택 포인트가 되는 면은 어디인가를 고려해야 한다.

㉡ 그루핑과 조닝: 그루핑은 개별상품 중에서 공통점이 있는 품목이나 관련 상품끼리 묶는 과정으로서, 고객의 쇼핑 관점에서 상품의 탐색과 선택 시 의사결정 기준을 생각해서 구성한다. 조닝은 그루핑한 품목의 공간 배치를 말한다.

⑥ 점포진열(디스플레이)의 원칙(AIDCA)

㉠ A(Attention): 중점제품을 효과적으로 진열하여 주목을 끌게 한다.
㉡ I(Interesting): 상품의 세일즈 포인트를 강조하여 소비자의 흥미를 유발시킨다.
㉢ D(Desire): 구매해서 소유하고 싶다는 욕망을 불러일으킨다.
㉣ C(Conviction): 구매에 대한 확신을 부여하고 구입으로 인한 만족감을 강화시킨다.
㉤ A(Action): 충동적인 구매행위를 일으키게 하여 클로징한다.

> **더 알고가기** 상품 진열대 배치유형
>
> • **굴절 배열형**: 고객이 움직이는 선이 꺾이면서 진열대를 배열하는 것
> • **직렬 배열형**: 통로가 직선으로 고객의 흐름이 빠르며, 부분별로 상품진열이 용이하고 대량판매가 가능
> • **환상 배열형**: 중앙에 판매대 등을 직선 또는 곡선으로 환상 부분을 설치하고 이 안에 계산대, 포장대 등을 두는 형식
> • **복합 배열형**: 다른 유형들을 적절히 조화시킨 배열형으로 부인복점, 피혁제품점, 서점 등에서 많이 활용

(2) 진열의 기본적인 형식

① 수직진열(Vertical Display)

㉠ 수직진열은 곤돌라 내에서 동일 품종의 상품을 세로로 진열하는 방법이다.
㉡ 수직진열은 각 부문 상품이 곤돌라 라인 내 골든 존(Golden Zone)에 걸쳐 진열되어 고객

에게 균등히 볼 기회를 제공할 수 있으며, 고객시선의 흐름을 수직화하여 상품부문을 효과적으로 보이게 하여 고객의 눈에 띄기 쉽다는 장점이 있다.

> **더 알고가기** 골든 라인(Golden Line)
>
> 소비자가 가장 보기 쉽고, 잡기 쉬운 매대의 범위로, 고객의 수평적인 시선(눈높이)보다 약간 아래쪽 방향인 10~40°의 범위를 '골든 라인'이라고 한다. 이 범위는 고객의 신장이나 통로의 폭, 매대의 구성 등에 따라 다를 수 있지만, 보통 주부의 평균 신장을 기준해 볼 때 바닥으로부터 70~130cm 전후, 즉 허리에서부터 어깨 높이까지의 범위가 해당된다. 또한 고객이 서서 무리하지 않고 상품을 잡을 수 있는 범위, 즉 바닥으로부터 약 40~180cm의 범위를 '유효진열 범위'라고 부른다.

② 수평진열(Horizontal Display)
  ㉠ 수평진열은 파노라마식 진열이라고도 하는데, 수직진열이 갖고 있는 대부분의 장점을 단점으로 갖고 있어 좋은 진열방법이라 할 수 없다.
  ㉡ 우수한 자석상품부문(Power Group)이 있는 경우는 수평진열이 유리하다.
③ 샌드위치 진열(Sandwich Display): 샌드위치 진열은 진열대 내에서 잘 팔리는 상품 곁에 이익은 높으나 잘 팔리지 않는 상품을 진열해서 고객의 눈에 잘 띄게 하여 판매를 촉진하는 진열이다.
④ 라이트업 진열(Right up Display)
  ㉠ 라이트업 진열은 '좌측보다 우측이 잘 팔린다.'는 개념에서 출발한다. 사람의 시선은 좌측으로부터 시작되는 상품명을 읽기 위해 좌측에서 우측으로 움직이기 때문이다. 우측에 고가격, 고이익, 대용량 상품을 진열한다.
  ㉡ 상품의 보충진열 작업을 하는 경우 진열선반에 남아 있는 잔여상품을 우측으로 몰아 진열하고, 새로 보충하는 상품은 좌측에 진열하여 상품의 선입선출(FIFO) 작업에 활용한다.
⑤ 전진입체 진열
  ㉠ 전진입체 진열은 매력적인 매장을 만들기 위해 적은 수량의 상품이라도 앞으로 내어 쌓는 진열을 말한다. 가능한 한 진열선반 앞에까지 상품을 전진시키고 위에도 공간이 있는 한 쌓아 올린다.
  ㉡ 제조일자가 빠른 상품과 오래된 상품은 앞으로 내어 진열한다.
⑥ 곡면전고 진열
  ㉠ 곡면전고 진열이란 벌크 매대의 효과적인 진열방법으로 완만한 곡면의 산 모양으로 진열하여 양감 있게 진열하는 방식이다.
  ㉡ 고객이 접하는 부분을 완만한 곡면으로 만들며, 진열 시 선입선출에 유의해야 한다.
⑦ 컬러컨트롤 진열(Color Control Display)
  ㉠ 컬러컨트롤 진열은 상품의 색채 특성을 파악하여 효과적으로 운용하는 것을 말한다.
  ㉡ 주력 색을 정하고 진열상품의 양·위치·형태 등을 파악해야 하며, 주위 색과 색상, 채도, 명도 관계를 고려해야 한다. 조명을 사용하는 것도 좋은 방법이다.

⑧ **사이드진열(Side Display)**: 사이드(측면)진열은 매대의 옆에 따로 밀착시켜 돌출하는 기법이다. 주력상품과 관련된 상품을 추가로 '갖다 붙이는 진열'인 것이다. 통로가 넓어야 하고 병목현상을 피해야 한다.

⑨ **평대진열**

　㉠ 평대진열은 선반(Shelf)진열과 달리 사방에서 상품의 접근이 용이한 진열방법이다. 주로 청과, 야채 등 생식품의 행사용 진열대로 활용되어 왔으며, 최근 공산품 가운데 행사상품이나 기획상품의 진열에도 적극 활용된다.

　㉡ 통로가 넓어야 하며, 재고관리에 주의하여 보조구 활용 및 양감진열을 한다.

　㉢ 대량진열이 가능하고 특히 특매상품, 중점판매 상품을 많이 진열할 때 사용한다.

　㉣ 필요에 따라 자유롭게 장소를 이동할 수 있다.

　㉤ 제작비가 적게 들며, 진열대의 높이가 낮기 때문에 점내를 관망하기 쉽다.

⑩ **점내진열(Interior Display)**

　㉠ 상품을 판매하기 위해 구체적으로 상품구역별로 진열대에 진열하는 점내진열의 구성요소는 소비자의 구매심리라는 관점에서 심리적인 프로세스는 '주의 → 연상 → 욕망 → 비교 → 확신 → 결정'의 과정을 거치게 된다.

　㉡ 고객이 점내에 진열된 상품을 자유롭게 바라보고 만져보며 그리고 연상하면서, 상품가격과 타 상품과의 비교를 통해서 구매결정을 할 수 있도록 진열해야지, 단지 상품의 가치를 높이려고 진열을 하는 것은 아니다.

⑪ **윈도진열(Window Display)**: 윈도진열은 점포에 대한 고객의 흡인력을 창조하고 점포 품격을 향상시키는 것이 주목적이기 때문에 특선품 구역을 마련한다.

⑫ **돌출진열**: 돌출진열은 본 매대 전면에 튀어나오게 하는 진열로 일반 진열보다 확장되고 양감 있는 느낌을 주며 보조기구가 필요하다. 주의사항은 통로가 넓어야 하며, 돌출로 인한 사각지대 발생으로 눈에 보이지 않는 손실이 크다는 점이다.

⑬ **점두진열(Store-Front Display)**

　㉠ 점두진열은 보통 보행객뿐만 아니라 아이쇼핑 고객에 대하여 그 점포의 판매상품과 제공 서비스가 훌륭하다는 신뢰감을 갖게 하면서 구매하려는 분위기를 조성하는 기능이 있기 때문에 충동구매 상품을 배치하는 것이 유리하다.

　㉡ 점두진열은 매력 있는 진열, 신뢰감을 갖는 진열, 빈틈 없는 진열이라는 세 가지 요인을 충분하게 고려하여야 한다. 따라서 특선품 구역으로 간주한다.

　㉢ 윈도진열과 점두진열이 상호 유기적으로 결합되어 연계성이 있어야 하는 이유는, 통행객과 아이쇼핑 고객에게 주의를 환기시키고 흥미를 갖게 하여 매력과 신뢰감을 줌으로써 소비자들의 시선과 동선을 점내로 유도할 가능성을 부여하기 때문이다.

⑭ 엔드진열(End Display)

　　㉠ 엔드진열은 평대 양 끝에 있는 진열대를 뜻하며 단품진열, 다품진열, 관련진열의 세 가지로 분류된다.

　　㉡ 단품진열은 신상품, 기획상품 등 특정 브랜드 판매를 극대화시킬 때, 다품진열은 생활제안, 메뉴제안, 시즌상품 등 명확한 테마를 가진 상품에 쓴다.

⑮ 브레이크업 진열(Break up Display): 브레이크업 진열은 '진열대 단을 상품 크기에 맞게 조절해서 진열효과를 높인다.'는 원칙에 따른 진열이다. 이 기법은 진열라인에 변화를 주어 고객의 시선을 유도하여 상품과 매장에 주목률을 높이는 효과가 있다.

⑯ 섬진열(Island Display): 사방이 손님을 향한 진열방식으로 매장 내에 하나의 진열대가 독립적으로 놓여 있는 상태의 진열방식이다.

⑰ 번들진열(Bundle Display): 상품을 두 개 이상 묶어서 진열하는 방법이다.

⑱ 슬롯진열(Slot Display): 곤돌라 선반 일부를 떼 내고 세로로 긴 공간을 만들어 그곳에 박스커팅 등 대량진열을 하는 방법이다.

⑲ 트레이팩 진열(Tray Pack Display): 평대진열과 유사하나 하단 부분을 팰릿 또는 받침대(깔판)만 처리하고, 진열상품의 박스 하단 부분을 트레이 형태로 커트해 박스째 쌓아 올린다.

⑳ 아이디어(Idea) 진열: 시범적으로 실제 사용처와 유사하게 배치했을 때 어떻게 보일지를 상호 보완되는 품목들과 함께 진열하여 고객들의 구매욕구를 높이는 매장 진열방식이다.

📋 기출문제확인

진열 방법에 대한 설명으로 가장 옳지 않은 것은?

① 벌크진열은 상품의 가격이 저렴하다는 인식을 줄 수 있다.
② 측면진열은 적은 수량의 상품을 앞으로 내어 쌓아 풍부한 진열감을 연출한다.
③ 평대진열은 특매상품이나 중점판매 상품을 대량으로 진열할 수 있는 방법이다.
④ 행거진열은 양감 있는 느낌을 주며 상품을 고르기가 쉽다.
⑤ 곤돌라진열은 판매동향 파악이 쉽고 페이스 관리가 용이하다.

해설
측면진열은 매대의 옆에 따로 밀착시켜 돌출하는 기법으로, 주력상품과 관련된 상품을 추가로 '갖다 붙이는 진열'이다.
정답 ②

- **구매시점 진열**: 고객으로 하여금 주의를 끌고 유인하게 하여 구매의욕과 충동을 가지도록 촉진하는 데 목적이 있는 상품진열을 말한다.
- **기업이미지 향상 진열**: 기업의 권위유지와 함께 다양한 서비스와 고품질의 서비스, 최신 유행의 고급품, 만족한 가격, 공익성 서비스 등을 고객에게 어필하기 위하여 다수 다량의 상품을 진열하는 것을 말한다.
- **판매촉진 진열**: 매출 향상을 위해 잘 팔리는 상품의 가격할인과 다양한 할인광고와 함께 진열하는 것을 말한다.
- **점내진열**: 고객으로 하여금 자유롭게 보고 만져보며 비교할 수 있게 하여 연관상품을 쉽게 찾을 수 있도록 하는 진열을 말한다.
- **코디네이트 진열**: 다른 상품과의 배합방법을 나타내는 진열방법이다.
- **오픈진열**: 상품을 자유롭게 만질 수 있도록 진열하는 방법이다.
- **경마장진열**: 충동구매를 유발하기 위해 고객이 많은 상품을 볼 수 있도록 진열하는 방법이다.
- **컬러스트라이프 진열**: 상품과 패키지의 색을 잘 이용하여 진열면에 세로로 세워 줄무늬 색을 이용하는 진열방법이다.
- **마그넷진열**: 어떠한 이유로든 고객의 마음을 끌게 하는 매력적인 상품을 적절한 장소에 배치, 진열하는 방법이다.

(3) POP 진열

① POP(Point of Purchase) 진열의 의의

 ㉠ 매장 안의 제품배치가 대략적으로 끝나면 소매업자는 매장 내부의 진열(Display)을 어떻게 할 것인지를 결정해야 한다.

 ㉡ POP 진열방식은 고객에게 정보를 제공해 주고, 매장의 분위기를 반영하며, 제품에 대한 홍보역할을 수행한다. POP 진열(POP 광고)은 설득적이고, 암묵적인 세일즈맨의 역할을 할 수 있으며, 소매업자의 목적을 위하여 유연하게 변화시킬 수 있다는 것을 강조한다.

② 구색진열(Assortment Display)

 ㉠ 구색진열은 고객이 제품을 보고, 느낄 수 있도록 진열하는 것을 말한다. 개방된 구색진열에서는 책이나 의류, 과일과 같이 고객이 만져볼 수 있도록 한다.

 ㉡ 컴퓨터나 CD, 언더웨어 등의 경우에는 고객이 볼 수는 있지만, 만지거나 착용하는 것은 금지되는 폐쇄된 구색진열을 사용한다.

③ 테마별 진열(Theme-Setting Display)

 ㉠ 테마별 진열은 제품을 테마별로 특별한 분위기에 맞추어 진열하는 방식이다.

 ㉡ 계절(바캉스나 스키시즌 등)이나 특별한 이벤트(발렌타인데이나 크리스마스 등)에 따라 제품을 진열한다.

④ 패키지진열(Ensemble Display)
- ㉠ 패키지진열은 개별 카테고리별로 제품을 진열하는 것보다 하나의 전체적인 효과를 노리고 세팅되어 번들(Bundle)로 진열하는 것을 말한다.
- ㉡ 마네킹을 이용하여 신발, 모자, 카디건, 스커트 등 모든 의류제품을 보여주면 고객들은 이것들을 각각 구매할 수 있다.

⑤ 옷걸이 진열(Rack Display)
- ㉠ 옷걸이 진열은 걸어서 보여주게 되는 제품을 위한 기능적 효용을 가지고 있다. 이는 주로 의류소매업에서 이용하는데 조심스럽게 배치되어야 한다.
- ㉡ 고객이 혼란을 일으킬 수도 있고, 제품을 손상시킬 수도 있다는 문제점이 있다.

⑥ 케이스진열(Case Display)
- ㉠ 케이스진열은 무겁거나 쌓을 수 있는 수많은 제품들을 진열하는 방식이다.
- ㉡ 예전부터 레코드나 책, 스웨터 등이 이 방식으로 진열되어 왔다.

⑦ 컷케이스(Cut Case)
- ㉠ 컷케이스는 제품을 포장된 상자 속에 그대로 넣어 둔 채로 판매하는 것이다. 슈퍼마켓이나 할인점들이 자주 이용하는 방식으로 매장 분위기를 해칠 수 있지만 진열비용이 매우 적게 든다는 장점이 있다.
- ㉡ 커다란 통(Dump Bin-a Case)에 제품을 쌓아 놓고 저렴하게 판매하는 방식도 많이 이용된다. 이는 개방된 구색진열방식으로도 볼 수 있는데, 진열비용을 아끼면서 제품을 빨리 처분하기 위해 이용된다.

⑧ 쇼케이스 진열(Show Case Display)
- ㉠ 쇼케이스란 상품진열을 목적으로 상점 내에 설치하는 상자형 구조물을 의미하는 것으로 윈도형, 카운터형, 섬형 및 스테이지형 등이 있다.
- ㉡ 윈도형 쇼케이스는 쇼윈도와 쇼케이스의 기능을 겸한 형태로 상품제시가 목적이고, 카운터형 쇼케이스는 흔한 형태로 보통 유리 선반이 2장 있는 3단계 진열식이다.
- ㉢ 섬형 쇼케이스란 어느 방향에서 보아도 내부의 상품을 볼 수 있는 형태이다. 스테이지형 쇼케이스는 점두보다는 점포 안의 공간에 설치하는 것이 일반적이다.

더 알고가기 연관진열

통상 할인점의 진열은 '골든 존(Golden Zone)' 방식을 따른다. 소비자의 시선은 오른쪽으로 향하기 마련이므로 오른쪽에 주요 매장인 신선매장을 설치한다. 같은 진열대에서도 고가에서 저가 순서로 진열한다. 하지만 요즘은 '연관진열'이 추세이다. 제품군이 달라도 궁합이 맞는(연관관계가 있는) 제품을 나란히 진열하여, 매출을 높이게 된다. '양은냄비와 라면', '만두 옆에 올리브유', '삼겹살 옆에 와인' 등이 그 예이다.

(4) 상품믹스(Product Mix)

① 상품믹스의 의미

   ㉠ 하나의 기업 혹은 하나의 사업단위(Business Unit)가 생산 및 판매하는 모든 상품들을 일컬어 상품믹스라고 하며, 이들 상품믹스 중에서 특정 기준에 따른 유사제품들의 집합을 상품계열(Product Line)이라고 한다.

   ㉡ 상품믹스의 구조는 상품믹스의 폭(Width), 상품계열의 길이(Length), 상품계열의 깊이(Depth)로 이루어져 있다.

   ㉢ 상품믹스의 구조를 파악하는 것은 기업목표 및 마케팅 목표와 관련하여 기업이 상품전략을 수립 및 실행하는 데 중요한 의미를 갖는다.

② 상품믹스의 구조

   ㉠ 상품계열(Merchandise Line)

     ⓐ 상품계열은 동종·동류에 속하는 상품그룹으로서 유사한 성능, 용도를 가지거나 유사한 고객층이나 가격대를 가진 상품군을 지칭한다.

     ⓑ 양품잡화점이면 와이셔츠 계열, 스포츠웨어 계열, 넥타이 계열, 내의 계열 등으로 구성되는 것과 같다.

   ㉡ 상품품목(Merchandise Item)

     ⓐ 상품품목은 이들 각각의 상품계열 내에 포함되는 재고유지단위(SKU; Stock Keeping Unit)로 불린다.

     ⓑ 와이셔츠 계열 내에는 타입, 스타일, 재질, 색상, 사이즈, 가격선(Price Line) 등의 점에서 서로 약간씩 다른 다종다양한 품목이 될 것이다.

   ㉢ 상품믹스의 너비(Width)

     ⓐ 상품믹스의 너비(폭)는 해당 기업이 생산·판매하는 상품계열의 수를 의미한다.

     ⓑ 만약 ○○제약에서 소화제와 피로회복제 두 가지 계열의 제품을 생산한다면, 이 회사의 상품믹스는 2가 된다.

   ㉣ 상품계열의 길이(Length)

     ⓐ 상품믹스의 길이는 각 상품계열이 포함하는 품목의 평균수이다.

     ⓑ 소화제 계열에 a, b, c 세 가지 품목이 있고 피로회복제 계열에 d, e, f, g의 4가지 품목이 있다면 ○○제약의 상품믹스의 길이는 (3 + 4) / 2 = 3.5가 된다.

   ㉤ 상품계열의 깊이(Depth)

     ⓐ 상품믹스의 깊이는 한 품목에 포함된 변형(Version)의 수, 즉 동일한 상표로 제공되고 있는 상이한 형태와 규격을 갖는 품목의 수를 말한다.

     ⓑ ○○제약의 甲상표로 판매되는 소화제가 어린이용, 중·장년용, 노인용으로 각각 판매된다면, 품목 甲의 제품믹스의 깊이는 3이 된다.

4 머천다이징

(1) 머천다이징의 개요

① 의의

ㄱ 소매점에서 매입된 제품을 관리하는 것을 머천다이징(MD; Merchandising)이라고 한다.

ㄴ 저가격과 고객이 원하는 상품구성이나 품목구성을 통해서 고객들의 방문빈도와 구매를 높이는 것이다.

② 머천다이징의 특징

ㄱ 소매업의 머천다이징(MD)이란 마케팅 목표를 실현하는 데 가장 도움이 되도록 특정상품 및 서비스를 표적고객에 대응하여 적정한 매장, 시기, 가격, 그리고 수량으로 구색을 갖추기 위해 적절하게 구매하고 재고를 관리하는 것이다.

ㄴ 머천다이징(Merchandising)의 의미를 제조업에 적용하면 제품화 계획으로, 소비자 니즈나 욕구에 적합한 제품개발을 가리키며, 소매업에서는 상품화 정책이라는 의미로 사용하고 있다.

ㄷ 생산 또는 판매할 상품에 관한 결정, 상품의 구색 맞추기, 점포구성과 레이아웃 및 콘셉트 설정 등은 머천다이징의 핵심업무이다.

(2) 비주얼 머천다이징(VMD)

① 의의

ㄱ 비주얼 머천다이징(VMD; Visual Merchandising)은 점포에서 상품진열의 시각적인 호소력이 매출에 크게 영향을 준다는 사실을 전제로, 상품을 보다 효과적으로 표현하여 소비자의 구매를 자극하려는 것이다.

ㄴ 상품의 진열이나 장식을 연구하여 매장을 연출하고, 소비자에게 시각적으로 어필하는 것으로, 인스토어 머천다이징(Instore Merchandising) 방법 중의 하나이다.

② 특징

ㄱ VMD는 비주얼(Visual)과 머천다이징(Merchandising)의 합성어이다. 비주얼(Visual)은 고객이 어느 곳에서든 볼 수 있는 장소에 상품을 배치하여, 그 상품의 장점과 매력을 고객에게 시각적으로 호소하는 것을 말한다.

ㄴ VMD는 특정한 목표에 적합한 특정의 상품과 서비스를 조합하여 적절한 장소, 시간, 수량, 가격 등을 계획적·조직적으로 조정하고 체계화하는 활동이다.

③ 구성요소

ㄱ VP(Visual Presentation): 상점의 콘셉트(Concept)를 부각시키기 위한 상점 토털 이미지화 작업이다.

ⓛ PP(Point of sale Presentation): 상품진열계획의 포인트전략으로, 고객의 시선이 머무르는 곳에 볼거리를 제공하여 상품에 관심을 갖도록 유도하는 것이다.

ⓒ IP(Item Presentation): 상품에 대한 새로운 정보를 지속적으로 제공함으로써 판매촉진을 도모하는 작업이다.

(3) 마이크로 머천다이징(Micro Merchandising)

① 의의

　ⓐ 마이크로 머천다이징이란 매입된 제품의 상품관리를 적절하게 수행하는 것을 의미하는데, 점포 고객을 만족시키기 위해 필요한 점포 특유의 제품믹스를 계획하고 수립하며 배달하는 과정을 의미한다.

　ⓑ 레이저빔 소매업이라고도 하는데, 레이저빔이 어떤 곳에 초점을 맞추듯이 소매업자가 높은 품질, 독점적인 제품, 저가격 등의 자기점포만의 차별화요소를 정하고 거기에 모든 노력을 집중하는 것을 말한다.

② 매스 커스터마이제이션(Mass Customization): 소비자들의 기호나 선호가 개별화되어 가면서 소비자 각자의 기대나 욕구에 맞는 머천다이징을 제공하는 매스 커스터마이제이션이 등장하게 되었다.

(4) 단품 머천다이징(Item Merchandising)

① 바지, 블라우스, 셔츠, 스커트 등과 같이 다른 것과 조합하여 입어야 하는 단품마다 변화를 깊게 추구하여 물품의 구색을 갖추어가는 판매방법이다.

② 단품 머천다이징의 매장 형태는 일상적인 생활 필수품을 모아 놓은 오픈 매장 상품구색 갖추기 머천다이징의 형태이다.

(5) 크로스 머천다이징(Cross Merchandising)

① 종류가 다른 것을 서로 섞어서 구색을 갖추어 단일 상품만이 아니라 그에 관련된 상품도 함께 짝지어 갖춰 놓는 정책이다.

② 크로스 머천다이징은 보완적 상품의 전시를 구사하여 매장의 활성화를 도모하고자 하는 것으로, 고객은 한 제품에서 다른 제품으로 관심을 돌리도록 유인된다. 예를 들면, 한 제조업자의 샴푸 진열이 동일 기업에 의하여 만들어진 헤어 컨디셔너의 전시와 반대편에 놓여져서 샴푸 구매자는 헤어 컨디셔너에도 관심을 갖도록 유인된다.

다음 박스의 (A) 안에 들어갈 수 있는 단어는?

(A)(이)란, 고객을 만족시키기 위해 필요한 점포 특유의 제품믹스를 계획하고 수립하여 배달하는 과정을 말하며, 소매업자가 고품질의 서비스나 독점적인 제품의 제공과 같은 소매차별화의 중요 요소에 모든 노력을 집중하는 것이 마치 레이저빔이 어떤 곳에 초점을 맞추는 것 같다 하여 레이저빔 소매업이라고도 한다.

① 전략적 제품믹스 ② 단품관리
③ 전략적 구색관리 ④ 마이크로 머천다이징
⑤ 가치사슬관리

해설

주어진 내용은 마이크로 머천다이징에 대한 것이다.

정답 ④

5 브랜드의 이해와 브랜드 전략

(1) 브랜드의 개념과 분류

① 브랜드(Brand)의 의의

㉠ 브랜드는 제품이나 서비스의 제조업자나 판매업자가 누구인지를 파악할 수 있게 하는 이름, 용어, 사인, 심벌, 로고, 슬로건, 디자인 및 이들의 결합을 의미한다.

㉡ 브랜드명은 구매자에게 자신이 원하는 편익을 파악하는 데 도움을 주고, 또한 제품품질의 수준과 일관성에 관한 정보를 제공한다.

㉢ 상표에 기업의 마케팅 노력이 더하여 상징화되어지는 제품과 관련된 여러 가지 특성, 유·무형의 가치가 브랜드로, 브랜드 선호도에 따른 고유 시장 확보가 가능하다.

② 브랜드의 종류

㉠ 제조업자 브랜드(NB; National Brand): 제조업자 브랜드 제품은 제조업자가 자신의 제품임을 나타낼 수 있는 상품명이나 기호 혹은 기업명이나 기호 등으로 표시한다.

㉡ 유통업자 브랜드(PB; Private Brand): 유통업자 브랜드 제품은 대형 도·소매 유통업체가 자신의 제품임을 나타낼 수 있는 상품명이나 기호 혹은 기업명이나 기호 등으로 표시된다. 상인연합체 또는 조합에서 공동으로 개발해 낸 브랜드도 PB에 포함된다. 이는 유통업자가 생산업체에 제품생산을 의뢰하고 생산된 제품에는 유통업체의 상표를 부착하는 마케팅전략으로, 마케팅 요소(4P) 중 상품을 차별화하기 위한 것이다. 그러나 NB에 비해 소비자의 지명도나 신뢰도는 낮은 편이다.

ⓒ No name 브랜드: No name 브랜드 제품은 사업자나 소비자가 브랜드의 가치를 전혀 인식하고 있지 못하거나 브랜드의 가치를 전혀 지니고 있지 못한 제품을 말한다. 예를 들어, 채소류 등의 농산물이나 종이컵 등의 제품이다.

③ 브랜드가 가지는 중요성

  ㉠ 성공적인 브랜드는 타사와 가격경쟁을 회피하는 데 중요한 수단이 된다.

  ㉡ 브랜드 자체만으로 상품을 보증해 주는 이미지를 제공하기도 한다.

  ㉢ 브랜드는 상품의 차별화 및 상품 선택 촉진을 유도한다.

  ㉣ 브랜드는 기업에 있어서 단기적 이익 향상보다 장기적 이익 향상에 큰 영향을 끼친다.

④ PB(Private Brand)의 확산

  ㉠ 확산 배경

    ⓐ 제조업체가 주도해 왔던 제품개발에 유통업자가 관여하고 독자적인 브랜드를 출시하게 되면서 유통업자의 독자브랜드가 많아지게 되었다.

    ⓑ PB는 소매경영에서 상품구색을 결정하는 데 있어 가장 중요한 의사결정이 되고 있다. 따라서 소매업자들은 자사의 능력을 고려하여 PB로 상품구색을 결정할 필요가 있다.

  ㉡ PB의 유형: PB는 제네릭 브랜드(Generic Brand)와 하우스 브랜드(House Brand or Store Brand)로 구분된다.

    ⓐ 제네릭 브랜드는 포장 등에 염가의 소재를 사용한다든지, 라벨인쇄를 생략하고 간소화하여 저가격을 실현하는 것으로, 가격소구형 PB라고 한다. 대부분은 브랜드가 없고 품질에 그다지 차이가 없는 상품에 이용된다.

    ⓑ 하우스 브랜드는 품질은 NB 제품과 거의 동일하지만 가격은 약간 낮은 수준에서 설정하여 자사의 체인명이나 독자적인 브랜드 명칭을 부여하는 것으로, 품질중시형 PB라고 한다. NB 제품과 비교하여 품질에 손색이 없는 상품을 저가격으로 제공하는 하우스 브랜드는 PB의 주력이 되고 있다.

  ㉢ PB를 선호하는 이유

    ⓐ 브랜드의 유명도보다는 품질과 가격을 중요시하는 고객들의 고객애호도(충성도)를 높여 단골고객의 확보에 유리하다.

    ⓑ NB 생산업체와의 협상에서 대체재의 존재를 통해 보다 유리한 고지를 점령할 수 있다.

    ⓒ 상품의 브랜드 이미지(가치)지향 고객그룹보다 상품의 기능적인 품질 대비 가격 측면에서 합리적인 상품을 선호하는 고객그룹의 확보가 용이하다.

📋 **기출문제확인**

다음 중 유통업체 브랜드(PB)에 관한 설명으로 올바른 것은?

① 최근 대형 할인업체는 점포에서 통용되는 단일 브랜드로 이미지를 통일하고 있다.
② 강력한 PB는 고가격전략을 통해 이루어진다.
③ 대형마트, 창고형 멤버십 할인점 등은 PB에 관심이 높지만, 백화점업계는 무관심하다.
④ PB에 대한 소비자의 지명도나 신뢰도는 제조업자 브랜드(NB)에 비해 낮은 편이다.

해설
제조업자 브랜드에 비해 유통업체 브랜드는 소비자 지명도나 신뢰도가 낮은 편이다.

정답 ④

더 알고가기 좋은 브랜드 이름을 선택하는 기준

- 제품의 혜택을 잘 전달해 주어야 한다.
- 기억하기 쉽고 긍정적일수록 좋은 브랜드가 된다.
- 법률이나 규제의 제약에 저촉되어서는 안 된다.
- 기업이나 제품 속성과 직접 관련이 있어야 한다.

(2) 브랜드전략(Brand Strategy)

마케팅담당자가 자사제품에 부착할 수 있는 상표전략으로는 개별상표전략, 공동상표전략, 혼합 상표전략의 세 가지 대안이 있다.

① **개별상표전략(Individual Brand Name Strategy)**: 동일 제품범주에서 여러 개의 브랜드제품을 도입하는 경우를 의미한다.

② **공동상표전략(Blanket Family Name Strategy)**: 생산된 모든 종류의 제품에 기존의 단일한 제품명 또는 상표명을 부착하는 전략을 말한다.

③ **혼합상표전략**: 개별상표전략과 공동상표전략을 조합하여 사용하는 브랜드전략을 말한다.

④ **복수상표(브랜드)전략**: 동일한 상품에 대해 두 개 이상의 상이한 상표(브랜드)를 설정하여 별 도의 품목으로 차별화하는 전략이다. 예컨대, 캐주얼 의류시장에서 이랜드그룹이 헌트, 언더 우드, 브렌따노 등의 복수의 경쟁상표를 도입한 경우를 들 수 있다. 이러한 복수상표(브랜드) 전략은 자칫 자기잠식현상을 야기할 수 있으나, 첫째 시장을 방어하고, 둘째 세분시장의 욕 구를 충족시킨다는 점, 셋째 전체 매출액의 제고 측면에서는 유용성이 있다고 볼 수 있다.

⑤ **브랜드확장(Brand Extensions)**: 브랜드 가치를 갖는 특정 브랜드의 네임을, 다른 제품군에 속하는 신제품 브랜드에 확장하여 사용하는 전략을 의미한다.

(3) 기타 브랜드(Brand) 용어

① 무상표 상품(Generic Goods): 생산자나 판매자 브랜드에 비해 상당히 할인되어 판매되는 상표가 없는 제품

② 브랜드 자산(Brand Equity or Brand Asset): 고객이 브랜드에 대해 객관적으로 인지된 가치를 넘어선 보이지 않는 주관적인 평가로 브랜드에 대하여 소비자가 가지는 인지도, 선호도, 충성도 등

③ 브랜드 충성도(Brand Loyalty): 소비자의 브랜드 선호도와 추가구매를 하려는 정도

④ 브랜드 인식(Brand Awareness): 소비자가 한 제품범주에 속한 특정 브랜드를 인식하거나 회상할 수 있는 정도

⑤ 브랜드 이미지(Brand Image): 고객의 기억 속에서 브랜드 연상에 의해 반영되는 브랜드에 관련되어 지각되는 것들

⑥ 브랜드 아이덴티티(Brand Identity): 브랜드 전략가가 창조하거나 유지하길 갈망하는 브랜드 연상의 독특한 형태

6 디스플레이와 상품연출

(1) 디스플레이의 정의

① 디스플레이(Display)는 판매대의 설비 및 배치, 조명의 배려에 따라 상품을 배열하여 고객의 구매의욕을 자극시키기 위한 판매술로서, 우리말로 전시 또는 디스플레이라고 불려지나 전시장식이라고 하는 사람도 있어 그 의미는 대단히 광범위하다.

② 상품을 디스플레이해서 '보이는 것'은 그 상품을 팔기 위한 수단과 방법이다.

③ 고객으로 하여금 서비스적 의미와 예술적 의미를 느끼게 하면서 상품을 선택하여 구매하도록 하는 통과구매비율(Pass-Buy Ratio, 충동구매비율)을 높이려는 활동을 말한다.

(2) 디스플레이의 목적

① 고객수의 증가: 내점객의 수를 늘린다.

② 적정이익의 증가: 1인당 매상 단가를 늘린다.

③ 계속거래: 계속적으로 판매한다.

④ 적정이익의 확보: 적정한 이익을 확보한다.

(3) 디스플레이의 기본 원칙

단계	디스플레이 서비스의 대응방법
주의(고객이 상품에 주목한다)	가격표, 색채, 조명, 음향효과
흥미(관심을 나타낸다)	판매에 대한 어프로치, POP 광고, 세일링 포인트의 강조

연상(상품을 자기 것으로 떠올려 본다)	사용상의 편리, 희소가치의 소구
욕망	세일링 포인트의 반복, 특매
비교	분류 디스플레이, 가격면에서의 설득, 대량 디스플레이
신뢰	메이커명, 브랜드, 품질의 보증, 서비스
결정	관련 디스플레이, 추가 판매, 고정객화의 유인

(4) 디스플레이 계획의 4W1H

① Who: 누구를 대상으로 디스플레이를 할 것인가?

② When: 언제 디스플레이 할 것인가?

③ Where: 어디에 디스플레이를 할 것인가?

④ What: 무엇을 디스플레이 할 것인가?

⑤ How: 어떤 방법으로 디스플레이를 할 것인가?

기출문제확인

디스플레이의 계획인 4W1H에 대한 설명으로 옳지 않은 것은?

① 누가 디스플레이 할 것인가?

② 무엇을 디스플레이 할 것인가?

③ 언제 디스플레이 할 것인가?

④ 어디에 디스플레이 할 것인가?

⑤ 어떻게 디스플레이 할 것인가?

해설
Who: 누구를 대상으로 디스플레이를 할 것인가?

정답 ①

---

(5) 바람직한 디스플레이의 방법

① 보기 쉽게 할 것: 고객의 입장에서 어느 곳에서든지 보기에 편하고 쉬워야 한다는 것이다.

② 손으로 잡기 쉬울 것: 고객이 쉽게 고르고, 사는 데 어떠한 장애도 없어야 한다는 것이다.

③ 빨리 판매되는 품목부터 배열할 것: 점내진열에는 고가의 상품부터, 그리고 판매가 빨리 되는 상품부터 배열하는 것이 바람직하다.

④ 가격표시를 할 것: 가격이 잘 보이거나, 쉽게 눈에 띄게 하여 고객들이 고민하지 않고 상품을 선택할 수 있어야 한다.

⑤ 상황에 맞는 분위기 조성: 상황을 묘사하고 생동감과 사실감을 살리기 위해 계절적인 상황도 고려해야 한다.

⑥ **진열상품을 연출할 것**: 디스플레이에 사용되는 상품의 수는 적게 하는 것이 효과적이다. 그리고 상품은 고객에게 어필할 수 있도록 분위기에 맞게 연출을 해야 한다.

⑦ **상품 간에 관련성을 가질 것**: 같은 종류의 상품은 그룹별로 디스플레이를 하고, 그 상품과 관계가 있는 상품을 공간에 집중 배치한다.

⑧ **고객의 주목을 분리시킬 것**: 모방에 의한 주목유도라고 하는데, 예를 들면 마네킹의 포즈는 고객의 주목을 분리시켜 일정한 방향으로 향하게 한다는 것이다.

⑨ **집시 포인트로 진열할 것**: 진열된 상품에 고객들의 시선이 몰리게 하여 그 상품은 물론 주변에 배치된 상품의 구매를 촉진하도록 한다.

⑩ 상품은 점포의 이미지와 일관되게 진열돼야 한다.

⑪ 점포 기획자는 제품의 특성을 고려해야 한다.

⑫ 포장이 상품의 진열방법을 결정하기도 하며, 상품의 잠재적 이윤도 당연히 진열방법을 결정하는 데 영향을 미친다.

📋 기출문제**확인**

디스플레이의 기본 원칙으로 가장 옳지 않은 것은?

① 고객 동선에 위험성이 없어야 한다.
② 보기 쉽고, 고르기 쉬워야 한다.
③ 로스 방지를 위해 판매용 진열과 전시용 진열의 경계가 없어야 한다.
④ 정연한 진열 사이 불규칙 배열을 도입해 의외성을 노리기도 한다.
⑤ 실연판매, 시식판매를 도입한다.

해설
로스 방지를 위해서는 판매용 진열과 전시용 진열의 경계가 필요하다.

정답 ③

---

(6) 디스플레이의 유형

① 보충 디스플레이

　㉠ 보충 디스플레이 방법

　　ⓐ 보충 디스플레이란 점포 내의 전반적인 디스플레이로서 모든 취급상품을 전 점포 내에 빠짐없이 디스플레이 하는 것이다.

　　ⓑ 디스플레이 방법으로는 업종과 업태에 따라서 모든 취급상품을 그룹별로 분류하고, 이를 다시 유기적으로 관련지어 배치하며, 개개의 디스플레이 설비나 집기를 합리적으로 이용해서 이를 다시 분류·디스플레이 하는 것이 기본이다.

ⓛ 보충 디스플레이의 기능

ⓐ 고객의 입장에서 보기 좋고, 선택하기 쉽고, 사기 쉬운 디스플레이가 된다.

ⓑ 점포의 입장에서 팔기 쉽고, 상품 관리하기 쉬운 디스플레이다.

ⓒ 상품의 그룹별 분류와 그 점포의 점격, 상품의 성격, 종류에 따라 대면 판매방식을 취하든가, 측면 판매방식을 취하든가, 아니면 양자 병용방식을 취하게 된다.

ⓓ 고객 동선은 되도록 길게 하고, 판매원 동선은 짧게 하는 합리적이고 이상적인 점내 동선의 레이아웃이 이루어져야 한다.

ⓒ 보충 디스플레이의 전제조건: 보충 디스플레이는 디스플레이의 양식이나 설비 또는 집기에 의해서 규격이 통일되기 때문에 시스터매틱 디스플레이(Systematic Display)라고도 한다.

ⓒ 보충 디스플레이의 기술과 응용

ⓐ 규제 디스플레이

• 규제 디스플레이는 디스플레이 집기에 의해서 규제되기 때문에 정형화된 상품에 알맞고 디스플레이 하는 데 있어서 테크닉은 그다지 필요로 하지 않는다.

• 디스플레이가 표준화되기 때문에 딱딱한 디스플레이가 되기 쉬우므로 악센트를 주어 디스플레이를 부드럽게 해주는 것이 바람직하다.

• 서점의 서가 디스플레이는 규제 디스플레이의 전형적인 예이다.

ⓑ 분류 디스플레이

• 분류 디스플레이의 역할: 일반적인 보충 디스플레이의 한 방법으로서 상품을 적당한 부문으로 분류해서 판매를 능률화하는 것이다.

• 분류방법: 산지별, 성별, 매입처별, 사용자별(객층별), 소재별, 메이커별, 연령별, 색상별, 가격(라인)별, 용도별

• 대·중·소 분류방식: 분류기준이나 항목설정은 점포의 사정에 따라 다르지만 이 분류방식은 단품목의 관리가 쉬우며, 고객의 입장에서도 선택하기 쉬운 분류이다.

ⓒ 페이스 디스플레이(정면 디스플레이)

• 해당 상품의 보다 효과적인 면을 고객에게 향해서 그 상품의 정면을 보이도록 하는 디스플레이다.

• 상품을 선택하기 쉽고, 적은 상품으로 양감을 강조할 수 있으므로 판매 권유나 대응 없이 고객 스스로가 상품을 자유롭게 선택하여 계산대에 가서 계산하는 Self-Selection의 형태를 취하는 업체에 알맞은 디스플레이다.

• 의류점의 양말·스타킹·내의·셔츠류나 슈퍼마켓의 일용잡화 등의 소포장 상품에 새로운 디스플레이 집기를 개발하여 이 방법을 이용하면 대단히 효과적이다.

② 전시 디스플레이

⊙ 점두의 쇼윈도에 그 시점에서 점포가 목적하는 바를 소구하고 보충 디스플레이의 요소에 집중적 포인트를 만들어, 그 부분에 중점 상품을 일반 매장과 다른 형태로 전시하여 클로즈업시키는 소위 악센트(Accent) 디스플레이다.

⊙ 표현방법이나 장소는 일정하게 정해진 것이 없고 일반적으로 점두의 쇼윈도, 점내의 정면, 벽 진열대에 설치하는 전시박스의 아일랜드 진열(도진열)의 끝 부분, 기둥 주변 부분 등 되도록 눈에 잘 띄는 곳이 좋다.

> **더 알고가기** 상품판매기능 중점 디스플레이
>
> • **천장 디스플레이**: 천장에서 늘어뜨리는 형태의 디스플레이이다.
> • **마루 디스플레이**: 점포 마루에 직접 설치하는 디스플레이 방식(판매대, 진열장)이다.
> • **장식장 디스플레이**: 점두 및 점포 안의 요소에 설치하여 통행인의 주의를 끌고 또 점포 안으로 유도하는 데 활용한다.
> • **무대 디스플레이**: 일반적으로 부문의 색인적인 디스플레이 또는 대형 상품의 디스플레이에 적당한 방식이다.
> • **카운터 디스플레이**: 판촉물을 판매대나 계산대에 전시하는 방법 또는 전시물을 말한다. 주로 소형 상품이나 견본이 사용되며, 판촉용품이 하나씩 나오도록 만들어진 디스펜서가 대표적 예이다.

02 매장의 구성

1 매장의 구성과 설계

(1) 매장의 구성과 디자인

매장은 소매유통업 입장에서 보면 고객과 상품이 만나는 장소이므로 기업의 목표실현을 위한 수단으로서 조건을 갖추어야 한다. 또한 고객의 구매욕구를 충족시켜 줄 수 있는 편의성과 서비스를 제공할 수 있는 여건을 갖추고 있어야 한다.

(2) 매장의 설계

① 매장의 설계는 전체의 목표와 이익을 위해 이루어져야 하고, 일관성 있는 목표와 전략을 고려하여 설계되어야 한다.

② 매장은 설계과정에서 마케팅 분야와 밀접한 연관성을 고려하여 설계하여야 한다.

③ 매장은 소비자에게 쾌적한 공간을 제공하고, 한편으로는 소매점에 있어서 판매촉진에 공헌한다는 두 가지 측면을 고려하여 조화를 모색하는 측면에서 설계되어야 한다.

기출문제확인

점포 설계 시 고려할 점으로 가장 옳지 않은 것은?

① 표적시장의 욕구를 충족시키고 경쟁우위를 획득한다.
② 상품구색이 바뀔 경우를 대비해 유연성을 높인다.
③ 전문점의 경우 경비 절감을 위해 비용최소화를 최우선 목적으로 한다.
④ 고객의 구매행동을 촉진하기 위해 노력한다.
⑤ 법적 규제사항을 고려하여 합법적으로 설계한다.

해설
전문점(specialty store)은 상품에 대한 전문적 품종을 갖추고, 전문적 서비스를 고객에게 제공하는 점포이다. 전문점 설계 시 비용최소화가 최우선 목적이 아니다.

정답 ③

(3) 매장디자인 계획

① 매장의 입지가 선정되고 난 후에는 매장 콘셉트를 확립하고, 구체적으로 매장 설치의 기초가 되는 매장디자인 계획을 수립한다.
② 매장디자인 계획은 단순히 매장을 편리하면서도 아름답게 꾸미는 것이 아니라 상품 소구를 통해 고객들을 흡인하는 중요한 요소가 되므로, 고객들이 상품을 편리하게 많이 구입할 수 있도록 계획을 수립하여야 한다.

(4) 매장디자인의 4요소

① **외장부분**: 점두, 윈도, 간판시설, 출입구의 숫자와 크기 등
② **내장부분**: 벽, 천장, 바닥, 파이프, 빔, 진열장, 창고 등의 매장 설비물
③ **진열부분**: 디스플레이, VMD, POP 광고물, 선반, 쇼케이스 등
④ **레이아웃부분**: 고객 동선, 종업원 동선, 공간의 효율성과 생산성 등

2 매장 레이아웃

(1) 의의

① 레이아웃(Layout)은 매장과 통로, 진열장 및 상품 등과 매장의 시설들이 적절한 연관성을 갖도록 배치하는 것을 말한다.

② 고객의 심리를 파악하고 무의식적으로 매장 안을 많이 걷게 함으로써 보다 많은 상품을 보여주고 구매하도록 하는 기술이다.

(2) 매장 레이아웃 설계의 기본원칙

① 여유 있는 동선을 확보하고, 매장 모두를 연결해야 한다.

② 생산성이 높도록 공간을 설계해야 한다.

③ 매장에 머무르는 시간이 길어지도록 고객의 동선을 극대화해야 한다.

④ 고객 동선과 종업원의 동선은 교차하는 지점이 가능한 한 적도록 구성해야 한다.

⑤ 종업원의 동선은 가급적 보행거리가 짧도록 구성해야 한다.

⑥ 상품이동 동선은 고객 동선과 교차하지 않도록 구성해야 한다.

⑦ 동선은 상품탐색을 용이하게 해 주어야 할 뿐만 아니라, 각 통로에 단절이 없는 동선이어야 한다.

(3) 매장 레이아웃의 유형

① 격자형(Lattice Type, Grid Type)

ㄱ 설비나 통로를 반복적인 패턴의 사각형으로 배치하고, 상품은 직선형으로 병렬배치한다.

ㄴ 고객들이 지나는 통로에 반복적으로 상품을 배치하는 방법이며, 비용면에서 효율적이다.

ㄷ 공간효율을 높이고자 하는 형태로 대형마트나 슈퍼마켓, 편의점에 가장 적합하다.

ㄹ 기둥이 많고 기둥간격이 좁은 상황에서도 설비비용을 절감할 수 있고, 통로 폭이 동일하기 때문에 건물 전체의 필요면적을 최소화할 수 있다.

② 자유형(Free Flow Type, Free Form Type)

ㄱ 자유형 배치는 일련의 원형·팔각형·타원형·U자형 패턴으로, 비대칭적으로 배치하여 고객이 편안히 둘러볼 수 있도록 배치한다.

ㄴ 매장의 판매공간 정면의 전체 패턴을 바꾸지 않고서도 집기를 추가하거나 제거하여 축소하거나 확장이 가능하다.

ㄷ 상품이 고객에게 많이 노출되지만, 격자형에 비해 공간생산성은 낮다.

ㄹ 소규모 전문매장이나 여러 개의 매장들이 있는 대형매장에서 주로 활용되고, 고객들이 가장 편안히 둘러볼 수 있도록 배치하는 방법이다.

ㅁ 패션 지향적인 매장에서 많이 사용된다.

③ 루프형(Loop Type)

　　㉠ 부티크 레이아웃(Boutique Layout) 또는 귀갑형, 경주로형이라고도 부르는 것으로, 굴곡통로가 고리처럼 연결되어 매장 내부가 경주로처럼 뻗어나간 형태이다.

　　㉡ 매장의 입구에서부터 고객의 통로를 원이나 사각형으로 배치하여 매장의 생산성을 극대화시키기 위한 레이아웃 기법이다.

　　㉢ 진열된 제품을 고객들에게 최대한 노출시킬 수 있으며, 주요 고객통로를 통해 고객의 동선을 유도한다.

　　㉣ 융통성, 상품의 노출성, 고객 편리성, 상품의 개별매장성 등의 장점이 있어 백화점에서 주로 사용한다.

④ 혼합형: 격자형과 경주로형 그리고 자유형의 장점을 살린 배치형태로, 각 부문 사이에 상품과 설치물의 종류에 따라 자유형이나 격자형 배치가 활용된다.

> **더 알고가기** Mood Space
>
> 컬러 코디네이션(Color Coordination)에 의한 효과 또는 계절감 연출로 활용하며, 상품을 진열할 때에는 화려하게 분위기 연출을 위한 진열을 한다. 샘플 진열이나 색채 조절에 용이하다.

기출문제확인

판매공간의 효율적 사용과 일상적이면서도 계획된 구매행동을 촉진하기 위한 점포 배치로 동일 제품에 대한 반복구매가 높은 소매점에 적당한 점포배치는?

① 특선품 구역　　　　　　　　② 격자형 배치
③ 자유형 배치　　　　　　　　④ 경주로형 배치
⑤ 진열걸이 배치

해설

격자형(lattice type, grid type)은 설비나 통로를 반복적인 패턴의 사각형으로 배치하고, 상품은 직선형으로 병렬배치한다. 고객들이 지나는 통로에 반복적으로 상품을 배치하는 방법이며 비용면에서 효율적이다. 공간효율을 높이고자 하는 형태로 대형마트나 슈퍼마켓, 편의점에 가장 적합하다.

정답 ②

---

3 매장 공간계획 및 관리

(1) 매장의 공간계획

① 쇼윈도(Show-Window): 쇼윈도는 고객을 매장에 흡인하는 역할과 매장의 품격을 표시하며, 고객의 시선을 매장 내로 유도하는 역할을 한다.

② 멀티숍(Multi Shop): 멀티숍은 여러 브랜드의 제품을 한 곳에 모아놓고 판매하는 매장을 말한다. 특정 브랜드의 제품만 파는 '브랜드숍(Brand Shop)'과는 달리 여러 상표를 비교해 살 수 있는 장점이 있다. 편집매장 또는 복합매장으로도 불린다.

③ 버블계획과 블록계획

　　㉠ 버블계획: 전반적으로 제품을 진열하는 매장공간, 고객서비스 공간, 창고 등과 같은 매장의 주요 기능공간의 규모와 위치를 간략하게 보여주는 것을 말한다.

　　㉡ 블록계획: 버블계획에서 간략하게 결정된 배치를 매장의 각 구성부분의 실제 규모와 형태까지 세부적으로 결정하는 것을 블록(Block)계획이라고 한다.

④ 플래노그램(Planogram): 플래노그램은 매장 내에 상품을 진열할 때, 상품이 각각 어디에 어떻게 놓여야 하는지를 알려주는, 일종의 진열공간의 생산성을 평가하게 해주는 지침서를 말한다.

> **더 알고가기** 매장의 배열(Layout)에서 공간 분류
>
> • 고객을 위한 공간은 라운지부터 주차공간까지 다양한 형태를 갖는다.
> • 직원전용 공간은 엄격하게 통제되어야 하며, 직원의 사기를 고려해 설계한다.
> • 매장공간 대부분은 고객을 위한 공간이 되어야 한다.
> • 매장에 따라 재고공간이 판매공간보다 더 큰 비중을 차지하는 경우도 있다.
> • 셀프서비스가 가능한 매장의 대부분은 판매공간으로 사용한다.

(2) 통로 설정

통로의 유형

① 주통로: 매장의 입구에서 반대편 대각선 방향(매장 안쪽) 끝까지의 통로로서, 매장의 입구에서 매장 안으로 고객을 유도하기 위한 통로이다. 주통로에 접하는 매장은 그 점포의 주력상품이 배치되는 것이 원칙이다. 주통로는 직선이어야 하며, 매장 내에서 통로의 폭이 가장 넓어야 한다.

② 부통로: 중통로라고도 하며, 매장 안의 끝, 주통로가 끝나는 부분에서부터 계산대까지 혹은 매장 가운데를 횡으로 가로지르는 중간통로를 말한다.

③ 순환통로: 소비자들이 상품을 고르기 위해 이동하는 진열대와 진열대 사이의 통로를 말한다.

> **더 알고가기** 매장의 외관 디자인
>
> • 매장의 외관 디자인은 눈에 잘 띌 수 있는 가시성이 있어야 한다.
> • 고객이 매장 내의 분위기를 느낄 수 있도록 설계하여 고객흡인기능을 가져야 한다.
> • 매장 외관은 목표고객이 아닌 고객은 방문하지 못하게 하는 고객선별의 기능을 한다.
> • 매장의 외관은 점두(Storefront)와 진열창(Show Window)으로 구성된다.
> • 고급 전문점은 일반 고객보다는 고급품을 선호하는 VIP고객 위주의 폐쇄형이 좋다.

점포의 외관 디자인에 대한 설명으로 옳지 않은 것은?

① 점포의 외관은 점두(storefront)와 진열창(show window)으로 구성된다.
② 점포의 외관 디자인은 눈에 잘 띌 수 있는 가시성이 있어야 한다.
③ 고객이 점포 내의 분위기를 느낄 수 있도록 설계하여 고객흡인기능을 가져야 한다.
④ 점포 외관은 목표고객이 아닌 고객은 방문하지 못하게 하는 고객선별의 기능을 한다.
⑤ 고급 전문점일수록 모든 고객이 방문하는 데 거리낌이 없도록 점포 외관 디자인을 설계해 접근을 용이하게 해야 한다.

해설

고급 전문점은 일반 고객보다는 고급품을 선호하는 VIP고객 위주의 폐쇄형이 좋다. 따라서 점포 외관 디자인을 고급스럽고 화려하게 하여 방문자의 특별함을 돋보이게 해줘야 한다.

정답 ⑤

더 알고가기 매장관리의 4가지 범주

발주관리, 재고관리, 선도관리, 진열관리

4 구매자 시장의 세분화

(1) 목표마케팅

① 목표마케팅의 이해
  ㉠ 의의: 목표마케팅(Target Marketing)은 전체 시장을 세분시장으로 구분하고 이들 중 하나 혹은 그 이상의 시장부문을 선정하여 각 시장부문에 적합한 제품과 마케팅 믹스를 개발하는 마케팅 유형이다.
  ㉡ 목표마케팅의 단계

시장세분화	시장표적화	시장포지셔닝 (시장위치화)
• 시장세분화를 위한 기준설정 • 세분시장의 프로필 개발	• 세분시장의 매력도 평가 • 표적시장의 선정	• 각 표적시장의 포지셔닝 개발 • 각 표적시장의 마케팅 믹스 개발

더 알고가기 제품 리포지셔닝(Repositioning)과 리뉴얼

- 포지셔닝은 기업이 목표로 하고 있는 타깃층에게 가장 가깝게 접근하기 위한 노력으로서, 초기에 설정한 포지셔닝은 시간이 지남에 따라 부적합해질 수 있으므로 철저한 분석을 통해 새로운 포지션을 개발하는 전략을 수행해야 한다.
- 판매 침체로 기존 제품의 매출액이 감소되었거나 소비자의 취향이나 욕구가 변화된 경우, 시장에서의 위치 등 경쟁상황의 변화로 전략의 수정이 필요한 경우에는 목표시장, 제품의 범위, 브랜드 등에 대하여 리포지셔닝이 이루어져야 한다.
- 리뉴얼은 정기적으로 제품을 새로이 하거나 새로 꾸미는 것을 말한다.

② 대량마케팅과 목표마케팅

    ㉠ 대량마케팅(Mass Marketing)

        ⓐ 대량마케팅은 단일제품을 전체 시장을 대상으로 대량생산·판매하는 마케팅 유형을 말한다.

        ⓑ 고객의 욕구 중에서 이질성보다 동질성에 초점을 두고 최소의 비용과 가격으로 최대의 잠재시장을 창출하고자 하는 마케팅이다.

        ⓒ 표준화에 의한 원가절감이나 규모의 경제(Economies of Scale)의 이익을 얻을 수 있다.

    ㉡ 제품차별화 마케팅(Product-Differentiated Marketing)

        ⓐ 제품차별화 마케팅은 성능이나 디자인, 품질 등이 다른 제품을 둘 혹은 그 이상 생산하여 판매하는 마케팅이다.

        ⓑ 상이한 시장부문에 소구(Appeal)하는 것이 아니라, 전체 시장을 대상으로 구매자들에게 다양성을 제공하기 위한 것이다.

    ㉢ 목표마케팅(Target Marketing): 목표마케팅은 하나 혹은 그 이상의 시장부문을 선정하여 각 시장부문에 적합한 제품과 마케팅 믹스를 개발하는 마케팅을 말한다. 세분화 마케팅이라고도 한다.

(2) 시장세분화

① 시장세분화의 의미

    ㉠ 시장을 나누고 그중에서 각 시장의 크기, 시장잠재력, 고객의 이해 등을 분석해야 한다. 이렇게 시장을 분류하는 과정을 시장세분화(Market Segmentation)라고 한다. 그리고 시장을 특정 기준으로 나누어, 동질적인 소비자들로 구성된 시장을 세분시장(Market Segment)이라고 한다.

    ㉡ 시장을 세분화한 후 세분시장 중에서 시장을 선택하여 마케팅활동을 하여야 하는데, 이러한 과정을 목표시장의 선택(Targeting)이라고 한다.

② 시장세분화의 성격

 ㉠ 시장세분화는 이질적인 시장을 몇 개의 동질적인 시장으로 구분하는 과정이다.

 ㉡ 시간의 경과에 따라 구매활동의 양상이 변화하므로 시간적 제약조건을 내포하는 개념이다.

> **더 알고가기** 소매상과 고객 간에 발생할 수 있는 전환비용(Switching Cost)
>
> • 전환비용은 실제로 있을 수도 있고, 지각된 비용일 수도 있다.
> • 전환비용은 금전적·비금전적 비용 모두를 포함한다.
> • 전환비용은 시작비용, 탐색비용, 학습비용, 계약비용 등으로 나누어진다.
> • 서비스가 탐색재일 경우보다 경험재일 경우 탐색비용이 더 높아진다.
> • 소매상은 고객이 이탈하는 것을 방지하기 위해 소비자의 전환비용을 증가시키려 한다.

5   온라인 쇼핑몰 구성과 설계

(1) 비즈니스 관점의 온라인 쇼핑몰 설계

온라인 쇼핑몰은 전자상거래에서 발전된 개념으로 인터넷을 통해 전문적으로 판매하는 온라인 상점, 경매를 통해 판매하는 경매사이트 등을 의미한다.

① 프론트 오피스(Front Office, 프론트 페이지): 고객이 웹사이트에 접속하면 고객이 보게 되는 사이트 화면을 말하며, 인터넷 쇼핑몰에서 고객이 물건을 검색하고 장바구니에 담고 구매하는 모든 페이지를 뜻한다.

② 백 오피스(Back Office): 웹사이트를 통해 이루어지는 비즈니스를 보다 효과적으로 운영할 수 있도록 동작하는 일련의 운영 관리시스템을 지칭하는 것으로, 상품을 등록하고 마케팅을 설정하고 결제와 매출, 수익 등을 관리하는 서비스를 제공하는 페이지를 뜻한다.

 예 고객관리, 트래픽관리, 거래처리, 광고관리, 콘텐츠관리, 내부시스템의 통합 등

(2) 기술적 관점의 온라인 쇼핑몰 설계

① 프론트 엔드(Front End): 서비스를 개발하는 기술적인 측면에서 뷰, 프레젠테이션 레이어를 말한다. 백 엔드로부터 데이터와 기능을 제공받아서 사용자가 직접 화면(페이지)을 보고 개발할 수 있는 인터페이스를 개발한다. 앱 스토어에서 구매한 디바이스에 설치해서 사용하는 앱이나 브라우저에서 접속한 페이지를 구현하는 것을 말한다.

② 백 엔드(Back End): 프레젠테이션 레이어에 서비스를 제공하기 위하여 서버, 미들웨어, WAS, DBMS, RESTful API 등을 개발하는 것을 말한다.

6 온라인 쇼핑몰 UI, UX

(1) 온라인 쇼핑몰 UI

① UI(User Interface)의 개념: 사용자 인터페이스(UI)는 사용자와 온라인 시스템 간 의사소통을 할 수 있도록 만들어진 물리적, 가상적 매개체로 온라인 쇼핑몰 사용자들의 사용성과 편의성 지원을 목적으로 설계하고 배치하는 것을 의미한다.

② UI 디자인의 구성요소: 화면의 레이아웃, 색상, 아이콘, 버튼, 서체 등

(2) 온라인 쇼핑몰 UX

UI가 컴퓨터와 사람을 연결하는 요소라면, UX(User Experience)는 사용자가 제품이나 서비스를 체험할 때 느낄 수 있는 감정을 말하는 사용자 경험을 의미하는 것으로 인간이 느낄 수 있는 여러 가지 감각이나 행동을 말한다.

(3) UI · UX의 발전

① UI · UX 1.0: 1990년대 인터넷 웹브라우저의 발전으로 UI의 중요성이 대두되었고, 텍스트 위주의 문자적 연결고리에서 그래픽 요소를 접목한 GUI를 시작으로 사용자 중심의 인터페이스가 시작되었다.

② UI · UX 2.0(2세대 웹표준): 웹은 본래 보편적 접근이 목적이기 때문에 동일한 언어와 규칙을 동반하기 위한 국제적 표준이 필요했으며, 웹기술의 발전을 위한 HTML, CSS 등을 도입하여 웹 접근성을 높였다.

③ UI · UX 3.0(3세대 스마트폰 보급화): 모바일 웹은 휴대성, 이동성, 개인화 등의 장점이 있다. 모바일에서 UI와 UX는 SNS 확대로 단순 시각적 디자인뿐 아니라 인지적, 감성적, 사업적, 기술적인 결합이 매우 중요해졌다.

④ UI · UX 4.0(4세대 웹 3.0 인공지능): AI, 빅데이터, 반응형 웹, IOT 등 웹 3.0 시대가 도래하면서 UX를 패턴화하고 분석하여 사용자에게 필요한 정보를 제공해 주는 시맨틱 웹 기술과, 연관 단어로 검색범위를 좁혀갈 수 있도록 스마트 파인더로 검색기능 등 알아서 반응해 주는 AI 형태로 UI · UX가 변화하고 있다.

01 상품구성의 성공적인 조건에 해당하는 것을 모두 고른 것은?

> ㉠ 목표고객의 대상, 점주의 사업철학 등이 가미된 정책적 강조점을 갖추어야 한다.
> ㉡ 품절방지를 위해 많은 종류의 상품을 수량적으로 많이 보유하여야 하며, 품질이 가장 뛰어난 상품만을 선택, 구성하거나 가격이 저렴한 상품만을 많이 보유하여야 한다.
> ㉢ 동일 가격선의 상품군 중에서도 고객의 기호, 연령층, 직업 등의 차이를 고려한 상품구성이 이루어져야 한다.
> ㉣ 동종, 동계통 상품군 중에서도 상하 여러 단계로 나누어진 확고한 가격선(price line)이 설정되어야 한다.

① ㉠, ㉡
② ㉠, ㉢, ㉣
③ ㉠, ㉡, ㉣
④ ㉡, ㉢, ㉣
⑤ ㉠, ㉡, ㉢, ㉣

해설 다양한 종류의 많은 상품을 많이 보유하기보다는 고객의 욕구에 맞는 제품을 보유하는 게 바람직하다. 이때 품질이나 가격뿐 아니라 다양한 측면에서 고객의 욕구를 충족시킬 수 있어야 한다.

02 소비자의 신상품 수용시점에 따른 분류와 일반적인 특징에 대한 설명으로 가장 옳지 않은 것은?

① 혁신수용층(innovators) – 집단규범에 덜 의존하며, 자기과신적이다.
② 조기수용층(early adopters) – 집단에 밀접한 영향을 주기 때문에 의견 선도적이다.
③ 조기다수파(early majority) – 많은 정보를 수집하여 브랜드를 평가하고, 신상품정보를 집단에 의존한다.
④ 후기다수파(late majority) – 제품수명주기의 쇠퇴기에 해당될 때 신상품을 수용한다.
⑤ 지참자(laggards) – 집단규범에 비의존적이며 어쩔 수 없이 교체하는 경향이 높다.

해설 후기다수파는 신제품 수용에 의심이 많은 자이다.

정답 01 ② 02 ④

03 상품구성에 관한 설명으로 옳지 않은 것은?

① 소매점이 판매하는 모든 상품의 종류와 조합을 상품구색 혹은 상품구성이라고 한다.
② 상품구색 중 깊이(depth)는 동일한 상품계열 내에서 이용 가능한 변화품이나 대체품과 같은 품목의 수를 말한다.
③ 전문점은 편의점에 비해 깊이가 깊은 편이라고 할 수 있다.
④ 상품구색 중 폭(variety)은 매장에서 취급하는 비경합적 상품계열의 다양성이나 수를 나타낸다.
⑤ 전문점은 폭이 넓고, 백화점이나 할인점은 폭이 좁다고 할 수 있다.

해설 전문점은 상품구색의 폭이 좁고, 백화점이나 할인점은 상품구색의 폭이 넓다.

04 매장 내에서 소비자의 입장에 따른 제품분류의 체계가 아닌 것은?

① 보관방법에 따라 제품을 분류하는 방법
② 광고방식에 따라 제품을 그룹화하는 방법
③ 표적시장(target market)에서 정의하는 대로 제품을 분류하는 방법
④ 제품을 사고 싶어 하는 정도에 따라 분류하는 방법
⑤ 제품을 소비자가 어떻게 이용할지에 따라 그룹화하는 방법

해설 광고방식에 따라 제품을 그룹화하는 방법은 소비자의 입장이 아닌 기업의 입장에 따른 제품분류의 체계이다.

05 선매품에 대한 설명으로 가장 옳은 것은?

① 폭넓은 유통망 체계를 구축하고 있으며, 특정 브랜드의 제품이 갖는 독특성 때문에 마진이 높다.
② 가격이 저렴하며 빈번하게 구매할 수 있는 스낵, 담배, 잡화 등이 대표적이다.
③ 소비자는 제품에 대한 완전한 지식을 갖고 있어 최소한의 노력으로 적합한 제품을 구매하는 행동을 보인다.
④ 정보탐색 없이 거의 습관적으로 같은 브랜드를 사거나 쓰던 브랜드가 없으면 매장에 있는 비슷한 다른 브랜드를 구매하는 제품이다.
⑤ 구매하기 전 품질, 가격, 스타일 등에 대한 정보를 탐색하며 대안들에 대한 비교·평가를 통해 구매를 결정하는 제품이다.

정답 03 ⑤ 04 ② 05 ⑤

①은 전문품, ②, ③, ④는 편의품에 대한 설명이다.

06 편의품, 선매품, 전문품의 특징을 비교한 것으로 옳지 않은 것은?

	구분	편의품	선매품	전문품
①	소비자 제1차 관심	상표와 가격	상표	품질
②	매장결정	미고려, 인근 매장	약간 고려	신중
③	판매마진율	낮음	비교적 높음	매우 높음
④	대량판매 여부	불가	가능	가능
⑤	상품회전율	높음	중간	낮음

해설 편의품은 대량판매가 가능하나, 선매품과 전문품은 대량판매가 불가능하다.

● 소비재의 특징

항목＼품목	편의품	선매품	전문품
매입계획	관습적으로 구매한다.	예산을 짜서 계획을 세운다.	보다 신중히 계획한다.
구매자의 노력	노력과 시간이 걸리지 않는 것을 좋아한다.	비교와 검토를 아끼지 않는다.	노력과 시간이 걸리더라도 좋다.
가격	저가	중간	고가
품질에 대한 관심도	무관심 등이 많다.	품질, 디자인, 색채 등을 문제로 한다.	대용품은 불가하다.
구매횟수	빈번하고 정기적이다.	불규칙적이다.	가끔 구매하게 된다.
상품회전율	높다.	중간	낮다.
이윤 폭	작다.	중간	크다.
매장장식	조밀	서비스, 분위기 중요	고급 인상을 심어주고, 서비스, 분위기를 중시한다.

07 소비자들이 구매습관상 가능한 한 시간과 노력을 절약하여 구매하려 하기 때문에 소매의 입지가 무엇보다 중요한 제품은?

① 전문품 ② 비탐색품
③ 선매품 ④ 산업용품
⑤ 편의품

정답 06 ④ 07 ⑤

① **전문품**: 구매하는 데 많은 노력을 기울이는 제품으로 고급시계, 고급자동차, 스포츠 의류 등이다.
② **비탐색품**: 일반적으로 상당한 노력을 기울여서 구매하는 것으로 결혼예식 드레스, 장의용품 등이다.
③ **선매품**: 고객이 적당한 노력을 기울여서 몇 가지 브랜드를 비교해 보고 구매하는 것으로 가구, 자동차, 의류 등이다.
④ **산업용품**: 개인적인 욕구를 충족시키는 데 사용되는 것이 아니라 기업의 욕구를 충족시키고 있는 것이다.
⑤ **편의품**: 구매에 별다른 노력을 기울이지 않는 제품으로 빵, 우유, 사탕, 과자, 음료수 등과 같은 제품이다.

08 유통점에서 상품(goods)의 구성 및 배치에 대한 설명으로 옳지 않은 것은?

① 매장의 이익을 높이기 위해서는 고객이 충동구매 상품으로 쇼핑을 시작하도록 매장배치를 하는 것이 좋다.
② 상품의 원형구성은 상하가 대칭이 되어 종합감을 연출하는 것으로 반복 배열함으로써 중앙에 시각적인 초점을 강조한다.
③ 상품을 잘 분류하여 진열하면 고객에게 상품의 다양함을 더 쉽게 보여줄 수 있고, 판매원의 도움 없이도 고객 스스로 상품을 비교하여 선택할 수 있다.
④ 소비용품을 편의품, 선매품, 전문품으로 구분하는 것은 소비자가 자신의 지출비용의 크기를 기준으로 구분하는 것이다.
⑤ 유통업체인 백화점과 할인점 취급상품의 품목수는 매우 다양하고, 그곳에서 적합한 상품의 구색도 다르다.

> 소비용품을 편의품, 선매품, 전문품으로 구분하는 것은 구매관습에 따른 구분이다.

09 편의품에 대한 설명으로 옳지 않은 것은?

① 광범위하고 많은 매장을 대상으로 유통된다.
② 대체품을 받아들이지 않을 정도의 높은 브랜드 충성도를 보인다.
③ 비교적 쇼핑에 소비하는 시간과 노력이 적다.
④ 치약, 비누, 세제 등 비교적 저렴한 생활용품들인 경우가 많다.
⑤ 촉진면에서는 가격, 유용성, 인지도가 중시된다.

> 대체품을 받아들이지 않을 정도의 높은 브랜드 충성도를 보이는 것은 전문품이다.

정답 08 ④ 09 ②

10 매대를 구성함에 있어 연관상품을 함께 진열하면 시너지효과를 얻을 수 있는데, 연관상품을 선정하는 방법으로 가장 적절하지 않은 것은?

① 부수적인 상품은 주된 상품과 같이 구매해도 가격에 부담이 없어야 한다.
② 부수적인 상품은 회전율이 높은 상품으로 매출이익률이 좋아야 한다.
③ 부수적인 상품은 주된 상품의 가치를 증가시킬 수 있어야 한다.
④ 연관상품이 서로 용도나 사용방법에 있어 관련이 있어야 한다.
⑤ 구입에 부담이 없도록 부수적인 상품은 주된 상품보다 더 싼 상품이어야 한다.

해설 상품회전율이 높고 매출이익률이 좋은 상품은 부수적인 상품이 아니라 주력상품에 해당한다.

○ 연관진열
제품군이 달라도 궁합이 맞는(연관관계가 있는) 제품을 나란히 진열하여, 매출을 높이는 진열방법을 말한다. '양은냄비와 라면', '만두 옆에 올리브유', '삼겹살 옆에 와인' 등이 그 예이다.

11 상품의 구성요소에 대한 설명을 가장 옳게 연결한 것은?

┌──┐
│ ㉠ 포장, 스타일, 품질   ㉡ 보증, 배달   ㉢ 즐거움의 추구 │
└──┘

① ㉠ 유형상품 − ㉡ 확장상품 − ㉢ 핵심상품
② ㉠ 유형상품 − ㉡ 핵심상품 − ㉢ 확장상품
③ ㉠ 확장상품 − ㉡ 유형상품 − ㉢ 핵심상품
④ ㉠ 확장상품 − ㉡ 유형상품 − ㉢ 종합상품
⑤ ㉠ 종합상품 − ㉡ 핵심상품 − ㉢ 확장상품

해설 코틀러(P. Kotler)가 제시하는 상품의 3가지 차원
• 핵심상품(core product): 소비자가 그 상품으로부터 얻기를 원하는 편익을 의미한다.
• 유형상품(tangible product): 소비자가 상품으로부터 추구하는 편익을 구체적인 물리적 속성들의 집합으로 유형화시킨 것으로, 디자인·품질·포장·브랜드 등을 의미한다.
• 확장상품(augmented product): 유형상품에다 친절한 판매서비스, 품질보증기간, 기업의 브랜드, 점원의 태도 등의 속성이 부가된 것을 의미한다.

12 상품을 핵심제품, 유형제품, 확장제품의 3차원으로 분류할 때, 다음 중 차원이 나머지 넷과 다른 하나는?

① 품질(quality)
② 상표명(brand name)
③ 포장(package)
④ 스타일(style)
⑤ 품질보증(warranty)

정답 10 ② 11 ① 12 ⑤

⑤는 확장제품이고, ①, ②, ③, ④는 유형제품이다.
- 🔘 코틀러(P. Kotler)가 제시하는 상품의 3가지 차원
  - **핵심상품(core product)**: 소비자가 그 상품으로부터 얻기를 원하는 편익을 의미한다.
  - **유형상품(tangible product)**: 소비자가 상품으로부터 추구하는 편익을 구체적인 물리적 속성들의 집합으로 유형화시킨 것으로 디자인·품질·포장·브랜드 등을 의미한다.
  - **확장상품(augmented product)**: 유형상품에다 친절한 판매서비스, 품질보증기간, 기업의 브랜드, 점원의 태도 등의 속성이 부가된 것을 의미한다.

13 소매점포에서 진열대의 높이나 길이에 관계없이 진열선반에 가로 일렬로 진열되는 상품의 수를 의미하는 것은?

① 페이싱(facing)　　　　　　② 엔딩(ending)
③ 믹싱(mixing)　　　　　　　④ 뷰잉(viewing)
⑤ 조닝(zoning)

 ① 페이싱(facing): 특정 상품을 가로로 몇 개 진열하는가를 의미한다. 그 진열량 모두를 페이스의 수, 혹은 페이싱이라고 한다. 이는 깊이의 진열이 아닌 넓이의 진열을 말하는 것으로, 같은 선반 위에 몇 단을 쌓아 올리는가는 페이스 수와 관계가 없다.
⑤ 조닝(zoning): 각 묶음의 배치를 말한다.

14 진열의 한 방법으로 고객이 소매점 매장에 들어올 때 눈에 잘 띌 수 있도록 매장 앞에 진열하는 방법은?

① 기획진열　　　　　　　② 일시진열
③ 점내진열　　　　　　　④ 점두진열
⑤ 샌드위치 진열

 ③ 점내진열: 상품을 판매하기 위해 구체적으로 점내에 상품구역별로 진열하는 방법이다.
⑤ 샌드위치 진열: 진열대 내에서 잘 팔리는 상품 곁에 이익은 높으나 잘 팔리지 않는 상품을 진열해서 고객의 눈에 잘 띄게 하여 판매를 촉진하는 진열이다.

정답 13 ①　14 ④

15 상품진열에 관한 내용으로 옳지 않은 것은?

① 고객 입장에서 보기 좋고 편리한 진열이어야 한다.
② 전반적인 상품의 보충진열과 중점상품의 전시진열로 구분된다.
③ 취급상품을 전 매장에 전반적으로 진열하는 것은 보충진열이라 한다.
④ 고객 동선은 짧게, 판매원 동선은 길게 하여야 한다.
⑤ 가격이 싼 것은 앞에, 비싼 것은 뒤에 진열한다.

> **해설** 고객 동선은 길게, 판매원 동선은 짧게 하여야 한다.

16 소매업체들이 상품의 진열공간을 분배(할당)할 때 고려하는 요소와 가장 거리가 먼 것은?

① 점포 매출에 대한 영향   ② 상품회전율
③ 공간 생산성   ④ 고객의 거주지
⑤ 상품진열의 필요성 정도

> **해설** 고객의 거주지는 상권이나 입지적인 측면의 요소로 작용한다.

17 소매점의 상품진열에 대한 설명으로 옳지 않은 것은?

① 상품의 색채와 소재 등을 올바르게 보여주기 위한 채광과 조명도 중요하다.
② 비이성적인 충동구매보다는 이성적인 구매를 유도하기 위해 다양한 POP 광고물 및 보조기구를 이용한다.
③ 대부분의 고객은 부담감이 적고 상품구색이 풍부한 매장에 관심을 기울인다.
④ 고객으로 하여금 구매의욕을 불러일으킬 목적을 갖고 진열하는 것이 좋다.
⑤ 점두에 진열된 상품은 그 자체가 큰 소구력을 가지므로 점두 중점상품을 진열하여 고객을 유인하는 것도 고려해야 할 요소이다.

> **해설** 비이성적인 충동구매를 유도하기 위해 다양한 POP 광고물 및 보조기구를 이용한다.

정답 15 ④   16 ④   17 ②

18 진열에 있어 지켜야 할 기본적인 원칙과 거리가 먼 것은?

① 청결하고 구분하기 쉬운 진열
② 상품의 가치를 높이는 진열
③ 손에 닿기 쉽고 만지기 쉬운 진열
④ 보기에 좋고 찾기 쉬운 진열
⑤ 산만하며 기억에 남는 진열

> **해설** 매장 내에서 상품을 비교·선택하기 쉽도록 하기 위하여 유사상품끼리 그룹핑하여 눈에 띄기 쉽도록 진열하고, 제품을 구매할 때까지 기억할 수 있도록 강한 인상을 심을 수 있어야 한다. 따라서 산만한 진열은 삼가야 한다.

19 다음 박스의 (   ) 안에 들어갈 알맞은 단어는 무엇인가?

> (   )은(는) 가장 판매가 잘되는 장소를 말하는 것으로서, 진열범위 내에서 상품이 가장 잘 보이고 손이 쉽게 닿을 수 있는 높이의 범위를 말한다. 구체적으로는 눈높이로부터 20° 내려간 선을 중심으로 위로 10°, 아래로 20°~30° 자리를 말한다.

① 디스플레이(display)
② 골든 라인(golden line)
③ POS(Point of Sales)
④ 판매제시
⑤ POP(Point of Purchase)

> **해설** 소비자가 가장 보기 쉽고, 잡기 쉬운 매대의 범위로, 고객의 수평적인 시선(눈높이)보다 약간 아래쪽 방향인 10~40°의 범위를 '골든 라인'이라고 한다. 이 범위는 고객의 신장이나 통로의 폭, 매대의 구성 등에 따라 다를 수 있지만, 보통 주부의 평균 신장을 기준해 볼 때 바닥으로부터 70~130cm 전후, 즉 허리에서부터 어깨 높이까지의 범위가 해당된다. 또한 고객이 서서 무리하지 않고 상품을 잡을 수 있는 범위, 즉 바닥으로부터 약 40~180cm의 범위를 '유효진열 범위'라고 부른다.

20 고객서비스적 의미와 예술적 의미를 함께 갖고 있는 상품진열(display)의 내용 중 고객서비스적 의미에 대한 것으로 옳은 것은?

① 빠른 시간 안에 상품종류를 쉽게 식별할 수 있도록 하는 것
② 조명, 색채, 디자인 등으로 이루어진 연출을 하는 것
③ 계절성 변화를 연출하는 것
④ 정리정돈과 청결의 이미지를 느끼게 하는 것
⑤ 유행을 반영하고 다양성을 조화시키는 것

정답 18 ⑤ 19 ② 20 ①

고객이 빠른 시간 안에 상품의 종류를 쉽게 식별할 수 있도록 하는 것은 상품진열에서 고객서비스적 의미에 해당한다.

21 쇼윈도 진열의 성격에 대한 설명으로 가장 옳지 않은 것은?

① 계절감, 의외성 및 화제성을 시의적절하게 내세울 수 있는 연출기법이 중요하다.
② 충동구매를 촉진하는 적극적인 매장으로 꾸며주는 것이 바람직하다.
③ 편의품이나 선매품의 경우에도 고급스럽고 분위기 있게 진열하여 호소력을 높인다.
④ 중점상품을 대량으로 진열해서 고객에게 적극적으로 보여주는 장소이다.
⑤ 무드 있는 상품의 센스를 보다 높일 수 있는 뛰어난 연출방법이 중요하다.

전문품은 고급스럽고 분위기 있는 진열을 통해 호소력을 높여야 하나, 편의품이나 선매품은 그렇지 않다.

22 상품을 똑바로 쌓지 않고 아무렇게나 뒤죽박죽 진열하여 작업시간을 줄여주고 고객에게는 특가품이라는 인상을 주는 진열방법은?

① 섬진열(island display)
② 엔드진열(end display)
③ 점블진열(jumble display)
④ 트레이팩 진열(tray pack display)
⑤ 슬롯진열(slot display)

① **섬진열(island display):** 사방이 고객을 향하게 배치하는 진열법으로, 매장 내에 하나의 진열대만을 독립되게 진열하는 방법이다.
② **엔드진열(end display):** 평대 양 끝에 있는 진열대를 뜻하며 단품진열, 다품진열, 관련진열 세 가지로 분류된다.
④ **트레이팩 진열(tray pack display):** 평대진열과 유사하나 하단 부분을 팰릿 또는 받침대(깔판)만 처리하고 진열상품의 박스 하단 부분을 트레이 형태로 커트해 박스째 쌓아 올린다.
⑤ **슬롯진열(slot display):** 곤돌라 선반 일부를 떼내어 세로로 긴 공간을 만들어 그곳에 박스 커팅 등 대량진열을 하는 방법이다.

정답 21 ③   22 ③

23 상품진열의 유형이 옳게 짝지어진 것은?

> A. 매출 증대를 위하여 잘 팔리는 상품을 가격할인과 각종 할인광고와 함께 진열하는 것을 말한다.
> B. 고객의 주의를 끌게 하고 유인하여 구매의욕을 촉진하는 데 목적을 두며, 주로 포스터, 스탠드, 풍선 등을 활용한다.

① A: 구매시점 진열, B: 매출증진 진열
② A: 구매시점 진열, B: 판매촉진 진열
③ A: 판매촉진 진열, B: 구매시점 진열
④ A: 충동진열,　　 B: 판매촉진 진열
⑤ A: 고객중심 진열, B: 구매시점 진열

 상품진열의 유형
- **구매시점 진열**: 고객의 주의를 끌고 유인하게 하여 구매의욕과 충동을 가지도록 촉진하는 데 목적이 있는 상품진열을 말한다.
- **기업이미지 향상 진열**: 기업의 권위유지와 함께 다양한 서비스와 고품질의 서비스, 최신 유행의 고급품, 만족한 가격, 공익성 서비스 등을 고객에게 어필하기 위하여 다수 다량의 상품을 진열하는 것을 말한다.
- **윈도진열**: 매장 앞을 지나고 있는 소비자나 매장의 방문고객으로 하여금 주의를 끌게 하여 구매목적을 가지도록 하는 진열을 말한다.
- **판매촉진 진열**: 매출 향상을 위해 잘 팔리는 상품의 가격할인과 다양한 할인광고와 함께 진열하는 것을 말한다.
- **점내진열**: 고객으로 하여금 자유롭게 보고 만져보며 비교할 수 있게 하여 연관상품을 쉽게 찾을 수 있도록 하는 진열을 말한다.

24 상품진열 시 상품의 얼굴(face)을 결정하고자 할 때 고려해야 할 사항과 거리가 먼 것은?

① 진열하기 쉬운 면은 어디인가를 고려해야 한다.
② 넓게 보이는 면은 어디인가를 고려해야 한다.
③ 배색과는 상관없이 진한 색이 돋보일 수 있는 면은 어디인가를 고려해야 한다.
④ 상품의 내용물이 보이는 면은 어디인가를 고려해야 한다.
⑤ 고객의 상품선택 포인트가 되는 면은 어디인가를 고려해야 한다.

 매장진열 시 어느 면을 보이게 하는 페이스는 매장 전체의 판매를 증가시키기 위해 배색과 여러 요인들을 고려하여야 한다. 단지 돋보이게 할 목적으로 진한 색을 고집한다면, 매장 전체적으로 어울리지 않아 전체 판매량의 감소를 가져올 수 있다.

정답 23 ③ 　 24 ③

25 다음 내용의 ( ) 안에 공통적으로 들어갈 알맞은 단어는?

> - ( )은 곤돌라의 양쪽 끝에 진열하는 방식을 뜻한다.
> - ( )은 대형매장에서 저가상품 판매를 위한 고객유인책의 핵심 진열방식 중 하나이다.
> - ( )방식에는 고객이 원하는 시즌상품, 유행상품, 선도가 높은 제철상품의 진열이 가능하다.

① 관련상품 진열　　　　　　② 엔드매대 진열
③ 섬진열　　　　　　　　　④ 집중진열
⑤ 골든라인 진열

> **해설** 엔드매대(end cap)는 고객들이 이동하는 통로에 직접 매대를 노출시켜 충동구매를 유도하는 전략으로, 테마상품 또는 소비자들에게 인지도가 있는 상품을 진열하여 매출액을 극대화시키는 진열방법이다.

26 엔드진열을 잘 활용한 것으로 가장 보기 어려운 것은?

① 단품의 처분에 치중하여 구성한다.
② 양감 연출로 고객의 주목률을 높인다.
③ 일정한 시기마다 새로운 테마로 교체한다.
④ 주매대로 고객을 유인할 수 있게 연관 구성한다.
⑤ 친근한 테마로 관련 진열한다.

> **해설** 엔드진열은 평대 양 끝에 있는 진열대를 뜻하며 단품진열, 다품진열, 관련진열 세 가지로 분류된다. 단품진열은 신상품, 기획상품 등 특정 브랜드 판매를 극대화시킬 때, 다품진열은 생활제안, 메뉴제안, 시즌상품 등 명확한 테마를 가진 상품에 쓴다. 관련진열은 상품력이 높은 주력 품목의 진열 페이싱을 확보한 후 그에 관련된 보조상품을 일정 비율로 추가 구성하여 연출한다.

27 윗면이 평평한 진열대를 이용하여 상품을 쌓아 두는 평대진열 방식의 장점에 해당하지 않는 것은?

① 눈높이 아래에 상품을 진열해 두기 때문에 고객이 상품을 쉽게 접촉할 수 있다.
② 계절감과 분위기 상황을 쇼윈도에 직접 강조함으로써 테마포인트가 될 수 있다.
③ 진열정리를 잘 해두면 상품을 선택하기 쉽다.
④ 제작비용이 적게 든다.
⑤ 진열대의 높이가 낮기 때문에 점내를 관망하기 쉽다.

> **정답** 25 ② 　 26 ① 　 27 ②

> **해설** **평대진열의 장점**
> - 평대진열은 선반(shelf)진열과 달리 사방에서 상품의 접근이 용이한 진열방법이다.
> - 대량진열이 가능하고 특히 특매상품, 중점판매 상품을 많이 진열할 때 사용한다.
> - 필요에 따라 자유롭게 장소를 이동할 수 있다.
> - 제작비가 적게 들며, 진열대의 높이가 낮기 때문에 점내를 관망하기 쉽다.
> - 상품의 크기와 종류에 따라 평대크기를 조절한다.

28 시각적 머천다이징(VMD)에 대한 설명으로 옳지 않은 것은?

① Visual Merchandising의 약자로, 시각적으로 소비자의 구매를 유도해 판매에 이르게 하는 전략을 뜻한다.
② 매장에 진열되어 있는 상품을 돋보이게 하기 위해 조명을 이용하여 매장의 분위기를 연출한다.
③ 마네킹, 바디 등 다양한 종류의 보조물을 목적에 따라 적절하게 사용해야 한다.
④ VMD를 활용하여 쇼윈도와 스테이지 등에 전시된 상품을 일정 기간 단위로 교체하면, 고객이 혼란을 느낄 수 있으므로 가급적 변화를 지양하여야 한다.
⑤ VMD의 기대효과는 들어가고 싶은 매장, 고르기 쉬운 매장, 사고 싶은 상품이 많은 매장, 판매와 관리가 편한 매장을 형성할 수 있다는 것이다.

> **해설** 새로운 상품에 대한 정보를 제공하여 판매를 유도하기 위해 전시된 상품을 일정 기간 단위로 교체하는 등 변화가 필요하다.

29 머천다이징에 대한 설명으로 가장 올바르지 않은 것은?

① 제조업자나 중간상인이 그들의 상품을 시장수요에 부응하도록 시도하는 모든 활동을 포함한다.
② 기업의 마케팅목표를 달성하기 위해 특정 상품과 서비스를 가장 효과적인 장소, 시기, 가격, 그리고 수량으로 제공하는 일에 관한 계획과 관리이다.
③ 최적의 이익을 얻기 위해 상품의 매입, 관리, 판매방식 등에 대한 계획을 세우는 마케팅 활동을 의미한다.
④ 도매업뿐만 아니라 백화점 등 소매업에서 널리 채택되고 있다.
⑤ 고객이 실제로 이동하는 경로에 따라 관심과 집중을 받을 수 있게 상품을 배치하거나 진열하는 방법이다.

정답 28 ④ 29 ⑤

고객이 실제로 이동하는 경로에 따라 관심과 집중을 받을 수 있게 상품을 배치하거나 진열하는 방법은 디스플레이 기법에 해당한다.

30 유통업체 브랜드(PB)에 관한 설명으로 옳지 않은 것은?

① 대형마트, 창고형 멤버십 할인점뿐만 아니라 백화점업계도 PB에 관심이 높다.
② PB에 대한 소비자의 지명도나 신뢰도는 제조업자 브랜드(NB)에 비해 낮은 편이다.
③ 제조업체가 주도해 왔던 제품개발에 유통업자가 관여하고 독자적인 브랜드를 출시하게
  되면서 유통업자의 독자브랜드가 많아지게 되었다.
④ 강력한 PB는 고가격전략을 통해 이루어진다.
⑤ 최근 대형 할인업체는 PB상품의 확대가 이루어지고 있으나, 단일 브랜드로 이미지를 통
  일하고 있지는 않다.

해설 강력한 PB는 저가격전략을 통해 이루어진다.

31 PB(Private Brand) 상품의 이점에 관한 설명으로 옳지 않은 것은?

① 제조업자 상표의 상품보다 가격정책의 융통성을 가질 수 있다.
② 경쟁사에서 취급하지 않는 차별화된 머천다이징이 가능하다.
③ 일반 매장에서 살 수 없는 제품을 판매하여 유니크함을 드러낼 수 있다.
④ 제조업자 상표의 상품보다 높은 수익성을 기대할 수 있다.
⑤ 소비자에게 제조업체 상표의 상품보다 고급이라는 이미지를 제공할 수 있다.

해설 PB상품의 최대 장점은 가격이 저렴하다는 점인데, 이에 반해 NB(제조업자)상품에 비해 품질이나 포장, 디자인 등 여러 면에서 뒤떨어진다는 단점이 있다.

32 최근 유통기업들이 PB(Private Brand)를 통해 다른 기업들과 경쟁하고 있는데, 이는 마케팅 요소 중에서 어느 부분을 차별화하기 위한 것인가?

① 촉진 　　　　　② 유통
③ 가격 　　　　　④ 상품
⑤ 포장

정답 30 ④　31 ⑤　32 ④

PB는 유통업자가 생산업체에 제품생산을 의뢰하고 생산된 제품에는 유통업체의 상표를 부착하는 마케팅 전략으로, 마케팅 요소(4P) 중 상품을 차별화하기 위한 것이다. 마케팅 요소 중 상품(Product)에는 '상품' 외에도 상품의 품질, 관련 서비스, 브랜드 등의 요소를 포함하고 있다.

33 상품판매기능을 중점으로 한 디스플레이에 대한 설명으로 가장 옳지 않은 것은?

① 천장 디스플레이: 천장에서 늘어뜨리는 형태의 디스플레이이다.
② 카운터 디스플레이: 선반을 이용하여 상품을 대량으로 수납할 수 있으므로 전반적인 상품의 디스플레이로서 가장 적당하다고 할 수 있다.
③ 마루 디스플레이: 매장 마루에 직접 설치하는 디스플레이 방식(판매대, 진열장)이다.
④ 장식장 디스플레이: 점두 및 매장 안의 요소에 설치하여 통행인의 주의를 끌고 또 점포 안으로 유도하는 데 활용한다.
⑤ 무대 디스플레이: 일반적으로 부문의 색인적인 디스플레이 또는 대형 상품의 디스플레이에 적당한 방식이다.

POP 광고에서 활용되는 카운터 디스플레이는 판촉물을 판매대나 계산대에 전시하는 방법 또는 전시물을 말한다. 주로 소형 상품이나 견본이 사용되며, 판촉용품이 하나씩 나오도록 만들어진 디스펜서가 대표적 예이다.

34 효과적인 디스플레이(display)에 대한 설명으로 옳지 않은 것은?

① 윈도 디스플레이는 보행자뿐만 아니라 자동차 운전자에게도 보이게 한다.
② 유효진열 범위란 상품을 효과적으로 팔 수 있는 진열의 높이를 말하며, 일반적으로 바닥으로부터 60cm에서 150cm까지를 말한다.
③ 디스플레이의 강조점(high-light)은 고객의 시선을 주목시키는 포인트로 상품의 장점을 알리기 위해서 너무 많은 강조점을 준비하는 것은 바람직하지 않다.
④ 내부 디스플레이는 상품의 시각성에 영향을 준다. 일반적으로 바닥 가까이에 있는 상품이 잘 팔린다.
⑤ 앞에는 낮게 뒤로 갈수록 높게 진열하여 안정감을 준다.

상품이 잘 팔리는 황금구역(golden zone)은 바닥이 아닌 수직형 곤돌라의 경우 75~135cm 범위로(※ 다소 간의 차이는 있음), 이곳은 고객의 시야에 잘 띄고 상품을 구매하기 쉬운 높이이며, 매출액이 가장 높은 진열장소에 해당한다.

정답 33 ② 34 ④

35 디스플레이 계획의 4W1H 원칙에 대한 설명으로 옳지 않은 것은?

① WHO: 누구를 대상으로 디스플레이를 할 것인가?
② WHERE: 어디에 디스플레이를 할 것인가?
③ HOW LONG: 비용은 얼마로 할 것인가?
④ WHAT: 무엇을 디스플레이 할 것인가?
⑤ WHEN: 언제 디스플레이 할 것인가?

해설 ③ HOW: 어떤 방법으로 디스플레이를 할 것인가?

36 점포 매장의 디스플레이(display) 원칙에 대한 설명으로 옳지 않은 것은?

① 고객으로 하여금 상품의 선택을 용이하게 하고, 진열상품에 대한 구매욕구를 향상시킴으로써 충동구매를 촉진시킨다.
② 매장 복도에 하는 상품배치는 고객의 구매욕구를 자극할 만한 궁극적인 의도를 가지고 조성한다.
③ 디스플레이의 원칙으로는 주의(Attention) − 흥미(Interesting) − 욕구(Desire) − 기억(Memory) − 행동(Action)의 단계를 거친다.
④ 점내 판매대의 배치와 조명의 색깔 및 밝기를 고려하여 상품을 배열한다.
⑤ 저렴하고 저급하다고 생각되는 상품이라도 고객의 마음을 사로잡을 수 있도록 하는 것이 궁극적인 디스플레이의 목적이다.

해설 매장(점포) 디스플레이의 원칙(AIDCA)
Attention(주의) − Interest(관심) − Desire(욕망) − Conviction(확신) − Action(행동)으로 구성된다.

37 매장의 구성과 설계에 대한 설명으로 옳지 않은 것은?

① 백화점과 할인점 같은 대형매장은 화려하고 고급스럽게 꾸며 소비자가 쇼핑에 대한 가치를 느낄 수 있도록 해야 한다.
② 목표고객이 매장 안으로 들어올 수 있도록 이미지 표출에 중점을 두어야 한다.
③ 개성과 특성을 살리면서도 제품판매 및 동선이 효율적이도록 설계되어야 한다.
④ 매장 앞을 지나는 고객이 내부의 분위기를 느낄 수 있도록 설계되어야 한다.
⑤ 매장구성은 고객이 많은 노력을 하지 않아도 제품을 쉽게 찾을 수 있도록 꾸며져야 한다.

정답 35 ③ 36 ③ 37 ①

[해설] 고급 전문점의 경우 화려하고 고급스럽게 꾸며 이용하는 고객들에게 자존감을 높여주는 게 필요하나, 백화점과 할인점 같은 대형매장은 화려함보다는 쉽고 편안하게 방문할 수 있는 구성과 설계가 필요하다.

38 매장 설계 시 고려할 점으로 가장 거리가 먼 것은?

① 고객의 구매행동을 자극하기 위해 노력한다.
② 상품구색이 바뀔 경우를 대비해 유연성을 높인다.
③ 전문점의 경우 경비절감을 위해 비용최소화를 최우선 목적으로 한다.
④ 표적시장의 욕구를 충족시키고 경쟁우위를 획득한다.
⑤ 법적 규제사항을 고려하여 합법적으로 설계한다.

[해설] 전문점 설계 시 비용최소화가 최우선 목적이 아니다.

39 매장 이미지에 영향을 미치는 요인과 그 종류에 대한 연결이 가장 잘못된 것은?

① 서비스: 접객, 배송, 포장 등
② 상품: 품질, 구색, 가격 등
③ 판촉: 전단, 판촉 용구, 캠페인 등
④ 매장: 경영자, 기업 계열, 다각화, 전통 등
⑤ 매장: 위생상태, 조명, 디스플레이, 레이아웃 등

[해설] 매장: 위치, 서비스, 매장의 물리적 특성, 매장 분위기, 제품구색의 특성, 광고, 매장 고객의 특성 등

40 다음 내용에 해당하는 레이아웃 유형은?

㉠ 매장 진열구조 파악이 용이하다.
㉡ 비용이 적게 들며 표준화된 집기배치가 가능하다.
㉢ 동일 제품에 대한 반복구매 빈도가 높은 소매점에 자주 쓰인다.

① 격자형(grid type) 레이아웃　　　　② 획일형(uniformity type) 레이아웃
③ 혼합형(hybrid type) 레이아웃　　　④ 변형형(racetrack type) 레이아웃
⑤ 자유형(free-flow type) 레이아웃

정답 38 ③　39 ④　40 ①

③ 혼합형(hybrid type) 레이아웃: 격자형과 경주로형 그리고 자유형의 장점을 살린 배치형태로, 각 부문 사이에 상품과 설치물의 종류에 따라 자유형이나 격자형 배치가 활용된다.
⑤ 자유형(free-flow type) 레이아웃: 일련의 원형·팔각형·타원형·U자형 패턴으로, 비대칭적으로 배치 하여 고객이 편안히 둘러볼 수 있도록 배치한다.

41 **자유형 배치에 대한 설명으로 옳지 않은 것은?**

① 절도행위에 취약하다.　　　② 제품당 판매비용이 많이 든다.
③ 충동구매를 유발한다.　　　④ 전체 쇼핑시간이 길어진다.
⑤ 대형마트나 창고형 매장에 적합하다.

 자유형 배치는 백화점이나 전문점에 적당하며, 대형마트나 창고형 매점은 격자형 배치가 적당하다.

42 **매장 레이아웃 관리의 목표에 해당하는 것은?**

① 고객의 쇼핑공간을 확보하기 위해서 소수의 잘 팔리는 제품만을 배치
② 고객의 시선을 집중시키기 위해 매장 입구에 고객 정체를 설정
③ 종업원의 동선은 가급적 길게 구성하여 효율성을 추구해야 한다.
④ 고객이 목적했던 제품을 빨리 구매하고 떠날 수 있도록 최대한 단순하게 공간 배치
⑤ 판매원의 동선을 합리화하여 작업능률 및 효율의 향상을 촉진

 고객이 자유로운 분위기에서 구매하고자 하는 제품을 신속히 구매하고 떠날 수 있도록 단순한 공간배치가 목표이다.

43 **매장의 배열(layout)에서 공간 분류에 관한 설명으로 옳지 않은 것은?**

① 고객을 위한 공간은 라운지부터 주차공간까지 다양한 형태를 갖는다.
② 직원전용 공간은 엄격하게 통제되어야 하며, 직원의 사기를 고려해 설계한다.
③ 고객을 위한 공간 대부분은 제품의 진열을 위해 사용된다.
④ 신발가게의 경우 재고공간이 판매공간보다 더 큰 비중을 차지하는 경우도 있다.
⑤ 셀프서비스가 가능한 매장의 대부분은 판매공간으로 사용한다.

 매장은 고객을 위한 공간이 되어야 한다.

정답 41 ⑤　42 ④　43 ③

44 매장의 레이아웃에 대한 설명으로 옳지 않은 것은?

① 매장의 입구 쪽에 단가가 낮은 상품을, 안쪽으로 들어갈수록 높은 상품을 배치한다.

② 관련 품목의 구매를 촉진하기 위해 관련 상품을 군집화한다.

③ 매장의 입구 쪽에는 구매빈도가 높은 상품을 배치한다.

④ 근접성 계획은 상품라인의 근접배치 여부를 매출과 직접 연결하여 계획을 수립한다.

⑤ 상품 배치는 판매자의 입장에서 상품 간 관련성을 고려하여 배치하는 것이 효과적이다.

> **해설** 공통점이 있는 품목끼리 모아 관련상품끼리 묶되, 고객의 입장에서 상품탐색기준과 선택기준을 생각해야 한다.

45 매장시설 구성과 관련된 점내시설 중의 하나인 통로 설계 시 고려사항과 거리가 먼 것은?

① 고객이 걸어 다니기에 편한 폭과 바닥 소재, 상품진열과의 관련성 및 조명과의 관련성을 고려해야 한다.

② 매장의 규모가 클 경우에는 고객이 쉴 수 있는 의자를 설치할 수 있는 공간도 필요하다.

③ 고객의 동선(動線)은 가능한 한 입구에서 점내 깊숙한 곳까지 길게 하는 것이 좋다.

④ 종업원의 동선은 매장의 모든 고객을 응대할 수 있도록 가능한 길게 하는 것이 좋다.

⑤ 매장 내의 통로는 점두부분과 점내 전체를 연결하기 위한 중요한 시설로서, 고객으로 하여금 매장 내를 두루 다닐 수 있도록 고려하여 설계하여야 한다.

> **해설** 고객의 동선은 매장에 머무르는 시간이 길어지도록 극대화해야 하나, 종업원의 동선은 가급적 보행거리가 짧도록 구성해야 한다. 그리고 고객 동선과 종업원의 동선은 교차하는 지점이 가능한 한 적도록 구성해야 한다.

46 상품의 판매동향을 탐지하기 위하여 메이커나 도매상 또는 체인본부 등이 직영하는 소매점포로, 의류 등 유행에 따라 매출액이 좌우되기 쉬운 상품에 대한 소비자의 반응을 파악하여 신속히 각종 의사결정에 반영하기 위한 전략매장은?

① 숍인숍　　　　　　　　　　② 오픈숍
③ 클로즈숍　　　　　　　　　④ 프랜차이즈숍
⑤ 파일럿숍

정답 44 ⑤　45 ④　46 ⑤

파일럿숍은 상품의 판매동향을 탐지하기 위해 메이커나 도매상이 직영하는 소매매장으로, 의류 등 유행에 따라 매출액이 좌우되기 쉬운 상품에 관해 재빨리 소비자의 반응을 파악하여 상품개발이나 판매촉진책의 연구를 돕는 전략매장이다. 안테나숍(antenna shop)이라 부르기도 한다.

47 처음에는 유아용 제품으로 간주되었던 아스피린이 현재는 심장질환이나 뇌졸중 위험을 줄여주는 저강도 성인용 아스피린으로 개발되어 판매되고 있다. 이러한 사례처럼 소비자들이 기존 제품에 대해 가지고 있던 이미지를 새로운 타깃층에게 가장 가깝게 접근하기 위해 새롭게 조정하는 활동을 의미하는 것은?

① 저가치전환
② 제품 리포지셔닝
③ 기능개선
④ 시장확장
⑤ 고가치전환

 최초에는 기업이 의도한 제품 포지셔닝이 이루어졌으나 시간과 환경의 변화 등으로 의도한 포지셔닝에서 멀어질 경우, 기존 제품을 새로운 환경에 맞춰 표적 세분시장에서 포지셔닝을 하게 되는데, 이를 리포지셔닝이라 한다.

정답 47 ②

Chapter

02 판매관리

01 판매와 고객서비스

1 고객서비스의 개념과 특징

(1) 고객서비스의 개념

① 서비스의 의미: 고객서비스(Customer Service)란 고객이 구입한 상품이 고객에게 충분한 효용을 줄 수 있도록 하기 위해 판매자가 고객에 대하여 제공하는 일종의 원조라고 할 수 있다.

② 고객서비스의 구성요소

거래 전 요소	거래 중 요소	거래 후 요소
• 서면화된 정책 • 정책(문서)에 대한 고객의 수취, 이해 • 조직구조 • 시스템 유연성 • 관리자 서비스	• 결품률 • 주문정보 • 주문주기의 요인들 • 선적지연 • 교환선적 • 시스템의 정확성 • 주문의 편의성 • 물품대체	• 설치, 보증, 수리, 변경, 부품 공급 • 물품추적 • 클레임 및 고충처리, 반품 • 물품의 일시대체

(2) 서비스의 특성

① 무형성(Intangibility)

㉠ 대부분의 고객이 소비하는 서비스는 무형성의 특징을 보이고 있다.

㉡ 무형성의 가장 큰 특징은 고객이 직접 구매라는 과정을 거치지 않고는 이를 평가하는 것이 힘이 든다는 것이다.

② 이질성(Heterogeneity)

㉠ 개개의 고객마다 서비스는 질을 달리 평가한다. 서비스는 어떠한 표준적인 기준이 설정되어 있지도 않고 설정할 수도 없기 때문이다.

㉡ 서비스는 유형적인 제품과 같이 표준화가 어렵고 실제의 성과인 표준치를 측정하거나 개발하는 것 역시 어렵다. 특히 서비스는 고객에 따라, 생산자 및 시간과 공간에 따라 변동되므로 이런 이질적인 특성을 명확히 고려해야만 한다.

③ 비분리성(Inseparability)

　　㉠ 서비스는 생산과 동시에 소비되는 특징을 가지고 있기 때문에 소비가 되면 흔적이 남아 있거나 찾을 수도 없다. 즉, 유형의 재화가 가지고 있는 저장이 불가능하다는 것이다.

　　㉡ 서비스는 소유권 이전이 불가능하다는 특징이 있다.

④ 소멸성(Perishability)

　　㉠ 서비스는 제공될 때 바로 사용되지 않으면 존재하지 않으므로, 재고형태로 저장할 수 없는 성질을 가지고 있다(비저장성).

　　㉡ 소멸성은 과잉생산으로 인한 손실과 과소생산으로 인한 기회상실의 문제를 야기한다.

> **더 알고가기** 수요 재고화 전략
>
> 서비스는 그 특성상 공급의 재고화가 어려우므로 수요를 재고화하려는 노력이 필요하다.
> 가장 일반적으로 사용되는 전략은 예약을 받음으로써 수요를 다양한 시간대로 분산시키는 것이다. 예약시스템은 잠재적인 상품을 미리 판매하여 미래의 판매에 대한 수요의 불확실성을 줄일 수 있으며, 고객은 대기시간을 줄이고, 서비스에 대한 이용을 보장받게 되는 이점이 있다.

기출문제확인

수요 재고화 방법으로만 짝지어진 것은?

① 예약제도, 대기시스템 활용　　　　② 고객의 셀프서비스제도, 가격인센티브제도

③ 파트타이머 이용, 고객의 셀프서비스제도　　④ 수요억제를 위한 선전, 파트타이머 이용

⑤ 예약제도, 파트타이머 이용

> 해설
> 예약시스템이나 대기시스템을 이용해서 서비스에 대한 수요를 재고화할 수 있다.
>
> 정답 ①

---

(3) 서비스의 제품 특성

① 탐색속성(Search Attribute): 물리적 설비, 종업원의 외모, 서비스 기업의 명성 등 서비스 구매 이전에 질문이나 원하는 정보를 찾아봄으로써 평가되는 서비스 속성을 말한다.

② 경험속성(Experience Attribute): 실질적인 서비스의 체험을 통해서만 파악되는 속성으로, 자동차 시승 시 승차감, 제품구매 후 A/S, 음식물의 시식 등에서 나타난다.

③ 신용속성(Credence Attribute): 서비스를 받은 후 일정 기간 내에는 알 수 없으며 시간이 지남에 따라 경험하게 되는 속성으로, 증권투자나 의료서비스와 같은 전문적인 서비스영역에서 나타난다.

2 고객서비스의 구조와 품질

(1) 서비스의 구조(서비스 패키지)

① 지원시설(Supporting Facility): 호텔이나 레스토랑, 병원에서 받는 서비스는 무형의 서비스이지만 호텔과 레스토랑 그 자체는 물적인 시설을 갖추고 있다.

② 서비스에 포함되는 상품(Facilitating Goods): 서비스 제공과정에서 소비되는 제품이나 자재 등을 의미한다.

③ 명시적 서비스(Explicit Services): 가격을 지불하고 얻은 서비스에서 충족되는 직접적 편익을 말한다.

④ 묵시적 서비스(Implicit Services): 심리적인 편익을 말하며, 이에는 종업원들의 태도나 예절, 서비스 시설의 안정성, 편의성, 분위기, 서비스를 받기 위해 대기하는 시간, 서비스를 통해 느끼는 어떤 대우감 등의 정도가 있다.

(2) 서비스 품질의 정의

① 서비스 품질의 개념: 서비스 품질(Perceived Service Qquality)은 소비자에 의해 주관적으로 인식된 서비스 품질을 의미한다. 서비스 품질은 서비스를 평가하는 과정의 산출물이며, 기대된 서비스와 지각된 서비스와의 차이에서 비롯된다.

② 서비스 품질의 속성

ㄱ 탐색속성(Search Attributes): 제품의 구매 전에도 알 수 있는 제품의 특성, 색상·스타일·디자인 등의 외적인 특성과 가격, 상표명 등의 가시적인 특성을 말한다.

ㄴ 경험속성(Experience Attributes): 제품의 구매 전에는 쉽게 알 수 없고, 소비하면서 또는 소비한 후에야 알 수 있는 특성을 말한다.

ㄷ 신용속성(Credence Attributes): 건강진단이나 증권투자 등의 서비스처럼 제품을 구매하고 서비스를 받은 후에도 쉽게 평가하기 힘든 속성이다.

(3) 서비스 품질을 측정하기 어려운 이유

① 평가를 한다는 것의 가장 기본적인 것은 객관적인 태도하에서 수행되어져야 한다. 하지만 서비스는 특성상 객관화가 어렵고 대부분이 주관적인 판단기준에 의해 평가를 수행할 수밖에는 없다.

② 서비스는 생산과 소비의 동시성을 갖는 특징이 있다. 서비스의 전달이 채 완료되기도 전에 서비스 품질을 평가하여 검증한다는 것은 무척이나 어려운 과제라고 할 수 있다.

③ 서비스를 측정하기 위해서는 고객에게 직접 대면접촉을 실시하여 데이터를 수집해야 하지만, 전산요원이 많이 필요하고 시간 역시 상당히 소요되면서 시간과 비용 또한 많이 든다.

④ 고객은 서비스 프로세스의 일부이며 변화를 일으킬 수 있는 중요한 요인이 되기도 하기 때문에 고객을 대상으로 하는 서비스 연구 및 측정은 본질적으로 어려움이 상존하고 있다.

⑤ 서비스라는 자원은 고객에게 전달되고 고객이 사용하여야만 파악할 수 있는 특징을 지니기 때문에 고객이 서비스라는 자원을 파악하고 평가에 있어 객관성을 유지하기가 어렵다.

(4) 서비스 품질의 측정: SERVQUAL 모형

① SERVQUAL 모형의 의미

㉠ SERVQUAL은 서비스(Sevice)의 품질(Quality), 즉 서비스에 대한 고객의 만족도를 측정하기 위한 도구이다. 서비스의 품질은 고객의 기대 및 욕구수준과 실제성과 간의 차이(갭)에 의해 인식할 수 있다.

㉡ 파라슈라만, 자이타믈, 베리 등의 학자들은, "고객들은 서비스 품질을 평가하는 것이 제품의 품질을 평가하는 것보다 어렵고, 서비스 품질의 지각은 실제 서비스 성과에 대해 고객이 갖는 기대와 비교한 후 결정되며, 품질의 평가는 서비스의 결과만으로 이루어지는 것이 아니라 서비스 전달과정도 함께 포함된다."고 주장하였다.

㉢ SERVQUAL의 5개 차원: 유형성, 신뢰성, 대응성, 확신성, 공감성

② SERVQUAL의 준거기준

파라슈라만, 자이타믈, 베리 등의 학자들은 서비스 품질의 준거기준으로 신뢰성, 대응성, 유형성, 능력, 예절, 안전성, 신빙성, 가용성, 커뮤니케이션, 고객이해 등 10개 차원을 제시하였다.

㉠ 유형성: 물리적 시설, 장비, 직원, 자료의 외양

㉡ 신뢰성: 약속한 서비스를 믿을 수 있고 정확하게 수행하는 능력

㉢ 대응성: 고객을 기꺼이 돕고 신속한 서비스를 제공하려 하는 것

㉣ 능력: 필요한 기술의 소유 여부와 서비스를 수행할 지식소유 여부

㉤ 예절: 일선 근무자의 정중함, 존경, 배려, 친근함

㉥ 신빙성: 서비스 제공자의 신뢰성, 정직성

㉦ 안전성: 위험, 의심의 가능성이 없는 것

㉧ 가용성: 접촉 가능성과 접촉 용이성

㉨ 커뮤니케이션: 고객들이 이해하기 쉬운 언어로 이야기하고, 고객의 말에 귀 기울이는 것

㉩ 고객이해: 고객의 욕구를 알기 위해 노력하는 것

서비스품질 평가 10 차원	SERVQUAL 차원	SERVQUAL 차원의 정의
유형성	유형성	물리적 시설, 장비, 직원, 커뮤니케이션 자료의 외양
신뢰성	신뢰성	약속한 서비스를 믿을 수 있고 정확하게 수행할 수 있는 능력
대응성	대응성	고객을 돕고 신속한 서비스를 제공하려는 자세
능력	확신성	직원의 지식과 예절, 신뢰와 자신감을 전달하는 능력
예절		
신빙성		
안전성		
가용성	공감성	회사가 고객에게 제공하는 개별적 배려와 관심
커뮤니케이션		
고객이해		

‖ 서비스 품질평가 10개 차원 및 SERVQUAL 5개 차원의 비교 ‖

③ SERVQUAL에 대한 평가

   ㉠ SERVQUAL은 최초 개발 이후 서비스 품질을 측정하고 연구하는 도구로 가장 많이 이용되어 왔으며, 또 가장 일반화된 모형으로 평가되고 있다.

   ㉡ SERVQUAL은 서비스 기업이 고객의 기대와 평가를 이해하는 데 사용할 수 있는 다섯 가지 차원의 다문항 척도(Multiple-Item Scale)로 이루어져 있으며, 각 차원들은 4~5개의 문항으로 측정되어 총 22개의 문항으로 구성되어 있다.

   ㉢ 이 척도로 측정할 수 있는 서비스의 측면은 매우 보편적이고 일반적이어서 서로 다른 서비스 카테고리에 많이 적용할 수 있다.

📋 기출문제확인

서비스의 품질을 평가하는 요소와 그에 대한 설명으로 옳지 않은 것은?

① 신뢰성(reliability) : 약속한 서비스를 믿을 수 있고 정확하게 수행하는 능력
② 확신성(assurance) : 고객에 대해 직원들의 자신감과 안전성을 전달하는 능력
③ 공감성(emphathy) : 고객에게 제공하는 개별적인 배려와 관심
④ 대응성(responsibility) : 고객에게 언제든지 준비된 서비스를 제공하려는 자세
⑤ 인지성(awareness) : 고객의 욕구나 불편함을 사전에 알아차리는 능력

해설
서비스 품질을 평가하는 요소에는 유형성, 신뢰성, 대응성, 확신성, 공감성이 있다. 따라서 인지성은 서비스 품질을 평가하는 요소에 포함되지 않는다.

정답 ⑤

④ 소매업의 서비스 품질

　㉠ Retail Service Quality의 의의

　　ⓐ 1996년에 유통환경에 적합한 서비스 품질을 측정하기 위한 도구로 Retail Service Quality가 개발되었다.

　　ⓑ Retail Service Quality는 물리적 특성과 신뢰성, 고객과의 상호작용, 문제해결, 정책 등 5개 차원으로 이루어져 있다.

　㉡ Retail Service Quality의 구성요소

　　ⓐ 물리적 특성(Physical Aspects): SERVQUAL의 유형설비 개념을 확장시킨 것으로, 외형설비와 편리성 등의 하부 차원으로 분류된다. 외형설비는 시설의 깨끗함이나 시각적 느낌에 관한 내용이며, 편리성은 소비자가 원하는 물건을 찾기에 편리하도록 진열이 잘 되어 있는지에 관한 내용이다.

　　ⓑ 신뢰성(Reliability): SERVQUAL의 신뢰성과 비슷한 개념으로 고객과의 약속이행에 해당하는 약속(Promises) 차원과 정확한 거래기록 유지, 소비자가 구매하고자 하는 상품이 없는 문제가 발생하지 않도록 조처하고 있는지 등의 문제예방 차원 등으로 구성되어 있다.

　　ⓒ 고객과의 상호작용(Personal Interaction): SERVQUAL의 확신성, 반응성, 공감성에 대한 개념들의 일부를 포함하고 있다. Retail Service Quality에서는 상호작용을 쇼핑과 관련된 확신성, 친절성의 2개 차원으로 파악하고 있다.

　　ⓓ 문제해결(Problem Solving): 종업원이 고객의 불만사항이나 교환·환불 등의 요구를 어떻게 처리하고 있는지에 관한 내용이다. 이는 SERVQUAL에서는 제시되지 않았던 개념을 추가시킨 것이다.

　　ⓔ 정책(Policy): 정책은 편리한 주차 공간, 신용카드 사용, 편리한 영업시간 등의 3가지로 구성되어 있다.

(5) 서비스 품질격차 모형(Gap Model): Parasuraman 등

① Gap 분석모형의 의의

　㉠ 서비스 제품에 있어서 고객만족은 고객이 구매 이전에 가지고 있던 기대수준보다 실제 제공받는 서비스의 품질이 크거나 별 차이가 없을 경우에 발생한다.

　㉡ 이에 따라 서비스 기업에서는 고객의 서비스 품질에 대한 기대수준과 실제로 제공되는 서비스의 차이를 줄이기 위해 다각적인 노력을 필요로 하는데, 이를 위한 실천방법으로 파라슈라만 등이 제시한 Gap 분석모형이 널리 활용되고 있다.

　㉢ Gap 분석모형은 서비스 품질문제의 근본적인 원인을 분석하고, 서비스 품질을 어떻게 향상시킬 것인가에 대한 시사점을 주기 위해 개발되었다.

② 4가지의 Gap: Gap 분석모형에 의하면 소비자의 서비스 품질에 대한 기대수준과 제공되는 서비스 간의 차이는 4가지 요인에 의해 발생한다.

　㉠ 기업의 관리자가 고객의 욕구를 제대로 파악하지 못하는 경우 – 갭 1: 고객의 욕구에 대한 오해(이해 차이)

　㉡ 관리자가 고객의 욕구를 파악하여도 구체적으로 이를 어떻게 만족시켜주어야 할지를 모르는 경우 – 갭 2: 부적절한 업무과정(과정 차이)

　㉢ 서비스를 전달하는 직원이 정해진 지침을 제대로 따르지 않는 경우 – 갭 3: 직원의 훈련 부족(행동 차이)

　㉣ 기업이 광고 등을 통해 약속한 서비스 내용과 실제 제공되는 서비스 간에 차이가 발생하는 경우 – 갭 4: 과도한 기대수준 형성(촉진 차이)

　㉤ 기대된 서비스와 지각된[인식한] 서비스의 차이 – 갭 5: 갭 1~갭 4의 한 가지라도 존재하면 발생하는 차이(인식 차이)

│ 서비스 품질 Gap │

구분	Gap의 종류	Gap의 내용
Gap 1	고객의 기대와 경영자 인식 간의 차이	제공되는 서비스의 내용에 대한 서비스 기업 경영자의 고객과의 불일치
Gap 2	경영자 인식과 실행 가능한 서비스 수준과의 차이	기술적인 어려움, 비현실적 구상 등으로 인해 실제로 적용 불가능한 서비스 내용
Gap 3	실행 가능한 수준과 실제 제공된 서비스와의 차이	종업원의 피로, 사기 저하 등 전달체계에서의 부작용
Gap 4	제공된 서비스와 홍보된 서비스의 차이	과장된 광고 등에 의한 지각의 차이
Gap 5	기대된 서비스와 지각된 서비스와의 차이	Gap 1에서 Gap 4의 한 가지라도 존재하면 발생하는 차이

③ Gap 모형의 평가: 이 개념적 모형은 서비스 품질을 개선하려는 관리자들에게 Gap 5를 줄이는 방법의 핵심이 바로 Gap 1부터 Gap 4까지 줄이는 것임을 보여주고 있으며, Gap 1에서 Gap 4까지 중 하나 또는 그 이상의 Gap이 어느 정도 큰가에 따라 고객이 지각하는 서비스 품질의 수준도 변화하게 된다.

더 알고가기 제품과 서비스의 차이점

• **상품의 성격**: 제품은 만질 수 있는 유형이지만, 서비스는 만질 수 없는 무형이다.
• **생산과정에 고객의 참여**: 제품은 생산과정에 고객이 배제되지만, 서비스는 그 과정에 참여한다.
• **품질통제의 어려움**: 서비스는 특성상 표준화의 어려움이 있어 품질통제가 어렵다.
• **재고관리의 어려움**: 제품에 비해 서비스는 저장이 불가능하고, 제공되는 순간에만 제공한다.
• **시간요인의 중요성**

- **제공자도 상품의 일부**: 제품은 그 자체가 상품이지만, 서비스는 서비스를 제공하는 제공자도 상품의 일부가 된다.
- **유통경로의 상이**: 서비스는 제품이 각 매장에서 제공되는 것과 달리 유통경로가 항상 상이하다.

3 디스플레이 응용과 기술

(1) 중점상품 디스플레이의 소구

① **광고적 효과**: 광고의 원칙인 AIDMA의 순서에 따라서 항상 중점으로 하는 상품을 고객에게 주목시키고 흥미를 주어 욕망을 일으키게 하여 확신을 갖고 구매 결정에 이르도록 디스플레이가 되어 있는가를 생각하는 것으로, 이 경우 디스플레이의 원칙인 AIDCA가 그 판단기준을 도와주는 지침이 된다.

┃ 광고의 원칙(AIDMA) ┃

주의(Attention)	• 주목시킨다. • 개인에게 소구한다. • 겨냥을 확실하게 한다. • 사람의 눈을 끌 수 있는 효과
흥미(Interest)	• 고객에게 주는 이익 • 언제, 어느 때 • 초점을 만든다. • 기본적인 욕망에 대한 소구
욕망(Desire)	• 상품보장 • 양질이라는 설명 • 인기의 표현 • 성실성의 표현 • 경합품에 대한 우위성 • 사지 않으면 손해 본다는 생각 • 명사들이 애용한다는 증명
기억(Memory)	• 점포(상호)의 식별 • 어디서 살 수 있는가 제시 • 기분 좋은 연상 • 기억에 남는 구성과 삽화
행동(Action)	• 곧 보러 가고 싶은 행동 요청 • 곧 보러 가야 한다는 행동 명령 • 순서가 정연한 표현 • 문자의 크기에 의한 소구 강조

② **심리적 효과(5감 소구):** 인간이 갖고 있는 5가지 감각에 대해서 얼마만큼 구체적으로 소구 (Appeal)하고 있는가에 관한 것이다.

　㉠ **시각(눈):** 보기에 불편하지 않고, 보기 쉽게 하기 위해서는 디스플레이의 방법이나 디스 플레이형의 변화를 고려하여야 하고, 색채, 조명, 보조기구의 이용, POP 광고 등이 필요 하다.

　㉡ **촉각(손, 피부):** 시각 다음으로 중요한 역할을 한다. 될 수 있는 한, 쇼케이스에 넣은 클로 즈드 디스플레이가 아닌 오픈 디스플레이가 좋다.

　㉢ **청각(귀):** 음을 파는 상품은 소리를 들려주어야 한다.

　㉣ **후각(코):** 화장품과 같이 향기를 파는 상품은 냄새를 맡게 해주어야 한다.

　㉤ **미각(입, 혀):** 과자나 식료품의 경우에 해당되는 것으로서 직접 맛보는 것이 구매를 자극 하는 가장 강력한 방법이다.

∥ 판매촉진과 진열장식 ∥

AIDMA	주의 흥미 욕망 기억 행동	기획력	• 행사의 검토(연간 행사리스트의 작성) • 유리성 상품(시의적절한 상품결정) • 테마(TPO에 적합한 개념)
		배치력	• 장소의 선정(집시 포인트의 적소 배치) • 유효 디스플레이(골든 라인의 검토) • 코너(개발상품의 적극적인 소구)
광고적 소구 중점 상품 심리적 소구		상품력	• 풍부한 구색(경쟁력에 뒤지지 않는 구색) • 관련 상품(주력상품을 위주로 한 조합) • 감각적 디스플레이(상품가격을 높이는 디스플레이)
5감 소구	시각 촉각 청각 후각 미각	연출력	• 주의효과(보조기구, 장식물의 이용) • 색채효과(색이 갖는 심리특성의 배려) • 조명효과(밝기와 악센트)
		설득력	• 자유선택(판매형식과 판매원의 위치) • 가격표시(POP 광고에 의한 소구) • 봉사 게시(경영이념, 봉사의 내용 전달)

(2) 기획력

판매성과를 높이기 위해서 그 시기에 맞는 시의적절한 상품을 어디에 목표를 두어 어떻게 소구 할 것인가를 결정하는 요소가 기획력이다. 다음 항목을 검토하고 순서를 세워서 계획을 추진해 나가는 것이 필요하다.

① **판매촉진계획:** 판매목표를 달성하기 위한 판매계획의 작성은 그 점포의 진로를 결정하는 중 요한 역할을 함과 동시에 차후의 판촉을 계획하는 참고자료가 된다.

② 테마의 확립

　㉠ 일반적인 행사의 테마

　　ⓐ 설날 대매출

　　ⓑ 어린이날, 어버이날 대매출

　　ⓒ 여름 세일

　㉡ 전시테마

　　ⓐ 막연하고 보편적인 것보다 고객의 주의와 충동구매를 기대해야 한다.

　　ⓑ 충동구매를 위해서는 기간을 짧게 하고, 대상도 좁혀서 '당신에게만 알린다.'는 구체성이 있는 캐치프레이즈로 소구할 필요가 있다.

(3) 배치력

중점상품은 언제, 무엇을, 어떻게 소구(기획력)하느냐가 결정되면 다음은 그것을 어떠한 장소에 배치해야만 좋은가를 결정한다. 배치력을 높이는 방법으로서는 효과적인 집시 포인트의 설치, 골든 라인(Golden Line)의 활용, 개성적·인상적인 코너 디스플레이 등 3개항을 검토할 필요가 있다.

① 집시 포인트

　㉠ 고객의 눈을 끌고 발을 멈추게 하여 충동적인 구매와 연결해 주기 위한 매장의 포인트가 되는 부분으로 고객의 시선을 모으는 포인트가 된다.

　㉡ 집시 포인트의 위치: 어느 점포를 막론하고 점두나 점내의 코너 정면에 하는 것이 상식이다.

② 골든 라인(Golden Line)

　㉠ 유효진열 범위: 상품을 진열해서 그 부분이 유효하게 되는 부분, 즉 팔릴 수 있는 진열의 높이라는 뜻으로, 보기 쉽고 사기 쉬운 위치라는 의미를 내포한다.

　　ⓐ 유효진열

　　　• 멀리서 보았을 때의 효과와 상품에 접근했을 때 보기 쉬운 효과를 상품의 특성에 따라 구분해야 한다.

　　　• 무드가 좋은 진열, 선택하기 쉬운 진열, 손에 닿기 쉬운 진열이 될 수 있도록 배려하여야 한다.

　　ⓑ 유효진열의 활용

　　　• 집시 포인트인 전시적 디스플레이의 범위를 벗어난 위치로부터 보았을 경우 전체적으로 강한 테마의 소구력이 필요하다.

　　　• 통일성이 있는 센스와 무드가 고객의 기분을 휘어잡는다. 그러나 그 장소에 접근했을 경우 전체로서가 아닌 상품 하나하나의 효과가 문제가 된다.

　　　• 상품의 설명이나 가격이(POP 광고) 읽기 쉬운 위치에 알기 쉬운 상태로 표시되어 있어야 한다.

- 상품군 중에서 보다 보고 싶고, 보다 사고 싶은 상품이 제일 보기 쉬운 장소에 효과적으로 진열되어 있어야 한다.

┃ 유효진열 범위의 활용 ┃

생활 관습	무드가 좋은	조명은 효과적인가? (전반, 부분 등)	무드 스페이스 (감각적 디스플레이)
		벽면 컬러(색채)는 적당한가?	
		계절감의 연출을 고려하고 있는가?	
보기 쉽고 사기 쉬운 것	고르기 쉬운	상품에 맞는 설비기구를 활용하고 있는가?	골든 라인 (양감적 디스플레이)
		적당한 분류표시를 하고 있는가?	
		상품을 그룹별로 하고 있는가?	
		상품의 페이스를 효과적 디스플레이로 보여주고 있는가?	
		상품의 색조합을 고려하고 있는가?	
		주목을 끄는 변화 있는 디스플레이가 되었는가?	
		풍부감이 강조되고 있는가?	
		표준 디스플레이량이 결정되어 있는가?	
		각 층에 맞는 구색이 되어 있는가?	
		POP 광고는 적당한가? (크기·내용 등)	
		보조기구를 적당히 이용하고 있는가?	
인체 조건	집기 쉬운	상품에 의해서 디스플레이의 높이를 고려하고 있는가?	재고 스페이스
		잡기 쉬운 디스플레이 방법을 연구하고 있는가?	
		구매관습에 맞는 디스플레이가 되어 있는가?	
		될 수 있는 한 디스플레이를 고려하고 있는가?	
		주력상품이 코너에 있지 않은가?	

ⓛ 골든 라인(Golden Line): 유효 디스플레이의 범위 내에서 보다 보기 쉽고 손에 닿기 쉬운 범위의 높이를 말하며, 가장 많은 매출을 올릴 수 있는 가능성을 가진 장소이다.

ⓐ 골든 라인의 범위
- 눈높이보다 20° 아래를 중심으로 하여 그 위의 10° 그 아래 20° 사이를 말한다.
- 일반적으로 가장 보기 쉬운 위치는 눈높이보다 20° 아래 부분으로 손으로 잡아보기 쉬운 부분이다.
- 한국 사람의 눈높이는 일반적으로 남성은 160cm, 여성은 150cm를 기준으로 한다.

ⓑ 시야의 넓이: 사람의 양쪽 눈이 좌우로의 시야 속에서 가장 좋은 범위는 60°이다.

ⓒ 상품배열: 골든 존(Golden Zone)에 있는 디스플레이 상품은 고객이 상하로 가기 쉽기 때문에, 입지점에서 상품의 비교는 종분할 쪽이 용이하다. 이에 비해서 횡분할은 중앙 부분의 매상은 늘지만 다른 부분이 팔리지 않아서 효율적이지 않다.

③ 코너 디스플레이(Corner Display)
  ㉠ 성장성이 있는 상품의 경우 장기적인 중점상품으로 전개하고자 할 때는 특별한 코너를 설치해서 집시 포인트로 하는 것이 효과적이다.
  ㉡ 이 경우 전반적인 보충 디스플레이 부분과 뚜렷하게 구분된 매장무드가 필요하다.

> **더 알고가기** 특설 코너의 장점
>
> • 같은 종류의 상품이 집중적으로 디스플레이되므로 능률적인 구매가 이루어진다.
> • 타 매장과 상이한 매장무드가 점포 내의 악센트로서 개성적이고 인상적이다.
> • 동 종류의 상품을 집합시키므로 연출방법에 의해서 매력적인 상품구성이 가능하다.
> • 조건이 나쁜 매장을 집시 포인트로 활성화시킬 수 있다.

(4) 상품력

이것은 상품계획(Merchandising)에 관한 것으로 상품력을 발휘한다는 것은 적어도 중점상품으로 취급되는 기간에는 그 상품의 상품구성에 있어서 경쟁점을 압도할 수 있어야 한다. 여기서 상품력에 대한 우위성을 갖기 위해서는 압도적이며, 집중적인 디스플레이, 상품의 여러 속성을 연결시킨 관련적인 디스플레이와 같은 사항이 요구된다.

① 집중적인 디스플레이
  ㉠ 매스 디스플레이(Mass Display)라고 말하는 단품종목의 상품을 대량으로 진열하는 형태이다. 일정 기간, 특히 일주일 정도의 단기에 목표수량을 팔고자 할 경우 특정 상품의 집중적인 디스플레이에 의해서 양감 디스플레이가 크게 힘을 발휘한다.
  ㉡ 집중적 디스플레이의 위치선정
    ⓐ 코너의 활용: 계절상품이나 구매빈도가 높은 상품 또는 실연 판매와 같은 경우는 점두나 점내의 적당한 코너를 이용해서 압도적인 대량진열을 한다.
    ⓑ 엔드(end)의 활용: 점포 내의 중앙부분에 배열된 곤돌라 판매대, 평매대, 선반매대, 스테이지 등의 끝 부분에 그 부문 가운데서 중점상품을 대량진열한다.
    ⓒ 특가매대의 활용: 넓은 통로상의 공간이나 또는 사람의 눈에 잘 띄는 곳에 특가매대를 설치하고 대량진열에 의해서 관계구매와 충동구매를 유도한다.
    ⓓ 벽면 디스플레이의 활용: 상품부문의 경계면에 해당하는 곳에 각 부문의 상품을 대량 디스플레이하여 고객을 구석까지 유도한다.
    ⓔ 큰 기둥의 활용: 철근 콘크리트의 두꺼운 기둥에 의해 디스플레이가 차단되는 경우 그 기둥 주위에 대량 디스플레이를 통해 디스플레이션을 연결하는 형태이다.
    ⓕ 디스플레이 선반의 활용: 디스플레이 선반의 일부를 돌출시키거나 또는 보조기구를 부착시켜 중점상품의 양을 확대해서 주목을 끄는 형태이다.

ⓒ 집중적 디스플레이 방식: 적립식, 혼합식, 걸이식, 단계식 등이 있는데, 그 채택방법은 상품이나 판매정책에 따라 결정된다.
② 관련적인 디스플레이
　㉠ 집중적인 디스플레이가 가격을 중심으로 양감을 위주로 하는 것이라면, 이와는 대조적으로 관련적인 디스플레이는 중점상품에 관계가 있는 용도별, 부속성, 가격, 연령, 색채, 계절 등을 잘 조합해 그 조합에 의한 상승효과로 판매력을 높이고자 하는 방법이다.
　㉡ 관련적인 상품 디스플레이는 패션 코디네이트(Fashion Coordinate: 유행품의 조합)의 생각으로 실시해야만 고객에게 편안함, 안전감, 만족감을 줄 수 있다.
③ 감각적인 디스플레이: 고객의 상품을 취급하는 점포의 집시 포인트는 감각적인 무드가 필요하다. 그 이유는 상품의 가치를 높여줄 수 있기 때문이다.
　㉠ 무드(Mood) 디스플레이
　　ⓐ 무드를 높여서 상품의 가치나 특성을 강조하는 진열로 이미지 효과를 목표로 한다.
　　ⓑ 고급품의 중점 디스플레이에 필요한 진열방법으로, 그 상품에 알맞은 색채·조명·장식의 보조구 등을 잘 이용해서 상품의 질감에 미치는 연상이나 이미지로부터 고객의 구매심리를 자극한다.
　㉡ 심벌(Symbol) 디스플레이
　　ⓐ 디스플레이가 의도하는 바를 상품과 모티브에 의해 상징적으로 표현하는 수법이다.
　　ⓑ 디스플레이의 테마(계절·유행·뉴스·시간·장소·상황) 등에 따라서 집약적으로 소구하는 효과를 노린 것이다.
　㉢ 드라마틱(Dramatic) 디스플레이
　　ⓐ 극적 표현형식의 디스플레이란 커트 장면의 리얼(real)한 극적인 표현을 통해서 상품에 흥미를 끌게 하는 방법이다.
　　ⓑ 이 디스플레이를 보고 있는 고객으로 하여금 그 주인공과 같은 느낌이 들도록 유도하여 그 상품에의 욕구를 불러일으키게 하는 디스플레이 방식이다.
　　ⓒ 드라마틱 디스플레이의 전형적인 것은 마네킹을 사용해서 특정 장소를 극적으로 연출하는 방법이다.

더 알고가기 점포 내 상품배치 원리

• 점두에 가까운 장소는 후방보다 상품의 노출 빈도가 더 높다.
• 1층은 지하실보다 상품의 노출 빈도가 더 높다.
• 층수가 높아질수록 노출 빈도는 낮아진다.
• 통로 주변장소가 코너보다 노출 빈도가 더 높다.
• 소비자의 눈높이에 진열되어 있는 상품이 그보다 높거나 낮은 곳에 진열되어 있는 상품보다 노출 빈도가 더 높다.

(5) 연출력

중점 디스플레이의 효과를 높이기 위해서는 상품뿐만 아니라, 보조적인 기구나 장식을 사용해서 사람들의 관심을 갖게 할 필요가 있는데, 이러한 방법으로서 의외성을 주는 연출력이 필요하게 된다.

① 주목효과의 제고 – 주목효과를 높이기 위한 연출방법
   ㉠ 상품 자체의 변화 디스플레이: 그 상품의 상식적인 디스플레이와는 다른 전시를 행함으로써 사람의 주목을 끄는 방법이다.
     • 청과물 등을 낚싯줄을 사용해서 천장에서 늘어뜨린 줄에 매달아 과수원을 연상시킨다.
   ㉡ 장식을 이용한 연출: 각 상품에 알맞은 보조구를 이용해서 평범한 방법이 아닌 특수방법으로 처리해 줌으로써 주목률을 높인다.
     • 의류의 마네킹을 흑색, 백색, 청색 등으로 색다르게 처리한다.
② 색채효과의 제고: 색채를 보다 잘 이용함으로써 그 매장을 클로즈업시키고, 동시에 활기나 쾌감을 연상시켜 연출력을 높이는 방법이다.
③ 조명효과의 제고: 점포 조명의 방식에는 기본 조명이라고 할 수 있는 전체 조명과 부분 조명, 즉 특정 부위를 집중적으로 조명하는 형태가 있다. 어떤 조명이 좋은가 또는 조명기구는 어떻게 부착하는 것이 좋은가는 그 점포의 조건(업종, 업태, 점격, 취급상품), 천장 높이, 그 부분에 대한 색채 등에 의해서 결정되어야 한다.

(6) 설득력

팔고자 하는 상품(기획력)을 팔기 좋은 요소에서 팔기 위한 상품구성이나 상품조합을 고려하여 변화 있는 디스플레이 방법을 연구하면 설득력에 의한 구매결정에 이를 수 있다. Self-Selection에 의한 자유스러운 비교 선택, 상품의 설명과 가격의 명료한 명시, 서비스 사인에 의한 성실한 전달 등의 사항이 필요하다.

① 자유스러운 비교선택
② 가격의 명확한 표시
③ 서비스 사인(Service Sign): 봉사를 위한 게시는 점포의 신뢰를 획득하기 위한 수단이다. 한 마디로 말해 점포 측에서 고객에게 알리고 싶은 내용을 어필하는 게시물이다(서비스 정신을 문자를 통해서 고객에게 표현하는 것).

4 바코드(Barcode)

(1) 바코드의 정의

① 바코드(Barcode)는 가느다란 줄과 굵은 줄 2가지 폭을 가지는 백과 흑의 평행한 줄로 이루어 지는 막대, 여백, 전달 부호줄 및 광학식 문자인식을 위한 자형(0)으로 구성되어 제품 또는 제품포장지에 인쇄된 표시를 말한다.

② 바코드는 두께가 서로 다른 검은 막대와 흰 막대의 조합을 통해 숫자 또는 특수기호를 광학 적으로 쉽게 판독하기 위해 부호화한 것으로 이것을 이용하여 정보의 표현과 정보의 수집, 해독이 가능하다.

③ 바코드를 이용하면 소비자 정보에 의한 판매계획의 수립, 주문의 신속화, 출하와 배송의 효 율화 등을 기할 수 있다.

(2) 바코드의 장점과 응용분야

① 바코드의 장점

ㄱ 스캐너로 바코드를 읽어 들이는 것은 수작업에 의한 컴퓨터의 입력방법(Key-in)보다 훨 씬 빠르고 간소하다.

ㄴ 신뢰성이 매우 높다. 즉, 불명확한 판독으로 인한 오독률 및 에러율이 매우 낮다.

ㄷ 경제성이 있다. 즉, 도입비용이 저렴하고 응용범위를 다양하게 활용할 수 있다.

ㄹ 실시간 데이터 처리가 가능하다.

② 바코드의 응용분야

ㄱ 유통관리

ㄴ 자재 및 창고관리

ㄷ 근태관리

ㄹ 출하선적관리

ㅁ 매장관리

(3) 국제표준 바코드의 역사

① UPC(Universal Product Code)

ㄱ UCC(Uniform Code Council)가 개발·보급하고 있는 북미지역 표준코드를 의미한다.

ㄴ 2005년 관리기관인 UCC는 세계 양대 코드관리기관인 EAN International과 통합되어 GS1이라는 새로운 통합된 관리기관에 의해 관리된다.

② EAN(European Article Number)

ㄱ 북미지역을 제외한 나머지 90여 개국에서 표준으로 사용하고 있는 국제표준코드를 의미 한다.

   Ⓩ 2005년 관리기관인 EAN International은 세계 양대 코드관리기관인 UCC와 통합되어 GS1이라는 새로운 통합된 관리기관에 의해 관리된다.

   ⓐ 한국은 국제상품코드관리협회(EAN International)로부터 '880'이라는 국가번호를 부여받으며, KAN(Korean Article Number)으로 사용되고 있다.

  ③ GS1 국제표준 바코드(GS1 GTIN 식별코드 + EAN/UCC 바코드 형식): 상공회의소에서 표준상품식별코드를 부여받은 후 각각의 심벌 형식에 맞추어 구현되면 출력되는 바코드이다.

(4) 통합된 국제바코드(GS1 바코드)

 ① EAN / UPC

  〖「 EAN - 13(표준형 바코드)=국제상품번호[International Article Number, 이전 이름: 유럽상품번호(European Article Number)]

   ⓐ 소매상품에 가장 일반적으로 사용되는 바코드이며, 표준형 상품식별코드(GTIN - 13)가 입력된다.

   ⓑ EAN - 8(단축형 바코드)은 소매품에 사용되지만, 과자처럼 크기가 작은 물품을 위해 보존하는 것이 보통이다.

   ⓒ 유럽상품코드(EAN)의 대한민국 국가코드는 880이며, 마지막 한 자리는 체크숫자로 판독 오류방지를 위해 만들어진 것이다.

  〗 UPC - A: 2005년 GS1 Global로 양대 코드관리기관이 통합되기 전부터 북미에서 UPC 바코드를 사용하던 업체들이며, 계속 사용하고 있는 업체들에 대한 배려로 남겨둔 바코드를 의미한다.

 ② ITF - 14(표준물류 바코드)

  〖 GTIN - 14(표준물류 식별코드) + ITF - 14(바코드 심벌) = ITF - 14 바코드

  〗 연속형 심벌로지 형식으로 Intercharacter Gap, X-Dimension이 없다.

  〘 계산대(POS)에서 사용되지 않는다.

  〙 물류창고 등 물류단위에서 상품검품 및 물류자동화를 위해 사용된다.

(5) 공통상품코드

 ① GS1 GTIN(Global Trade Item Number): GTIN Database는 14자리 DB형식으로, GTIN - 13 과 GTIN - 8 모두 빈자리의 앞쪽에 0을 채워서 14자리로 만든 후, DB에 입력된다.

  〖 GTIN - 8, 12, 13

   ⓐ 일반적으로 소매용 상품에 사용되는 식별코드를 의미한다.

   ⓑ 바코드에 입력되어 POS관리 입·출고, 재고관리, 주문, 판매분석 등 다양하게 활용 가능하다.

   ⓒ GTIN - 8: 소형상품에 사용되는 단축형 상품식별코드

ⓓ GTIN – 12: 북미지역에서 사용되는 상품식별코드(UPC)

ⓔ GTIN – 13: 전 세계에서 가장 널리 활용되고 있는 표준형 상품식별코드

ⓛ GTIN – 14: 일반적으로 다수의 상품이 포장된 박스상품에 부여되는 식별코드이며, 14자리 숫자로 이루어져 있다.

② **국제표준도서번호**(ISBN; International Standard Book Number)

ⓖ ISBN 정의: 전 세계에서 간행되는 각종 도서에 고유번호를 주어 개별화시킴으로써, 문헌정보와 서지유통의 효율화를 기하는 제도이다.

ⓛ ISBN의 장점

ⓐ 시간과 인력이 절감되고 오류를 방지한다.

ⓑ ISBN으로 출판물을 주문하거나 판매하여 효율적인 출판물 유통을 지원한다.

ⓒ 스캐닝 기계처리로 인력절감과 인정오류 감소 및 검수작업의 간소화를 실현한다.

(6) 소스 마킹(Source Marking)과 인스토어 마킹(In Store Marking)

① 소스 마킹(Source Marking)

ⓖ 소스 마킹의 개념

ⓐ 상표의 제조업체나 판매원이 자사가 생산 또는 출하하는 상표의 포장이나 용기에 바코드를 인쇄하는 것이다.

ⓑ 소스 마킹은 바코드 판독을 근간으로 하고 있는 POS 시스템이 설치된 점포에서 판매되고 있는 소비재 상품이 주된 대상이나, 산업재까지 그 영향이 확대되고 있다.

ⓒ 기업에서 자사 제품에 소스 마킹을 하면 POS 매장에 납품이 용이해진다.

ⓛ 소스 마킹의 효과와 종류

ⓐ 소스 마킹을 하면 매출등록 계산이 간편하고 신속하다.

ⓑ 소스 마킹을 하면 마킹하는 비용이 절감되고, 재고관리를 정확하게 할 수 있다.

ⓒ 기업에서 소스 마킹 시 사용하는 심벌에는 GS1-13과 GS1-8의 2가지가 있다.

ⓒ 소스 마킹의 필요성

ⓐ 해외의 바이어들이 요구

ⓑ 국내 유통업체들이 요구

ⓒ POS 데이터를 활용하기 위함

ⓓ EDI 시스템에 활용하기 위함

ⓔ 마킹 비용을 절감하기 위함

ⓕ 마킹 작업을 생략하기 위함

② 인스토어 마킹(In Store Marking)

　　㉠ 인스토어 마킹은 소매점에서 바코드 프린터 등의 마킹기기를 이용하여 라벨에 바코드를 인쇄하여 상품에 부착하는 것을 말한다.

　　㉡ 제조업체나 판매원이 자사가 생산·출하하는 상품의 포장이나 용기에 세계 어디에서나 정확히 식별되는 바코드 심벌을 동시에 인쇄하는 방법은 소스 마킹이다.

　　㉢ 인스토어 마킹은 각각의 소매점포에서 청과, 생선, 정육 등을 포장하면서 일정한 기준에 의해 라벨러(Labeller)를 이용하여 바코드 라벨을 출력, 이 라벨을 일일이 사람이 직접 상품에 붙이는 것을 말한다.

　　㉣ 소스 마킹된 상품의 고유식별번호는 전 세계 어디서나 동일상품을 동일번호로 식별하지만, 소스 마킹이 안 된 상품은 동일품목이라도 소매업체에 따라 각각 번호가 달라질 수 있다.

5 POS의 이해와 활용

(1) POS 시스템의 의의

POS, 즉 판매시점(Point of Sales) 정보관리시스템은 주로 소매점포의 판매시점에서 수집한 POS 데이터를 통해 재고관리, 제품생산관리, 판매관리를 효율적으로 하려는 정보 의사소통방법을 말한다.

(2) POS 시스템의 기능 및 적용

① 기능

　　㉠ 단품관리: 상품을 제조회사별·상표별·규격별로 구분하여 각 상품(단품)정보를 수집·가공·처리하는 과정에서 단품(SKU)관리가 가능하다.

　　㉡ 판매시점에서의 정보입력: 상품에 인쇄되어 있는 바코드를 신속하고 정확하게 자동으로 판독함으로써 판매시점에서 정보를 곧바로 입력할 수 있다.

　　㉢ 정보의 집중관리: 단품별 정보, 고객정보, 매출정보, 그 밖의 판매와 관련된 정보를 수집하여 집중적으로 관리할 수 있다. 이러한 정보는 필요에 따라 처리·가공되어 필요한 부문에 활용된다.

② 적용

　　㉠ POS 시스템에서는 상품별 판매정보가 컴퓨터에 보관되고, 그 정보는 발주, 매입, 재고 등의 정보와 결합하여 필요한 부문에 적용된다.

　　㉡ 주로 슈퍼마켓이나 백화점 등의 판매업소와 음식점, 서점이나 의류점 등 전문품점 등에 많이 적용한다.

(3) POS 시스템의 구성기기

① POS 터미널(POS Terminal): POS 터미널은 매장의 계산대마다 설치되어 있는 것으로 금전등 록기의 기능 및 통신기능을 갖춘 컴퓨터 본체와 모니터, 그리고 스캐너로 구성되어 있다.

② 스캐너(Scanner): 스캐너는 상품에 인쇄된 바코드를 자동으로 판독하는 장치로, 고정 스캐 너(Fixed Scanner)와 핸디 스캐너(Handy Scanner)가 있다.

③ 스토어 컨트롤러(Store Controller): 스토어 컨트롤러는 매장의 호스트 컴퓨터(Host Computer) 로 대용량 PC나 미니컴퓨터가 사용되며, 여기에 상품 마스터 파일이 기록되어 있다.

(4) POS 시스템의 효과 및 도입실무

① POS 시스템 도입의 장점

㉠ 매장등록시간이 단축되어 고객의 대기시간이 줄며, 따라서 계산대의 수를 줄임으로써 인 력 및 비용절감 효과를 얻을 수 있다.

㉡ POS 터미널의 도입에 의해 판매원 교육 및 훈련시간이 짧아지고 입력오류를 방지할 수 있다.

㉢ 단품관리에 의해 잘 팔리는 상품과 잘 팔리지 않는 상품을 즉각 찾아낼 수 있다.

② POS 시스템 도입의 기대효과

㉠ 제조업체에 대한 효과: 단위별 판매동향에 대한 정보수집과 이를 기초로 한 정보분 석, POS 자료와 기타 자료의 교차분석으로 자사제품의 시장정보 및 경쟁력을 파악하고 분석할 수 있다.

㉡ 소매업체에 대한 효과: 체크아웃의 처리속도가 크게 빨라지고, 오퍼레이션(Operation) 교 육비를 감소시키며, 특매가격에서 통상가격으로 환원이 수월하다.

(5) POS 데이터의 분류 및 활용

① POS 데이터의 분류

㉠ 상품 데이터와 고객 데이터

ⓐ 상품 데이터: 얼마나 많은 양의 상품이 판매되었는가에 관한 금액자료와, 구체적으로 어떤 상품이 얼마나 팔렸는가에 대한 단품자료로 구분하여 수집 · 분석한다.

ⓑ 고객 데이터: 어떤 집단에 속하는 고객인가에 대한 객층자료와 고객 개개인의 구매실 적 및 구매성향 등에 관한 개인자료로 구분하여 수집 · 분석한다.

㉡ 점포 데이터와 패널 데이터

ⓐ 점포 데이터(Store Data): 점포 데이터는 특정 점포에서 팔린 품목, 수량, 가격 그리고 판매시점의 판촉 여부 등에 관한 자료이다.

ⓑ 패널 데이터(Pannel Data): 패널 데이터는 각 가정단위로 구매한 품목의 수량, 가격 등에 대한 자료이다.

② POS 데이터 활용

ㄱ 상품정보관리

　ⓐ POS 데이터에 담겨진 소비자의 욕구에 맞게 점포의 이미지를 설정하고, 그 이미지에 적합한 상품구색, 판촉계획 등이 수립된다.

　ⓑ POS 데이터를 통해 매출관리, 상품구색 계획, 진열관리, 판매촉진 계획, 발주·재고관리 등에 관한 상품정보의 관리가 이루어진다.

ㄴ 재고관리와 자동발주

　ⓐ POS 시스템으로부터 얻어지는 데이터의 활용을 통해 단품관리가 가능해지고, 단품관리를 통해 재고관리가 가능해진다.

　ⓑ 따라서 POS 데이터로부터 얻은 단품별 판매수량에 근거하여 매입을 하고, 단품별 재고·진열단위 등을 고려하여 재고를 증가시키지 않으면서 품절을 방지하는 적정 발주가 가능하다.

ㄷ 인력관리

　ⓐ POS 시스템은 작업량을 도출하여 업무할당 및 관리에 이용하면 효율적인 인력관리가 가능해진다.

　ⓑ 특히 결합 데이터는 시설연동시스템을 통해 점포관리에도 활용되고, 종업원관리시스템을 통해 인력수급계획 등에 활용된다.

ㄹ 고객관리: POS 데이터를 통해 얻는 고객속성 정보(성별, 연령, 주소, 직업 등 고객의 신상에 관한 정보)와 상품이력 정보(구입상품, 수량, 금액, 거래횟수 등에 관한 정보)는 고객별 관리 및 판촉활동을 위한 고객정보의 확보에도 활용될 수 있다.

 기출문제확인

POS 시스템으로부터 수집한 정보의 활용에 해당하지 않는 것은?

① 고객들의 구매빈도 분석　　　　② 시간대별 매출분석
③ 판촉효과 분석　　　　　　　　④ 효과적인 진열기법 분석
⑤ 물류비 분석

해설
POS 시스템으로부터 수집한 정보는 판매시점 정보로 물류비 분석과는 거리가 멀다.

정답 ⑤

02 촉진관리

1 판매촉진 전략의 이해

(1) 판매촉진의 개념

① 보통 판매촉진은 '프로모션 중 광고, PR, 인적 판매를 제외한 모든 마케팅 활동'이라고 매우 모호하게 정의된다.

② 판매촉진은 가격을 깎아준다거나 선물을 제공하는 등 별도의 부차적 이득을 제공함으로써 행동을 유도한다. 판매촉진을 줄여 판촉이라고 하기도 한다.

(2) 소비자 대상 판매촉진

① 비가격 판매촉진

　㉠ 프리미엄(Premiums): 백화점의 화장품 매장에서 화장품을 일정 금액 이상 구입하면 화장품 가방 또는 여행용 가방이나 머플러 등을 함께 지급하는 것을 말한다.

　㉡ 견본품(Product Sampling): 무료로 나눠줌으로써 신제품의 브랜드를 인지하도록 촉진한다.

　㉢ 콘테스트(Contest): 콘테스트는 소비자가 상품을 타기 위해 자신의 능력을 활용하여 경쟁하도록 하는 판매촉진방법인데, 이러한 콘테스트에 참여하기 위해서는 제품을 구매하거나, 사업자가 요구하는 설문지나 고객카드를 작성해야 한다.

　㉣ 시연회(Demonstration): 시연회는 고객의 눈앞에서 실제로 상품을 보여주면서, 실연을 통하여 상품의 사용법과 차별화된 우위성을 납득시키는 방법이다.

　㉤ 모니터링(Monitoring): 고가의 전문품이나 내구 소비재, 고급 제품 등을 고객이 직접 사용, 소비하게 하여 해당 제품에 대한 장점 등을 충분히 고지, 이해시키는 방식이다. 그러나 제품 특성상 샘플링 기법을 쉽게 도입하기 어렵고, 가격할인 등으로 첫 번째의 소비를 유발시켰다 하더라도 단기간에 재구입으로 연결시키기가 용이하지 않을 때, 이를 해결하기 위한 방법으로 모니터링이 자주 활용된다.

　㉥ 제품삽입(Product Placement): 일정한 대가를 지불하고 영화나 드라마의 콘텐츠에 특정 제품을 삽입하는 형태로, 영상매체 속에 상품을 자연스럽게 등장시켜 관객들의 무의식에 상품의 이미지를 심어주는 간접광고 기법이다.

② 가격 판매촉진

　㉠ 가격할인(Discount): 가격할인은 해당 제품에 대해 경제적인 측면에서 가격을 할인해 줌으로써 소비자들에게 직접적인 구매동기를 부여할 뿐만 아니라 즉각적인 상품구매를 유도한다.

ⓛ 쿠폰(Coupon): 쿠폰은 그것을 소지한 사람에게 어떤 이익이나 현금 적립 혹은 선물을 주기 위해 인쇄매체의 형태를 띠고 유통되는 것을 말한다.

ⓒ 리펀드(Refund): 리펀드는 소비자가 구매하는 시점에서 즉시 현금으로 돌려주는 형태로 이루어짐으로써 신제품을 구매하도록 유도하거나 브랜드 전환을 유도할 목적으로 활용되는 경우가 흔하다.

ⓔ 리베이트(Rebate): 리베이트는 소비자가 해당 제품을 구매했다는 증거를 제조업자에게 보내면 구매가격의 일부분을 소비자에게 돌려주는 것을 말한다.

ⓜ 컨티뉴어티(Continuity): 컨티뉴어티란 흔히 말하는 마일리지(Milage)와 같은 개념으로, 즉 단골고객 보상이라고도 한다. 항공회사의 마일리지 제도처럼 계속 구매하는 고객에게 혜택을 주는 제도이다.

ⓗ 보너스 팩(Bonus Pack): 동일한 가격에 내용물의 양을 늘려 고객으로 하여금 특매품의 기분을 느끼게 하는 기법이다.

더 알고가기   가격할인의 유형

• 현금할인(Cash Discount): 중간상이 제품을 현금으로 구매하거나 대금을 만기일 이전에 지불하는 경우, 제조업자가 판매대금의 일부를 할인해 주는 것을 말한다.
• 거래할인(Trade Discount): 중간상이 제조업자가 수행해야 할 업무(마케팅 기능)의 일부를 수행할 경우, 이에 대한 보상으로 경비의 일부를 제조업자가 부담하는 것을 말한다.
• 판매촉진 지원금(Promotion Allowances): 중간상이 제조업자를 위해 지역광고를 하거나 판촉을 실시할 경우, 이를 지원하기 위해 지급되는 보조금이다. 지원금은 중간상이 물품대금을 지불할 때 그 금액만큼 공제하는 방식으로 행하여진다.
• 수량할인(Quantity Discount): 중간상들이 일시에 대량으로 구매를 하는 경우 현금할인을 해주는 것으로 할인율은 구매량에 따라 증가한다.
• 계절할인(Seasonal Discount): 제품판매에 있어 계절성이 있는 경우(예 에어컨, 히터) 비수기에 제품을 구매하면 가격을 할인해 주는 것이다.

더 알고가기   노벨티(Novelty)

• 광고효과를 높이기 위해 광고주가 고객에게 증정하는 선물로, 열쇠고리·캘린더·수첩·메모지·볼펜·라이터 등의 실용소품이 주로 이용된다.
• 원래 새로운 것·진귀한 것·마음에 드는 것을 뜻하는 노벨티는 일반 고객이 항상 이용할 수 있고, 친숙하며, 사용횟수가 많고, 내구성이 있으며, 운송하기 쉽고, 단가가 싸서 많은 사람에게 배포할 수 있다.
• 다른 광고와 연결 가능하고 타인에게 보여주고 싶게 되며, 실용성·오락성이 있는 것으로 여기에 광고주의 명칭이 새겨지는 것이 보통이다.

(3) PR(Public Relations)

① PR의 의의

　　㉠ PR은 고객뿐 아니라 기업과 직접·간접으로 관계를 맺고 있는 여러 집단과 좋은 관계를 구축하고 유지하여 기업의 이미지를 높이고 궁극적으로 구매의 증대를 가져오기 위한 활동이라고 정의할 수 있다.

　　㉡ 홍보(Publicity)와 혼동하기 쉬운데 홍보는 기업의 활동이나 상품에 관한 정보를 신문이나 방송의 기사의 내용으로 다루게 하는 활동을 의미하는 면에서 PR보다 범위가 좁다.

② PR의 효과

　　㉠ PR은 광고의 효과와 매우 비슷한 효과를 가져온다. 그렇지만 매체비용을 지급하지 않고 소비자가 광고보다 신문이나 방송뉴스의 내용을 더 신뢰하는 경향이 있다는 면에서 장점이 있다.

　　㉡ 광고와 달리 신문이나 방송에 어떤 내용이 언제 나갈 수 있는지를 알기도 어렵고 내용도 통제할 수 없다는 한계가 있다.

(4) 인적 판매

① 인적 판매의 의미: 인적 판매는 판매원이 직접 고객을 만나 제품을 알리고 주문을 유도하는 다양한 활동을 의미하는데, 산업재의 판매에 주로 많이 사용된다.

② 인적 판매의 효과

　　㉠ 판매사원은 회사를 대표하는 사람이기에 판매사원의 활동방식과 태도는 회사의 이미지와 바로 연결된다. 고객의 제품에 대한 평가, 고객의 요구사항 등 고객정보를 수집하여 회사에 보고하여 반영하도록 하는 매우 중요한 역할을 수행한다.

　　㉡ 판매사원의 활동 중 무엇보다 중요한 것은 고객과 장기적인 관계를 형성하여 관계지향적 판매가 이루어지도록 하는 것이다.

> **더 알고가기** 판매전략의 유형
>
> - **교차판매(Cross-Selling)**: 한 제품을 구입한 고객이 다른 제품을 추가로 구입할 수 있도록 유도하는 전략
> - **상향판매(Up-Selling)**: 고객에게 기존에 구매한 제품보다 고급화된 상품을 홍보하여 구매하도록 유도하는 전략
> - **관련판매**: 상품을 판매할 때 그와 연관이 있는 상품을 동시에 판매하는 전략

2 프로모션 믹스 관리 및 전략적 활용

(1) 프로모션 믹스의 의미

① 프로모션 믹스(Promotion Mix)는 표적시장에서 마케팅 목표를 달성하기 위해 기업이 활용하는 마케팅 요소들의 결합을 말한다. 일반적으로 프로모션 믹스는 4P를 가리키는 말이라고 할 수 있는데, 4P는 기업이 통제할 수 있는 통제가능 변수(Controllable Variables)이다.

② 4P: 마케팅 관리자는 마케팅 요소인 4P를 잘 배합함으로써 고객을 만족시킬 수 있는 프로그램을 개발해야 한다. 여기서 4P는 제품, 가격, 프로모션, 유통을 가리킨다.

(2) 확장된 서비스 프로모션 믹스(7P)

① Product(상품): 프로모션 믹스 전략에서 가장 기본이 되는 요소로서 고객에게 팔려고 하는 상품을 말한다.

② Price(가격): 가격은 자사의 제품이나 서비스가 가지는 효용에 대해 소비자가 부여하는 가치로, 그 명칭이나 형태가 다양하다.

③ Place(장소 또는 유통)

　㉠ 상품이나 서비스가 생산자로부터 최종 소비자에게 전달되는 구조적인 과정을 의미하며, 서비스산업의 경우 매장의 입지적인 측면으로 이해하면 된다.

　㉡ 이러한 유통경로는 제품의 종류에 따라 또는 중간상의 존재 유무에 따라서 다르게 나타나는데, 소비재나 산업재 및 서비스 유통경로도 다양하게 나타난다.

④ Promotion(판촉): 현재의 고객과 잠재고객에게 다양한 커뮤니케이션 활동을 전개하여 상품을 알리고, 다른 상품과 비교하며 설득하여 소비자의 구매성향을 바꾸어 나가는 마케팅 활동이다.

⑤ Personnel(Participant, People: 참가자): 합리적인 인사관리와 교육을 통한 서비스 질의 확보와 고객만족을 추구하는 마케팅 믹스의 요소로, 서비스산업은 궁극적으로 서비스활동에 참여하는 판매원인 종업원이 중요하다는 반증이다.

⑥ Physical Facility(시설, 환경)

　㉠ 점포의 시설이미지를 통해 고객만족을 추구하는 프로모션 믹스의 요소로 Physical Evidence(서비스의 물리적 증거)라고 한다. 즉, 서비스의 물리적 증거는 서비스가 전달되어지고 서비스기업과 고객의 상호작용이 이루어지는 환경을 말한다.

　㉡ 외부 환경은 신규고객 확보에 가장 큰 변수로 작용하는 시설의 외형, 간판 등의 안내표지판, 주차장, 주변환경 등이 속하며, 내부 환경은 내부 장식과 표지판, 벽의 색상, 가구, 시설물, 공기의 질·온도, 향기 등이 해당된다.

⑦ Process Management(작업진행관리): 지속적인 고객서비스의 원활한 흐름을 위한 시스템의 개발과 활용을 통해 고객에게 만족을 주는 프로모션 믹스의 요소이다. 즉, 이것은 서비스 프

로세스를 관리하는 것으로 서비스가 전달되어지는 절차나 메커니즘 또는 활동들의 흐름을 의미한다. 대부분의 서비스는 일련의 과정(Process)이며 흐름(Flow)의 형태로 전달된다.

 **알고가기** 4P와 4C

기업중심적 개념의 프로모션 믹스(4P)	고객중심적 개념의 프로모션 믹스(4C)
제품(Product)	고객(Customer Value)
가격(Price)	비용(Cost)
장소(Place)	편의(Convenience)
촉진(Promotion)	소통(Communication)

기출문제확인

확장된 서비스 마케팅 믹스(7P MIX)와 거리가 먼 것은?

① 서비스 프로세스관리　　　　② 서비스 물리적 증거
③ 서비스 혁신관리　　　　　　④ 서비스 종업원관리
⑤ 서비스 고객관리

해설

일반적으로 4P는 제품(Product), 가격(Price), 유통(Place), 촉진(Promotion)을 의미하는 데, 서비스 프로모션 믹스(7P)는 서비스 재화의 특성상 여기에 3P[과정(Process), 물리적 증거(Physical Evidence), 사람(People)]를 더해 확장된 서비스 프로모션 믹스(7P)로 구분하고 있다.

정답 ③

(3) 소매업의 가격전략

① **EDLP(Every Day Low Pricing) 정책**: 항시 저가정책으로 모든 상품을 언제나 싸게 파는 것을 의미한다.

② **HL(High-Low) 가격정책**: 일반적으로 EDLP 정책보다 높은 가격을 추구하지만, 소비자들을 유인하기 위하여 필요한 시기에는 적극적으로, 할인된 낮은 가격을 제공하는 가격정책이다. 일반적으로는 저가격을 지향하기보다 품질이나 차별화된 서비스를 강조하는 가격정책이다.

③ **손실유도(Loss Leader) 가격정책**: 제품계열 판매를 목적으로, 특정 제품의 가격을 낮게 책정하여 그 품목의 수익성은 하락하지만, 이로 인하여 다른 품목의 매출액이 증대되고 기업 전체의 이익증대 효과를 얻으려는 가격정책이다.

④ **일물다가격 정책**: 하나의 동질적인 제품에 대하여 가격을 차별화하여 복수의 가격을 정하는 가격정책이다.

- **단수가격**: 100원, 1,000원 등에서 조금 낮은 95원, 950원 등으로 가격을 책정하는 방법이며, 낮은 가격이라는 인식을 준다.
- **관습가격**: 장기간 습관적으로 지불된 금액을 가격으로 책정하는 것으로, 약간의 가격인상에도 크게 반응하므로 가격인상보다는 양을 줄이는 방법을 사용한다.
- **명성가격**: 소비자가 가격에 의해서 품질을 평가하는 경향이 특히 강하여 비교적 고급품질이 선호되는 상품에 설정되는 가격으로서, 상품의 명성에 상응하는 정도로 가격을 설정해야 하기 때문에 품질보다 다소 높은 가격으로 설정하는 것이 보통이다.
- **준거가격**: 구매자가 가격이 저가인지 고가인지를 판단하는 데 기준으로 삼는 가격이다.
- **유보가격**: 소비자가 어떤 상품에 대해 지불할 용의가 있는 최고가격으로 주관적인 평가액이다.
- **최저수용가격**: 구매자들이 품질을 의심하지 않고 구매할 수 있는 가장 낮은 가격이다.

더 **알고가기** 제품별 직접이익(DPP; Direct Product Profit, 직접제품이익)

- 직접제품이익은 단품별로 상품매입 단계부터 소매 매출까지의 과정에서 발생하는 여러 비용을 매출총이익에서 제외하고 세금을 공제하기 전의 이익을 말한다.
- 제품평가에 있어서 고정비용은 제외하고, 제품별 영업활동이나 상품 머천다이징 활동에 의해 발생하는 직접비용만을 분석한다(변동비만 고려됨).
- 소매업체의 제품성과를 평가하는 중요한 측정도구 중의 하나이며, 경로구성원이 취급하는 제품의 수익성을 평가하는 지표이다.
- 전통적인 수익성 측정방식인 재고투자대비수익률(GMROI), 판매면적당 매출총수익률(GMROS)에 비하여 정확성이 높다는 장점을 가진다.
※ 재고투자대비수익률(GMROI; Gross Margin Return on Investment)
   제품재고투자를 통한 총이익의 달성 효율성을 평가하는 지표 = 총수익률 × 재고회전율(재고대비 매출비율)

3 제품수명주기별 상품관리전략

(1) 제품수명주기의 의의와 형태

① 제품수명주기의 의의

㉠ 새로운 제품이 개발되면, '처음으로 시장에 등장하는 도입기 - 판매가 빠르게 증가하며 성장하는 성장기 - 판매증가율이 둔화되는 성숙기 - 판매가 감소하는 쇠퇴기'를 거쳐 점차 시장에서 사라지게 된다. 이러한 과정을 제품수명주기(PLC; Product Life Cycle)라고 한다.

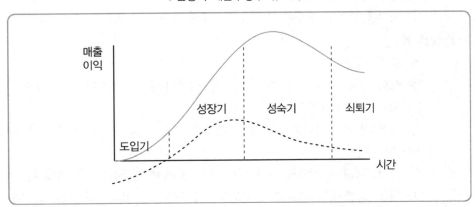

‖ 전형적 제품수명주기(PLC) ‖

ⓛ 제품수명주기에 따라 기업의 이익도 변하게 된다. 즉, 도입기에는 적자를 보이다가 성장기에 들어서면서 흑자로 돌아서게 되고, 일반적으로 성장기 후반에 최고의 이익을 낸 뒤 서서히 감소하게 된다.

② 제품수명주기의 분석수준: 제품수명주기는 분석수준에 따라 상이한 모습을 보여주는데 제품군, 브랜드 및 제품형태 수준에 따라 차이를 보인다.

　ㄱ 제품군(Product Class) 수준: 맥주, 양주, 담배와 같은 제품군 수준의 수명주기는 일반적으로 매우 긴 것으로 알려져 있다.

　ⓛ 브랜드(Brand) 수준: 그랜저, 하이트나 카스 등과 같은 브랜드 수준의 수명주기는 긴 것은 매우 길고 짧은 것은 매우 짧은 불규칙한 형태를 나타내는 것이 일반적이다.

　ⓒ 제품형태(Product Type) 수준: 전형적인 제품수명주기는 필터담배, 자동세탁기 등과 같은 제품형태 수준에서 나타난다.

(2) 제품수명주기 단계별 마케팅 관리

① 도입기

　ㄱ 도입기의 특징

　　ⓐ 기본적 형태의 제품이 생산되며 소비자가 제품정보를 가지고 있지 않고 판매가 완만하게 상승하나 제품개발비용, 광고 및 판매촉진 등의 비용이 많이 들어가 적자를 벗어나지 못한다.

　　ⓑ 수요가 적기 때문에 생산량도 적고 제품의 원가도 높은데, 전반적인 제품의 수요가 적어 경쟁은 적은 편이다.

　ⓛ 마케팅 전략

　　ⓐ 제품을 널리 인지시키고, 판매를 늘리는 것이 마케팅의 전략적 목표가 된다.

　　ⓑ 광고의 주된 대상은 제품을 조기에 수용할 가능성이 높은 혁신소비자이며, 이들에게 인지시킴으로써 구전효과에 의한 확산을 기대할 수 있다. 제품에 관한 정보를 주어

상표 인지도를 높이는 광고를 행하고 수량할인, 소매상 광고지원 등 중간상 대상 판매 촉진을 통하여 제품이 많은 소매상에서 취급할 수 있도록 해야 한다.

② 성장기

　㉠ 성장기의 특징

　　ⓐ 성장기에는 수요가 급속히 늘어난다. 이익이 발생하기 시작하고 대체로 성장기 말에 최다 이익이 실현되는 경우가 많다.

　　ⓑ 경쟁제품이 나타나고 모방제품, 새로운 기능이 추가된 개량제품이 나타난다.

　㉡ 마케팅 전략

　　ⓐ 마케팅 목표는 상표를 강화하고 차별화를 통해 시장점유율을 확대하는 것이다.

　　ⓑ 취급점포를 대폭 확대하여 소비자가 쉽게 구매할 수 있도록 하는 집중적 유통(Intensive Distribution)전략을 사용한다. 이 전략은 소비자에게 충분히 노출되어 있고 제품판매의 체인화에 어려움이 있는 청량음료, 비누, 껌, 담배와 같은 일용품이나 편의품 등에 적합하다.

　　ⓒ 제품의 품질을 향상시키고 새로운 특성과 서비스를 추가한 변형제품, 개량제품을 출시함으로써 경쟁제품과 차별화한다.

③ 성숙기

　㉠ 성숙기의 특징

　　ⓐ 성숙기에는 수요의 신장이 멈추게 된다. 수요가 멈춤에 따라 생산능력은 포화상태가 되고 이익은 절정을 지나 감소하기 시작한다.

　　ⓑ 격심한 경쟁을 거쳐 경쟁제품이 시장에서 점차 사라지기 시작한다.

　㉡ 마케팅 전략

　　ⓐ 경쟁사의 가격에 대응하는 가격전략을 사용하게 되어 가격이 하락하는 경향을 보인다. 유통망을 확충하는 것은 의미가 없고 기존에 구축된 광범위한 유통망을 유지·보호하는 데 힘써야 한다.

　　ⓑ 성숙된 시장에서 제품을 다시 한번 활성화시키는 재활성화(Revitalization)를 시도할 필요가 있다. 신규 사용자를 찾거나 기존고객의 사용빈도나 사용량을 늘리거나 제품의 새로운 용도를 개발하여 매출을 늘리는 시장확대 전략을 사용한다.

④ 쇠퇴기

　㉠ 쇠퇴기의 특징

　　ⓐ 제품이 쇠퇴기에 접어들면 매출이 감소하고 이익이 매우 적어진다.

　　ⓑ 경쟁제품들이 시장에서 철수하게 되어 경쟁사의 수는 감소한다.

　㉡ 마케팅 전략

　　ⓐ 마케팅 목표는 단기수익을 극대화하는 방안을 찾는 것이다. 가능한 비용을 줄이고 매출을 유지하여 수익을 극대화한다.

ⓑ 제품을 상기시키는 수준의 최소한의 광고를 하여 경비를 절약한다.

ⓒ 취약한 중간상을 제거하고 우량 중간상만 유지하며 최소한의 이익을 유지하는 저가격 정책을 사용한다.

기출문제확인

제품수명주기별 경로관리 전략에 대한 설명 중 옳지 않은 것은?

① 도입기에는 제품 출시 홍보를 위한 강력한 광고활동이 필요하다.

② 도입기에는 충분한 제품 공급을 위한 시장 범위 역량을 지닌 경로구성원을 확보해야 한다.

③ 성장기에는 기존의 경로구성원들만으로 수익을 유지해야 한다.

④ 성숙기에는 경로구성원들이 해당 제품에 대해 계속 호감을 가질 수 있도록 추가적인 혜택 등을 제공해야 한다.

⑤ 쇠퇴기에는 이윤 잠식을 피하기 위해 매출이 적은 경로구성원들의 매장을 단계적으로 철수해야 한다.

해설

성장기에는 수요가 급속히 늘어나고 이익이 발생하기 시작하므로, 경로구성원을 대폭 확대해야 한다.

정답 ③

더 알고가기 개방형 혁신

개방형 혁신은 기업이 혁신의 원천에서부터 사업화에 이르기까지의 전체 혁신 프로세스에서 내부 자원뿐만 아니라 외부의 자원을 함께 이용하는 새로운 혁신 패러다임이다. Chesbrough(2003)는 중앙집권화된 R&D 시스템과 기업 고유의 BM(Business Model)을 통한 상업화를 추구하는 기존의 혁신방법을 20세기의 폐쇄형 혁신(Closed Innovation)이라 명명하고, 새로운 21세기형 혁신 패러다임으로 개방형 혁신을 제시했다. 폐쇄형 기술혁신의 경우 혁신의 원천적인 아이디어부터 R&D 단계를 거쳐 시장에 제품화되기까지 기업 내부의 소스(자원 또는 역량)만을 사용하지만, 개방형 혁신의 경우 기업 내·외부의 자원을 모두 사용하는 것을 말한다.

4 POP(구매시점) 광고

(1) POP(Point of Purchase) 광고의 개요

① POP 광고의 의의

㉠ POP 광고는 구매시점 광고라고도 하는데, 소비자의 구매가 주로 이루어지는 곳에 상품의 구매를 유도할 목적으로 설치된 여러 형태의 광고물을 말한다.

㉡ POP 광고는 소매상의 점두나 점내를 활용하여 판촉활동을 수행하는 점내광고이며, 대량 광고매체에 대응한 광고의 용어이다.

ⓒ POP 광고는 진열대에 부착하는 광고를 의미하는 것으로 비용은 거의 들지 않는 반면, 제품의 홍보효과는 매우 뛰어난 장점이 있다.

② POP 광고의 효과

ⓐ 다른 판촉수단보다 1인당 구입액을 늘리는 데 크게 기여한다.

ⓑ 판매원을 대신해 상품정보를 고객에게 알려준다.

ⓒ 시각적으로 구매욕구를 끌어낸다.

(2) POP 광고의 기능과 종류

① POP 광고의 기능

ⓐ POP 광고의 기능은 상품에 대한 설명, 판매보조, 매장안내, 판매효율의 제고, 점내 분위기 형성, 광고 및 PR의 보조역할 등이다.

ⓑ 제조업자 및 소매업자가 POP 광고를 이용하려면, 그것이 기업의 전 광고 프로그램의 일부로서 실시하고 있다는 사실을 인식하여야 한다. 특히, POP 광고는 TV 광고와 결부시킬 때 효과적인 것으로 알려져 있다.

② POP 광고의 종류

ⓐ 점두 POP : 판매점의 현관이나 입구에 설치하는 실물 크기의 대형 포스터 및 현수막

ⓑ 천장 POP : 천장에서부터 아래로 내려뜨려 설치한 POP로, 멀리서도 눈에 잘 띄게 하고 매장의 위치를 쉽게 구별할 수 있도록 하며, 매장 공간이 협소하여 POP 설치가 용이하지 않을 때 자주 이용된다. 예 행거, 배너 깃발 등

ⓒ 윈도 POP : 점두의 쇼윈도에 설치하는 POP로 통행인의 주목도를 높이기 위한 방법이다. 예 매장의 콘셉트나 행사의 진열대 및 오브제

ⓓ 플로어(바닥부착형) POP : 바닥에 세우는 형태의 진열대 및 오브제로, 주로 상품의 전시판매 기능을 보완하고 강화하는 역할을 한다.

ⓔ 카운터 POP : 매장에서 구입한 상품을 계산하기 위한 카운터에 설치하는 POP로, 다목적으로 사용되며 종류도 다양하다. 구입물품을 정산하는 동안 고객의 시선이 머물기 쉬우며 소매점에 관한 정보 및 이벤트 행사 등을 고지, 안내하는 데 이용된다.

ⓕ 벽면 POP : 매장 벽면에 붙여서 사용하는 POP이다. 예 벽 부착용 깃발, 포스터, 안내판 등

ⓖ 선반 POP : 진열된 상품 주위에 붙어 있는 소형 POP로 가격표시나 상품을 탐색하는 데 편리하도록 제작한다. 예 벽면 진열선반의 쇼카드, 포스터 등

ⓗ 스포터(Spotter) POP : 제품의 기능을 설명하기보다는 눈에 띄게 하는 것이 주목적인 POP로, 스포터는 부피가 작은 상품이 많이 진열되어 있는 곤돌라에서 특정 상품 또는 상품그룹을 눈에 잘 띄게 하기 위해 사용되는 것을 말한다.

(3) POP 광고 작성 시 주의사항

① POP 광고는 고객이 상품을 선택하는 데 도움을 줄 수 있어야 한다.

② POP 광고 내용은 고객의 시선을 순간적으로 멈추게 할 수 있어야 하며, 더 나아가 충동구매 욕구를 자극하고 구매가 실행될 수 있도록 유도하여야 한다.

③ POP 광고 내용은 광고 매장의 이미지를 향상시키는 역할을 할 수 있도록 매장의 특성을 고려해야 한다.

④ POP 광고 작성 시 고려할 점

　　㉠ 명확한 상품의 특징이나 가격의 소구

　　㉡ 왜 사야 되는가의 이유의 명시

　　㉢ 매스컴 상품의 경우는 메이커 브랜드의 이용을 충분히 고려할 것

　　㉣ 시즌이나 겨냥하는 목표에 따라서 카드의 색, 사이즈, 표현방법을 적당히 할 것

　　㉤ 점포의 개성에 매치될 것

　　㉥ 가격과 상표명을 명시하고, 레이아웃은 적당한 여백을 두어야 한다.

　　㉦ 다른 제품진열에 방해가 되지 않는 크기로 작성한다.

 기출문제**확인**

POP 작성 요령과 관련한 유의사항으로 가장 옳지 않은 것은?

① POP는 최대한 많은 원색을 사용하여 눈에 띄게 만든다.

② 짧고 명료하게 표현되어야 한다.

③ 레이아웃은 적당히 여백을 남긴다.

④ 다른 제품진열에 방해가 되지 않는 크기로 작성한다.

⑤ 가격과 상표명을 명시하는 편이 좋다.

해설

POP는 3가지 이내의 적절한 색상을 선택하여 시선을 끌 수 있게 해야 한다.

정답 ①

---

(4) POP 광고의 기능

① 고객의 구매시점에서 구매만족도를 높이는 기능

② 소비자에게 정보를 제공하는 기능

③ 구매를 유발하는 기능

④ 매장 내 위치나 이벤트를 안내하는 기능

⑤ 상품의 구매조건을 제안하는 기능

⑥ 서비스 제고의 범위를 알려주는 기능

⑦ 상품의 특징을 알기 쉽게 전달하는 기능
⑧ 점포 내부의 이미지를 조성하는 기능

03 고객만족을 위한 판매기법

1 고객유치와 접근

(1) 고객 대기의 마음가짐

① 고객 대기의 의의: 언제, 어떠한 경우에도 고객을 맞이할 수 있는 준비와 마음가짐이 되어 있는 상태를 말하며, 각 판매원이 고객의 접근공간을 보전하면서 기다리는 마음가짐의 상태가 상점에서 중요시된다.

② 판매담당자의 대기 요령
  ㉠ 바른 자세: 부드럽고 밝은 표정을 담은 채 시선은 고객의 태도나 동작을 관찰한다. 고객을 관찰할 때는 고객이 부담을 느끼지 않는 부드러운 시선으로 조심스럽게 살피는 것이 중요하다.
  ㉡ 바른 위치: 고객에 신속히 응대할 수 있는 가장 편리한 장소에 위치하는 것도 중요하다.
  ㉢ 상품 점검
  ㉣ 효과적인 진열 연출
  ㉤ 청결 유지

> **더 알고가기** 대기관리의 8원칙[데이비드 마이스터(David Maister)]
>
> • 아무 일도 안 할 때가 뭔가를 하고 있을 때보다 더 길게 느껴진다.
> • 구매 전 대기가 구매 중 대기보다 더 길게 느껴진다.
> • 근심은 대기를 더 길게 느껴지게 한다.
> • 언제 서비스를 받을지 모르는 불확실한 대기는 더 길게 느껴진다.
> • 원인을 모르는 대기는 더 길게 느껴진다.
> • 불공정한 대기는 더 길게 느껴진다.
> • 가치가 적을수록 대기는 더 길게 느껴진다.
> • 혼자 기다리면 대기는 더 길게 느껴진다.

③ 고객 대기 시 판매사원이 취해서는 안 될 자세

    ㉠ 다른 생각으로 고객에게 집중하지 못하는 행위

    ㉡ 손님용 거울을 장시간 보는 행위

    ㉢ 기대거나 다리를 꼬는 행위

    ㉣ 소매를 걷거나 팔짱을 끼는 행위

    ㉤ 손톱을 만지는 행위

    ㉥ 장시간 전표 및 장부정리를 하는 행위

    ㉦ 종이에 낙서하는 행위

    ㉧ 고객을 보고 웃거나 수군거리며, 큰소리로 이야기하는 행위

    ㉨ 주간지나 다른 서적을 보거나 한 곳에 여러 명이 몰려있는 행위

    ㉩ 고객을 흘긋흘긋 쳐다보는 행위

(2) 판매에 있어서 접근

① 접근의 개념: 접근(Approach)이란 판매를 시도하기 위해서 고객에게 다가가는 것, 즉 판매를 위한 본론에 진입하는 단계를 말한다.

② 접근의 목적

    ㉠ 고객의 경계심을 빨리 제거하고 편안하게 느낄 수 있도록 하는 것이다.

    ㉡ 활발한 대화를 통하여 고객이 어떤 동기를 갖고 있는지, 또 그의 욕구와 필요가 무엇인지 찾아내는 것이다.

> **더 알고가기** 칭찬화법
>
> **1. 칭찬의 의미**
> ① 사람은 칭찬을 해주면 좋아한다. 특히, 자신 있는 부분에 대해서 다른 사람이 칭찬해 주면 더욱 기뻐한다. 이러한 심리는 거래처나 고객도 마찬가지이다.
> ② 고객을 칭찬해 주는 것은 비즈니스에서 중요한 무기이다. 특히, 비즈니스에서는 빼놓을 수 없는 커뮤니케이션 수단의 하나가 칭찬이다. 고객을 칭찬하는 것은 오히려 나의 자존심을 높이는 것이다.
>
> **2. 고객칭찬의 요령**
> ① 고객의 장점을 발견하려고 노력한다.
> ② 칭찬하는 내용은 고객이 칭찬받기를 바라는 것으로 한다.
> ③ 칭찬할 때에는 좀 지나칠 만큼 크게 그리고 힘차게 해야 한다.
> ④ 마음속에서 우러나오는 감동을 가지고 칭찬한다.
> ⑤ 고객이 알아채지 못한 곳을 발견하여 칭찬하는 것이 효과적이다.
> ⑥ 지나친 칭찬은 아부처럼 들리기 쉬워 역효과를 가져올 수도 있으니 주의한다.
> ⑦ 추상적인 칭찬보다는 구체적인 칭찬이 효과적이다.
> ⑧ 고객의 선택에 대해 찬사와 지지를 보낸다.

판매원이 고객을 칭찬할 경우, 바른 화법과 가장 거리가 먼 것은?

① 마음속에서 우러나오는 감동을 가지고 칭찬한다.
② 고객이 알아채지 못한 곳을 발견하여 칭찬하는 것보다는 일반적인 칭찬이 더욱 효과적이다.
③ 비교, 대조하여 칭찬하는 것이 효과적이다.
④ 추상적인 칭찬보다는 구체적인 근거를 가지고 칭찬한다.
⑤ 고객의 선택에 대해 찬사와 지지를 보낸다.

해설
고객이 알아채지 못한 곳을 발견하여 칭찬하는 것은 일반적인 칭찬보다 진실성 있고 효과적이다.

정답 ②

③ 접근의 타이밍
  ㉠ 판매담당자를 찾고 있는 태도가 보일 때
  ㉡ 고객이 말을 걸어올 때
  ㉢ 같은 진열코너에 오래 머물러 있을 때
  ㉣ 매장 안에서 상품을 찾고 있는 모습일 때
④ 접근의 금지사항
  ㉠ 고객이 부르는데 마지못해 오거나, 즉각 응답을 안 하는 경우
  ㉡ 고객의 외형적인 복장이나 언어 등으로 판단하여 차별하는 표정을 짓고 접근한다.
  ㉢ 무표정한 얼굴로 간다.
  ㉣ 귀찮은 듯한 표정과 피곤한 얼굴이다.
  ㉤ 고객에게 접근할 때 신발을 끌며 천천히 온다.
  ㉥ 인사말이 없다.
⑤ **고객을 응대하는 순서**: 고객을 응대하는 순서로는 '접근 – 고객욕구 확인 – 판매제시 – 판매결정 – 판매마무리 – 사후관리'가 가장 적합하다.

2 고객욕구의 결정

(1) 고객 구매욕구의 결정
① 판매를 성공시키기 위해서 판매담당자는 고객욕구의 이해와 그 욕구를 충족시킬 수 있는 상품을 발견하는 것이 무엇보다도 중요하다.
② 판매담당자는 고객과의 접촉을 통해 욕구와 구매계획 등에 대해 가능한 많은 지식과 정보를 획득하여야 한다.

(2) 고객 구매욕구의 결정방법

① 질문

　㉠ **질문의 활용**: 고객의 욕구파악은 질문으로부터 시작된다. 이때 판매담당자의 대화법은 '질문 → 경청 → 동감 → 응답'하는 과정을 반복하는 것이다.

　㉡ **질문의 원칙**

　　ⓐ 질문을 연발하지 않는다.

　　ⓑ 질문하고 회답을 듣고 회답과 관련시켜 대화한다.

　　ⓒ 긍정적이고 적극적으로 응답할 수 있도록 질문을 유도한다.

　　ⓓ 고객이 얻고자 하는 혜택을 판단하기 위해서 질문한다.

　㉢ **질문의 종류**

　　ⓐ **개방형 질문**: 고객과의 심리적 거리, 즉 경계심을 완화시키고자 할 때 사용하는 매우 일상적인 질문이다.

　　ⓑ **선택형 질문**: 고객으로부터 특정 부분의 확인(선물용 구매인지 아니면 자신이 사용하기 위해서인지 등)이 필요할 때, 보다 구체적인 정보를 필요로 할 때(구매동기, 기대하는 혜택, 사용용도 등), 이해를 고객에게 확인하고자 할 때 사용하는 질문형태이다.

② 경청

　㉠ **경청의 의미**: 경청이란 감정의 상호 교환에 있어서 고객의 방어적인 태도와 행동을 줄이게 하는 대화기법으로서, 고객에 의해서 표현된 감정을 확인하고, 그 내용을 파악하고 정의하며, 정확하게 반응하는 능력을 의미한다.

　㉡ **경청의 목적**

　　ⓐ 고객의 필요와 욕구의 파악과 더불어 이러한 욕구가 발생하게 된 동기, 구매 스타일, 그리고 고객욕구를 결정하기 위한 주변 정보의 획득, 예컨대 직업, 소득수준의 정도, 개성, 취미 등의 파악이 가능해진다.

　　ⓑ 고객으로부터의 신뢰감 획득이다.

　㉢ **효과적인 경청방법**

　　ⓐ 귀로만 듣지 말고 오감을 동원해 적극적으로 경청한다.

　　ⓑ 부드러운 시선(Eye-Contact)으로 편안함을 느낄 정도로 눈맞춤을 한다.

　　ⓒ 혼자서 대화를 독점하지 않고 상대방의 말을 가로채지 않는다.

　　ⓓ 고개 끄덕이기, '저런, 아, 그렇구나!' 등의 반응을 보이며 적극적인 추임새를 한다.

　　ⓔ 말하는 순서를 지키며 상대의 이야기를 가로막지 않는다.

　　ⓕ 논쟁에서는 먼저 상대방의 주장을 들어주며 오픈 마인드를 유지하고 끝까지 듣는다.

　　ⓖ 적절한 질문과 상대의 이야기를 요약 확인한다.

　　ⓗ 상대 이야기의 의미를 파악하며 의견이 다르더라도 일단 수용한다.

    ㉣ 올바른 경청의 자세

        ⓐ 상대를 정면으로 마주하는 자세는 그와 함께 의논할 준비가 되었음을 알리는 자세이다.

        ⓑ 손이나 다리를 꼬지 않는 소위 개방적 자세를 취하는 것은 상대에게 마음을 열어놓고 있다는 표시이다.

        ⓒ 상대방을 향하여 상체를 기울여 다가앉은 자세는 자신이 열심히 듣고 있다는 사실을 강조하는 것이다.

        ⓓ 우호적인 눈의 접촉을 통해 자신이 관심을 가지고 있다는 사실을 알리게 된다.

(3) 고객과의 거리

① 접객 기술에 있어 고객과의 거리가 문제로 대두되는데, 고객의 시야를 차단해서는 안 된다는 것은 필수조건이다. 그렇다고 해서 대화도 유지될 수 없을 정도의 거리로 벌어져서도 안 된다. 따라서 동선은 고객 동선, 종업원 동선, 상품 동선으로 분류되며, 각각의 동선은 서로 교차하지 않도록 해야 한다.

② 고객이 점포에 머무르는 시간이 길어지도록 고객의 동선을 극대화해야 한다.

③ 고객이 편안하고 자유스럽게 쇼핑할 수 있도록 하고 혼잡도를 줄이기 위해서, 고객의 동선과 종업원의 동선은 교차하는 지점이 가능한 한 많지 않도록 구성해야 한다.

④ 종업원의 동선은 가급적 보행거리가 짧도록 구성해야 한다.

⑤ 상품이동 동선은 고객의 동선과 교차하지 않도록 구성해야 한다.

⑥ 동선은 상품탐색을 용이하게 해 주어야 할 뿐만 아니라, 각 통로에 단절이 없는 동선이어야 한다.

(4) 고객 본위의 응대

① 고객 본위 응대의 의미: 고객 본위의 응대란 그 우위성을 보증하면서 고객의 동기에 재빨리 호응하여 고객의 가치관에 부흥한 상품제시와 정보제공을 고객 레벨에서 행하는 것이다.

② 고객 본위의 접객기술(고객 본위의 응대 4원칙)

    ㉠ 전문용어를 남용하지 않아야 한다.

    ㉡ 고객이 어떠한 특성을 가진 상품을 원하고 있는가를 이해하고, 그 특성에 맞는 상품을 갖추어서 제시해야 한다.

    ㉢ 접객 중에는 다른 업무를 보지 않도록 해야 한다.

    ㉣ 친숙한 사이라도 무례한 태도를 취하는 행동은 삼가야 한다.

3 판매제시

(1) 판매제시의 정의

판매제시는 고객접근과 욕구결정 단계에서 파악된 고객의 욕구를 충족시켜주기 위해, 상품을 고객에게 실제로 보여주고 사용해 보도록 하여 상품의 특징과 혜택을 이해시키기 위한 활동으로서, 상품의 실연(제시)과 설명이 핵심이다.

(2) 판매제시의 유형

① **욕구충족형 방식**: 대부분의 시간 동안 고객이 이야기하도록 유도하여 고객의 문제를 해결해 준다.

② **합성형 방식**: 파악된 고객의 요구나 유형에 맞추어 몇 가지 주요 내용을 제안한다.

③ **암송형 방식**: 시나리오로 작성한 판매화법을 모든 고객에게 공통 적용한다.

④ **판매실연 방식**: 고객이 직접 사용하는 등의 실연을 통해 구매를 유도한다.

(3) 판매제시의 특성

① **완전성(Complete)**: 판매제시가 완전하기 위해서는 상품이 현재의 상황에 대한 예상고객의 불만 해소에 기여하거나 판매제의를 수용함으로써, 어떻게 이러한 상황을 극복할 수 있는지를 보여주기 위하여 필요한 모든 정보를 포괄할 수 있어야 한다.

② **경쟁심의 배제**: 판매제시는 판매자의 주장을 수립하고 있는 상황으로부터 고객과의 경쟁심을 제거해야 한다는 것이다.

③ **명확성(Clear)**: 판매제시는 오해되지 않도록 예상고객에 대하여 명확해야 한다. 즉, 예상고객의 마음에 오해의 어떤 흐릿함을 남기지 않아야 한다.

④ **예상고객의 신뢰 획득(Confidence)**: 예상고객은 판매원이 말하고 있는 것이 사실이라는 확신을 갖지 못하면 구매하지 않을 것이므로, 판매제시에 있어서는 예상고객의 신뢰를 얻는 것이 중요하다.

(4) 상품제시의 방법

① 상품제시 방법

  ㉠ **제시할 상품을 점검**: 접근단계에서 파악된 고객의 욕구에 맞는 상품 모델과 색상을 제시하기 위해 제시할 상품의 준비 여부 및 상태를 확인한다.

  ㉡ **즉각적으로 상품을 제시**: 예상고객의 욕구나 판단된 욕구에 따라 상품을 신속하게 제시하여야 한다.

  ㉢ **고객 자신이 직접 상품을 실연**: 상품을 보여주고 실제로 직접 사용해 보도록 하는 것이 중요하다.

  ㉣ **짧은 시간 내에 끝맺음**: 실제 사용에 지나치게 긴 시간은 필요치 않다.

② 상품제시에서 실수하기 쉬운 사항

　㉠ 상품을 한 손으로 꺼내 보여주거나 상품을 꺼내어 아무 말 없이 고객 앞에 내민다.

　㉡ 낮은 금액인 것은 무성의하게 보여준다.

　㉢ 상품을 여러 가지 꺼내어 골라잡으라는 듯이 한다.

　㉣ 질문에 무뚝뚝하거나 퉁명스럽게 대답한다.

　㉤ 고객의 말에 부정적으로 응대한다.

　㉥ "그 제품은 없습니다."라고 말하고는 더 이상의 설명이 없다.

(5) 상품설명

① 상품설명의 기본 원칙

　㉠ 요점을 남기지 않고 순서 있게 행동

　　ⓐ 1단계: 상품을 소개한다.

　　ⓑ 2단계: 예상고객의 주의를 끌도록 유도한다.

　　ⓒ 3단계: 예상고객에게 필요한 것임을 강조하고 동의를 얻어낸다.

　　ⓓ 4단계: 소유함으로써 얻게 될 이점을 강조하여 구매의욕을 불러일으킨다.

　　ⓔ 5단계: 고객실연과 증거를 제시함으로써 예상고객에게 신뢰감을 준다.

　　ⓕ 6단계: 구매결정을 촉구하여 구매토록 한다.

　㉡ 상품이 가져다주는 혜택(가치, 이점)을 강조

　㉢ 성의 있고 친절하게 설명

> **더 알고가기** 제품유익(FABE) 기법
>
> 제품유익 기법은 상품의 내용을 고객의 입장에서 듣고 이해하기 쉽고 단순하게 체계화하는 설득기법을 말한다.
> - Feature(제품특징): 판매담당자가 제안할 상품의 특성
> - Advantage(고객이익): 특성이 왜 좋은가의 배경설명
> - Benefit(고객혜택): 상품사용 후의 욕구충족의 내용
> - Evidance(증거자료): 상품을 사용하여 얻은 결과에 대한 증거

② 판매 포인트(Selling Point)

　㉠ 판매 포인트의 정의

　　ⓐ 판매 포인트는 판매점 또는 판매 기점, 상품 판매 계획을 세울 때 특히 강조하는 점이다.

　　ⓑ 자사제품과 경쟁제품 간의 비교점을 제시하며 경쟁제품이 가진 단점을 언급하거나, 제품이나 서비스가 지니고 있는 특징·성격·품격 가운데서 사용자에게 편의나 만족감을 주는 것을 말한다.

  ⓛ 판매 포인트의 작성 요령: 판매 포인트는 고객주의와 구매욕망을 환기시킬 수 있도록 작성되어야 하고, 확실한 판매 포인트가 제시될 수 있도록 정리해 두어야 한다.

③ 상품지식

  ㉠ 제조공정

  ㉡ 주요 재원 및 장착품목 · 선택품목(Option)은 무엇이며, 이러한 것들이 경쟁상품과 역할 · 기능상 어떻게 다른가?

  ㉢ 제품의 개발배경과 주요 원자재의 공급원은 어디인가?

  ㉣ 상표명의 의미

  ㉤ 상품의 기능성(안전성 · 성능 · 스타일 · 편리성 · 경제성 · 내구성 등)과 상징성(유행성 · 이미지 · 사회적 역할 · 연기성 등)을 고객에게 어필(Appeal)할 수 있는 포인트는 어떤 것들인가?

  ㉥ 고객에게의 효용가치

  ㉦ 상품의 계절성 · 구색 · 사이즈 · 색상 등

  ㉧ 가격, 할인기간과 조건 그리고 할인품목

  ㉨ 유효기간, 보증기간, 애프터서비스의 내용

  ㉩ 배달 여부와 조건

  ㉪ 반품 · 환불기간과 조건

> **더 알고가기**   판매저항의 유형과 판매원의 대응
>
> - **변명의 형태를 지닌 저항**: 진지하게 대응할 여지가 없는 상태에서의 판매저항이므로, 판매담당자의 진지한 대응에 의해서 제거가 가능하다.
> - **자신의 주장을 관철하고자 이유를 대는 저항**: 고객이 자신의 주장을 관철하고자 여러 이유를 대는 판매저항으로, 판매담당자는 고객의 저항 이유를 적극적인 경청법을 활용하여 알아내야 한다.
> - **고객의 입장에서 질문을 통한 저항**: 가장 타당하고 진정한 판매저항으로, 판매담당자는 고객의 입장에서 문제를 해결해야 한다.
> - **말없이 침묵하는 형태를 지닌 저항**: 가장 까다로운 판매저항의 형태로, 판매담당자는 질문법을 통해 대답을 끌어내야 한다.

4   판매결정

(1) 판매결정의 의의

① 판매결정(Closing the Sales) 단계는 고객이 구매결정의 결단을 내리도록 판매담당자가 유도하는 과정에서부터 고객에게 대금을 수령 · 입금하기 전까지이다.

② 판매결정의 주요 부분은 가격의 결정에 할당되기 때문에 판매원들이 어려움을 갖게 된다.

③ 판매원은 결정을 고객에게 맡기지 말고 고객의 구매결정이 확정되었다는 의사표시나 행동을 유심히 관찰하여 종결을 해야 한다.

(2) 판매결정의 촉구방법

① **추정 승낙법(가정적 종결법, 이중 질문법)**: 대부분의 판매원이 가장 많이 사용하는 방법이며, 가장 응용범위가 넓은 클로징의 정석인 방법(두 가지 안 중에서 어느 것인가를 택하도록 하게 하는 방법)이다.

② **교묘 질문법**: 은폐를 한 질문으로 고객이 그 물건을 갖게 됨으로써 얻게 되는 여러 가지 이점을 납득시키는 방법(이익의 증가, 시간의 절약, 경비의 절감, 개인의 기쁨 등은 고객을 움직이게 하는 동기가 들어 있음)이다.

③ **테스트 질문법**: 판매원은 고객이 어느 정도 사고 싶은 마음이 있는가를 알기 위하여 '그 점은 충분히 알아 들으셨죠?'와 같은 질문을 하는 방법이다.

④ **직접 행동법**: 고객이 사겠다는 심정을 뚜렷하게 찾아볼 수 있을 때에 판매원이 신청서를 꺼내서 간단한 것부터 기입하는 방법이다.

⑤ **전환법**: 고객을 수세로 몰아넣어 어느 정도 머리의 혼란을 일으킴으로써 반대하기 힘들게 하는 방법이다.

⑥ **요약 반복법**: 고객에게 어필할 수 있다고 생각되는 가장 중요한 이익을 요약, 반복하여 설명하는 방법이다.

> **더 알고가기** 코센(Kossen)의 판매저항 처리방법
>
> - **타이밍 지적법**: 지금 구매하지 않으면 손해가 발생할 수 있음을 알려 고객의 저항을 해결하는 방법
> - **비교대조법**: 반론에 대해 인정하고 경쟁제품과의 비교를 통해 자사제품의 장점을 부각시켜 판매저항을 해결하는 방법
> - **실례법**: 추상적이고 구체적이지 못한 반론에 대해 실례를 들어 저항을 해결하는 방법
> - **자료전환법**: 고객의 반론에 자료를 통해 대응하는 방법
> - **보증법**: 결단을 못 내리고 망설이고 있는 고객에게 판매담당자가 품질에 대한 확신을 주는 방법
> - **간접부정법**: 고객의 말을 일단 받아들이고 충격을 완화한 다음에 반론을 처리한다.
> - **부메랑화법**: 고객이 주장하는 단점이 오히려 장점이라고 반론하는 방법이다.
> - **증거제시법**: 증거 제시를 통해 고객의 마음을 돌리는 방법이다.

- **시험종결기법**: 잠재고객이 구매의사결정에 얼마나 가까이 왔는가를 파악하기 위한 질문을 통한 종결기법
- **대안종결기법**: 판매원이 잠재고객에게 다양한 대안을 연속적으로 제시함으로써 고객 스스로가 선택 대안을 줄이면서 의사결정에 이를 수 있도록 하는 방법
- **추정종결기법**: 잠재고객이 이미 구입하는 것을 결정한 것으로 추정하고 주문의 구체적인 내용에 대해 질문을 하는 것을 의미하는 기법
- **요약종결기법**: 잠재고객이 인정하는 제품이나 서비스의 혜택을 판매원이 정리하여 언급하면서 고객의 구매결심을 유도하는 판매종결기법

5 상품포장(Packing)

(1) 포장의 개념

① 포장은 물품을 수송·보관함에 있어 가치 또는 상태를 보존하기 위해서 적절한 재료, 용기 등을 물품에 가하는 기술 또는 상태를 의미한다. 즉, 포장은 화물의 운송·보관 또는 하역 시 화물을 안전하게 보호하고 취급이 편리하도록 하기 위해 용기 등으로 화물의 외부를 싸는 것을 말한다.

② 포장은 종종 판매증진뿐만 아니라 다른 중요한 운영활동의 수행을 용이하게 한다.

(2) 포장의 기능

① 보호성(1차적 기능): 외부 환경이나 충격으로부터 제품을 보호해 주는 기능
② 편리성(2차적 기능): 제품의 운송, 보관, 사용, 폐기 시까지 취급을 편리하게 하는 기능
③ 판촉성(3차적 기능): 멋진 포장을 통해 구매욕을 자극하여 판매를 촉진하는 기능

(3) 포장의 일반적·실질적 기능

① 포장의 일반적 기능: 보호성, 상품성, 편리성, 심리성, 배송성, 경제성, 환경친화성 등
② 포장의 실질적 기능: 차단성, 투과성, 흡착성(흡수성, 흡유성), 수용성, 휘발성 물질의 방출성, 내열성, 완충성, 광택성 및 투명성 등

선물포장은 가격표는 제거하고, 글씨는 되도록 구매하는 사람이 쓰도록 해야 한다. 선물을 받는 사람의 특성을 포장지에 고려하고, 글씨를 쓰고 나면 손님에게 보여주며, 글씨를 완전히 말린 후에 포장한다.

선물포장에 대한 내용으로 가장 옳지 않은 것은?

① 가격표는 제거할 것
② 글씨는 되도록 판매원이 쓰도록 할 것
③ 선물을 받는 사람의 특성을 포장 시에 고려할 것
④ 글씨를 쓰고 나면 손님에게 보여줄 것
⑤ 글씨를 완전히 말린 후 포장할 것

해설
글씨는 가급적 고객이 쓰도록 해야 한다.

정답 ②

6 판매 마무리

(1) 입금

입금이란 고객에게 수령한 대금을 캐셔(Cashier)에게 입금, 확인하며 포장준비를 하는 단계이다.

(2) 포장

① 상품의 크기에 맞는 포장지로 신속하고 보기 좋게 포장한다.
② 고객에 대한 감사의 뜻을 담아 휴대하기 간편하게 포장한다.

(3) 전달(인계)

① 인계란 상품 및 영수증, 거스름돈을 확인하고 고객에게 건네주는 과정을 말한다.
② 이때 포장된 상품 및 영수증, 거스름돈을 다시 한번 확인·대조하여 실수를 범하지 않도록 각별히 유의하여야 한다.

(4) 전송

전송은 판매의 마지막이자 고객의 다음 방문을 있게 하는 새로운 판매과정이다.

▼ 더 **알고가기** 구매 후 부조화 발생원인

• 부정기적으로 구매해야 하는 제품을 구매할 때 빈번하게 발생한다.
• 각 상표 간 차이가 미미한 제품을 구매할 때 빈번하게 발생한다.
• 주로 고가의 제품이나 전문품을 구매할 때 빈번하게 발생한다.

- 소비자의 관여도가 높은 제품을 구매할 때 주로 발생한다.
- 구매 후 결과에 대하여 위험부담이 높은 제품에서 빈번하게 발생한다.

7 고객유지를 위한 사후관리

(1) 반품처리와 반품 원인
① 고객의 불평을 듣고 자기의 역량 내에서 즉시 납득할 수 있도록 설명을 하고 신속하게 반품 처리를 한다.
② 반품은 판매의 실패가 아니라, 접객의 계속이다.
③ 판매원은 자기의 권한 밖의 사항에 대해서는 상사와 의논하여 그 지시에 따라 양해를 하도록 고객에게 설명하고 적당한 조치를 취해야 한다.

(2) 고객 컴플레인 관계
① 고객불평의 중요성
  ㉠ 상품의 결함이나 문제점을 조기에 파악하여 그 문제가 확산되기 전에 신속히 해결할 수 있게 해준다.
  ㉡ 부정적인 구전효과를 최소화한다.
  ㉢ 불평하는 고객이 침묵하는 불만족 고객보다 낫다는 것이다.
② 고객 컴플레인의 유도방안: 수신자부담 서비스, 인터넷 등

(3) 정보제공 서비스
고객관계의 유지는 고객과의 신뢰성 형성이 무엇보다 중요한데, 고객과의 신뢰를 쌓을 수 있는 방법으로는 다음과 같은 것이 있다.
① 컴플레인의 신속한 처리
② 고객과의 지속적인 커뮤니케이션
③ 정보제공의 서비스
④ 특별한 서비스의 제공: 고객을 초우량고객, 우량고객, 보통고객, 잠재 우량고객 등으로 구분하여, 고객의 기여도에 따라 차별적인 서비스를 제공하는 것이다.

> **더 알고가기** 소매점 판매과정
>
> 고객에게 접근 → 고객욕구의 결정 → 판매제시 → 판매결정 → 판매 마무리 → 고객유지를 위한 사후관리

01 서비스 상품의 특징과 거리가 먼 것은?

① 서비스 상품은 경험적 특성과 신념적 특성이 일반 제품보다 강하다.
② 서비스 상품의 대안평가 시 가격과 서비스 시설 같은 요소에 의존하게 된다.
③ 서비스 상품을 구매할 때 일반제품보다 지각위험이 높다.
④ 서비스 상품의 경우 정보탐색비용이 상대적으로 높다.
⑤ 서비스 상품의 무형성을 보완하기 위해서는 인적 정보원에 의존하기보다 대중매체를 통한 가시적 광고에 집중해야 한다.

> **해설** 무형성의 가장 큰 특징은 고객이 직접 구매라는 과정을 거치지 않고는 이를 평가하는 것이 힘이 든다는 것이다. 서비스를 느끼고, 맛보고, 냄새 맡는 것이 아니기 때문에 자신이 직접 구매과정을 거쳐 객관적으로 사용하기 전에는 서비스를 평가한다고 할 수 없다. 따라서 대중매체를 통한 가시적 광고보다는 인적 정보원에 의존해야 한다.

02 서비스의 특성에 대한 설명으로 가장 옳지 않은 것은?

① 서비스는 경험이므로 제품에 비해 정서와 분위기가 인지된 효용을 형성하는 데 매우 중요한 역할을 한다.
② 서비스는 무형적인 속성이 있으므로 소비자들은 구매를 하기에 앞서 특정 서비스에 대한 기대를 형성하기 어렵다.
③ 한번 거래하게 되면 장기적으로 지속하여 거래관계를 유지하는 거래의 충실성이 제품 거래에 비해 크다.
④ 제품의 경우 정보탐색 시 인적 정보원천과 비인적 정보원천 두 가지 모두를 이용하는 데 반해, 서비스의 경우는 상당부분 인적 정보원천에만 의존하게 된다.
⑤ 제품의 경우 소비자는 여러 브랜드를 비교하여 마음에 드는 상품을 선택하여 구매하지만, 서비스는 거의 비교선택의 여지가 없는 특정 서비스를 구매하게 된다.

> **해설** 서비스는 형체가 없는 무형성으로 인해 보관할 수 없다는 점 등의 특성을 갖게 되며, 특정 서비스에 대한 기대를 형성하나 위험부담을 갖게 된다.

정답 01 ⑤　02 ②

03 무형성과 관련된 마케팅문제로 볼 수 있는 것은?

① 표준화와 품질관리가 힘들다.
② 재고관리가 불가능하다.
③ 소비자가 서비스 생산과정에 참여하여야 한다.
④ 대량생산이 불가능하다.
⑤ 특허 등으로 보호가 어렵고 진열이나 유통이 어렵다.

> **해설** 서비스는 형체가 없는 무형성이라는 특징을 가지고 있으므로 특허 등으로 보호받기 어려우며, 진열이나 유통의 어려움이 있다.

04 다음 내용에서 설명하는 서비스의 특성과 관련 있는 것은?

> 이 서비스의 특성과 관련해서 발생하는 근본적인 문제는 재고를 보유할 수 없다는 점이다. 또한 회수하거나 재판매할 수 없다는 사실은 서비스가 잘못되었을 때 강력한 회복전략이 필요함을 알 수 있다.

① 소멸성   ② 생산과 소비의 동시성
③ 이질성   ④ 무형성
⑤ 공감성

> **해설** 서비스의 특성
> 서비스는 보거나 만질 수 없는 무형적(비유형적, intangible), 생산과 소비가 동시에 일어나는 특성인 비분리성(inseperability), 품질이 고르지 않은 이질성(heterogeneity), 제품이 판매되지 않으면 사라져 재고형태로 저장할 수 없는 특성인 소멸성(perishability)의 특성이 있다.

05 서비스의 품질 측정이 어려운 이유라고 보기 어려운 것은?

① 고객은 서비스 프로세스에서 배제되므로 고객에게서 서비스 품질에 대한 평가를 받기가 어렵다.
② 고객이 사용해야만 파악할 수 있는 특성으로 인해 고객이 서비스라는 자원을 파악하고 평가하는 데 있어 객관성을 유지하기가 어렵다.
③ 서비스 전달이 완료되기 전에는 검증이 어렵다.
④ 서비스 품질의 개념이 주관적이어서 객관화하기가 어렵다.
⑤ 품질 측정을 위해서는 고객에게 물어보아야 하는데, 고객에게서 자료를 수집하기 위한 시간과 비용이 많이 든다.

정답 03 ⑤   04 ①   05 ①

서비스 품질 측정이 어려운 이유

- 서비스는 특성상 객관화가 어렵고 대부분이 주관적인 판단기준에 의해 평가를 수행할 수밖에 없다.
- 서비스는 생산과 소비의 동시성의 특성으로, 서비스의 전달이 채 완료되기도 전에 서비스 품질을 평가하여 검증하기 어렵다.
- 서비스를 측정하기 위해서는 전산요원이 필요하고 상당한 시간이 소요되므로 시간과 비용이 많이 든다.
- 고객은 서비스 프로세스의 일부이며 변화를 일으킬 수 있는 중요한 요인이 되기도 하기 때문에 고객을 대상으로 하는 서비스 연구 및 측정은 본질적으로 어려움이 상존하고 있다.
- 서비스라는 자원은 고객에게 전달되고 고객이 사용하여야만 파악할 수 있는 특징을 지니기 때문에 고객이 서비스라는 자원을 파악하고 평가함에 있어 객관성을 유지하기가 어렵다.
- 기업이 고객이 기대하는 바를 알지 못하거나 제대로 이해하지 못하여 고객의 기대를 반영하지 못하는 서비스 품질기준을 명기하는 경우에, 서비스의 실제 성과가 서비스 명세서와 일치하지 않는 상황이 발생한다.

06 서비스 품질의 평가요소에 대한 설명으로 옳지 않은 것은?

① 응답성(responsiveness): 대응 정도로 고객서비스의 반응속도, 자발성, 즉각성, 성실성 등의 응대 태도
② 확신성(assurance): 고객을 대함에 있어 진심으로 이해하고 관심과 보살핌을 전하고자 하는 진정성
③ 신뢰성(reliability): 고객과의 약속 또는 고객이 기대하는 수준의 서비스를 정확하게 수행하는 것
④ 유형성(tangibles): 눈에 보이는 기구, 설비, 직원태도, 유니폼, 명찰, 인테리어 등의 물적 요소의 적합성과 수준
⑤ 공감성(empathy): 회사가 고객에게 제공하는 개별적 배려와 관심

확신성(assurance): 보장성(warranty)이라고도 하며, 서비스 직원의 지식과 예절, 신뢰성과 자신감을 전달하는 능력과 안정성

07 '고객서비스 품질의 여러 차원 중에서 '고객에게 즉각적이고 도움이 되는 서비스를 제공하였는가?' 하는 것은 다음의 어느 차원에 해당하는가?

① 신뢰성(reliability)
② 확신성(assurance)
③ 공감성(empathy)
④ 반응성(responsiveness)
⑤ 유형성(tangible)

정답 06 ② 07 ④

> 해설 SERVQUAL 5개 차원
> - 신뢰성(reliability): 서비스에 대한 신뢰를 바탕으로 정확하게 업무를 수행하는 능력을 나타냄
> - 확신성(assurance): 고객에 대해 직원들의 능력·예절·신빙성·안전성을 전달하는 능력을 나타냄
> - 유형성(tangible): 눈으로 구분 가능한 설비나 장비 등 물리적으로 구성되어 있는 외양을 나타냄
> - 공감성(empathy): 고객에게 제공하는 개별적인 배려와 관심을 나타냄
> - 대응성(responsiveness): 고객에게 언제든지 준비된 서비스를 제공하겠다는 것을 나타냄

08 다음 내용에서 설명하는 원인들로 인해 서비스 품질의 갭(Gap)이 발생하는 곳으로 가장 알맞은 것은?

> ㉠ 인사정책의 결함
> ㉡ 역할을 제대로 수행하지 못하는 직원
> ㉢ 서비스 중간상의 문제
> ㉣ 수요와 공급을 일치시키는 데 실패

① GAP 1: 고객기대에 대한 제공자의 지각과 고객기대 사이의 차이
② GAP 2: 고객중심적 서비스 설계 및 표준과 고객기대에 대한 제공자의 지각 차이
③ GAP 3: 서비스 제공과 고객중심적 서비스 설계 및 표준의 차이
④ GAP 4: 고객에 대한 외부 커뮤니케이션과 서비스 제공 사이의 차이
⑤ GAP 5: 고객의 기대와 인지의 차이

> 해설 서비스품질 격차 요인
> - Gap 1: 경영자가 고객의 기대를 인식하지 못한 경우
> - Gap 2: 경영층의 무관심, 기업자원의 제약, 시장상황의 부족
> - Gap 3: 직원의 서비스 설계 미숙지 및 설계 수행능력 부족, 직원이 서비스 설계 수행을 꺼림
> - Gap 4: 과대약속, 커뮤니케이션 부족
> - Gap 5: 고객의 기대 정도

09 서비스 평가 시 고려할 수 있는 품질의 속성으로 난이도에 따라 탐색품질, 경험품질, 신용품질로 나뉘는데, 각 품질평가에 해당하는 대표적인 서비스의 연결로 가장 옳지 않은 것은?

① 경험품질: 원료, 부품, 사무용품, 공구
② 신용품질: 세무회계 서비스, 교육, 병원 서비스
③ 경험품질: 음식, 이발, 오락, 성형수술
④ 탐색품질: 신발, 보석
⑤ 탐색품질: 냉장고, 화장품

정답 08 ③   09 ①

서비스 품질의 속성
- **탐색품질**: 서비스나 제품을 구매하기 전에 소비자들이 평가할 수 있는 속성을 말한다. 색깔, 모양, 맞춤 정도, 느낌, 냄새, 가격 등과 같은 항목을 포함하고 있다.
- **경험품질**: 소비자들이 소비 중이거나 소비 후에만 평가할 수 있는 속성으로 경험을 통해서만 그 품질을 알 수 있게 된다.
- **신용품질**: 서비스 제공이 종료되었음에도 그 평가가 힘든 속성이 바로 신용품질이다.

10 서비스 품질의 개선방법으로 가장 옳지 않은 것은?

① 서비스 품질의 결정요소를 사전에 파악한다.
② 직원에게 적절한 교육을 실시하여 서비스 내용을 제공한다.
③ 고객의 기대는 수시로 변화하므로 일관되게 서비스의 품질을 유지하도록 한다.
④ 기업 내 서비스 지향적 문화를 정착하도록 한다.
⑤ 서비스의 유형성 관리를 통해 고객의 품질평가를 개선하도록 노력한다.

> 수시로 변화하는 고객의 기대에 부응하기 위해 서비스의 품질을 이에 맞춰 발전시켜 나가야 한다.

11 판매원을 조직화할 때 제품별로 판매원을 배치하는 제품별 조직의 장점이 아닌 것은?

① 판매원이 제품지식을 축적하여 그 분야에 전문적 지식을 키울 수 있다.
② 기술적으로 복잡한 제품일 때 제품별 조직이 효과적이다.
③ 제품지식 축적으로 인한 판매기회 확대가 이를 위한 비용보다 높을 때 효과적이다.
④ 상이한 제품계열을 동일한 고객에게 판매하려 할 때 특히 효과적이다.
⑤ 제품계열이 다양하고 상호 관련성이 낮은 경우에 성과가 높다.

> 상이한 제품계열을 동일한 고객에게 판매하려 할 때 특히 효과적인 것은 고객별 판매조직의 장점에 해당한다.

12 효과적인 판매단계를 순서대로 옳게 나열한 것은?

① 잠재고객 발굴 → 사전준비 및 접근 → 판매제시 및 실연 → 이의극복 → 판매종결 → 사후관리

② 판매제시 및 실연 → 잠재고객 발굴 → 사전준비 및 접근 → 판매종결 → 이의극복 → 사후관리

③ 사전준비 및 접근 → 잠재고객 발굴 → 판매제시 및 실연 → 판매종결 → 이의극복 → 사후관리

④ 잠재고객 발굴 → 판매제시 및 실연 → 사전준비 및 접근 → 판매종결 → 이의극복 → 사후관리

⑤ 사전준비 및 접근 → 잠재고객 발굴 → 판매제시 및 실연 → 이의극복 → 판매종결 → 사후관리

해설 효과적인 판매단계: 잠재고객 발굴 → 사전준비 및 접근 → 판매제시 및 실연 → 이의극복 → 판매종결 → 사후관리

13 고객을 응대하는 순서가 옳게 나열된 것은?

① 접근 - 판매제시 - 판매결정 - 고객욕구 확인 - 사후관리 - 판매마무리

② 접근 - 판매제시 - 고객욕구 확인 - 판매결정 - 사후관리 - 판매마무리

③ 접근 - 판매제시 - 고객욕구 확인 - 판매결정 - 판매 마무리 - 사후관리

④ 접근 - 고객욕구 확인 - 판매제시 - 판매결정 - 판매 마무리 - 사후관리

⑤ 접근 - 고객욕구 확인 - 판매결정 - 판매제시 - 판매 마무리 - 사후관리

해설 고객응대 순서: 접근 - 고객욕구 확인 - 판매제시 - 판매결정 - 판매 마무리 - 사후관리

14 대면판매의 장점에 대한 설명으로 잘못된 것은?

① 고객접점을 늘릴 수 있어 판매비를 감소시킨다.

② 구매자를 이해시키고 설득시키는 데 좋은 수단이 된다.

③ 구매자와의 쌍방향 커뮤니케이션이 가능하다.

④ 전문적 상품지식이 필요한 상품판매에 적합하다.

⑤ 구매자의 반응을 즉시 파악할 수 있어 메시지를 고객지향적으로 조절할 수 있다.

해설 대면판매의 경우 직접 대면이 필요하므로 시간과 비용적으로 불리한 점이 있다.

정답 12 ① 13 ④ 14 ①

15 판매원이 활용할 수 있는 상품지식과 판매전략으로 가장 옳지 않은 것은?

① 과시욕이나 제품의 희소성과 같은 제품 이외의 정보는 활용하지 않는 것이 좋다.

② 매입과 상품의 취급 및 관리를 하는 데에 있어서도 상품지식은 필요하다.

③ 소비자에게 정보를 제공하는 데에 정확한 상품지식을 활용해야 한다.

④ 구매관습 또는 라이프사이클에 의한 상품의 특성에 따라 다른 판매방법을 고려한다.

⑤ 상품정보뿐만 아니라 유행정보, 제품과 관련된 생활정보를 제공하는 것이 좋다.

> **해설** 판매원은 제품의 일반적인 지식 외에도 과시욕이나 제품의 희소성과 같은 제품 이외의 정보도 활용하는 게 좋다.

16 판매원의 기본적인 준비 및 마음가짐에 대한 설명으로 가장 옳지 않은 것은?

① 모르는 사항에 대해 질문을 받은 경우 빠르게 넘어가고 다음 질문에 응대한다.

② 경청과 질문을 통해 손님이 무엇을 원하는지 항상 파악하려고 노력한다.

③ 손님을 맞을 때 자신이 매장대표라는 생각을 갖고 응대한다.

④ 불만처리 절차 및 방식을 미리 확인해 두어 불만고객을 신속하게 응대한다.

⑤ 평소에도 조금씩 상품지식을 습득하도록 노력하고 고객정보를 숙지한다.

> **해설** 모르는 사항에 대해 질문을 받은 경우에도 최대한 성심성의껏 답변을 하려는 적극적인 자세가 필요하다.

17 고객이 매장에 들어와서 대응하기까지의 단계를 설명한 것으로 옳지 않은 것은?

① 고객응대란 언제든지 고객을 맞이할 수 있는 준비로 상품의 구색갖춤, 진열 및 매장 공간의 정리 등을 포함한다.

② 어프로치란 고객이 구입하고 싶어 하는 상품의 특성, 즉 고객의 취미나 가치관을 신속하게 파악하는 것이다.

③ 고객의 공간이란 고객이 상품 선택을 자유롭고 손쉽게 할 수 있는 연출공간 및 쇼핑의 편의성을 말한다.

④ 고객 본위의 응대란 고객이 갖는 우위성을 보증하면서 고객의 구매선택을 완전히 자율에 맡기는 것을 의미한다.

⑤ 판매제시란 전 단계에서 파악된 고객의 욕구를 충족시켜주기 위해 상품을 고객에게 실제로 보여주고 사용해 보도록 하여 상품의 특징과 혜택을 이해시키기 위한 활동이다.

정답 15 ① 16 ① 17 ④

해설 고객 본위의 응대란 고객이 갖는 우위성을 보증하면서 고객의 욕구에 맞는 상품을 제시하고 정보를 제공하는 등 고객수준에 맞게 대응한다.

18 소비자 구매행동의 영향변수 중 소비자의 심리적 변수와 거리가 먼 것은?

① 구매의도
② 욕구
③ 나이
④ 태도
⑤ 제품의 평가기준

해설 구매행동에 영향을 미치는 요인
- 사회·문화적 요인: 문화, 사회계층, 준거집단, 가족 등
- 마케팅 요인: 제품, 가격, 유통, 촉진 등
- 개인적 요인: 나이, 직업, 생활양식, 개성 등
- 심리적 요인: 동기유발, 지각, 학습, 태도, 욕구, 제품의 평가기준, 구매의도 등

19 POS 시스템에 대한 설명으로 옳지 않은 것은?

① 스캐너로 상품코드를 판독하여 간단하게 상품의 계산이 끝난다.
② 스토어 컨트롤러에 축적된 판매정보에 따라 매출일보와 상품별 판매리스트가 자동적으로 작성된다.
③ 가격변동에 따른 판매량의 변화를 통해 소비자의 가격에 대한 민감도 파악이 용이하다.
④ 검은색 바와 흰색의 스페이스를 통해 저장된 품명, 가격 등의 정보가 판독되어 영수증이 발행된다.
⑤ POS 시스템에 사용되는 상품코드는 국가번호가 220으로 시작되는 KAN 코드이다.

해설 POS 시스템에 사용되는 상품코드는 국가번호가 880으로 시작되는 바코드이다.

정답 18 ③ 19 ⑤

20 판매시점(POS; Point of Sale)의 효과에 대한 설명으로 잘못된 것은?

① 종업원의 교육시간이 대폭 늘어나는 효과가 있다.

② 계산대의 작업능률이 향상되어 인건비를 절감하고 계산실수가 방지된다.

③ 매출현황을 실시간으로 파악함으로써 신선도를 요하는 야채, 생선 등의 적절한 가격조정이 가능하다.

④ 매출상황에 따라 상품을 정확히 진열할 수 있다.

⑤ 매장의 정보를 정확하고 신속하게 파악할 수 있다.

> 해설 직원의 신규채용으로 교육시간이 단축된다.

21 POS 시스템을 통하여 얻을 수 있는 정보에 해당하지 않는 것은?

① 담당자별 판매데이터

② 상품부문별 매출 및 고객 데이터

③ 점포별 매출 및 고객 데이터

④ 실시간 상품식별 및 위치추적 데이터

⑤ 고객별 지불 관련 데이터

> 해설 위치추적 데이터는 POS 시스템을 통한 정보획득이 아니라 GPS를 통해서이다.
> ● POS 시스템으로 수집하는 정보
> 고객별·담당자별 데이터, 시간별 데이터, 점별·부문별 데이터, 상품부문별 데이터, 거래·지불방법, 매대별 데이터 등

22 다음 POS 시스템의 구성요소와 운영에 대한 설명 중 가장 옳지 않은 것은?

① 메인 컴퓨터는 상품에 대한 정보를 분석한 후, 그 분석 자료를 스토어 컨트롤러를 통해 POS 터미널에 전송한다.

② POS 시스템의 주된 목적은 상품 및 고객정보를 분석하여 고객별 맞춤 서비스를 제공하기 위한 것이다.

③ 스토어 컨트롤러는 메인 컴퓨터에 상품정보를 전달한다.

④ 스캐너는 바코드를 통해 판독한 상품정보를 스토어 컨트롤러에 입력하는 장치이다.

⑤ 스캐너로부터 판독한 상품정보는 POS 터미널로 전송된다.

정답 20 ① 21 ④ 22 ②

POS 시스템의 주된 목적은 고객이 원하는 만큼의 제품을 원하는 시기에 구매하여 만족도를 높이고, 기업은 판매 가능한 양을 공급할 수 있도록 하여 매출과 이익을 극대화시키는 것이다.
②의 설명은 CRM의 내용이다.

23 **POS에 수집된 자료의 활용방안과 거리가 먼 것은?**

① 로트(Lots) 입고정보의 파악을 통하여 개별상품으로 재구성
② 단품별 재고량을 파악하여 품절 사전예방
③ 고객별 매출액을 파악하여 고객별 세분화 마케팅 추진
④ 진열위치별 매출을 파악하여 진열위치 조정
⑤ 잘 안팔리는 상품을 파악하여 상품 퇴출

 로트란 상품의 품질관리를 위해 생산과정에서 사용되는 동일 원료와 공정을 통해 생산되는 제품단위의 1회 생산수량을 말한다. 그러므로 POS(판매시점 정보관리시스템)와는 관계가 없다.

24 **로스 리더(loss leader)로 가장 적절하지 않은 것은?**

① 계절, 시즌, 절기상품이나 인기제품
② 재고가 많아 저가판매로 회전율을 높이고자 하는 제품
③ 가격에 대한 수요탄력성이 큰 제품
④ 소비자의 신뢰도가 높은 유명브랜드 제품
⑤ 낱개 상품을 몇 개씩 묶어서 판매할 수 있는 제품

미끼상품(loss leader)은 그 제품 자체로는 손실(loss)을 초래하나 다른 제품의 판매를 유도(lead)하기 때문에 로스 리더(loss leader)라고 하며, 일반적인 정상가격보다 싸게 판매하는 상품을 말한다. 이는 가급적이면 고객들을 점내 유도하기 위한 것으로, 유도된 고객들은 자신이 계획했던 물건을 싸게 샀기 때문에 다른 물건도 쌀 것이라는 심리적인 느낌 때문에, 구매가 다른 제품으로 옮겨가도록 하기 위한 것이다.

정답 23 ① 24 ⑤

25 서비스 마케팅에서 서비스 제공 프로세스와 가장 거리가 먼 것은?

① SNS, 모바일 등을 활용하여 새로운 판촉을 실행한다.

② 서비스 청사진을 통해 프로세스를 재설계한다.

③ 공정한 대기시스템을 구축한다.

④ 대기관리를 위해 예약을 활용한다.

⑤ 결정적 순간은 지극히 짧은 순간으로 고객의 서비스 인상을 좌우한다.

> **해설** SNS, 모바일 등을 활용하여 새로운 판촉을 실행하는 것은 촉진에 해당하고, 서비스 제공 프로세스와는 거리가 멀다.

26 제품 프로모션 믹스(4P)에서 확장된 서비스 프로모션 믹스 요인으로 적합한 것은?

① 제품(Product)   ② 가격(Price)

③ 유통(Place)   ④ 프로세스(Process)

⑤ 촉진(Promotion)

> **해설** 프로모션 믹스(4P): 제품(Product), 가격(Price), 프로모션(Promotion), 유통(Place)
>
> ○ 확장된 서비스 프로모션 믹스(7P)
> - 과정(Process): 서비스가 실제로 수행되는 절차와 활동의 메커니즘과 흐름을 말한다.
> - 물리적 증거(Physical evidence): 물리적 증거는 서비스가 행해지는 매장의 실내배치, 조명, 색상 등과 같은 주변요소(ambient elements)와 매장의 공간적 배치와 기능성, 그리고 표지판, 상징물과 조형물 등을 포함한다.
> - 사람(People): 매장에서의 서비스는 대부분 종업원의 행위를 통해 고객들에게 직접 전달되므로, 성공적인 서비스 마케팅을 위해서는 인적 자원(human resource)에 대한 중요성을 인식하고 종업원에 대한 교육이 지속적으로 진행되어야 한다.

27 소매가격설정 전략 중 High-Low 가격설정과 관련된 설명으로 맞지 않는 것은?

① 재고부담을 줄이는 효과가 발생하기도 한다.

② 가격이 품질의 척도라고 생각하고 품질의 신뢰성을 가질 수 있다.

③ 세일은 고객을 자극시키고 모으는 효과가 있다.

④ 경쟁자와의 지나친 가격경쟁의 압박을 덜어주게 된다.

⑤ 동일한 상품으로 다양한 고객의 특성에 소구할 수 있다.

정답 25 ①   26 ④   27 ④

해설 경쟁자와의 지나친 가격경쟁의 압박을 덜어주는 것은 EDLP 전략이다. HL 전략은 일반적으로 EDLP 전략보다 높은 가격을 추구하지만, 소비자들을 유인하기 위하여 필요한 시기에는 적극적으로 할인된 낮은 가격을 제공하는 가격정책이다. 따라서 HL 전략은 가격경쟁의 압박을 받게 된다.

28 판매촉진을 통해 달성하고자 하는 목표로서 가장 옳지 않은 것은?

① 고객들이 정기적으로 매장을 찾아 단골고객이 되도록 한다.
② 고객 1인당 구매액 또는 구매상품의 품목수를 높인다.
③ 찾아온 고객 중에서 상품을 구매하는 고객의 수를 늘린다.
④ 매장을 찾아오는 고객의 수를 늘린다.
⑤ 매장에 대한 소비자의 관심을 불러 일으킨다.

해설 판매촉진(sales promotion)은 광고와 홍보, 인적 판매를 제외한 촉진활동을 말하는 것으로, 제품이나 서비스의 구매를 촉진하기 위한 단기적인 동기부여 수단의 일체를 말한다. 따라서 고객들이 정기적으로 매장을 찾아 단골고객이 되도록 하는 것은 판매촉진과는 거리가 멀고 고객관계관리를 통해 이루어진다.

○ **판매촉진의 목표**
  • 매출 증대
  • 재구매 유도
  • 가격에 민감한 소비자의 구매 유도
  • 시연을 통한 제품의 관심 유발
  • 브랜드 애호도 증진

29 판매촉진의 주된 역할에 대한 설명으로 가장 옳지 않은 것은?

① 가격에 민감한 소비자들의 구매를 유도한다.
② 자사제품의 판매를 증가시킨다.
③ 기업의 제품생산을 촉진시킨다.
④ 소비자들로 하여금 신제품을 시용(trial)하게 한다.
⑤ 소비자들에게 재구매를 설득하여 구매패턴을 확립한다.

해설 판매촉진은 고객에게 다양한 판매촉진수단을 사용하여 구매를 유도하는 것이므로, 기업의 제품생산을 촉진한다는 것과는 거리가 멀다.

정답 28 ① 29 ③

30 제품수명주기와 관련된 설명으로 옳지 않은 것은?

① 도입기에는 인지도 확보와 제품차별화가 중요하다.
② 성장기에는 침투가격전략을 활용하여 시장점유율을 확대하여야 한다.
③ 성숙기에는 경쟁이 과도하므로 브랜드 충성도를 유지할 수 있는 전략을 활용한다.
④ 쇠퇴기에는 불필요한 비용을 줄이고 최대한 효율적으로 판매를 촉진하고 유지하는 게 유리하다.
⑤ 패션(fashion)제품은 성장과 쇠퇴가 일정 주기로 반복된다.

> 해설 도입기에는 제품에 대한 인지도가 낮기 때문에 판매량이 적고, 초기 투자비용 등이 많아 고가격정책을 실시하려 한다.

31 상품수명주기이론상 상품의 성숙기에 해당 기업이 취할 수 있는 보편적인 전략과 가장 거리가 먼 것은?

① 이미지 광고를 통한 제품의 차별화를 시도하고 제품의 존재를 확인시키는 광고를 한다.
② 자사제품의 정보가 많은 사람들에게 전달되는 입소문을 통해 신제품의 확산을 유도한다.
③ 높은 경쟁환경에서 자사제품의 판촉을 위해 프로모션활동을 강화한다.
④ 새로운 소비자를 찾거나 기존 소비자를 위한 제품의 새로운 용도를 개발한다.
⑤ 기존 제품의 품질이나 특성 등을 수정하여 신규고객을 유인하거나 기존고객의 사용빈도를 늘린다.

> 해설 ②는 도입기의 마케팅 전략에 속한다.

32 판매촉진의 적합한 조건에 대한 설명으로 옳지 않은 것은?

① 새로운 상표를 시장에 도입하기 위하여 제품에 대한 잠재고객의 인지도를 넓히고 사용을 촉진하려는 경우
② 촉진되고 있는 상표의 제품카테고리가 비우호적인 공급추세를 보이고 있는 경우
③ 이미 광고되고 있는 제품에 있어서 광고의 효과를 증대시키려는 경우
④ 기존의 제품을 개선하여 시장에 다시 도입시키려는 경우
⑤ 신규 소비자의 시험구매 유도나 충성도가 높은 소비자에 대한 보상이 필요한 경우

> 해설 촉진되고 있는 상표의 제품카테고리가 우호적인 공급추세를 보이고 있는 경우이다.

정답 30 ① 31 ② 32 ②

33 판촉수단에 대한 설명으로 옳지 않은 것은?

① 즉석 당첨 프리미엄: 정가에서 할인된 가격을 표찰이나 포장에 표시하여 판매하는 것으로, 소비자들에게 즉각적인 현금보상과 절약의 의미를 줄 수 있다.

② 경품: 이름, 연락처 등 몇 가지 사항을 기재해 보내면 되는 용이한 방법으로, 추첨형식으로 진행된다.

③ 현금 환불(리베이트): 제조사나 마케터가 제품구매에 따라 일정 금액을 되돌려주는 방법이다.

④ 샘플링: 구입이 예상되는 고객에게 특정 제품을 무료로 제공함으로써, 상품을 접촉하게 하여 최초 구매를 유도하거나 상표전환을 유도하는 수단이다.

⑤ 쿠폰: 특정 제품을 구입할 때 할인혜택이나 기타 특별한 가치를 주고받을 수 있는 가치증서로서 가장 널리 사용되고 있는 수단이다.

 프리미엄(premiums)은 비가격 판촉수단으로, 백화점의 화장품 매장에서 화장품을 일정 금액 이상 구입하면 화장품 가방 또는 여행용 가방이나 머플러 등을 함께 지급하는 것을 말한다.

34 유통업체의 판매촉진 유형 중 비가격 촉진만을 고른 것은?

ㄱ 콘테스트 ㄴ 유통업체 쿠폰
ㄷ 프리미엄 ㄹ 사은품

① ㄱ, ㄹ ② ㄴ, ㄷ, ㄹ
③ ㄷ, ㄹ ④ ㄴ, ㄹ
⑤ ㄱ, ㄷ, ㄹ

• 비가격 판매촉진: 프리미엄(premiums), 견본품(product sampling), 콘테스트(contest), 시연회(demonstration)
• 가격 판매촉진: 가격할인(discount), 쿠폰(coupon), 리펀드(refund), 리베이트(rebate), 컨티뉴어티(continuity)

정답 33 ① 34 ⑤

35 접객서비스에 대한 내용으로 가장 옳지 않은 것은?

① 매장에서는 고객에게 단정한 이미지를 줄 수 있는 의상을 갖추어야 한다.

② 소비자는 보다 많은 정보를 원하므로 판매원은 무엇보다도 충분한 상품지식과 사용방법 등을 숙지하고 있어야 한다.

③ 판매원이 고객에게 상품을 제시할 때는 암송형 방식(canned approach)이 가장 바람직하다.

④ 고객은 자신이 구입한 상품, 판매원의 태도, 점포 분위기 등을 고려하여 만족도를 결정한다.

⑤ 판매원은 무엇보다도 회사가 목적하는 바를 충실히 이행하고 있는지를 항상 체크하면서 고객입장을 고려해야 한다.

> 해설 판매원이 고객에게 상품을 제시할 때는 상품의 설명과 함께 실연이 가장 바람직하다.

36 POP 광고의 특징과 효과에 대한 설명으로 옳지 않은 것은?

① 상품에 대한 설명으로 소비자교육이 된다.

② 다른 판촉활동과의 상승효과를 꾀할 수 있다.

③ 고객이 상품을 충동구매하도록 한다.

④ 판매원의 접객판매활동을 도와준다.

⑤ 고객에게 상품의 사용가치를 크게 인식시킨다.

> 해설 POP 광고는 소비자들에게 어떤 특정 상품에 주목하게 하고 유용한 정보를 제공한다. POP 광고 자료들은 구매시점에 고객들이 그 브랜드를 선택하도록 영향을 미치고 충동구매를 자극하는 역할을 한다. 고객에게 상품의 사용가치를 인식시키는 것은 거리가 멀다.

정답 35 ③ 36 ⑤

37 POP(Point of Purchase)의 종류와 그에 대한 설명으로 옳지 않은 것은?

① 카운터 POP는 진열된 상품 주위에 붙어 있는 소형 POP물, 아이 캐처(eye catcher), 가격 카드(price card), 트레이(tray) 등이 있으며, 가격표시 및 상품을 탐색하는 데 편리하도록 제작된다.

② 윈도 POP는 점두의 쇼윈도에 설치하는 POP로서 통행인의 주목도를 높이기 위한 방법이다.

③ 스포터(spotter) POP는 제품의 기능을 설명하기보다는 눈에 띄게 하는 것이 주목적이다.

④ 바닥부착형 POP는 점포 내부의 바닥에 설치하여 사용하는 것으로, 주로 상품의 전시판매 기능을 보완·강화하는 역할을 하게 된다.

⑤ 천장형 POP는 천장에서부터 아래로 내려뜨려서 설치한 POP로 멀리서도 눈에 잘 띄고 매장의 위치를 쉽게 구별할 수 있도록 한다.

> **해설** ①은 선반 POP에 대한 내용이다.
> ○ 카운터 POP
> 매장에서 구입한 상품을 계산하기 위해 카운터에 설치하는 POP로서, 다목적으로 사용되며 종류도 다양하다. 구입물품을 정산하는 동안 고객의 시선이 머물기 쉬우며 소매점에 관한 정보 및 이벤트 행사 등을 고지, 안내하는 데 이용된다. 판매대, 테스터(tester), 견본대, 스폿 디스플레이(spot display), 패널(panel) 등이 여기에 속한다.

38 POP(Point of Purchase) 광고의 기능과 거리가 먼 것은?

① 점포 외부의 접객분위기를 높이는 기능
② 고객의 구매시점에서 구매만족도를 높이는 기능
③ 소비자에게 정보를 제공하는 기능
④ 매장 내 위치나 이벤트를 안내하는 기능
⑤ 구매를 유발하는 기능

> **해설** POP(Point of Purchase) 광고는 구매시점 광고라고 하며, 소비자가 구매하고자 하는 점포의 내·외부에 여러 형태로 전시되는 광고메시지, 진열대 등으로 소비자의 구매욕구를 유발시키는 마케팅광고를 의미한다.

39 매장에서 고객대기 시 판매사원이 취할 수 있는 자세로 옳은 것은?

① 다른 생각으로 고객에게 집중하지 못하는 행위

② 고객시선을 회피하지 않는 행위

③ 손님용 거울을 장시간 보는 행위

④ 기대는 행위

⑤ 팔짱을 끼는 행위

 고객대기 시 판매사원이 취해서는 안 될 자세
- 다른 생각으로 고객에게 집중하지 못하는 행위
- 손님용 거울을 장시간 보는 행위
- 기대거나 다리를 꼬는 행위
- 소매를 걷거나 팔짱을 끼는 행위
- 손톱을 만지는 행위
- 장시간 전표 및 장부정리를 하는 행위
- 종이에 낙서하는 행위

40 고객에게 호감을 줄 수 있는 판매원의 바람직한 고객응대 화법과 가장 거리가 먼 것은?

① 고객응대에 공손한 예의를 갖춘다.

② 고객이 모르는 전문용어를 사용하여 전문가다운 모습을 보여준다.

③ 고객의 이익이나 입장에서 이야기한다.

④ 공손하고 예의 바른 말씨를 사용한다.

⑤ 고객에게 명확하게 말한다.

 고객이 모르는 전문용어의 사용은 바람직하지 않으며, 전문용어가 아니더라도 고객이 이해하기 어려운 용어는 이해하기 쉽게 설명을 한다.

41 효과적인 고객접근의 타이밍으로 가장 옳지 않은 것은?

① 같은 진열코너에 오래 머물러 있을 때

② 매장 안으로 발을 내딛는 순간

③ 판매담당자를 찾고 있는 태도가 보일 때

④ 매장 안에서 상품을 찾고 있는 모습일 때

⑤ 고객이 말을 걸어올 때

정답 39 ② 40 ② 41 ②

해설
고객접근 타이밍
- 같은 진열코너에 오래 머물러 있을 때
- 판매담당자를 찾고 있는 태도가 보일 때
- 매장 안에서 상품을 찾고 있는 모습일 때
- 고객이 말을 걸어올 때
- 고객이 상품에 손을 댈 때

42 교환형 거래와 관계형 거래에 대한 설명으로 옳지 않은 것은?

① 교환형 거래를 강화함으로써 고객에 대한 파악이 용이해지며 그 결과 탐색, 교섭, 이행의 거래과정이 한 방향으로 진행된다.

② 교환형 거래에서 거래대상은 상품 그 자체이나, 관계형 거래에서는 거래대상이 상품만이 아니라 물류서비스 등의 부대서비스로까지 확대된다.

③ 관계형 거래는 고객탐색의 과정을 생략할 수 있고, 경우에 따라 교섭과정도 간소화되어 거래효율성이 크게 상승한다.

④ 지속적인 교환형 거래에 의해 고객신뢰가 높아지면 관계형 거래가 생성된다.

⑤ 판매자에 대한 구매자의 신뢰가 어떤 수준을 넘으면 거래는 교환형 거래에서 관계형 거래로 질적으로 변한다.

해설
관계형 거래를 강화함으로써 고객에 대한 파악이 용이해진다.

43 판매원이 고객의 욕구를 파악하기 위해 고객에게 질문하는 방법으로 맞지 않는 것은?

① 긍정적이고 적극적으로 응답할 수 있도록 질문을 유도하여 대화가 자연스럽게 이어지도록 한다.

② 일방적으로 질문만 하지 않고 고객의 의견 및 질문에 관심을 둔다.

③ 고객의 욕구를 빠르게 파악하기 위해 '예, 아니오'로 대답할 수 있는 질문을 한다.

④ 고객이 부담스럽지 않은 것부터 시작하여 진척된 질문을 한다.

⑤ 취조받는 느낌이 들지 않게 질문을 연발하지 않는다.

해설
고객의 욕구를 파악하기 위해서는 욕구와 관련된 다양한 의견을 들어야 하는데 '예/아니오' 형의 질문을 통해서는 도저히 알아낼 수 없다. 따라서 고객이 적극적인 응답을 할 수 있는 질문을 해야 한다.

정답 42 ① 43 ③

44 고객욕구의 결정에 있어 질문을 통해 얻을 수 있는 효과와 거리가 먼 것은?

① 고객의 주요 관심사와 그의 구매문제를 인식하게 된 동기를 파악할 수 있다.

② 대화의 실마리를 제시해 주어 좋은 분위기를 조성할 수 있다.

③ 질문을 활용하는 대화법은 '질문하고 → 경청하고 → 동감하고 → 질문하는 과정'을 반복하는 것이다.

④ 고객의 개성이나 사회적 지위 등의 파악이 가능해진다.

⑤ 고객의 마음을 열게 하고 고객 자신의 생각을 정리시킬 수 있다.

> **해설** 질문을 통한 대화법은 고객에게 질문을 하고 그 질문에 대답하는 것을 경청하여 고객의 욕구를 파악하는 것이다. 대화법의 순서는 '질문 → 경청 → 동감 → 답변의 과정을 반복한다.

45 판매원이 고객의 욕구를 파악하기 위한 경청의 기본적 원칙과 거리가 먼 것은?

① 고객의 말뿐만 아니라 표정이나 태도 등을 모두 읽는 것이 좋다.

② 많은 고객과의 상담경험이 있는 경우, 경청하기보다는 경험을 바탕으로 고객의 숨겨진 욕구를 파악하는 것이 좋다.

③ 전문품이나 기술적 복잡성이 있는 제품의 경우 간단히 메모하면서 듣는 것도 좋다.

④ 경청단계에서는 고객의 이야기 중에 끼어들거나 고객의 말을 중단시켜서는 안 된다.

⑤ 고객의 발언내용을 확인해 가면서 화제를 유도하는 것이 좋다.

> **해설** 많은 고객과의 상담경험을 통해 숨겨진 욕구를 파악하는 경우, 섣부른 판단으로 제대로 파악하지 못할 수가 있다.

46 판매원의 적극적인 경청을 통해 얻을 수 있는 장점이 아닌 것은?

① 적극적인 경청은 고객에게 신뢰감을 주어 지속적인 관계를 유지하는 데 도움을 준다.

② 고객이 말하는 동안 다음에 무슨 말을 할 것인가를 준비할 수 있어 대화를 이끌 수 있게 된다.

③ 고객으로부터 신뢰감을 획득하여 고객이 판매원에게 편안해지고 호감을 갖게 된다.

④ 고객의 필요 및 욕구와 더불어 욕구발생의 동기까지 알 수 있어 고객의 핵심목적을 파악할 수 있다.

⑤ 고객의 욕구를 정확히 파악하여 고객이 원하는 제품을 제시함으로써 구매결정의 시간이 단축될 수 있다.

정답 44 ③   45 ②   46 ②

고객이 말하는 동안 고객의 말을 잘 경청해서 관련된 정확한 답변을 하는 데 집중해야 한다. 이때 판매원이 다음 말을 준비한다고 고객의 말을 집중해서 경청하지 않을 경우 대화의 핵심을 놓쳐 대화를 망칠 수가 있다.

47 고객이 상품을 '구매결정'하는 단계에 근접했을 때 보이는 행동으로 가장 거리가 먼 것은?

① 되풀이해서 유사한 질문을 한다.

② 상품에 대한 가격을 물어온다.

③ 말없이 그 상품을 응시하면서 생각하기 시작한다.

④ 여러 가지 질문을 그 상품에 대해 집중적으로 한다.

⑤ 상품을 잡고 이리저리 살펴본다.

 ⑤ 상품을 잡고 이리저리 살펴보는 것은 구매결정 단계 전 제품에 흥미를 나타내는 단계이다.

  ◎ 고객이 구매결정 단계에 근접 시 취하는 행동
  • 제품을 유심히 살펴보고 반복적인 질문을 한다.
  • 고개를 끄덕이는 등 관심 있는 행동을 보인다.
  • 하나의 제품에 질문이 집중된다.
  • 제품의 가격과 애프터서비스를 문의한다.
  • 판매담당자를 관심 있게 쳐다본다.
  • 침묵 속에 생각에 빠진다.

48 고객에게 상품을 제시하는 기술의 원칙으로 옳지 않은 것은?

① 상품의 특색 및 특징을 파악하고 이해하기 쉽도록 내보인다.

② 고객에게 상품에 대한 장·단점을 충분히 설명하고 난 뒤 고객이 요구하는 경우에 가격을 인지시킨다.

③ 사용할 때의 느낌을 전달하기 위해서 상품에 손을 대보게 한다.

④ 사용상황을 유추할 수 있도록 사용하는 상태로 하여 보인다.

⑤ 다른 상품과 비교를 통하여 다른 상품이 더 나쁘다는 점을 간접적으로 제시한다.

 비교를 통해 다른 상품이 나쁘다는 점을 간접적으로 제시하다 보면 결국 원래 상품의 신뢰마저 떨어질 수 있다.

정답 47 ⑤ 48 ⑤

49 판매제시의 여러 가지 유형 중에서 대부분의 시간 동안 고객이 이야기하도록 유도하여 고객의 문제를 해결해 주는 방식으로 판매제시하는 방법은?

① 제안판매 방식(presentation)
② 판매실연 방식(demonstration)
③ 암송형 방식(canned approach)
④ 합성형 방식(formula approach)
⑤ 욕구충족형 방식(need satisfaction approach)

> 해설 ② 판매실연 방식(demonstration): 고객이 직접 사용하는 등의 실연을 통해 구매를 유도하는 방법이다.
> ③ 암송형 방식(canned approach): 시나리오로 작성한 판매화법을 모든 고객에게 공통 적용한다.
> ④ 합성형 방식(formula approach): 파악된 고객의 요구나 유형에 맞춰 몇 가지 주요 내용을 제안하는 방법이다.

50 충동구매를 하는 고객의 구매심리단계가 가장 옳게 나열된 것은?

① 욕망 → 연상 → 주의 → 흥미 → 비교선택 → 확신 → 구매
② 욕망 → 주의 → 연상 → 흥미 → 비교선택 → 확신 → 구매
③ 주의 → 흥미 → 연상 → 욕망 → 비교선택 → 확신 → 구매
④ 주의 → 욕망 → 연상 → 비교선택 → 흥미 → 구매 → 확신
⑤ 흥미 → 주의 → 욕망 → 연상 → 확신 → 비교선택 → 구매

> 해설 고객의 구매심리단계: 주의 → 흥미 → 연상 → 욕망 → 비교선택 → 확신 → 구매

51 소비자 구매의사결정을 순서대로 옳게 나열한 것은?

① 필요인식 → 대안평가 → 정보탐색 → 만족 → 구매
② 노출 → 주의 → 태도 → 평가 → 구매 후 부조화
③ 필요인식 → 대안평가 → 정보탐색 → 구매 → 불만족
④ 필요인식 → 정보탐색 → 대안평가 → 구매 → 만족
⑤ 주의 → 노출 → 태도 → 평가 → 구매 후 부조화

> 해설 소비자의 구매에 관한 의사결정은 보통 '문제인식 → 정보탐색 → 대안평가 → 구매결정 및 구매 → 구매 후 행동(만족·불만족)'의 단계를 거쳐 이루어진다.

정답 49 ⑤ 50 ③ 51 ④

52 소비자의 구매심리 7단계상에서 판매자가 상품을 자세히 설명하는 응대에 가장 적당한 단계는?

① 욕망   ② 연상
③ 흥미   ④ 주의
⑤ 비교

해설 소비자의 구매심리 7단계 중 판매자가 상품을 자세히 설명하는 응대에 해당하는 것은 욕망의 단계이다.

53 상품의 설명을 위한 셀링 포인트(selling point)로 가장 옳지 않은 것은?

① 색이나 재료가 좋다.
② 품질대비 가격이 적당하다.
③ 나무랄 데 없는 상품이다.
④ 요즘 가장 잘나가는 유행상품이다.
⑤ 취급이 용이하고 편리하다.

해설 추상적이고 광범위한 설명보다는 구체적인 설명이 이루어져야 한다.

54 판매 포인트(selling point)에 대한 설명으로 옳지 않은 것은?

① 상품의 특징이나 장점, 기능 등에 대해 말한다.
② 경쟁상품이 가지고 있는 단점을 말하긴 하나 비난해서는 안 된다.
③ 판매 포인트는 잠재고객에게 가장 효과적으로 어필할 수 있는 상품의 특성을 꼬집어내어 고객의 구매동기와 일치하여 기대하는 욕구를 충족시킬 수 있다는 사실을 인상 깊은 판매화법으로 제시해 놓은 상품 설명 문구이다.
④ 판매 포인트가 설명문의 역할을 하여 잠재고객의 이해를 도울 수 있도록 장황한 상품설명을 늘어놓는다.
⑤ 경쟁상품의 회사이름과 상품이름은 실제 이름을 사용하지 말고 암시적인 이름이나 대명사를 사용한다.

해설 고객의 이해를 돕기 위해서는 장황한 상품설명을 늘어놓기보다는 효과적으로 어필할 수 있도록 상품의 특성을 핵심적으로 설명해야 한다.

정답 52 ①   53 ③   54 ④

55 판매저항의 유형이 아닌 것은?

① 보증기간 경과 후에도 무상 A/S를 신청하는 저항
② 변명의 형태를 지닌 저항
③ 고객이 자신의 주장을 고집하려고 여러 가지 이유를 대는 저항
④ 고객의 입장에서 질문을 통한 저항
⑤ 말없이 침묵하는 형태를 지닌 저항

 판매저항의 유형
• 변명의 형태를 지닌 저항: 진지하게 대응할 여지가 없는 상태에서의 판매저항이므로, 판매담당자의 진지한 대응에 의해서 제거가 가능하다.
• 자신의 주장을 관철하고자 이유를 대는 저항: 고객이 자신의 주장을 관철하고자 여러 이유를 대는 판매저항으로, 판매담당자는 고객의 저항 이유를 적극적인 경청법을 활용하여 알아내야 한다.
• 고객의 입장에서 질문을 통한 저항: 가장 타당하고 진정한 판매저항으로, 판매담당자는 고객의 입장에서 문제를 해결해야 한다.
• 말없이 침묵하는 형태를 지닌 저항: 가장 까다로운 판매저항의 형태로, 판매담당자는 질문법을 통해 대답을 끌어내야 한다.

56 고객들이 가격저항을 할 경우를 대비한 방법이나 그러한 상황에 알맞은 처리방법으로 가장 옳지 않은 것은?

① 제품의 효용보다 가격으로 인한 지위과시가 더 중요함을 설명한다.
② 가격보증 데이터를 사전에 준비해 두고 고객을 설득한다.
③ 제품의 이점에 비해 가격이 적정하다고 생각할 만한 증거를 사전에 미리 준비해 둔다.
④ 판매자 자신부터 가격에 대한 신뢰감을 갖고 있어야 한다.
⑤ 고객이 제품의 가치가 높음을 인정할 때 가격제시 타이밍을 잡는다.

 가격저항이므로 가격보다는 효용적인 측면을 부각시켜 고객의 인식을 바꾼다.

정답 55 ① 56 ①

57 고객불만 관리의 중요성에 대한 설명으로 옳지 않은 것은?

① 고객불만에 대한 분석을 통해 현재 제공하고 있는 제품이나 서비스의 품질 개선을 위한 아이디어를 얻을 수 있다.

② 불만고객을 적극적으로 관리한다 해도 충성고객으로 만드는 것은 불가능하다.

③ 부정적인 구전은 신규고객의 창출에 악영향을 미칠 수 있다.

④ 불만을 갖는 고객을 최소화시키는 것도 중요하지만, 불만을 느끼는 고객들의 불만을 어떻게 관리해 가는지도 매우 중요하다.

⑤ 일반적으로 고객들의 불만을 방치하면 고객유지율이 감소한다.

> **해설** 컴플레인을 제기한 고객을 유심히 파악하여 다른 고객들보다 특별한 관심을 보일 경우, 오히려 컴플레인을 제기했던 바로 그 고객의 만족도는 그 이전의 다른 고객들에 비해서 훨씬 높게 나타나, 고정고객이 되는 경우가 많다. 따라서 반복되는 컴플레인과 고객불만을 제기하는 고객을 데이터베이스화해 하나의 마케팅 수단으로 활용하는 컴플레인 마케팅 전략을 실시해야 한다.

58 상품 포장의 목적에 관한 설명으로 가장 옳지 않은 것은?

① PR의 효과를 위해서 한다.

② 진열상품과 판매상품의 구별을 위해서 한다.

③ 상품을 보호한다.

④ 운반하기 쉽게 한다.

⑤ 교환을 용이하게 하기 위해서 한다.

> **해설** 포장은 제품의 보호, 제품을 식별하거나 정보의 제공, 판매의 촉진, 경제성(물류비 절감)과 환경성을 위해서 한다. 따라서 교환을 용이하게 하기 위함은 포장의 목적과 거리가 멀다.

59 2차 포장(secondary packaging)의 목적과 기능으로 볼 수 없는 것은?

① 상품의 보호   ② 진열의 용이함

③ 상품의 가치 상승   ④ 판매촉진

⑤ 운송의 편리함

> **해설** 2차 포장(보조포장)의 경우 진열편의성, 판매촉진, 운송편의 등의 목적으로 활용된다. 상품의 보호는 기본 포장(Primary Packaging)의 목적이라고 할 수 있다.

정답 57 ② 58 ⑤ 59 ①

60 고객이 구매한 상품을 포장할 때의 주의사항으로 옳지 않은 것은?

① 포장의 크기가 적당해야 한다.
② 깔끔하고 예쁜 포장은 상품의 가치를 높여주므로 이를 위한 기술을 익혀두는 것이 바람직하다.
③ 신속하게 포장해서 고객이 기다리지 않도록 한다.
④ 포장시점부터 고객은 자신의 물건으로 생각하기 때문에 최대한 고급스럽게 포장하여야 한다.
⑤ 구매동기나 용도 등을 고객에게 묻고, 이에 알맞은 포장을 하여야 한다.

해설 고급스러운 포장보다는 상품의 가치를 높여주고 실용적이며 정성스런 포장이어야 한다.

61 고객유지를 위한 사후관리에 대한 설명으로 가장 옳지 않은 것은?

① 사후관리 차원에서 공급하는 제품의 정상적 기능수행을 확인해야 한다.
② 사후관리 차원에서 필요한 경우, 장비의 적절한 설치를 위해 원활한 지원을 하여야 한다.
③ 사후관리 차원에서 정확한 배송 수행 여부를 확인해야 한다.
④ 사후관리에서 정확한 대금결제 수행 여부를 확인해야 한다.
⑤ 판매종결로 모든 것이 끝나기 때문에 가치제안에서 약속한 내용들이 충실하게 수행되었는지는 확인할 필요가 없다.

해설 구매 전 단계도 중요하지만 구매 후 고객과의 커뮤니케이션을 통해 고객의 만족도 등을 확인하는 과정은 지속적인 관계유지를 위해 반드시 필요하다.

62 고객 커뮤니케이션의 목적과 방법에 대한 설명으로 옳지 않은 것은?

① 비용을 지불하지 않는 비인적 커뮤니케이션의 방법 중 가장 대표적인 것은 홍보이다.
② 고객들에게 별도의 가치와 인센티브를 제공하는 비인적 커뮤니케이션 중 가장 일반적인 판매촉진은 경연대회이다.
③ 소매업체는 고객들에게 소매업체가 제공하는 이익에 대해 상기시킴으로써, 고객의 반복적인 구매와 충성도를 높인다.
④ 고객이 소매업체의 상품과 서비스를 구매하도록 동기를 부여한다.
⑤ 소매업체가 제공하는 서비스에 대해 고객들에게 정보를 제공하는 것이다.

정답 60 ④ 61 ⑤ 62 ②

경연은 인적 커뮤니케이션에 해당하며, 비인적 커뮤니케이션은 인적 접촉이나 피드백이 없이 관련 내용을 전달할 수 있는 신문, 방송, 라디오 등과 같은 매스컴을 말한다.

63 소매점 판매과정을 순서대로 옳게 나열한 것은?

㉠ 판매결정 ㉡ 고객에게 접근
㉢ 고객욕구의 결정 ㉣ 판매제시
㉤ 판매 마무리 ㉥ 고객유지를 위한 사후관리

① ㉠ - ㉡ - ㉢ - ㉣ - ㉤ - ㉥
② ㉡ - ㉢ - ㉣ - ㉠ - ㉤ - ㉥
③ ㉡ - ㉠ - ㉢ - ㉣ - ㉥ - ㉤
④ ㉢ - ㉠ - ㉣ - ㉡ - ㉤ - ㉥
⑤ ㉡ - ㉢ - ㉣ - ㉠ - ㉥ - ㉤

 소매점 판매과정은 '고객에게 접근 – 고객욕구의 결정 – 판매제시 – 판매결정 – 판매 마무리 – 고객유지를 위한 사후관리'의 순이다.

정답 63 ②

03 고객관리와 응대

01 고객의 이해

1 고객의 욕구와 심리 이해

(1) 고객심리

① **고객심리의 개념**: 고객응대 서비스 종사자는 고객 입장에서 생각하는 마음과 자세를 가져야 한다. 고객의 마음을 읽고 기본 심리를 존중하여 서비스하는 것이 중요하다.

② **고객심리의 유형**

　㉠ 환영기대 심리에서 고객은 언제나 환영받기를 원하므로 항상 밝은 미소로 맞이해야 한다.

　㉡ 독점심리에서 고객은 누구나 모든 서비스에 대하여 독점하고 싶은 심리를 가지고 있다.

　㉢ 우월심리에서 고객은 서비스 종사자보다 우월하다는 심리를 갖고 있다.

　㉣ 모방심리에서 고객은 다른 고객을 닮고 싶은 심리를 갖고 있다.

　㉤ 보상심리에서 고객은 비용을 들인 만큼 서비스를 기대하며, 다른 고객과 비교해 손해를 보고 싶지 않은 심리를 갖고 있다.

　㉥ 자기본의적 심리에서 고객은 각자 자신의 가치기준을 가지고, 항상 자기 위주로 모든 사물을 판단하는 심리를 가지고 있다.

(2) 동기부여 이론

매슬로(Maslow)의 욕구 5단계(낮은 단계 → 높은 단계)

① **생리적 욕구**: 굶주림, 갈증, 성, 수면, 활동성, 감각적 만족 등의 신체기관의 모든 생리적 욕구 포함(급여, 작업환경의 개선)

② **안전욕구**: 신체적·심리적 불안의 원인이 되는 위협으로부터 안전 및 안정을 얻으려는 욕구(연금, 의료보험, 고용, 경력보장 등)

③ **사회적 요구**: 정서적 애정, 우정 등 다른 사람과의 관계욕구(동료, 상사와의 관계, 소속감)

④ **존경욕구**: 타인으로부터 존경받기 바라는 욕구(성실한 직무에 따른 적절한 보상)

⑤ **자아실현 욕구**: 자기완성에 대한 갈망, 자신의 잠재력을 발휘하고 실현하고자 하는 경향(직원의 몰입, 자기개발 프로그램 등)

기출문제확인

매슬로(Abraham Maslow)가 제시한 인간의 욕구에 대한 설명으로 가장 옳지 않은 것은?

① 의식주 해결 욕구
② 저축, 처우가 좋은 봉급, 생활 안정과 안전, 보험 혜택 등 안전성에 대한 욕구
③ 집단 소속감 등의 욕구
④ 자존심이나 명예, 지위 등 자긍심의 욕구
⑤ 최상위 욕구로 가족, 친척과의 사회적 욕구

해설
매슬로(Maslow)의 욕구위계는 가장 저차원의 욕구인 생리적 욕구(physiological needs)부터 시작하여 안전의 욕구(safety needs), 사회적 욕구(social needs), 존경의 욕구(esteem needs) 그리고 자아실현의 욕구(self-actualization needs) 순으로 점차 고차원의 욕구로 진행하게 된다는 것이다.

정답 ⑤

2 구매행동

(1) 소비자 심리분석

① **사회계층**: 사회계층은 우리나라에서는 그다지 크게 구분되어 있지 않지만, 노동자 계층, 자영업 계층, 사무직 계층, 경영관리자 계층, 자본가 계층, 전문가 계층 등이 사회계층의 역할을 한다고 볼 수 있다.

② **라이프스타일**: 라이프스타일에 의한 시장세분화는 심리분석적 세분화기법 중 가장 대표적인 방법이다. 이 방법은 주로 사람들의 활동(Activity), 관심(Interest), 의견(Opinion)을 기준으로 몇 개의 집단으로 구분하는데, 영문표기의 머릿글자를 따서 AIO 분석이라고 한다.

더 알고가기 AIO 분석

사람들이 어떤 생활을 하는가는 그들이 하는 활동(Activity), 관심사(Interest), 여러 가지 사항에 대한 의견(Opinion)으로 어느 정도 알 수 있으므로, 생활양식의 분석을 AIO 분석이라고 한다.

(2) 관여도에 따른 구매행동

구분	제품이 큰 경우	제품이 작은 경우
고관여 제품	**복잡한 구매행동** 광고를 통한 자사제품의 차별화된 장점을 강조하는 프로모션	**부조화 감소 구매행동** 소비자가 구매 후 구매에 대한 확신을 갖도록 프로모션

저관여 제품	다양성 추구 구매행동	습관적 구매행동
	• 시장선도자 → 습관적 구매유도 • 시장추종자 → 저가격 전략 및 판촉활동을 통한 상표전환유도	상표친숙도 측면의 반복광고 또는 가격할인이나 판촉활동 진행

3 고객관계관리(CRM)

(1) 고객과 소비자

① 기업 입장에서 볼 때 고객(Customer)이란 현재의 시장을 구성하는 사람들을 의미하며, 소비자(Consumer)란 장래의 시장을 구성하는 사람들을 의미한다.

② 고객이란 특정한 점포에서 기업의 제품이나 서비스를 구매하거나 이용하는 소비자를 의미하는데, 이 소비자는 아직 자사의 제품을 구입하지는 않았지만 장래 구입할 가능성이 있는 일반 대중을 의미한다.

(2) 고객관리

① 고객관리의 정의: 고객관리(Customer Management)는 정보기술을 기반으로 영업, 마케팅, 고객서비스 영역의 프로세스를 자동화하고 개선시키는 프로세스라고 정의할 수 있다.

② 고객관리의 목적: 고객관리의 목적은 시장환경의 변화에 대응하여 고객활동의 개선을 통해 고객과의 관계를 강화시켜 평생고객으로 발전시키고자 하는 것이다.

(3) 고객관리의 방법

① 방문관리

㉠ 방문에 의한 고객관리로 기존에 판매만을 위한 방문보다는 방문을 통해 판매뿐만 아니라, 고객의 요구나 성향 등 다양한 정보를 얻을 수 있는 방문활동으로의 전환이 필요하다.

㉡ 한정된 시간에 다수의 고객을 방문하기 위해서는 효율적인 방문계획이 우선시되어야 된다.

㉢ 정기적으로 방문하는 일정 고객을 확보하여 대체수요 및 신규수요의 기회를 포착하며, 고객에게 제공하는 정보의 질을 높여 고객과의 신뢰를 통해 수요를 창출한다.

② 고객카드

㉠ 고객카드는 거래 고객의 인적사항, 구매품, 그리고 요구사항, 신규수요와 관련될 수 있는 고객의 취미나 특기 등을 기재하여 지속적인 고객관리에 활용한다.

㉡ 작성 시 고려사항: 정확한 기재, 사용의 편리성, 추가기재의 가능, 전체 구성원의 사용 가능, 미래를 고려한 작성 등

더 **알고가기** 고객과의 관계 단계

예상고객(Prospect) → 고객(Customer) → 단골(Client) → 옹호자(Advocate) → 동반자(Partner)

(4) 고객관계관리(CRM; Customer Relationship Management)

① 고객관계관리의 개념

ⓐ CRM에 대한 명확한 정의를 내리기는 쉽지 않다. 하지만 미국 가트너(Gattner) 그룹의 정의를 바탕으로 하면, CRM이란 '신규고객 확보, 기존고객 유지 및 고객수익성 증대를 위하여, 지속적인 커뮤니케이션을 통해 고객행동을 이해하고, 영향을 주기 위한 광범위한 접근'으로 정의하고 있다.

ⓑ CRM은 고객에 대한 매우 구체적인 정보를 바탕으로 개개인에게 적합하고 차별적인 제품 및 서비스를 제공하는 것이다. 이를 통해 고객과의 개인적인 관계를 지속적으로 유지하고 동시에 고객과의 관계를 새롭게 변화시키려는 일련의 경영활동이라고 한다.

ⓒ CRM은 단순히 고객들의 구매를 유발시키는 것에 그치는 것이 아니라, 그들의 마음을 사로잡아 장기적으로 우리 제품 혹은 우리 서비스를 애용하게 만드는 것이 주요한 목적이다.

ⓓ CRM은 단순히 시장점유율(Market Share)의 성장만을 추구하는 것이 아니라, 고객의 마음속에 얼마나 깊이 자리잡고 있는가를 나타내는 마음점유율(Mind Share)을 확보하려는 도구를 지칭한다.

② CRM의 중요성

ⓐ 점점 더 치열해져 가는 경쟁환경 속에서 기업의 성공과 실패는 고객의 만족 그리고 지속적인 만족에서 형성될 수 있는 균열치에 크게 좌우된다. 강화된 고객의 파워를 이해하고, 이에 적합한 전략을 구사해야 하는 상황에서 CRM이 각광받고 있는 것이다.

ⓑ 동네 과일가게에서 가게주인과 단골손님의 관계를 보자. 주인은 단골이 어떤 과일을 좋아하는지, 평균적으로 얼마나 구매하는지, 혹은 개인적이거나 가족에 관한 일들을 알고 있는 경우가 많다.

ⓒ 가게주인과 단골은 서로 믿고 과일을 사고 외상을 주기도 하며 지속적인 거래관계를 유지한다. 과일가게가 이렇게 단골을 만들고 친밀함을 유지할 수 있는 것은 가게 규모가 작기 때문에 가능한 일일 것이다.

ⓓ 대기업의 경우 '기업의 규모를 축소해야만 단골을 만들고 거래관계를 유지할까?' 물론 그렇지는 않다. 정보기술이 발전하면서 대기업에서도 고객과 로열티가 높은 단골관계를 형성·유지하고 일대일 대화를 가능하게 만들어주는 환경이 마련되었다. 이렇게 규모가 큰 기업에서도 단골고객과 일대일 커뮤니케이션을 가능하게 해 주는 것이 바로 CRM이다.

③ CRM의 특징
  ㉠ 고객지향적 특징
    ⓐ CRM이 궁극적으로 추구하려는 것의 중심에는 고객이 있기 때문에 자연히 고객지향적일 수밖에 없다.
    ⓑ CRM은 과거의 기술지향적 혹은 상품지향적인 관점에서 탈피하여 고객의 욕구를 충족시켜 줄 수 있는 상품 및 서비스 그리고 고객에 대한 차별적 혜택 등의 보상을 통하여 고객과의 관계관리에 중점을 두는 고객중심적 활동이다.
  ㉡ 장기적인 이윤추구
    ⓐ CRM은 고객의 전 생애에 걸쳐 관계를 유지 및 강화하고자 한다. 이렇게 강화된 고객과의 관계를 통하여 기업은 장기적인 수익구조를 갖추고자 한다.
    ⓑ 신규고객 유치단계의 단기적인 측면에서는 기업의 수익에 있어 부(-)의 관계를 형성하기도 하지만, 좋은 관계를 유지하여 고객 평생에 걸친 장기적인 수익구조를 추구하는 활동이라고 할 수 있다.
  ㉢ 고객과 기업의 원-원(Win-Win)단계: 고객과 기업 간에 상호 혜택과 신뢰로써 쌍방향적인 관계를 형성하고, 이를 통해 상호 이익을 거둘 수 있는 관계를 유지·발전시키고자 한다.
  ㉣ 정보기술의 활용
    ⓐ CRM은 고객과의 관계를 관리하기 위하여 고객정보를 분석하고 컴퓨터 등 정보기술 및 이에 기반한 과학적인 마케팅 활동을 한다. 이는 고객에 관한 데이터베이스가 구축되어야 한다.
    ⓑ CRM의 정보기술 활용은 기업으로 하여금 경영활동의 효과 및 효율성을 가시적으로 평가할 수 있도록 하며, 현재의 상황을 개선하는 데 보다 객관적인 자료를 제공한다.
  ㉤ 쌍방향 커뮤니케이션
    ⓐ CRM은 고객과의 직접적인 접촉을 통해 이루어지며, 지속적인 쌍방향적 커뮤니케이션을 유지하면서 고객관계를 관리한다.
    ⓑ 기존의 일방향적인 커뮤니케이션으로는 고객과의 관계 개선에 제한이 따를 수밖에 없으므로 대 고객활동에 대한 피드백을 얻기 위하여 쌍방향적인 커뮤니케이션이 필수적이다.
    ⓒ 개별고객에 대한 1:1 마케팅을 펼친다.
  ㉥ 조직통합적 활동
    ⓐ CRM은 단지 마케팅이나 커뮤니케이션만의 문제가 아니다. 기업이 고객의 관계를 지속적으로 유지하기 위해서는 기업 전반에 걸쳐 CRM에 대한 공통의 인식을 가져야만 한다.
    ⓑ 고객관리에 필요한 기업 내의 모든 부문, 표준화된 업무 프로세스, 조직역량 및 훈련, 기술적 하부구조, 영업전략 및 정보 등의 부문에서도 고객관계관리라는 하나의 목표를 위해 업무를 추진하고 상호 협력하는 경영방식이다.

고객관계관리(CRM; Customer Relationship Management)의 목적 및 특성으로 옳지 않은 것은?

① 고객점유율 향상 　　　　　　② 기존고객 유지
③ 고객관계 강화 　　　　　　　④ 잠재고객의 이탈분석
⑤ 고객만족 실현

해설
잠재고객의 이탈분석은 고객관계관리(CRM)의 목적 및 특성과 거리가 멀다.

정답 ④

④ CRM의 과정
　㉠ 신규고객 유치단계
　　ⓐ 가능한 고객후보를 찾아 신규고객으로 유치하는 것이다. 하지만 무차별적으로 후보고객을 정하는 것이 아니라 현재의 우량고객과 유사한 대상들을 선별하여 적절한 접근 방식과 유인을 통해 그들과의 새로운 거래관계를 형성함으로써 신규고객을 유치하는 것이 바람직하다.
　　ⓑ 차별적 선별이 필요한 것은 고객 유지가 신규고객의 유치로부터 시작되기 때문이다.
　　ⓒ 고객 선별 및 신규고객으로의 유치에는 많은 비용이 소요된다. 따라서 이 과정을 거쳐 고객이 된 경우 소요된 비용과 고객의 수익성은 부(-)의 관계를 갖는다.
　㉡ 고객관계 유지단계
　　ⓐ 새로이 유치한 신규고객들의 반복구매를 촉진시키기 위하여 고객과의 관계를 강화하면서 고객을 유지하는 단계이다. 기업은 거래량과 거래횟수를 증가시키기 위해 고객을 유인한다.
　　ⓑ 이러한 활동으로 기업의 비용이 증가할 수 있으나 증가한 거래량으로 인하여 기업은 수익을 올릴 수 있다. 이렇게 고객과 기업 상호 간의 혜택이 있는 관계가 지속되어야 고객관계가 유지될 수 있다.
　　ⓒ 고객과의 거래관계를 확장시키기 위해서는 고객을 정확히 이해하고 그에 맞는 상품과 서비스를 제공해야 하며, 동시에 차별화된 고객서비스를 통해 고객과의 관계가 강화되도록 노력해야 한다. 이렇게 거래관계가 확장되었을 때 첫 단계에서 부(-)의 관계에 있던 고객수익성이 양(+)의 관계로 전환될 수 있다.
　㉢ 평생고객화단계
　　ⓐ 고객 유지를 보다 확장시켜 평생고객 개념으로 만드는 것이다.
　　ⓑ 고객과의 유대가 강화되면 고객들은 기업과의 깊은 관계로 인하여 다른 기업으로의 전환 시 희생비용이 크기 때문에 평생의 동반자가 된다. 이 단계에 오면 심화된 거래관계로 고객의 로열티가 높아져 고객 스스로가 신규고객을 유치하기도 한다.

ⓒ 서비스 및 고객대우 차원에서 경쟁업체와의 차별성을 유지한다면, 적정 범위 내의 가격변화를 통해서도 기업은 수익을 올릴 수 있다. 따라서 평생고객화단계에서의 CRM 활동은 추가적 수익발생뿐만 아니라, 신규고객 획득비용의 절감을 통해 수익을 극대화할 수 있는 것이다.

ⓓ 고객이 특정 기업과 평생 거래를 할 경우, 그 기업이 고객으로부터 실현할 수 있는 총이익의 현재가치를 고객평생가치라 한다.

⑤ CRM에 의한 기업의 추구 효과

㉠ 시장성 향상

ⓐ 개인적 관심과 개인화된 서비스로 인해 만족한 고객들은 그만큼 재구매할 가능성이 높기 때문에 기존고객에 대한 데이터 베이스를 분석함으로써, 고객의 미래 구매 특성과 시기를 알아내어 그들의 구매를 지속적으로 유지하도록 해야만 한다.

ⓑ 보통 처음 구매하는 고객보다는 재구매하는 고객으로부터의 이익이 월등히 크기 때문에 기업에 있어서 가장 중요한 미래 고객은 재구매를 하는 기존고객들을 말하는 것이다.

㉡ 애호도(Loyalty)의 향상: CRM을 통해 고객들과 좋은 관계를 구축한다는 것은 그들의 애호도를 상당히 고취시키는 결과를 가져온다.

㉢ 신규고객 창출: 관계 사다리에서 보듯이 잠재고객은 CRM 전략에 의한 적절한 마케팅 노력으로써 신규고객을 창출할 수 있다.

더 알고가기 고객불만의 유형

• **상황적 불만**: 다양한 소비생활과 관련한 상황적 조건(시간, 장소, 사용상황)에 따른 불만을 말한다.
• **균형불만**: 고객이 느끼는 혜택이 고객의 기대수준보다 적은 경우의 불만에 해당한다.
• **효용불만**: 고객이 제품이나 서비스의 사용으로 고객의 욕구를 충족시키지 못한 경우의 불만에 해당한다.

02 고객응대

1 고객응대의 기본: 접점의 이해

(1) MOT의 개념

① MOT(Moment of Truth)는 고객과 기업이 접촉하는 '결정적인 순간'을 표현하는 것으로, 기업의 생존이 결정되는 순간이라고 할 수 있다. MOT는 고객접점 서비스, 결정적 순간 또는 진실의 순간이라고 표현된다.

② 고객접점 서비스란 고객과 서비스 요원 사이의 15초 동안의 짧은 순간에서 이루어지는 서비스이다.

③ 즉, '결정적 순간'이란 고객이 기업조직의 어떤 한 측면과 접촉하는 순간이며, 그 서비스의 품질에 관하여 무언가 인상을 얻을 수 있는 순간이다.

④ 따라서 고객이 서비스 상품을 구매하기 위해서는 들어올 때부터 나갈 때까지 여러 서비스 요원과 몇 번의 짧은 순간을 경험하게 되는데, 그때마다 서비스 요원은 모든 역량을 동원하여 고객을 만족시켜 주어야 하는 것이다.

(2) MOT의 특징

정의	고객이 조직의 어떤 일면과 접촉하는 일로 비롯되며, 조직의 서비스 품질에 관하여 어떤 인상을 얻을 수 있는 사건
중요성	• 고객과의 많은 접점에서 단 한 가지라도 나쁜 인상을 준다면 그것으로 고객은 기업의 이미지를 결정 • 서비스 기업의 최고의 목표는 최고의 고객서비스이므로, 가장 우선적으로 고객과 기업의 접점에 대한 배려가 중요
목표	접점의 관리를 통해 고객이 우리 기업을 선택한 것이 최선의 대안임을 증명할 수 있도록 하는 것
권한 위임	고객과의 접점에서 종업원의 신속한 대응을 위해 필요
고객에 대한 배려	기업이 세부적인 점까지 신경을 쓰고 있다는 사실을 고객이 느낄 수 있도록 하는 것
MOT 개선 시 고려사항	처음부터 탁월하게 수행하는 것도 중요하지만, 서비스의 불량 발생 시 빠른 회복은 역전의 기회

(3) 고객 마케팅과 MOT 분석

① 고객만족을 위해 실제로 고객 이탈을 5% 줄이면 최소 25%의 수익 증대를 얻을 수 있다.

② 만족한 고객은 약 4~5명의 친지에게 언급하는 반면, 불만 고객은 평균 9~10명의 친지에게 이야기하고, 그중 13%는 20명에게 언급한다고 한다.

③ 고객 5명이 불만이 있으면 그중 한 명의 고객은 잃는다.

④ 불만 고객 중 50%는 전혀 이야기하지 않으며, 불만 토로 고객 중 45%는 현장 담당자에게 이야기하며, 나머지 5%만이 회사에게 불만을 이야기한다고 한다.

⑤ 불만이 없었던 고객보다 신속하게 불만이 해결된 고객의 충성도가 가장 높다.

⑥ 적기에 불만이 해결되지 않으면 충성도는 25% 감소하며, 불만처리에 만족하면 75%가 계속 거래를 한다.

⑦ 신규고객의 창출을 위해서는 기존고객 관리의 5배의 비용이 든다.

2 커뮤니케이션

(1) 커뮤니케이션의 의미

① 개요

ㄱ 의의: 커뮤니케이션은 일상생활에서 개인 간에 갖는 대화와 같은 단순한 의사교환을 뜻하는 것이 아니고, 전달자가 그의 의견이나 정보를 수신자에게 전달하여 그 내용을 정확히 이해시킴으로써 의도했던 성과를 얻는 것까지 포함된 개념이다.

ㄴ 판매담당자가 훌륭한 커뮤니케이터로서의 역할을 올바르게 수행하기 위해서 상품에 대한 지식과 정보를 구비해야 한다.

ㄷ 구매자가 상품에 대한 지식과 정보가 부족하여 상품 선택이 어려운 경우에는, 판매담당자의 전문가적인 도움이 필요하므로 매장에서 판매담당자의 커뮤니케이션 능력은 매우 중요하다.

② 커뮤니케이션의 원칙(레드필드의 원칙)

ㄱ 명료성(Clarity): 수신자가 전달내용을 정확하게 이해할 수 있도록 쉬운 용어를 사용해야 하며, 간결하고 명확한 표현이어야 한다.

ㄴ 일관성(Consistency): 커뮤니케이션에 있어서 전달 내용이 앞에 말한 내용과 뒤에 말하는 내용에 모순이 있어서는 안 된다는 뜻이다.

ㄷ 적시성(Timing and Timeliness): 커뮤니케이션은 요구되는 시기에 맞추어 이루어져야 한다는 뜻이다.

ㄹ 적정성(Adequacy): 커뮤니케이션은 그 전달내용이 적정한 분량이어야지 너무 많아도 안 되고 너무 적어도 안 된다는 뜻이다.

ㅁ 분포성(Distribution): 전달자가 지시나 정보를 전달함에 있어서 그것을 받아보아야 할 피전달자[수신자]에게 정확히 전달되어야 한다는 말이다.

ㅂ 적응성(Adaptability): 커뮤니케이션이 너무 경직되어 있어서는 안 되고, 융통성과 신축성이 있어야 한다는 뜻이다.

     ⓧ 통일성(Uniformity): 각 커뮤니케이션이 전체로서 통일된 의사의 표현이 되게 하여야 한다는 뜻이다.

     ⓞ 관심과 수용(Interest and Acceptance): 마지막 단계로 수신자가 전달된 내용에 대해 관심을 가져야 하고 그것을 수용해야 한다.

③ 효과적인 커뮤니케이션

     ㉠ 관심 있는 진정한 자세로 고객의 말에 귀를 기울인다.

     ㉡ 고객의 감정상태의 원인을 파악한다.

     ㉢ 상대방의 의사를 확인하고 자신의 생각과 의사를 전달한다.

     ㉣ 자신이 전달한 메시지와 고객이 받아들이는 메시지가 다를 수 있음을 알아야 한다.

④ 커뮤니케이션 구성요소

     ㉠ 발신자: 다른 개인 또는 단체에게 메시지를 보내는 당사자

     ㉡ 부호화(Encoding): 전달하고자 하는 생각을 문자, 그림, 말 등으로 상징화하는 과정

     ㉢ 메시지: 발신인이 전달하고자 하는 내용의 조합

     ㉣ 해독(Decoding): 발신인이 부호화하여 전달한 의미를 수신인이 해석하는 과정

     ㉤ 매체: 발신인으로부터 수신인에게 메시지를 전달하는 데 사용되는 의사전달 경로

     ㉥ 수신인: 메시지를 전달받는 당사자

     ⓧ 반응: 메시지에 노출된 후에 일어나는 수신인의 행동

     ⓞ 피드백: 수신인의 발신인에 대한 반응의 한 부분

(2) 경청관리

① 경청의 개념: 고객과의 커뮤니케이션의 출발은 고객으로부터의 경청에서 시작된다. 기업은 고객의 욕구나 필요를 이해하기 위해서는 고객의 소리를 잘 들어야 하기 때문이다.

② 경청의 중요성: 그저 단순히 듣는 것보다 그것의 의미를 파악하는 것이 중요하다. 경청은 적극적인 과정이고 학습할 수 있는 기술이다.

③ 좋은 경청자로서 성공요인

     ㉠ 고객은 자기 이야기를 잘 들어주기를 바란다.

     ㉡ 더 잘 듣기 위한 자세를 만들어라.

     ㉢ 침묵하기를 결심하지 말아라.

     ㉣ 인내심을 갖고 끈기 있게 들어라.

     ㉤ 고객의 이야기 도중에 말을 끊지 말아라.

④ 좋은 경청자로서의 실패요인: 사람들은 듣는 데 시간을 많이 할애하면서도 훌륭한 경청자가 되지 못하는 이유는 사람들은 말하는 것보다 생각을 더 빨리 하고, 동시에 고객이 말하고 있는 동안에 답변을 계획하고 있으며 감정, 태도, 역할 기대가 어떤 메시지의 의미부여를 방해한다.

⑤ 효과적인 경청방법

　㉠ 파트너 의식을 느끼게 하며, 고객의 입장에서 생각하고 말한다.

　㉡ 적극적으로 관여를 한다. 가끔 자신의 머리를 끄덕이거나, "그래요.", "저도 동감입니다.", "이해할 수 있습니다.", "옳습니다.", "알겠습니다." 등과 같은 말로 반응을 보인다.

　㉢ 사실과 느낌을 경청한다. 고객이 말을 할 때, 사실적인 정보뿐만 아니라 그들은 어떻게 느껴지는지를 커뮤니케이션한다.

　㉣ 예상을 하지 않는다. 고객이 말을 하는 동안, 미리 답변을 준비하지 않는다. 고객의 말을 중단시키거나 빨리 결론으로 건너뛰려고 하지 않는다.

　㉤ 분명하게 하고 불확실한 사항에 대해서는 꼭 질문을 한다. 훌륭한 경청자는 고객이 사용하고 있는 용어와 개념을 이해하는지를 확실히 한다.

　㉥ 고객에 대하여 미리 판단을 하지 말아야 한다. 자신의 고객에 대해 무엇을 느낀다고 하여도 말투, 외모가 아니라 그가 말하고 있는 것에 집중한다.

　㉦ 지나친 감정적 표현은 피하고, 중립적 자세를 취한다.

　㉧ 즐거운 마음으로 긍정적으로 듣는다. 수용적 분위기를 조성하여 고객이 자유롭게 이야기할 수 있게 한다. 가능한 자신의 말을 하지 않는다.

　㉨ 산만한 주의를 정돈하고, 고객이 집중하도록 한다. 가능한 주변의 소음을 제거한다. 고객 쪽으로 다가가거나 조용한 위치로 변경한다.

3　전화응대 예절

(1) 태도

① 불필요하게 통화를 오래하거나 전화를 바꾸어 줄 때 오래 기다리게 하는 것, 문의 시 사적인 질문을 하거나, 대화 중 상대방의 말을 중단시키는 태도는 고객에게 심한 불쾌감을 안겨준다.

② 무성의하게 응대하거나 상담 중 다른 업무를 하는 행위, 동료와 잡담을 하거나 문제 발생 시 다른 직원에게 책임을 전가하는 행위, 일방적으로 전화를 끊는 행위, 업무지식이 없어 여러 사람에게 전화를 돌리는 행위 등은 반드시 피해야 한다.

(2) 표현

전화응대 시에 사용하는 말투는 바로 회사의 인격을 표현하는 것이므로 신중하게 사용해야 한다.

(3) 잘못된 습관

전화응대 시의 통화내용을 모니터링해 보면 개개인이 지닌 음성표현의 특성이나 성격 등에서 잘하는 부분과 잘하지 못하는 부분으로 구분되어, 수많은 코칭과 교육훈련 그리고 OJT가 실시되었음에도 그것이 좀처럼 교정되지 않는 것을 볼 수 있는데, 이는 상담원의 대화습관이 잘못되어 있기 때문이다.

4 고객만족과 충성도 관리

(1) 고객만족(CS)의 개념

① 고객만족의 태동

㉠ 고객만족의 정의를 내리자면, '고객이 왔을 때 친절하게 응대하여 고객을 만족하게 하는 것' 또는 '고객을 만족시켜 많은 상품을 판매하기 위한 것'이라고 할 수 있다.

㉡ 고객만족은 고객이 구매 이전에 가지고 있던 제품이나 서비스의 기대수준보다 실제 제공받는 제품이나 서비스의 품질이 크거나 별 차이가 없을 경우에 발생한다.

② 고객만족의 정의

㉠ 고객의 다양한 욕구를 충족해 주는 것이다.

㉡ 고객이 기뻐하는 것을 보고 나 자신도 기쁨과 보람을 느끼는 것이다.

㉢ 고객이 상품이나 서비스를 경험하면서 갖는 즐거움이나 행복을 의미한다.

㉣ 상품과 서비스가 고객의 기대와 욕구를 충족시킨 결과로 상품의 재구매가 이루어지고, 신뢰를 바탕으로 한 계속적인 거래관계가 지속되는 상태를 의미한다.

㉤ 고객과 직원 모두에게 이익이 되고 가치가 있는 것이다.

㉥ 고객의 마음마저 만족시키는 정성과 노력을 기울이는 것이며, 고객의 마음을 움직여서 유·무형의 무엇인가를 제공하는 것이다.

(2) 고객만족(CS)의 경영

① 개념

㉠ 고객지향(Customer Orientation)은 '고객은 왕'이라는 입장의 기업경영이다.

㉡ 시장경쟁의 격화는 기업 측의 고압적인 판매활동에서 고객의 필요나 욕구에 부응하는 저자세의 판매활동으로의 전환을 불가피하게 하는 상황에서 나타난 경영이념이다.

㉢ 고객이 가지고 있는 선호의 다양성 및 행동의 비합리적 요소의 인식을 통해 시장을 이질적인 집단체로 보고, 그 속에서 표적시장을 설정하는 것이 필요하다.

㉣ 표적시장을 구성하는 사람들의 필요와 욕구를 경영정책 전반에 반영시켜 고객에게 상품 구입을 강제하는 것이 아니라, 고객이 원하는 것을 제공한다는 방식으로 기대이윤의 실현을 도모하려는 것이라 할 수 있다.

② 고객만족 경영의 조건

㉠ 기업중심 사고에서 고객중심 사고로의 관점 전환이 필요하다.

㉡ 고객만족의 성과는 장기적으로 나타나므로 기업 차원의 지속적인 선행투자가 필요하다.

㉢ 최고경영자부터 최일선의 직원까지 고객만족에 대한 의지와 행동이 필요하다.

㉣ 직원들의 자발적인 참여를 유도해야 한다.

㉤ 고객만족과 관련된 비용을 투자개념으로 보고 과감한 투자가 이루어져야 한다.

㉥ 다양한 서비스 제도들의 점검과 피드백할 수 있는 조직 및 서비스가 구축되어야 한다.

(3) 고객만족의 기본 3요소

① 상품요소(직접요소)
　　㉠ 상품의 Hard 가치: 품질, 기능, 성능, 효율, 가격
　　㉡ 상품의 Soft 가치: 브랜드, 디자인, 컬러, 향기, 편리성, 사용설명서
② 서비스만족(직접요소)
　　㉠ 점포이미지: 호감도, 쾌적한 분위기, 첫인상, 친절도
　　㉡ 응대 서비스: 인상, 성격, 판매태도, 상담기술, 판매기법, 상품지식, 사후관리
　　㉢ 불만처리: 마음가짐, 태도, 신속성, 처리방법
③ 기업이미지 만족(간접요소)
　　㉠ 호의적 이미지: 기업윤리, 종업원 성향, 홍보이미지
　　㉡ 신뢰도: 경영안전성, 사업연혁, 기술능력
　　㉢ 사회공헌활동: 문화활동, 지역주민과의 우대, 사회복지활동

(4) 고객충성도 관리

① 고객충성도
　　㉠ 특정한 제품에 대한 고객들의 정열적인 관심도와 높은 호응도를 말한다. 이러한 고객충성은 기업에게는 꼭 필요한 자산이라고 할 수 있다.
　　㉡ 고객충성이 높은 제품은 시장에서 상대적 가치가 높다고 볼 수 있다.
② 충성도 높은 고객 형성 7단계
　　㉠ 1단계: 구매용의자는 언제, 어디서든지 자사의 제품을 구매할 수 있는 불특정 다수인을 지칭하는 말이다.
　　㉡ 2단계: 구매가능자는 이미 간접적으로 우리 제품에 대한 정보를 획득하여, 좋고 나쁨을 알고 있기 때문에 언젠가는 우리 제품을 구입하여 사용할 가능성이 아주 높은 사람을 말한다.
　　㉢ 3단계: 제외 잠재자는 구매가능자 중에서 그 제품에 대해서 호의적이나 구매능력이 없는 자로서 목표고객에서 제외해도 무리가 없는 사람을 말한다.
　　㉣ 4단계: 최초 구매고객은 첫 번째로 우리 제품을 구입한 것이 아니라 어느 누구든 관계없이 1회는 우리 제품을 구매하는 경우를 말한다.
　　㉤ 5단계: 반복 구매고객은 우리 제품을 최소 2번 이상 구매하여 사용한 사람들을 말하지만, 엄밀히 말하면 우리 회사 제품을 2회 이상 구매한 것을 말한다.
　　㉥ 6단계: 단골고객의 마음속에는 우리가 만드는 제품의 이미지만 박혀 있어 다른 경쟁사 제품에 아무런 변화도 없다.
　　㉦ 7단계: 지지고객은 단골고객 중에서 우리 제품에 대한 옹호도가 최고로 큰 고객을 말한다.

> **더 알고가기** RFM 분석법
>
> RFM 분석법은 구매가능성이 높은 고객을 추출하여 이를 기준으로 고객을 분류하는 분석방법이다.
> • Recency(거래의 최근성): 고객이 얼마나 최근에 구입했는가?
> • Frequency(거래빈도): 고객이 얼마나 빈번하게 우리 상품을 구입했나?
> • Monetary(거래규모): 고객이 구입했던 총 금액은 어느 정도인가?

03 고객의 소리 관리

1 고객 컴플레인 대응

(1) 컴플레인의 의의

컴플레인(Complain)이란 고객이 상품을 구매하는 과정에서 또는 구매한 상품에 관하여 품질·서비스·수량 등을 이유로 불만을 제기하는 것으로, 소매업에서 종종 발생하는 사항이다.

(2) 컴플레인의 발생원인

① 품질불량
② 불친절
③ 정보제공의 미흡(상품지식의 결여)
④ 상품관리의 미흡(상품관리의 소홀)
⑤ 강권, 강매(무리한 판매권유)
⑥ 교환, 환불지연(단기간의 이해집착)
⑦ 약속 불이행(지키지 않는 고객과의 약속)
⑧ 수리·수선 미흡
⑨ 거래조건(거절되는 신용카드 및 상품권)
⑩ 잘못된 표시, 광고
⑪ 일처리의 미숙
⑫ 주차안내 및 시설불량도
⑬ 보관물품의 소홀한 관리

(3) 컴플레인의 처리

① **컴플레인의 원인 파악**: 고객이 컴플레인을 제기할 때, 고객은 대체로 차분한 상태가 아니기 때문에 조금이라도 대응이 잘못되면 분쟁으로 연결되기가 쉽다. 고객이 컴플레인을 제기하면 차분하게 그리고 죄송스러워하는 태도로 컴플레인의 원인을 파악해야 한다.

② **컴플레인의 처리방법**

    ㉠ 고객의 불평사항을 잘 듣는다.

    ㉡ 원인을 분석한다.

    ㉢ 해결책을 마련한다.

    ㉣ 해결책을 전달한다.

    ㉤ 결과를 검토한다.

③ **고객불평의 처리방법(MTP법)**: 고객불평의 처리방법은 더 높은 고객만족 향상이라는 차원에서 처리되어야 한다. 고객불평의 처리방법으로 주로 MTP법(삼변주의 원칙)이 사용되었는데, 사람과 시간, 장소를 바꾸어 불평을 처리하는 방법이다.

    ㉠ 사람(Man)을 바꾼다: 판매담당자 → 판매관리자(상위 관리자)

    ㉡ 시간(Time)을 바꾼다: 즉각 처리 → 충분한 시간(냉각기간)을 두고 처리

    ㉢ 장소(Place)를 바꾼다: 판매장소 → 사무실·소비자 상담실

④ **컴플레인의 처리단계**

    ㉠ 제1단계: 고객입장 청취단계

    ㉡ 제2단계: 사실확인단계

    ㉢ 제3단계: 해결책 검토단계

    ㉣ 제4단계: 고객과 타협단계

    ㉤ 제5단계: 처리결과 검토단계

> **더 알고가기** 결정적 사건기법
>
> 결정적 사건기법은 종업원들이 직무에서 결정적으로 잘한 사건이나 실수를 범한 사건들을 수집한 후, 그러한 사건들에 있었던 구체적인 행동을 알아내고 이러한 행동들로부터 직무에서 요구되는 지식, 기술, 능력 등의 '인적 요건'들을 추론하는 방법이다. 예를 들어, A홈쇼핑이 고객들이 자사의 텔레마케터들과의 통화에서 느낀 불편함이나 불쾌한 느낌, 서비스에 대한 만족감, 서비스 실패나 회복과정에서의 경험 등을 이야기하도록 하는 심층 인터뷰를 실시하여, 가장 기억에 남는 경험에 초점을 두어 그 상황에서의 만족과 불만족을 조사하는 경우도 이 방법에 해당한다.

 **기출문제확인**

불만고객 응대의 6단계를 가장 올바른 순서대로 나열한 것은?

㉠ 고객의 불만을 끝까지 경청하고 메모한다.
㉡ 정중하게 검토하고 해결책을 제시한다.
㉢ 신속하게 접수한다.
㉣ 문제를 정확하게 파악한다.
㉤ 성의껏 마무리한다.
㉥ 우선 사과한다.

① ㉢ → ㉥ → ㉠ → ㉣ → ㉡ → ㉤
② ㉢ → ㉥ → ㉠ → ㉡ → ㉣ → ㉤
③ ㉢ → ㉥ → ㉤ → ㉠ → ㉣ → ㉡
④ ㉥ → ㉣ → ㉡ → ㉢ → ㉠ → ㉤
⑤ ㉥ → ㉢ → ㉡ → ㉤ → ㉣ → ㉠

해설

불만고객 응대 6단계
1. 신속하게 접수 후 사과한다.
2. 정성껏 불만 내용을 듣고, 자세한 전후 상황을 파악한다.
3. 일어난 사실과 고객이 느끼는 감정을 요약한다.
4. 고객에게 해결책을 제시하고 동의를 구한다.
5. 신속하게 처리한다.
6. 사후처리한다.

정답 ①

더 알고가기 고객지향적인 마케팅

- 고객의 입장에서 생각하라.
- 고객이 하고 싶어 하는 대로 하라.
- 고객을 존경하라.
- 고객에게 초점을 맞춰라(반응하라, 감정이입하라, 행동을 하라, 고객을 안심시키고 재확신을 시켜주라, 곧바로 행동하라).
- 고객의 기대를 뛰어 넘어라.

(4) 서비스 회복과정(Service Recovery Process)

① 서비스 회복과정의 공정성: 서비스 회복과정에서 고객들은 다음과 같은 세 가지 차원의 공정성을 경험한다.

㉠ 절차 공정성: 서비스 회복과정에서 나타난 기업의 정책, 규정이 공정한가를 나타내는 개념

㉡ 상호작용 공정성: 서비스 회복을 담당하는 직원이 고객에게 나타내는 행동과 태도에 관련된 공정성 개념으로, 서비스 실패와 문제의 원인에 대해 상세히 설명해 주고 고객은 공정한 대우를 받았는지 느끼는 것

ⓒ 결과 공정성: 서비스 실패로 인해 고객이 감수해야 했던 경제적 손실과 심리적 불편함에 대해서 고객이 실제로 보상받은 것처럼 느껴지는 개념

② 분배 공정성: 서비스 실패에 따른 각종 손실이 제대로 보상되었는가를 나타내는 개념

② 서비스 회복요건

ㄱ 서비스 회복에 있어서 환불, 보상, 서비스 재이용 같은 물질적 보상뿐만 아니라, 고객의 심리적인 불평도 충족시켜주는 서비스 회복이 중요하다.

ㄴ 소매점포에서 서비스 실패를 회복하기 위해서는 ⓐ 문제가 발생된 현장에서 신속하고 효과적인 해결이 선행되어야 하며, ⓑ 이를 위해 일정 정도의 직원에 대한 재량권이 인정되어야 한다. ⓒ 또한 재발방지 차원에서 직원 훈련과 보상이 이루어져야 하며, ⓓ 근본적인 원인을 규명하여 사전적으로 차단하는 것이 중요하다.

(5) 애덤스(Adams)의 공정성이론

① 의의: 조직구성원은 자신의 노력과 보상을 유사한 일을 하는 다른 사람의 노력과 보상을 비교하여 공정성이 유지될 수 있도록 동기부여가 된다는 이론이다.

② 세 가지 측면

ㄱ 배분 공정성: 조직의 자원이 사원들에게 공정하게 분배되었는지의 문제

ㄴ 절차 공정성: 사원들에게 분배해 줄 양을 결정하는 과정이 공정했는지의 여부

ㄷ 상호 공정성: 자원분배가 아닌 인간관계에서 상하 간 혹은 회사와 사원 간에 공정한 관계를 가졌는지의 여부

③ 4가지 중요한 개념

ㄱ 투입: 개인이 직무에 투여하는 개인적인 특성으로 교육, 경험, 훈련, 직무에 대한 노력 등이 있다.

ㄴ 산출: 투입과 반대 개념으로 개인이 직무수행의 결과로 받는 것. 임금, 인정, 부가급여 등

ㄷ 개인: 공정성이나 불공정성을 인지하는 개인

② 비교대상: 투입과 산출의 비와 관련하여 개인에 의하여 비교의 대상이 되는 개인이나 집단

④ 공정성은 자신이 투입한 것에 대한 산출의 비가 다른 사람의 그것과 동등하다고 여겨질 때 지각이 되며, 불공정성은 이러한 비율이 동등하지 않을 경우 존재하게 된다.

⑤ 문제점

ㄱ 투입과 산출에 대한 정확한 정의가 쉽지 않으며, 이를 중심으로 한 개념의 한계

ㄴ 과대보상의 경우 산출을 하향조정하거나 투입을 상향조정하는 경우는 현실과 괴리가 있다.

ㄷ 조직에 공헌한 것과 자신이 받은 보상의 양을 어떻게 객관적으로 측정하는가의 문제

② 금전적이 아닌 노력이나 휴식 등을 어떻게 측정할 것인지에 대한 문제

ㅁ 경영자는 비교할 준거기준을 어디에 두고 공정하게 분배할 것인지의 문제

2 불만고객 관리

(1) 컴플레인 마케팅의 중요성

① 고객불만족 관리가 중요한 이유: 고객만족 관리보다 더 중요한 것은 고객불만족을 관리하는 것으로, 그 이유는 다음과 같다.

㉠ 문제점을 일찍 파악하고 해결해야 하기 때문이다. 고객에 대한 요구를 이해하는 데 있어 컴플레인을 통해 새로운 기회를 발견하고 문제점을 파악할 수 있기 때문이다.

㉡ 부정 구전효과를 최소화시키기 위한 것이다.

㉢ 컴플레인을 제기한 고객이 조용한 만족고객보다 오히려 기업에 중요한 역할을 한다. 즉, 조용한 고객은 만족한 고객과 불만족했으나 불평하지 않는 고객으로 분류된다.

② 컴플레인 해결의 효과

㉠ 컴플레인을 제기한 고객을 유심히 파악하여 다른 고객들보다 특별한 관심을 보일 경우, 오히려 컴플레인을 제기했던 바로 그 고객의 만족도는 그 이전의 다른 고객들에 비해서 훨씬 높게 나타나, 고정고객이 되는 경우가 많다.

㉡ 따라서 반복되는 컴플레인과 고객불만을 제기하는 고객을 데이터베이스화해 하나의 마케팅 수단으로 활용하는 컴플레인 마케팅 전략을 실시해야 한다.

(2) 불만고객 응대를 위한 5가지 기본 원칙

① 피뢰침의 원칙: 고객은 나에게 개인적인 감정이 있어서 화를 내는 것이 아니라, 일 처리에 대한 불만으로 복잡한 규정과 제도에 대해 항의하는 것이다.

② 책임공감의 원칙

㉠ 고객의 비난과 불만이 나를 향한 것이 아니라고 하여 고객의 불만족에 대해서 책임이 전혀 없다는 말은 아니다.

㉡ 고객에게는 누가 담당자인지가 중요한 것이 아니라 자신의 문제를 해결해 줄 것인지 아닌지가 중요하다. 고객의 불만이 나를 대상으로 하는 것이 아니라고 해서 책임이 없다고 한다면 나는 무엇 때문에 이 자리에 앉아 있는가를 한번 잘 생각해 보아야만 할 것이다.

③ 감정통제의 원칙

㉠ 사람은 감정의 동물이라고 한다. 전화통화가 길어지거나 거친 고객들을 만나다 보면 자신도 모르게 자신의 감정을 드러내는 경우가 발생하게 된다.

㉡ 사람을 만나고 의사소통하고 결정하고 행동하는 것이 직업이라면 사람과의 만남에서 오는 부담감을 극복하고 자신의 감정까지도 통제할 수 있어야 한다.

④ 언어절제의 원칙

㉠ 고객상담에 있어서 말을 많이 하는 것은 금기이다.

㉡ 고객의 말을 많이 들어주는 것으로 고객의 문제를 빨리 해결할 수 있다.

⑤ 역지사지의 원칙: 고객을 이해하기 위해서는 반드시 그의 입장에서 문제를 바라봐야 한다.

01 나주에서 배를 재배하고 있는 나주배씨는 오랜 기술개발을 통해 속이 흰색이 아닌 자색의 배를 개발하는 데 성공하였다. 그런데 판로에 애로를 겪던 나주배씨는 다양한 구매자층을 가진 다팔아 마트와 판매계약을 맺고 전량 판매하기에 이르렀다. 이때 다팔아 마트가 제공한 가치에 해당하는 것은?

① 장소의 불일치 해소　　　　　　② 거래의 일상화

③ 수량의 불일치 해소　　　　　　④ 구색의 불일치 해소

⑤ 탐색과정의 효율성 제고

> **해설** 제조업자는 구매자에 대한 다양한 정보를 갖고 있지 못하기 때문에, 구매자에 대한 정보를 얻기 위해서는 구매자에 대한 다양한 탐색이 필요하다. 그런데 문제의 다팔아 마트와 같이 구매자 정보를 갖고 있는 중간 상과 거래를 하게 되면 이러한 탐색과정상 효율성이 제고된다.

02 마케팅적 관점에서 본 고객의 범주를 가장 적절하게 표현하고 있는 것은?

> ㉠ 상품이나 서비스를 최종적으로 사용하는 소비자
> ㉡ 상품이나 서비스를 구매하는 구매자
> ㉢ 구매를 허락하고 승인하는 구매결정자
> ㉣ 구매의사결정에 직·간접으로 영향을 미치는 구매영향자

① ㉠　　　　　　　　　　② ㉠ + ㉡

③ ㉠ + ㉡ + ㉢　　　　　　④ ㉡ + ㉢ + ㉣

⑤ ㉠ + ㉡ + ㉢ + ㉣

> **해설** 마케팅적 관점에서의 고객의 범주
> • **소비자**: 제품과 서비스를 소비하는 사람
> • **구매자**: 제품이나 서비스를 구매하는 사람
> • **구매결정자**: 구매의 허락과 승인하는 사람
> • **구매영향자**: 구매를 결정하는 데 영향을 주는 사람

> **정답 01 ⑤　　02 ⑤**

03 서비스와 관련된 고객의 심리에 대한 설명으로 옳지 않은 것은?

① 고객은 비용을 들인 만큼 서비스받기를 기대하며, 다른 고객과 비교해서 손해를 보지 않으려는 심리를 갖고 있다.

② 고객은 다른 고객과 서비스를 공유할 수 있을 때 더욱 안정감과 신뢰감을 가지므로, 고객이 서비스를 공유할 수 있는 기회를 제공하는 것이 중요하다.

③ 고객은 항상 환영받기를 원하므로 항상 밝은 미소로 맞이해야 한다.

④ 고객은 서비스 직원보다 우월하다는 심리를 가지고 있으므로 겸손하게 대하여야 한다.

⑤ 자기본위적 고객은 각자 자신의 가치기준을 가지고, 항상 자기 위주로 모든 사물을 판단하는 심리를 가지고 있다.

해설 독점심리에서 고객은 누구나 모든 서비스에 대하여 독점하고 싶은 심리를 가지고 있다. 고객 한 사람의 독점하고 싶은 심리를 만족시키다 보면 다른 고객들의 불평을 사게 된다. 따라서 모든 고객에게 공평한 친절을 베풀 수 있는 마음자세를 가져야 한다.

04 Egan(1994)이 상담자가 피상담자에게 관심을 기울일 때 사용할 수 있는 미시적 기술로서 제시한 'SOLER'에 대한 설명으로 옳지 않은 것은?

① S(Squarely Face): 피상담자를 정면으로 마주하여 피상담자에게 관심을 갖고 있다는 것을 보여준다.

② O(Openly Face): 개방적인 자세를 취하여 마음을 열어 돕고 있다는 인상을 준다.

③ L(Lean Forward): 가끔 피상담자 쪽으로 몸을 기울여서 친밀감을 주도록 한다.

④ E(Eye Contact): 좋은 시선의 접촉을 유지하여 심도 있는 대화를 하고 있다는 인상과 피상담자에게 관심을 가지고 있다는 것을 느끼게 된다.

⑤ R(Refresh): 피상담자에게 항상 상담자가 새롭다는 느낌을 가지게 한다.

해설 ⑤ R(Relax): 긴장을 풀고 대해야 한다.

05 매슬로(A. Maslow)의 욕구단계설에서 말하는 낮은 차원의 욕구에서부터 높은 차원의 욕구에 대한 순서가 옳게 나열된 것은?

① 생리적 욕구 - 안전욕구 - 사회적 욕구 - 자존욕구 - 자아실현욕구
② 생리적 욕구 - 사회적 욕구 - 안전욕구 - 자존욕구 - 자아실현욕구
③ 생리적 욕구 - 사회적 욕구 - 자존욕구 - 안전욕구 - 자아실현욕구
④ 생리적 욕구 - 자존욕구 - 사회적 욕구 - 안전욕구 - 자아실현욕구
⑤ 생리적 욕구 - 안전욕구 - 자존욕구 - 사회적 욕구 - 자아실현욕구

해설 매슬로의 욕구단계설
1. **생리적 욕구**: 허기를 면하고 생명을 유지하려는 욕구로서 가장 기본인 의복, 음식, 가택을 향한 욕구에서 성욕까지를 포함한다.
2. **안전욕구**: 생리욕구가 충족되고서 나타나는 욕구로서 위험, 위협, 박탈에서 자신을 보호하고 불안을 회피하려는 욕구이다.
3. **사회적 욕구**: 가족, 친구, 친척 등과 친교를 맺고 원하는 집단에 귀속되고 싶어하는 욕구이다.
4. **존경(자존)욕구**: 사람들과 친하게 지내고 싶은 인간의 기초가 되는 욕구이다.
5. **자아실현욕구**: 자기를 계속 발전하게 하고자 자신의 잠재력을 최대한 발휘하려는 욕구이다.

06 고객의 유형에 대한 설명으로 옳지 않은 것은?

① 자사제품을 취급하는 유통상인, 공급업체, 하청업체들을 중간고객이라고도 한다.
② 최근 고객의 개념은 이해관계자의 개념으로 확장되었다.
③ 고객이라는 말보다는 소비자라는 말이 훨씬 더 넓고 포괄적인 개념이다.
④ 내부 고객이라 함은 기업 내부의 종업원이나 임직원을 말한다.
⑤ 외부 고객이란 제품이나 서비스를 최종적으로 구매하는 사람을 말한다.

해설 제품을 구매하는 소비자에 비해, 고객은 내·외부 및 중간고객을 포함하는 개념이므로 소비자보다 훨씬 넓은 포괄적인 개념이다.

정답 05 ① 06 ③

07 구매자의 행동에 영향을 미치는 주요 요인은 문화적 요인, 사회적 요인, 개인적 요인 및 심리적 요인 등이 있고, 이들 요인들은 세부적으로 몇 가지의 요소들로부터 영향을 받는다. 다음 중 성격이 구별되는 하나는?

① 신념
② 태도
③ 지각/인식
④ 라이프스타일
⑤ 동기

해설 구매자의 행동에 영향을 미치는 주요 요인

구매의사결정

개인적 요인	심리적 요인	사회적 요인	문화적 요인
연령과 생애주기	동기	가족	문화와 예술
라이프스타일	학습	친교집단	사회계층
경제상황 및 기호	지각	기타의 준거집단	지역적 특성
성격과 자아	신념과 태도		

08 고객과의 관계가 약한 것부터 강력한 것의 순서가 옳게 나열된 것은?

① 예상고객(prospect) → 고객(customer) → 단골(client) → 옹호자(advocate) → 동반자(partner)
② 예상고객(prospect) → 고객(customer) → 옹호자(advocate) → 동반자(partner) → 단골(client)
③ 예상고객(prospect) → 고객(customer) → 단골(client) → 동반자(partner) → 옹호자(advocate)
④ 예상고객(prospect) → 동반자(partner) → 고객(customer) → 옹호자(advocate) → 단골(client)
⑤ 예상고객(prospect) → 고객(customer) → 옹호자(advocate) → 단골(client) → 동반자(partner)

해설 고객과의 관계 단계: 예상고객(prospect) → 고객(customer) → 단골(client) → 옹호자(advocate) → 동반자(partner)

정답 07 ④ 08 ①

09 판매담당자가 방문고객의 욕구를 정확하게 파악하기 위해 사용하는 질문과 관련된 원칙에 대한 설명으로 가장 옳지 않은 것은?

① 질문을 연발하지 않는다.
② 질문하고 회답을 듣고 회답과 관련시켜 대화한다.
③ 고객이 얻고자 하는 혜택을 판단하기 위해 질문한다.
④ 고객과의 경계심을 완화시키고자 할 때는 선택형 질문이 효과적이다.
⑤ 일반적인 정보를 필요로 할 때나 대화를 지속시켜 나가고자 할 때는 개방형 질문이 좋다.

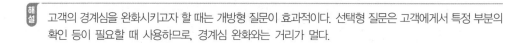

> **해설** 고객의 경계심을 완화시키고자 할 때는 개방형 질문이 효과적이다. 선택형 질문은 고객에게서 특정 부분의 확인 등이 필요할 때 사용하므로, 경계심 완화와는 거리가 멀다.

10 예상고객의 주의와 관심을 끌기 위한 접근방법으로 가장 옳지 않은 것은?

① 환기접근법: 판촉행사나 예상고객의 호기심을 자극할 수 있는 정보를 제공하는 방법이다.
② 칭찬접근법: 예상고객에게 칭찬을 해주면서 친근하게 접근하는 방법이다.
③ 상품혜택접근법: 구매자에게 제공될 상품혜택에 예상고객을 연관시키는 설명을 통해 접근하는 방법이다.
④ 직접접근법: 고객이 관심을 보인 상품의 특징이나 우수성을 지적하면서 관심을 끄는 방법이다.
⑤ 서비스접근법: 판매담당자가 차별화된 서비스 정책을 설명하면서 접근하는 방법이다.

> **해설** 고객이 관심을 보인 상품의 특징이나 우수성을 지적하면서 관심을 끄는 방법은 상품접근법이다.

11 이탈고객에 대한 설명으로 가장 옳지 않은 것은?

① 완전히 이탈한 고객만이 아닌 어느 정도 이용률이 떨어진 고객도 관리해야 한다.
② 이탈고객이 제공하는 정보를 활용하여 이탈고객이 발생하지 않도록 노력해야 한다.
③ 고객이탈률은 1년 동안 떠나는 고객의 수를 신규고객의 수로 나눈 값이다.
④ 휴면고객의 정보를 활용하여 고객으로 환원시킨다.
⑤ 고객이탈률 제로문화를 형성하기 위해 노력해야 한다.

> **해설** 고객이탈률(Defection Rate) = 1년 동안 이탈한 고객 / 기존고객

정답 09 ④ 10 ④ 11 ③

12 고객관계관리(customer relationship management)에 대한 설명으로 가장 옳지 않은 것은?

① 타깃에게 맞는 효익을 제공하여 제품의 단기적 판매를 높이는 데 주안점을 두고 있다.
② 시장점유율보다는 고객점유율을 높이는 것에 중점을 두고 있다.
③ 영업이나 판매 위주의 서비스가 아닌 전사적 차원의 정교한 대응을 지향한다.
④ 개별 고객과의 쌍방향 의사소통을 통한 고객관계의 강화를 목적으로 한다.
⑤ 고객을 단순 구매자가 아닌 공동 참여자 또는 능동적 파트너로 인식한다.

> **해설** 고객관계관리는 고객에 대한 정확한 이해를 바탕으로 고객이 원하는 제품과 서비스를 지속적으로 제공함
> 으로써, 고객을 오래 유지시키고 결과적으로 고객의 평생가치(lifetime value)를 극대화하여 수익성을 높일
> 수 있는 통합된 프로세스로 정의할 수 있다. 따라서 단기적 판매를 높이는 데 주안점을 두어서는 안 된다.

13 다음 고객관리에 대한 내용 중 옳은 것을 모두 고른 것은?

> ㉠ 고객관계관리(CRM)의 궁극적인 목적은 기존고객의 유지·관리에 있다.
> ㉡ 교차판매란 한 제품을 구입한 고객이 다른 제품을 추가로 구입할 수 있도록 유도하는 것이 목적이다.
> ㉢ 과거 구매고객 중 휴면고객도 고객관계관리를 통해 충성도 높은 고객으로 전환시켜야 한다.
> ㉣ 고객관계관리를 효과적으로 수행하기 위해서는 고객, 상품 등의 자료를 확보하는 것이 중요하다.

① ㉠, ㉢
② ㉡, ㉢
③ ㉡, ㉣
④ ㉠, ㉡, ㉢
⑤ ㉠, ㉡, ㉢, ㉣

> **해설** 주어진 내용 모두 고객관리의 내용에 부합한다.

14 고객을 유지하기 위하여 소매업체가 시행하는 방법들을 모두 고른 것은?

> ㉠ 커뮤니티 ㉡ 특별고객 서비스
> ㉢ 개인화 ㉣ 다빈도 구매자 프로그램
> ㉤ 고객우대 서비스

① ㉠, ㉡, ㉣ ② ㉠, ㉢, ㉣, ㉤
③ ㉡, ㉢, ㉣, ㉤ ④ ㉠, ㉡, ㉢, ㉣
⑤ ㉠, ㉡, ㉢, ㉣, ㉤

 주어진 내용 모두 고객을 유지하기 위하여 소매업체가 시행하는 방법이다.

15 고객관리의 특성이 아닌 것은?

① 고객자아의 실현 ② 고객관계의 강화
③ 고객점유율 향상 ④ 고객유지
⑤ 고객만족의 실현

 고객관리의 특성
- 제품판매보다는 고객관계에 더 집중
- 고객만족을 위해 고객입장에서 제조하는 등 고객지향적
- 고객획득보다는 고객유지에 중점
- 고객점유율을 시장점유율보다 중점

16 단골고객관리(Loyalty Management)에 대한 설명으로 가장 옳지 않은 것은?

① 단골고객 유지 여부를 지속적으로 점검해야 한다.
② 단골고객을 파악하고 세분화해야 한다.
③ 단골고객을 적극적으로 관리해야 한다.
④ 모든 단골고객은 VIP고객으로 볼 수 있다.
⑤ 일반적으로 신규고객을 확보하는 비용이 단골고객을 유지하는 것보다 훨씬 높다.

 모든 단골고객을 VIP고객으로 볼 수 없다. 즉, 자주 방문하여 이용하는 단골고객이더라도 VIP고객이 아닐 수 있으며, 자주 방문하여 이용하지는 않지만 VIP고객일 수 있다.

정답 14 ⑤ 15 ① 16 ④

17 고객관계관리에 대한 전략이 옳게 짝지어진 것은?

> ㉠ 휴면고객을 분석하여 재고객화를 실시한다.
> ㉡ 은행에서 고객을 상대로 보험상품을 판매한다.

	㉠	㉡
①	교차판매 전략	고객활성화 전략
②	고객충성도 제고 전략	고객활성화 전략
③	고객유지 전략	고객활성화 전략
④	과거 고객 재활성화 전략	교차판매 전략
⑤	고객충성도 제고 전략	과거 고객 재활성화 전략

해설 ㉠ 과거 거래했던 고객 중 현재는 거래를 하고 있지 않은 휴면고객을 분석하여 재고객화하는 것은 과거 고객 재활성화 전략에 해당한다.
㉡ 교차판매 전략은 한 기업이 여러 제품을 생산하는 경우, 고객의 데이터베이스를 이용하여 기업이 제공하는 다른 제품의 구매를 유도하는 전략이다.

18 고객관계관리(CRM; Customer Relationship Management)의 전략적 정의와 거리가 먼 것은?

① 고객과의 1 : 다 커뮤니케이션　　② 고객과의 인간관계 개선 강화
③ 고객관계가치의 발굴　　④ 기존고객의 유지 중시
⑤ 고객정보의 차별적 적용

해설 고객관계관리는 고객과의 일대일 커뮤니케이션이 기본이 된다.

정답 17 ④　18 ①

19 고객관계관리(CRM)에 대한 설명으로 옳지 않은 것은?

① 경쟁자보다 탁월한 고객가치와 고객만족을 제공함으로써 수익성 있는 고객관계를 구축, 유지하는 전반적인 과정이다.
② 특히 고객강화에 중점을 두고 있으므로 불특정 다수를 상대로 하는 것은 CRM의 주관심이 아니다.
③ 상거래관계를 통한 고객과의 신뢰형성을 강조하고, 단기적인 영업성과 향상보다 중·장기적인 마케팅 성과 향상에 중점을 둔다.
④ 기존고객 유지보다는 신규고객 확보에 더욱 중점을 두고 수익성 증대를 위하여 지속적인 커뮤니케이션을 수행한다.
⑤ 고객에 대한 매우 구체적인 정보를 바탕으로 개개인에게 적합하고 차별적인 상품 및 서비스를 제공하는 것이다.

해설 고객관계관리(CRM)는 기업이 고객과 관련된 내·외부 자료를 분석·통합해 고객중심 자원을 극대화하고, 이를 토대로 고객의 특성에 맞게 마케팅 활동을 계획·지원·평가하는 과정으로, 신규고객의 창출보다는 기존고객의 관리에 초점을 둔다.

20 고객관계관리(CRM; Customer Relationship Management)의 목적 및 특성과 거리가 먼 것은?

① 잠재고객의 이탈분석　　② 고객만족 실현
③ 고객관계 강화　　④ 고객점유율 향상
⑤ 기존고객 유지

해설 잠재고객의 이탈분석은 고객관계관리(CRM)의 목적 및 특성과 거리가 멀다.

21 고객관계관리(CRM; Customer Relationship Management) 기법에 대한 설명으로 옳지 않은 것은?

① CRM은 경영성과를 거두기 위해 고객에 관한 데이터베이스가 구축되어야 할 필요가 없지만, 그 데이터를 분석하고 가치화하기 위해서는 마케팅의 우위를 확보해야 한다.
② CRM은 고객의 획득보다는 고객의 유지에 중점을 둔다.
③ CRM은 시장점유율보다 고객확보율을 더 중요시한다.
④ CRM은 고객과의 관계를 통해 고객의 욕구를 파악하여 상품을 만들고, 적시에 공급하여 기업의 높은 경영성과를 거두려는 전략이다.
⑤ CRM은 단순한 제품 판매보다는 고객관계에 중점을 두고 있다.

정답 19 ④　20 ①　21 ①

고객관계관리(CRM)는 경영성과를 거두기 위해 고객에 관한 데이터베이스가 구축되어야 한다.

22 호의적인 고객동기를 계속적으로 유지하도록 하려는 목적으로, 기업의 주도하에 고객을 집단화 및 조직화하는 것을 무엇이라 하는가?

① 고객플랫폼화 ② 고객유도화
③ 고객동기화 ④ 고객라인화
⑤ 고객계열화

 고객계열화
소비자가 자사에 대한 호의적인 고객동기를 지속적으로 유지하게 하려는 목적으로, 기업의 주도하에 고객을 집단화 및 조직화는 것을 말한다.

23 고객접점에서 판매원의 역할과 거리가 먼 것은?

① 의사결정자의 역할 ② 서비스제공자의 역할
③ 수요창출자의 역할 ④ 상담자의 역할
⑤ 정보전달자의 역할

 의사결정자의 역할은 구매자이며, 판매원은 고객의 욕구에 맞는 상품을 제시하고 설명을 통해 구매를 결정하도록 유도하는 역할을 하게 된다.

24 MOT(Moment of Truth)에 대한 설명으로 옳지 않은 것은?

① 고객을 접하는 짧은 순간이지만 고객의 만족과 충성도를 형성하는 데 결정적인 역할을 하기도 한다.
② 서비스 기업의 최고의 목표는 최고의 고객서비스이므로 가장 우선적으로 고객과 기업의 접점에 대한 배려가 중요하다.
③ 기업에 대한 모든 접점에서 고객은 기업에 대한 생생한 인상을 형성한다.
④ 종업원과 고객이 직접적으로 접촉하는 면대면 접촉을 포함한, 고객이 기업과 접하는 모든 순간을 말한다.
⑤ 대부분의 경우 MOT가 매우 중요하지만 최근 원격접속이 늘면서 상대적으로 MOT의 중요성이 약해지고 있다.

정답 22 ⑤ 23 ① 24 ⑤

원격접속의 증가와 상관없이 MOT의 중요성은 더욱 강해지고 있다.

25 **진실의 순간(MOT)에 대한 내용으로 가장 옳지 않은 것은?**

① 결정적 순간은 고객이 서비스를 받는 전 과정에서 발생할 수 있다.
② 서비스 제품에 있어 종업원의 무례함은 기능적 품질로 작용한다.
③ 고객접점에서는 덧셈의 법칙보다는 곱셈의 법칙이 작용한다.
④ 결정적 순간은 고객이 종업원과 접촉하는 순간에만 발생한다.
⑤ MOT를 적용할 때는 MOT 사이클 전체를 관리해야 한다.

 '결정적 순간'이란 고객이 기업조직의 어떤 한 측면과 접촉하는 순간이며, 그 서비스의 품질에 관하여 무언가 인상을 얻을 수 있는 순간이다. 따라서 고객이 종업원과 접촉하는 순간에만 발생하는 것은 아니다.

26 **고객접점(MOT; Moment of Truth)에 대한 설명으로 가장 옳지 않은 것은?**

① 조직의 상층부에 권한을 집중함으로써 수직적으로 조직화된다.
② 고객접점에 있는 직원의 동기부여와 만족도를 높이는 것이 특히 필요하다.
③ 기업과 고객이 만나는 순간이며, 고객이 기업을 처음으로 평가하는 순간이다.
④ 고객접점에서 기업의 승부가 대개 결정된다.
⑤ 고객만족의 대부분은 고객접점에서 결정된다고 한다.

 MOT(Moment of Truth)는 고객과 기업이 접촉하는 '결정적인 순간'을 표현하는 것으로, 기업의 생존이 결정되는 순간이라고 할 수 있다. 이는 고객과 서비스 요원 사이의 15초 동안의 짧은 순간에서 이루어지는 서비스이다. 이 15초 동안에 고객접점에 있는 최일선 서비스 요원이 책임과 권한을 가지고 우리 상품을 선택한 것이 가장 좋은 선택이었다는 사실을 고객에게 입증시켜야 하는 것이다. 따라서 조직의 상층부에 권한을 집중하여 조직을 수직화하여서는 안 된다.

정답 25 ④   26 ①

27 다음 고객이 매장에 들어와서 대응하기까지를 순서대로 나열한 것 중 고객접객 기술로 옳지 않은 것은?

① 고객대기란 언제든지 고객을 맞이할 수 있는 준비로 상품의 구색갖춤 진열 및 매장 공간의 정리 등을 포함한다.

② 어프로치란 고객이 구입하고 싶어하는 상품의 특성, 즉 고객의 취미나 가치관을 재빨리 알아내는 것이다.

③ 고객의 공간이란 고객이 상품 선택을 자유롭고 손쉽게 할 수 있는 연출공간 및 쇼핑 편의성을 말한다.

④ 고객본위의 응대란 고객이 갖는 우위성을 보증하면서 고객이 스스로 구매선택하도록 맡기는 것을 의미한다.

⑤ 판매 마무리는 고객의 구매결정 후 대금을 수령·입금하고, 상품의 포장과 인계, 그리고 전송까지이다.

> **해설** 고객본위의 응대란 고객이 갖는 우위성을 보증하면서 고객욕구를 파악하여 그에 맞는 수준의 상품과 관련 정보를 제시하여 구매결정을 돕는 것을 말한다.

28 다음 고객응대화법 중 설득화법의 표현방법으로 가장 거리가 먼 것은?

① 음성이 명확하며 부드러운 목소리여야 한다.

② 시각에 호소하는 방법을 활용한다.

③ 상황에 맞는 음량과 템포를 유지한다.

④ 품위 있는 유머를 사용한다.

⑤ 반복적으로 질문하여 설득한다.

> **해설** 반복적인 질문을 통해 고객을 설득하는 것은 오히려 역효과가 나타날 수 있어 바람직하지 않다.

정답 27 ④ 28 ⑤

29 고객응대를 위한 판매원의 커뮤니케이션에 관한 설명으로 가장 옳지 않은 것은?

① 판매담당자는 단순히 매장을 정리정돈하거나 상품을 보충 및 포장하는 일만을 수행할 수 있으면 되므로 커뮤니케이션은 중요하지 않다.

② 표현, 태도 면에서 고객에게 전달하는 커뮤니케이션 능력을 겸비해야 한다.

③ 고객이 구매상황에서 가지고 있는 욕구상태를 파악할 수 있는 자질을 구비해야 한다.

④ 판매담당자가 훌륭한 커뮤니케이터로서의 역할을 올바르게 수행하기 위해서 상품에 대한 지식과 정보를 구비해야 한다.

⑤ 구매자가 상품에 대한 지식과 정보가 부족하여 상품 선택이 어려운 경우에는, 판매담당자의 전문가적인 도움이 필요하므로 매장에서 판매담당자의 커뮤니케이션 능력은 매우 중요하다.

> **해설** 고객응대는 고객과 기업이나 기관에서 직원 간의 대면 또는 비대면 커뮤니케이션 과정을 의미한다. 따라서 판매원은 고객과의 커뮤니케이션이 매우 중요하다.

30 칭찬화법의 기본 원칙과 거리가 먼 것은?

① 감동을 가지고 성의를 담아 칭찬한다.

② 구체적인 근거를 가지고 칭찬한다.

③ 고객의 호의적인 이야기에 동의하여 칭찬한다.

④ 고객이 알아채지 못한 곳을 발견하여 칭찬한다.

⑤ 지속적으로 추상적인 칭찬을 한다.

> **해설** 추상적인 칭찬이 아닌 구체적인 사실을 칭찬해야 한다.
>
> ◎ 고객칭찬의 요령
> - 고객의 장점을 발견하려고 노력한다.
> - 칭찬하는 내용은 고객이 칭찬받기를 바라는 것으로 한다.
> - 칭찬할 때에는 좀 지나칠 만큼 크게 그리고 힘차게 해야 한다.

정답 29 ① 30 ⑤

31 전화를 이용한 텔레마케팅의 특성과 거리가 먼 것은?

① 고객과의 관계형성을 시도한다.

② 공간과 거리의 장벽을 극복할 수 있다.

③ 마케팅 비용이 방문판매에 비해 상대적으로 적게 소요된다.

④ 광고에 비해 고객반응을 직접 파악하거나 대응하는 것이 다소 늦다.

⑤ 고객에 대한 데이터베이스를 기반으로 하여 진행된다.

> **해설** 전화를 이용한 텔레마케팅은 광고에 비해 고객반응을 직접 파악하거나 대응하는 것이 빠르다.

32 전화상담의 말하기 기법과 관련된 설명으로 옳지 않은 것은?

① 앞뒤가 맞는 문법은 고객상담자에게 신뢰를 제고시킴은 물론 의사소통을 용이하게 한다.

② 메시지 전달을 명확하게 하기 위해서는 정확한 발성법이 필요하다.

③ 전화상담 시 상대방이 화가 나서 큰 소리로 말하더라도 똑같이 큰 소리로 맞대응하지 않고 차분한 말로 대응해야 한다.

④ 말의 속도가 너무 빠르거나 너무 느리면 메시지가 정확하게 전달되지 않게 된다. 그러나 전화상담 시는 의식적으로 조금 빠르게 말하는 습관을 들이도록 한다.

⑤ 목소리는 높거나 너무 날카롭지 않고, 너무 낮지 않은 중간음이 가장 효과적이며, 의식적으로 가볍고 깊은 음조로 말하는 것이 좋다.

> **해설** 말의 속도가 너무 빠르거나 너무 느리면 메시지가 정확하게 전달되지 않게 된다. 따라서 너무 빠르거나 너무 느리지 않으면서 고객이 잘 이해할 수 있을 정도의 속도로 응대를 해야 한다.

33 전화응대법과 관련된 설명으로 가장 옳지 않은 것은?

① 용건에 맞는 인사말을 한다.

② 중요한 내용은 요점을 복창한다.

③ 전화를 받을 때는 잘 쓰지 않는 손으로 받는다.

④ 시간을 단축시키기 위하여 신속하게 추측하여 대답한다.

⑤ 상대방이 끊고 난 후, 부드럽게 수화기를 제자리에 놓는다.

> **해설** 추측에 의한 신속한 답변은 잘못될 수 있으므로, 신속도 중요하지만 추측에 의하지 않은 정확한 정보를 전달해야 한다.

정답 31 ④ 32 ④ 33 ④

34 고객충성도 프로그램에 대한 설명으로 거리가 먼 것은?

① 고객에 관한 자료와 구매 유형에 대한 데이터베이스 자료를 활용하여 충성도를 구축하는 소매 프로그램의 개발과 실행을 의미한다.

② 높은 수준의 고객서비스 제공을 통해 고객충성도를 구축한다.

③ 상표의 이미지를 선명하고 뚜렷하게 개발하고 상품과 서비스를 통해 계속적으로 이를 강조함으로써 고객충성도를 구축한다.

④ 고객충성도는 고객이 특정 소매업체의 점포에서만 쇼핑하겠다는 의미로서 고객 애호도라고도 하며, 단순히 하나의 소매업체를 다른 소매업체보다 선호한다는 의미 이상이다.

⑤ 자신의 점포에서만 구입할 수 있는 브랜드를 개발할 경우, 지속적인 경쟁우위를 실현시킬 수 없다.

> **해설** 고객충성도(customer royalty)는 특정한 제품에 대한 고객들의 열정적인 관심도를 말하는 것으로, 충성도가 높은 고객은 재구매율뿐만 아니라 가격에 덜 민감하게 반응한다. 이러한 고객충성도 프로그램은 한번 고객을 지속적이고 장기적인 고객으로 유지하는 마케팅 전략으로, 자신의 점포에서만 구입할 수 있는 전문품을 개발할 경우, 지속적인 경쟁우위를 실현시킬 수 있다.

35 고객만족을 구성하는 '직접적 서비스 요소'에 해당하지 않는 것은?

① 애프터서비스   ② 판매원의 접객서비스

③ 상품의 소프트적 가치   ④ 점포 내 분위기

⑤ 상품지식

> **해설** ③은 고객만족을 구성하는 '직접적 상품 요소'에 해당한다.

36 고객만족에 대한 설명으로 옳지 않은 것은?

① 접객 종사원과 고객 간의 상호작용이 증대될수록 고객만족은 높아진다.

② 외부 고객만족은 내부 고객만족에서 시작된다고 해도 과언이 아니다.

③ 신규고객 창출도 중요하지만 기존고객의 만족도를 높이는 등의 관리·유지를 통해 지속적인 관계를 이어나가는 게 장기적으로 유리하다.

④ 결정적 순간이란 서비스 제공자와 제공받는 사람이 마주치는 접점을 말한다.

⑤ 접객 종업원에게 자율권과 재량권을 제한하여 고객서비스를 표준화하는 것이 고객만족에 도움이 된다.

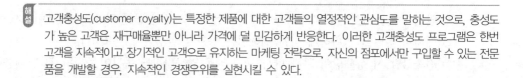

정답 34 ⑤   35 ③   36 ⑤

접객 종업원에게 자율권과 재량권을 부여하여 고객서비스를 표준화하는 것이 고객만족에 도움이 된다.

37 다음 고객만족을 결정하는 요소 중 상품적 요소에 해당하지 않는 것은?

① 상품의 품질과 디자인
② 점포이용에 따른 불만족의 처리
③ 상품사용의 편리성
④ 상품 브랜드
⑤ 소매점포의 구조 및 환경

 점포이용에 따른 불만족의 처리는 서비스적 요소에 해당한다.

⊙ 상품요소(직접요소)
   • 상품의 Hard 가치: 품질, 기능, 성능, 효율, 가격 등
   • 상품의 Soft 가치: 브랜드, 디자인, 컬러, 향기, 편리성, 사용설명서 등

38 다음 고객만족에 대한 설명 중 가장 옳은 것은?

① 기대보다 성과가 클 경우 부정적 불일치로 고객만족이라 한다.
② 고객충성도는 고객만족을 결정하는 중요 변수이다.
③ 힘이 있는 제조업체의 영업사원은 중간상의 욕구를 이해하기 위한 별다른 노력이 요구되지 않는다.
④ 산업체 고객의 의사결정 과정과 이에 관여하는 사람들의 욕구도 파악하여야 한다.
⑤ 기업과 판매사원과의 마케팅을 상호작용 마케팅이라 한다.

해설 고객만족은 내·외부 고객의 욕구와 문제의 해결을 통해 얻어지게 되므로, 관여하는 사람들의 욕구도 파악해야 한다.

정답 37 ② 38 ④

39 고객만족에 대한 설명으로 옳지 않은 것은?

① 기업은 고객만족도를 정기적이고 지속적으로 파악하여 고객만족을 제고시키고자 한다.
② 고객만족 경영은 기업 운영을 고객만족에 초점을 맞추어서 실행하고자 하는 경영기법을 말한다.
③ 기대와 인지된 성과수준에 따라 '기대＜지각된 성과'인 경우 만족 상태라고 할 수 있다.
④ 고객만족 수준은 고객이 제품, 서비스에 대해 사용 이전에 가지고 있던 기대(expectation)와 사용 후에 지각하게 된 성과(perceived performance)와의 비교에 의해 결정된다.
⑤ 고객만족은 고객의 제품이나 서비스에 대한 사용경험이 구매 이전에 가지고 있던 기대수준을 미달하는 정도라고 할 수 있다.

> **해설** 고객만족은 고객이 구매 이전에 가지고 있던 제품이나 서비스의 기대수준보다 실제 제공받는 제품이나 서비스의 품질이 크거나 별 차이가 없을 경우에 발생한다.

40 서비스 회복에 대한 설명으로 옳지 않은 것은?

① 서비스 회복의 속도가 빠를수록 서비스 실패에 따른 문제는 줄어든다.
② 서비스 회복의 문제는 매우 중요하므로 고객접점 종사자가 아닌 보다 전문적이며 상위의 조직부서에서 전담하도록 집중할 필요가 있다.
③ 무엇보다 서비스 실패의 근본적인 원인을 규명하여 사전적으로 차단하는 것이 중요하다.
④ 서비스 실패에 따른 유형적 보상을 병행하여야 한다.
⑤ 감정이입, 사과와 같은 심리적인 기법을 가지고 회복에 노력하여야 한다.

> **해설** 고객 컴플레인 발생 시 현장에서 신속하게 해결할 수 있도록 담당 관련 직원들의 사전교육과 이에 맞는 적절한 권한이 주어져야 한다. 따라서 별도의 전문적인 상위부서에서의 전담은 바람직하지 않다.

41 서비스 실패 후 서비스 회복(복구)에서 고객이 경험하는 공정성 중 '서비스 실패에 따른 각종 손실이 제대로 보상되었는가'의 개념을 뜻하는 것은 어떠한 공정성에 해당하는가?

① 감정 공정성
② 상호작용 공정성
③ 결과 공정성
④ 절차 공정성
⑤ 분배 공정성

정답 39 ⑤ 40 ② 41 ⑤

서비스 회복과정
- **절차 공정성**: 서비스 회복과정에서 나타난 기업의 정책, 규정이 공정한가를 나타내는 개념
- **상호작용 공정성**: 서비스 회복을 담당하는 직원이 고객에게 나타내는 행동과 태도에 관련된 공정성 개념으로, 서비스 실패와 문제의 원인에 대해 상세히 설명해 주고 고객은 공정한 대우를 받았는지 느끼는 것
- **결과 공정성**: 서비스 실패로 인해 고객이 감수해야 했던 경제적 손실과 심리적 불편함에 대해서 고객이 실제로 보상받은 것처럼 느껴지는 개념
- **분배 공정성**: 서비스 실패에 따른 각종 손실이 제대로 보상되었는가를 나타내는 개념

42 서비스 실패 후 서비스 회복(복구)에서 고객이 경험하는 공정성의 유형으로 가장 올바르게 짝지어진 것은?

> ㉠ 회복과정에서 기업의 정책, 규정이 공정한가라는 개념
> ㉡ 서비스 실패 후 경제적 보상이 적절히 이루어졌는가 하는 개념

① ㉠ 절차 공정성, ㉡ 분배 공정성
② ㉠ 상호작용 공정성, ㉡ 절차 공정성
③ ㉠ 분배 공정성, ㉡ 절차 공정성
④ ㉠ 분배 공정성, ㉡ 상호작용 공정성
⑤ ㉠ 절차 공정성, ㉡ 상호작용 공정성

㉠ **절차 공정성**: 서비스 회복과정에서 나타난 기업의 정책, 규정이 공정한가를 나타내는 개념
㉡ **분배 공정성**: 서비스 실패에 따른 각종 손실이 제대로 보상되었는가를 나타내는 개념

43 고객 유형별 대응기법으로 적절하지 않은 것은?

① 흥분을 잘하는 고객은 감정을 모두 표현하는 사람이므로 침묵을 지키면서 고객의 말을 끝까지 듣도록 한다.
② 생각에 생각을 거듭하는 사람은 신중하나 판단력이 부족하므로 판매원이 결론을 유도하는 화법으로 응대하는 것이 좋다.
③ 수다스러운 사람은 욕구불만으로 남에게 동조를 얻고 싶어하므로 가능한 한 따뜻하게 수용한다.
④ 내성적인 고객은 자신의 의사표현을 잘 하지 않으므로 지나친 관심을 피하면서 조용한 상태로 느긋하게 응대하는 것이 좋다.
⑤ 이치를 따지기 좋아하는 사람은 머리가 좋은 타입이므로 논리적인 화법으로 이론적으로 응대한다.

정답 42 ① 43 ⑤

이치를 따지기 좋아하는 사람은 논쟁을 좋아하여 판매원의 말에 구체적인 이의를 제기하거나, 그 말에서 논쟁거리를 찾으려 한다. 따라서 판매원은 사전에 관련 내용을 충분히 습득하여 이러한 고객응대에 대비해야 한다.

44 소비자의 불평행동에 대한 기업의 일반적인 대응과 가장 거리가 먼 것은?

① 이미 발생한 컴플레인에 대해서는 문제확대를 예방하기 위하여 소비자가 원하는 보상을 제공하여 신속히 처리한다.

② 정부 및 소비자단체와 협력하여 회사정책 차원에서뿐만 아니라 사회적으로 소비자의 불만이 확산되지 않도록 한다.

③ 컴플레인 응대 및 처리 시 소비자에게 정확한 정보를 제공해 주며, 설명은 사실을 바탕으로 명확하게 한다.

④ 기업이 소비자들의 불평에 관심이 있다는 것을 널리 홍보한다.

⑤ 기업이나 소매점 안에 소비자 상담실을 설치 및 운영하며, 판매원에게 불평처리방안을 교육한다.

 컴플레인은 공정하고 신속하게 처리해야지 신속히 처리하고자 소비자가 원하는 대로 보상을 하는 것은 옳지 않다. 따라서 공정한 컴플레인 처리기준과 절차에 따라 신속히 처리해야 한다.

45 개인의 고객능력은 유년기 시절부터 성장 발달되면서 주위 환경요인과 상호작용으로 학습과정을 통하여 형성된다는 고객불평 행동이론은?

① 심리적 접근이론 ② 사회학이론
③ 비용과 이익분석이론 ④ 귀인이론
⑤ Richins의 고객불평행동 모델

해설 ① **심리적 접근이론**: 고객의 불평행동의 주요 원인으로 불평행동의 비용과 효익에 따른 소비자의 심리적 평가와 호의나 비호의 반응 자체라는 이론이다.
③ **비용과 이익분석이론**: 소비자들이 불평행동을 취하려고 할 경우 그 결과로서 예상되는 비용 대비 이익을 비교·분석하여 실제로 불평행동을 취할 것인지 말 것인지, 만약 불평행동을 취한다면 어떤 형태의 불평행동을 취할 것인지를 결정한다는 이론이다.
④ **귀인이론**: 불만을 느낀 소비자가 불평행동을 취할 것인지의 여부는 불만족한 소비자가 불만의 원인을 어디에 두는가에 따라 결정된다는 것이다.
⑤ **Richins의 고객불평행동 모델**: 소비자 불평행동을 세 가지 인지적 과정으로 설정하고 하나의 과정으로 보았다. 세 가지 과정은 만족/불만족의 평가, 귀인평가, 대체안 평가로 이루어지며, 제품과 관련된 측면, 소비자 개인적 측면, 상황적 측면과 같은 여타의 외생변수들에 의해서도 소비자 불평행동이 영향을 받는다고 하였다.

정답 44 ① 45 ②

46 고객불만 처리단계를 가장 옳게 나열한 것은?

> ㉠ 판매자의 선입관을 버리고 고객의 불만사항을 주의 깊게 듣고 공감하는 자세를 취한다.
> ㉡ 불만의 원인을 묻고 판단한다.
> ㉢ 고객의 컴플레인 내용을 이해했다는 것을 표현하고 해결책을 마련한다.
> ㉣ 해결책을 고객에게 제시하고 동의를 구한다.
> ㉤ 고객의 반응과 결정을 주의 깊게 검토하고, 동의했다면 그에 대한 감사로 고객의 자존
>   심을 세워준다.

① ㉡ → ㉣ → ㉢ → ㉤ → ㉠   ② ㉢ → ㉣ → ㉤ → ㉠ → ㉡
③ ㉡ → ㉢ → ㉣ → ㉤ → ㉠   ④ ㉣ → ㉤ → ㉠ → ㉡ → ㉢
⑤ ㉠ → ㉡ → ㉢ → ㉣ → ㉤

해설 고객불만 처리 단계: 불만 경청 → 불만원인 분석 → 해결책 마련 → 해결책 제시 → 결과 검토

47 고객의 컴플레인 제기에 대한 훌륭한 판매원의 대응자세로 가장 잘못된 것은?

① 고객이 여러 핑계를 제시하더라도 일단 수용적인 자세를 보이는 것이 바람직하다.
② 앞으로 지속적인 구매를 이어갈 가능성이 있는 잠재고객으로 여기며 고객의 가치를 이
   해한다.
③ 고객이 제기하는 컴플레인의 중요성을 고객의 입장에서 이해하여야 한다.
④ 컴플레인 제기에 대하여 친절한 태도를 유지하며 고객의 불만을 경청하려 애쓴다.
⑤ 호전적인 고객은 논쟁을 즐겨하므로 정확한 자료로 반박하는 것이 고객만족으로 이어
   진다.

해설 호전적인 고객에게 자료를 통해 반박하는 것은 오히려 역효과를 불러오므로, 긍정적인 태도로 고객이 불만
을 토로하도록 경청하는 자세를 보여주고 진정시킨 후 적절한 대응을 하는 게 좋다.

정답 46 ⑤ 47 ⑤

48 컴플레인 처리 시 유의사항으로 가장 옳지 않은 것은?

① 설명은 사실을 바탕으로 명확하게 한다.
② 논쟁적인 변명은 피한다.
③ 감정적인 표현이나 노출은 피하고 냉정하게 검토한다.
④ 판매자의 입장에서 성의 있는 자세로 임한다.
⑤ 고객의 말에 동조해 가면서 끝까지 충분히 듣는다.

해설 컴플레인 처리는 고객의 입장에서 성의 있는 자세로 임해야 한다.

49 고객 컴플레인을 처리할 때의 유의사항으로 가장 옳지 않은 것은?

① 논쟁이나 변명은 피한다.
② 감정적 표현이나 노출을 피하고 객관적으로 검토한다.
③ 설명은 사실을 바탕으로 명확하게 한다.
④ 신속하게 처리한다.
⑤ 고객상담실에 문의할 수 있게 제안한다.

해설 고객 컴플레인에 효과적인 대처방안
• 문제해결을 위한 제반사항을 명료하게 설명해야 한다.
• 고객의 말에 동조해 가면서 끝까지 충분히 청취한다.
• 고객에게 가급적 친숙한 용어를 사용해야 한다.
• 고객에게 논쟁이나 변명은 가급적 피해야 한다.
• 고객의 입장에서 성의 있게 행한다는 인상을 주어야 한다.
• 고객의 입장에서 대화를 해야 한다.
• 감정적 표현이나 노출은 피하고 냉정히 검토를 한다.
• 설명은 사실을 바탕으로 명확하게 해야 한다.
• 솔직하게 사과하고 신속하게 처리한다.

정답 48 ④ 49 ⑤

50 고객의 불만처리 방법으로 가장 옳지 않은 것은?

① 고객에게 문제가 있는 경우에도 고객이 빠져나갈 길을 터주고 자존심이 상하지 않도록 배려한다.

② 불만처리 4원칙은 원인파악 철저, 신속 해결, 우선 사과, 비논쟁 원칙이다.

③ 고객에게 문제가 있을 경우에는 고객의 잘못을 직접적으로 지적하여 정확하게 인지시킨다.

④ 자사가 잘못한 경우에는 상대방 입장을 동조하여 긍정적으로 듣고, 사실 중심으로 명확하게 설명한다.

⑤ 고객불만 처리방법의 MTP법은 누가(Man), 언제(Time), 어느 장소(Place)에서 처리할 것인가를 결정하여 효율적으로 고객불만을 처리하는 방법이다.

> **해설** 판매원은 고객의 잘못이나 고객 측의 착오에 의한 컴플레인이라도 고객에게 충분하게 설명을 한 뒤에 설득하여 이해시켜야 한다. 따라서 고객의 잘못을 직접 지적하는 것은 바람직하지 않다.

51 고객 컴플레인 처리방법의 하나인 MTP법과 관련한 설명으로 가장 옳은 것은?

① M은 Method, 즉 고객응대 방법을 바꿈으로써 고객의 불만을 해결하고자 하는 것이다.

② T는 Time으로, 즉각 처리보다 약간의 여유시간을 두고 처리하여 고객의 감정을 조절하게 하는 것이다.

③ P는 People로, 고객을 접점 종업원보다 판매관리자를 통해 응대하는 것이다.

④ MTP법, 즉 고객응대방법, 시간, 사람을 바꾸어 고객만족을 꾀할 수 있다.

⑤ 고객의 불만은 판매관리자보다 해당 직원이 끝까지 해결해야 한다.

> **해설** **고객불평의 처리방법(MTP법):** 고객불평의 처리방법은 더 높은 고객만족 향상이라는 차원에서 처리되어야 한다. 고객불평의 처리방법으로 주로 MTP법(삼변주의 원칙)이 사용되었는데 사람과 시간, 장소를 바꾸어 불평을 처리하는 방법이다.
> - **사람(Man)을 바꾼다:** 판매담당자 → 판매관리자
> - **시간(Time)을 바꾼다:** 즉각 처리 → 충분한 시간(냉각기간)을 두고 처리
> - **장소(Place)를 바꾼다:** 판매장소 → 사무실·소비자 상담실

정답 50 ③   51 ②

52 컴플레인 처리방법의 하나인 MTP법을 설명한 것으로 옳지 않은 것은?

① 매장에서 처리할 것인지, 응접실 등으로 안내하여 처리할 것인지를 결정해야 한다.

② 컴플레인 처리의 중요성을 강조하고 사전에 판매원들에게 충분한 교육을 실시한다.

③ 컴플레인 접수를 한 사람이 처리할 것인지, 혹은 전담부서를 둘 것인지를 결정한다.

④ 고객이 흥분해 있으므로 냉각기간을 가질 필요가 있다.

⑤ 컴플레인을 처리하는 데 소요되는 최소한의 기간을 공지한다.

> **해설** 고객불평의 3단계 처리방법인 MTP법은 더 높은 고객만족 향상이라는 차원에서 처리되어야 한다. 고객불평의 처리방법으로 사용되는 MTP법은 사람(Man), 시간(Time), 장소(Place)를 바꾸어 불평을 처리하는 방법이다.

53 고객불만이 발생했을 경우, 해결방법으로 적당하지 않은 것은?

① 처리결과를 검토하고 고객불만이 재차 발생하지 않도록 미연에 방지한다.

② 고객이 만족스러운 해결방안을 결정할 수 있도록 고객에게 해결책을 제시한다.

③ 해결책을 검토하고 요구사항에 대해 만족할 만한 해결방안을 모색한다.

④ 불만의 원인을 분석하고 사실확인 및 문제점을 파악한다.

⑤ 먼저 판매원 자신의 의견을 개입시켜 부분적인 사항을 파악하고, 그것을 토대로 고객불만의 내용과 원인에 대해 정보를 수집한다.

> **해설** 고객불만을 해결할 때 판매원의 의견이 개입되면 오히려 역효과가 발생할 수 있으므로, 판매원의 의견이 개입되어서는 안 된다.

54 고객불만 관리의 중요성에 대한 설명으로 옳지 않은 것은?

① 고객불평에 대한 분석을 통해 현재 제공하고 있는 제품이나 서비스의 품질 개선을 위한 아이디어를 얻을 수 있다.

② 불평고객을 적극적으로 관리한다 해도 충성고객으로 만드는 것은 불가능하다.

③ 부정적인 구전은 신규고객의 창출에 악영향을 미칠 수 있다.

④ 불만을 갖는 고객을 최소화시키는 것도 중요하지만, 불만을 느끼는 고객들의 불만을 어떻게 관리해 가는지도 매우 중요하다.

⑤ 일반적으로 고객들의 불평을 방치하면 고객유지율이 감소한다.

정답 52 ② 53 ⑤ 54 ②

컴플레인을 제기한 고객을 유심히 파악하여 다른 고객들보다 특별한 관심을 보일 경우, 오히려 컴플레인을 제기했던 바로 그 고객의 만족도는 그 이전의 다른 고객들에 비해서 훨씬 높게 나타나, 고정고객이 되는 경우가 많다. 따라서 반복되는 컴플레인과 고객불만을 제기하는 고객을 데이터베이스화해 하나의 마케팅 수단으로 활용하는 컴플레인 마케팅 전략을 실시해야 한다.

55 고객불평에 대한 대응방안을 설명한 것으로 가장 옳지 않은 것은?

① 고객이 토로한 불평을 제품의 개선에 반영하도록 해야 한다.
② 서비스 실패의 상당 부분은 고객의 잘못으로 일어나므로, 고객에게 책임을 물어야 한다.
③ 부정적인 구전을 최소화하기 위해 기업은 적절한 접수창구를 마련해야 한다.
④ 불만내용과 관련된 해당 부서에서 처리하면 고객불평이 조기에 해결되어 만족도가 증가할 수 있다.
⑤ 상품의 결함을 조기에 발견하여 리콜하도록 해야 한다.

 판매원은 고객의 잘못이나 고객 측의 착오에 의한 컴플레인이라도 고객에게 충분하게 설명을 한 뒤에 설득하여 이해시켜야 한다. 설령 판매담당자의 잘못이 없는 경우에도 고객을 일방적으로 밀어붙이는 식의 설명이나 해결책은 오히려 고객의 반발을 야기할 수 있으므로, 인내심을 갖고 겸손하고 정성스러운 자세로 고객에게 대해야 한다.

56 소비자의 불평불만을 처리하는 고충처리에 대한 판매원의 자세를 설명한 것으로 가장 옳지 않은 것은?

① 고충처리를 통해 오히려 우호적 구전을 창출할 수도 있다.
② 고충을 처리하기 위해서는 비용이 발생하므로 고충처리에 따른 비용효과 분석을 하여야 한다.
③ 고충처리를 통해 충성고객을 확보할 수 있는 기회가 되기도 한다.
④ 단순히 불평을 처리한다는 소극적 관점보다는 매출촉진의 기회가 될 수 있다는 적극적 관점의 대처가 필요하다.
⑤ 불평의 주요 원인은 판매원의 설명부족, 발송미비, 상품결함, 포장파괴 등에 의한 것이다.

소비자의 불평불만을 처리하는 과정에서 비용이 발생할 수 있으나, 반면 이를 통해 고객의 요구사항을 파악할 수 있으며 향후 판매증진의 기회가 될 수 있다. 따라서 비용효과 분석을 할 필요가 없다.

정답 55 ② 56 ②

57 불량고객의 관리원칙에 대한 설명으로 가장 옳지 않은 것은?

① 고객정보시스템을 가동하여 불량고객에 대해 개별화된 대응을 할 수 있게 한다.

② 고객에게 올바른 제품이나 서비스 사용법을 제공한다.

③ 불량고객의 특성을 파악하여 신규고객 유치단계에서의 예방이 최선책이다.

④ 고객과의 관계에서 신뢰를 유지하기 위해 판매원의 입장에서 해석, 대응한다.

⑤ 불량고객의 행동을 유형별로 분석하고, 대처법을 종업원들에게 알려 주어야 한다.

> **해설** 불량고객이라 하더라도 판매원의 입장에서 해석하여 대응해서는 안 되고, 고객의 입장에서 해석하여 대응해야 한다.

정답 57 ④

2025 최신판

유통관리사 3급 한번에 패스

인 쇄	2025년 4월 5일
발 행	2025년 4월 10일
편 저	유통관리사연구회
발행인	최현동
발행처	신지원
주 소	07532 서울특별시 강서구 양천로 551-17, 813호(가양동, 한화비즈메트로 1차)
전 화	(02) 2013-8080
팩 스	(02) 2013-8090
등 록	제16-1242호
교재구입문의	(02) 2013-8080~1

정가   24,000원
ISBN   979-11-6633-534-1 13320